한국
체육사

한국체육사

편저 / 한국체육사학회

개정판 1쇄 발행 / 2023년 3월 3일

발행인 / 이광호
발행처 / 도서출판 대한미디어
등록번호 / 제2-4035호
전화 / (02)2267-9731 팩스 / (02)2271-1469
홈페이지 / www.daehanmedia.com
디자인 / 강희진

ISBN 978-89-5654-555-4 93690
정가 21,000원

※ 이 책은 저작권법에 의하여 보호받는 저작물이므로 무단으로 전재하거나 복제하여 사용할 수 없습니다.
※ 잘못 만들어진 책은 구입처 및 대한미디어 본사에서 교환해 드립니다.

스포츠지도사 2급

한국 체육사

개정판

머리말

『한국체육사』는 2급 스포츠지도사 자격을 취득하려고 공부하는 사람들을 위해 발행한 교재로 2015년 3월 초판이 발행되었고 집필진을 재구성하여 8년 만에 나오는 개정판이다. 본 개정판은 초판 때와 같이 우리나라 체육사 연구자들의 모임인 한국체육사학회가 중심이 되어 수정·보완하여 발행하였다. 이에 본 개정판을 집필한 연구자들은 오랫동안 체육사 연구를 통해 현재 각 대학에서 체육사를 강의하고 있는 교수들이다.

『한국체육사』 개정판 집필진들은 자신이 지금까지 다년간 연구하고 강의한 경험을 토대로 각자 맡은 부분을 체육학 전공자는 물론 일반인들도 알기 쉽게 세심한 주의를 기울여 기술 또는 보완하였다.

본서의 구성은 체육사를 공부해야 하는 이유와 한국체육사의 중요성을 필두로 한국의 고대, 중세, 근·현대 체육사와 국제스포츠대회 및 남북체육교류 등 체계적으로 폭넓은 내용을 종합적으로 다루고 있다. 그러나 이 개정판의 특징은 자격증 취득에 필요한 이론 교재이므로 한국체육사 통사를 다루었다기보다는 요약본의 형식을 취하고 있다. 아무쪼록 본 『한국체육사』 개정판이 우리 체육의 뿌리를 이해하고 전문체육인으로 거듭나는 밑거름이 되길 바란다.

끝으로 본서의 발행을 위해 집필진으로 참여해 주신 많은 대학의 체육사 전공 교수님들께 감사드리며 특히, 바쁘신 가운데 감수 작업에 참여해주신 한국체육사학회 고문 및 원로 교수이신 진윤수, 나영일, 김달우, 최은정, 김복희 교수님께 머리 숙여 감사의 말씀을 전한다. 또한 본 교재의 발간 책임을 맡아 헌신적으로 작업을 이끌어 주신 용인대학교 김주연 학술이사님께도 깊이 감사드린다.

2023년 2월
한국체육사학회장 이 현 정

차 례

| 머리말 5

Ⅰ부. 체육사의 의미
1장 _ 체육사 이해 – 나영일 · 이현정 10
2장 _ 체육사 연구 – 김주연 19

Ⅱ부. 선사 · 부족국가와 삼국시대의 체육
1장 _ 선사 · 부족국가 시대의 체육 – 서재철 26
2장 _ 삼국시대의 체육 – 곽영만 34

Ⅲ부. 고려시대의 체육
1장 _ 고려시대의 사회와 민속놀이 – 양현석 46
2장 _ 고려시대의 무예 – 김은정 53

Ⅳ부. 조선시대의 체육
1장 _ 조선시대의 사회와 민속놀이 – 안진규 62
2장 _ 조선시대의 무예 – 박귀순 76

Ⅴ부. 개화기의 체육 · 스포츠
1장 _ 개화기의 체육 – 최종균 90
2장 _ 개화기의 스포츠 – 이가람 110

VI부. 일제강점기의 체육 · 스포츠

　1장 _ 일제강점기의 체육 – 손환　134
　2장 _ 일제강점기의 스포츠 – 하정희　152

VII부. 광복 이후의 체육

　1장 _ 체육행정조직 및 체육단체 – 하웅용　186
　2장 _ 생활체육 – 김미숙　206
　3장 _ 여성체육 – 곽애영　216
　4장 _ 남북체육교류 – 김재우　227

VIII부. 광복 이후의 스포츠

　1장 _ 현대 스포츠와 정치 – 김방출　244
　2장 _ 하계올림픽경기대회 – 조준호　257
　3장 _ 동계올림픽경기대회 – 천호준　277
　4장 _ 아시아경기대회 및 각종 국제대회 – 옥광　294

| 참고문헌　322
| 찾아보기　340
| 인명 찾아보기　347
| 저자소개　354

I부
체육사의 의미

제1부에서는 체육사의 의미를 살펴본다. 체육사의 의미는 1장 체육사의 이해, 2장 체육사 연구로 나누었다.

1장 체육사의 이해는 체육학의 방향을 현명하게 통찰하고 현재와 미래를 위해서 과거의 체육을 알아보는 체육사의 목적을 이해한다. 한국체육사는 우리나라 체육지도자들이 반드시 알아야 하고 이해해야 할 우리 조상들의 체육사적 사실들을 살펴봄으로써 과거의 신체활동은 어떻게 행하여졌고, 그것이 그들의 사상과 어떠한 관계를 맺고 있었으며, 그러한 사실들이 정치·경제·문화·교육·예술·군사·지리적 환경들과 어떠한 관계가 있는지를 이해하게 해준다. 이를 통해 당시의 스포츠 같은 신체활동의 목적과 방법은 무엇이고, 어떠한 내용을 가르쳤으며, 어떠한 의미와 가치를 가지고 있는지를 규명할 수 있게 한다. 이러한 체육사의 이해를 통하여 체육과 스포츠의 개념이 시대적으로 어떻게 변하였는지, 오늘날 우리가 이야기하고 있는 체육의 개념과 가치 그리고 그 의미를 알아본다.

2장 체육사 연구에서는 사관의 중요성에 대해 알아보고, 시대 구분의 방법을 다룬다. 이와 함께 역사적으로 다양한 사실을 파악하는 데 필요한 사료의 종류와 활용에 관하여 살펴본다.

1장 체육사의 이해

나영일 · 이현정

 학습목표

- 체육사의 정의를 알아본다.
- 한국체육사의 중요성을 이해한다.
- 체육과 스포츠의 개념 변천에 대해 알아본다.
- 전통체육과 근대체육의 차이에 대해 이해한다.

1. 체육사의 정의

　체육사란 체육사적 사실이 과거에 어떻게 행해졌고, 당대 사람들의 사상과 어떠한 관계를 맺고 있었으며, 그러한 사실들이 정치, 경제, 문화, 교육, 예술, 군사, 지리적 환경들과 어떠한 관계가 있었는지를 밝혀 현재와 미래의 체육을 현명하게 통찰하는 데 그 의의를 가지는 학문이다. 체육사는 과거의 체육적 사실에 대해 정확하게 설명하고 해석하는 비판적 탐구과정이기도 하다.

1) 체육사 연구의 의의

　체육사를 공부하는 이유는 체육 분야를 과거의 모습에서 현재 및 미래의 보다 더 발전된 모습으로 진화시키려는 실용적 태도에서 연유된다. 역사를 잊은 국가는 미래가 없으며, 부모 없는 자식이 없듯이 역사 없는 학문은 없다. 그런 의미에서 체육사 없는 체육학은 공허할 수밖에 없다. 한국 체육사 정립은 곧 한국 체육학 발전의 뿌리이기 때문이다.

　역사(History)란 용어는 첫째, 과거의 사건 기록, 둘째, 과거의 역사적 사실을 적은 기록으로서의 사료, 셋째, 이것들을 연구하는 학문을 의미한다. History란 단어는 그리스어로 His-toria 즉, 연구 또는 연구에 의해 얻어진 지식으로, 이는 원래 그리스어의 Histor(현자)에서 유래한다. 중국과 우리나라에서는 역사(歷史)라는 말 대신에 그냥 사(史)라는 말로 쓰였다. '史'는 오늘날 역사라고 할 때 과거에 일어났던 '역사적 사실'이라는 뜻과 '역사서'라는 뜻 그리고 '기록자'란 뜻이 있다. '사'는 옛날 제후들이 대사례(大射禮)에서 활의 명중수를 기록하는 사람이란 뜻에서 연유되었다. 역사란 단어의 의미가 체육적인 사실인 활쏘기에서 유래되었다는 사실은 우리에게 많은 것을 시사해준다(조명렬 · 노희덕 · 나영일, 1996: 13~22).

체육사는 체육전문가의 직업적인 지식을 위해 필요한 전공분야이다. 체육지도자가 되어 해당 스포츠 종목이 어떻게 발전되어왔고, 어떻게 발전할 것인지를 안다는 것은 대단히 유익한 정보이다. 예를 들면 농구는 1891년에, 배구는 1895년에 미국에서 고안된 스포츠로 1907년과 1916년에 선교사들에 의해 우리나라에 도입되었으며 경기방법도 새롭게 변화하고 있다. 체육사에 대한 지식은 교양으로서 지식뿐만 아니라 스포츠과학이나 스포츠마케팅 같은 새로운 학문에서도 필요하다. 언제 어떤 종목이 인기가 있었고, 어떻게 발전할 것이라는 지식은 매우 유용한 지식이기 때문이다.

2) 체육사 연구의 대상

역사란 지나온 과거를 주 대상으로 삼고 이를 연구하는 학문이다. 즉, 역사 연구의 대상은 과거이다. 그렇다면 과거란 무엇인가? 프랑스의 역사학자인 마르크 블로크(Marc Bloch)는 과거란 시간과 인간이라는 요소로 구성되었다고 말한다. 그는 『역사를 위한 변명』에서 "역사의 대상은 인간이다."라고 주장하면서 역사가 과거에 대한 단순한 기록이 아니라 시간 속의 인간들에 관한 학문임을 강조하였다. 즉, 과거란 단순히 지나온 시간이 아니라 인간이라는 주체를 지니고 있는 시간이며, 그런 이유에서 역사학의 대상은 인간임을 강조한 것이다(마르크 블로크, 2000: 55~59).

이에 비해 신채호는 과거란 부단한 시간의 흐름 속에서의 인간의 삶이며, 역사란 더 나아가 그 인간과 시간이 존재했던 공간까지를 포함한 개념이라고 설명하는 것이다(신채호, 1998: 9~12). 그러므로 역사학 연구의 대상은 인간, 시간, 공간을 아우르는 개념으로 고찰할 수 있을 것이다. 인간과 시간 그리고 공간이라는 역사 연구의 대상은 역사 연구 영역의 기초가 된다. 인간이라는 요소에서 한 개인으로 본다면 인물사가 될 것이며, 단체로 본다면 사회의 역사나 국가의 역사가 될 것이다. 시간이라는 요소로 본다면 고대, 중세, 근대, 현대와 같은 다양한 시대 구분을 통한 각 시대의 역사로 그 영역을 구분할 수 있을 것이다. 공간이라는 요소는 서양, 동양, 아프리카 같은 넓은 구분을 통한 각 지역의 역사와 한국, 중국, 일본 같은 각 나라의 역사로 영역을 구분할 수 있을 것이다. 역사 연구는 현재의 현실을 고려하지 않고 단지 각 영역에 대한 과거 사실의 기술에 그치는 것이 아니다. 역사란 현재를 잘 이해하고 파악하기 위해서 과거에 관한 생동하는 지식을 얻고자 함에 그 목적이 있기 때문이다. 이러한 의미에서 카(E. H. Carr)는 역사란 "과거와 현재의 끊임없는 대화이다"라고 하였다(E. H. 카, 2014: 50).

이와 같은 역사에 대한 해석학적 관점을 통해 체육사 연구의 대상과 영역을 살펴보자. 체육학의 대상이 신체와 신체 운동이라는 것은 자명하다. 그러나 체육학에서 다루는 신체 운동은 의학이나 역학에서 그것을 다루는 경우보다 더 넓은 의미를 갖는다. 즉, 자연적인 개념에서 나아가 문화적인 개념까지 포함한다. 다시 말하면, 신체나 신체 운동에 대한 물리적 사실을 추구하는 실증적인 연구는 물론, 신체 문화라는 측면에서 그 의미를 해석함으로써 더 총체적이고 종합적으로 체육학의 대상을 바라볼 수 있다. 그러므로 체육사의 연구대상은 단지 사실의 연대기적인 나열에서 한발 더 나아가 신체 문화와 신체 교육의 역사를 사실의 해석적 의미까지 파악하고 설명할 수 있는 것이 중요하다.

3) 체육사 연구의 영역

체육사는 체육철학과 함께 체육학의 근본적 물음을 탐구하는 학문으로, 체육 인문학의 한 분야이다. 인문학(人文學, humanities)은 인간과 인간의 근원 문제, 인간의 사상과 문화에 관한 탐구 학문으로 역사, 철학, 문학을 말한다. 체육사는 체육과 스포츠를 역사적 방법으로 연구하는 학문이다. 역사적 방법은 과학 같은 불변하는 진리를 탐구하는 것이 아니라, 변화하는 역사에 대하여 분석적이고 비판적이며 사변적인 방법을 사용하며 개별적인 사실을 서술한다. 역사학의 영역은 시대별로 고대사, 중세사, 근현대사로 나누고, 지역별로는 서양사와 동양사 그리고 한국사로 구분하며, 분야별로 지성사, 과학사, 사회경제사, 문화사 등으로 나눌 수 있다. 체육사는 주로 문화사와 많은 관련을 가지고 있다.

체육사 연구는 신체 운동 자체에 관한 연구와 신체 운동에 관계되는 모든 현상에 관한 연구로 정의할 수 있다. 즉, 체육문화와 타 인류 문화 영역과의 관련성에 대한 다각적인 연구와 탐구도 체육사 연구의 영역에 포함된다. 이와 더불어 역사 연구의 대상에서 살펴본 시간, 인간, 지역이라는 연구대상을 함께 고려해야 한다. 이에 따라 신체 운동 자체에 관한 연구에서는 축구나 야구, 배구 같은 구기 종목, 태권도, 유도, 레슬링 같은 격투기 종목, 100m 달리기, 200m 달리기, 1,500m 달리기, 허들, 멀리뛰기, 높이뛰기 같은 육상종목 등 다양한 스포츠 종목들이 그 대상이 될 수 있을 것이다. 그리고 신체 운동에 관계되는 모든 현상에 관한 연구에서는 성년식이나 축제의 일환으로 행해지던 신체활동, 신체를 설명하는 사상적 배경과 신체 운동의 도구나 운동장에 관련한 내용 등도 연구의 대상이 될 수 있다.

이와 더불어 역사 연구의 대상인 시간은 시대별 다양한 신체 문화와 그 변천과정 등을 포함하여 연구대상이 될 수 있고, 인간은 다양한 신체문화를 영위했던 인간이 연구대상이 될 것이며, 지역은 신체 문화가 형성되고 시행된 다양한 지역 특성들이 연구대상이 된다. 이외에도 연구자가 어떠한 의도와 주제를 가지고 연구하느냐에 따라 연구대상은 다양한 측면에서 시도될 수 있을 것이다(최종삼·손수범, 2005: 22).

따라서 체육사의 내용은 절대적인 것은 아니며, 학자들에 따라 조금씩 차이가 있다. 체육사는 일반적으로 체육사상사, 신체수련사, 스포츠교육사, 스포츠단체·인물사, 스포츠제도사, 스포츠경기사, 스포츠문화사, 스포츠종목사, 근대 스포츠수용사, 전통스포츠사 등으로 나눈다. 구체적으로는 특정 시대, 특정 인물들의 체육에 대한 전반적인 사상을 말하는 체육사상사, 운동에 대한 전반적인 수련 과정 전통적인 양생관(과정) 및 건강과 관련한 신체수련사, 스포츠에 대한 교육 및 학교체육을 포함한 스포츠교육사, 스포츠의 발전에 기여한 단체 및 협회 그리고 인물들의 활동상을 포함하는 스포츠단체 및 인물사, 체육이나 스포츠의 발전을 뒷받침하기 위해 실시한 제도, 정책, 법률 등을 포함하는 스포츠제도사, 고대 이래로 실시되었던 각종 경기나 대회의 스포츠경기사, 특정 계층이나 집단의 스포츠 향유과정, 스포츠 부흥운동, 여성스포츠, 문명과 스포츠, 문학에서의 스포츠, 스포츠의 합법 및 위법성의 문제 등 스포츠가 하나의 문화적 현상으로 나타나는 스포츠문화사, 특정 스포츠 종목의 발전과정을 기술적 측면이나 형태적 측면(시설, 용구, 규칙 등)에서 다룬 스포츠종목사, 서구에서 비롯된 근대적인 스포츠가 자국에 어떻게 수용되고 발전하는지의 문제를 포함하는 근대 스포츠수용사, 전통적인 유희나 게임 및 스포츠의 발전을 다루는 전통스포츠사 등이다. 결과적으로 체육사의 다양성이 체육학 연구의 풍부한 방향성을 낳는다(김영웅·이종원·나영일, 2003: 1~21).

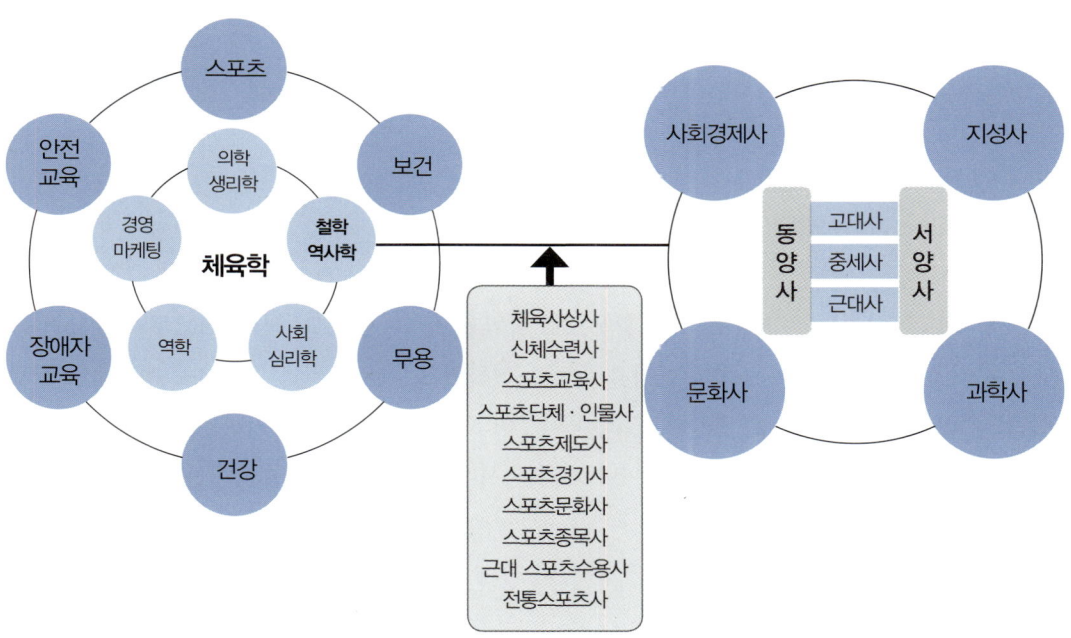

그림 1-1. 체육사의 학문적 연구의 영역

2. 한국체육사의 중요성

우리나라의 경우, 한국체육사는 대부분의 체육대학이나 체육 관련 학과에서 '체육사' 또는 '체육사·철학'에서 다루고 있다. 그러나 과거에는 서양의 체육사를 가르칠 뿐 우리나라의 체육사에 대해서는 잘 가르치지 않았었다. 한국인으로서 남의 나라 역사는 잘 알면서 자기 나라의 역사를 제대로 모른다면 그것은 문제가 있다고 할 수 있다. 한국체육사가 스파르타와 아테네의 체육 같은 의미의 체육적 사실이 없었기 때문이 아니라 단지 우리나라 체육사에 관한 중요한 자료가 대부분 한문으로 되어 있어 연구에 커다란 제약 요인이 되었기 때문이다. 물론 근래 많은 학자들에 의해 자료들이 번역·연구되면서 우리의 것을 알려는 노력이 많아지고 역사적으로 중요한 체육적 사실들이 많이 밝혀지고 있다. 고구려 고분벽화에 위대한 체육적 사건들이 남아 있고, 88서울올림픽의 개최 사실과 역사적 유물들 그리고 유네스코 세계인류무형문화재인 택견과 씨름 같은 것은 우리의 소중한 체육사들이다. 나를 모르고 남을 이길 수는 없다. 우리를 모르고 남들과 경쟁하는 것은 패배를 시인하는 것과 마찬가지이다. 고대로부터 우리 선조들의 체육에 관한 관심과 역사적 사실들은 서양의 체육에 비하여 훨씬 풍부하였고 사료에 잘 기록되어 왔으므로 향후 활발히 고증된다면 앞으로 새 역사를 창조해나갈 젊은이에게는 매우 중요한 밑거름이 될 것이다.

3. 체육과 스포츠 개념의 변천

원시사회로부터 인간은 생존을 위한 활동으로 달리고, 뛰고, 던지고, 격투하고, 무거운 물건 들기 같은 기초적인 신체운동 능력의 향상을 위해 노력하였고, 문명화된 국가에서도 의도적인 신체교육을 위한 놀이와 스포츠를 하였다. 그러나 이것이 오늘날 우리가 이야기하는 체육과 스포츠라고 부르기에는 일정한 한계가 있다. 용어나 개념은 시대와 지역에 따라 사용하는 방식도 다르고, 변하기 때문이다.

1) 체육 개념의 변천

오늘날 체육이란 단어는 영어의 physical education을 번역한 것이다. 결국 체육이란 단어는 '신체 교육'을 축약한 단어다. 16세기에 이미 고대 그리스·로마에서 쓰이던 Gymnastik(오늘날의 체조가 아님)이나 신체 운동이란 의미의 Leibesübungen, Eudcation Physique나 Physische Erziehung 등의 술어가 사용되었다. 신체 교육을 의미하는 명사어가 만들어진 것은 18세기로, 1760년 프랑스에서다. 루소의 『에밀』(1762)에서는 고전적인 체육을 표시할 때 Gymnastique를 사용하였다. 그리고 18세기 말 독일에서는 Physical culture, Körper kultur란 용어가 사용되었다. '근대체육의 아버지'라고 불리는 구츠무츠(Guts Muths)는 그의 저서 『청소년을 위한 체육(Gymnastik für die Jugend)』(1793)에서 음식물이나 의복 또는 산책 등을 포함하는 신체의 발육·발달에 관한 포괄적인 용어로 신체 교육 또는 신체운동이란 의미의 '라이베스 에르지웅(Leibes übungen)', '쾨르퍼 에르지웅(Körper erziehung)', '피지쉐 에르지웅(Physische Eeziehung)' 등의 단어를 사용하고 놀이나 달리기, 뜀뛰기 등과 같이 활발한 신체 활동에 의한 교육에 '짐내스틱(Gymnastik)'이란 단어를 사용하였다. 한편 얀(Janh, F. L.)은 『독일체육술(Die deutsche Turnkunst)』(1816)을 저술하여 체육의 개념을 Turnen이라는 독일어로 바꾸어 쓰기도 하였다.

현재 우리가 쓰고 있는 '체육'이란 단어는 일본에서 전래된 용어다. 도쿠가와(德川)막부 말에 서양에서 전래된 용어는 Gymnastiek(네덜란드), Gymasliqu(프랑스), Gymanasics(영국)이었다. 이것은 체조로서 신체를 건강케하는 연습이라고 해설되었다. 그리고 physical education은 미쓰쿠리 린쇼(箕作麟祥)에 의해 최초로 '신체의 가르침'이라고 번역하였다. 그 이후 physical education에 대하여 '신체에 관한 교육', '신체의 교육', '신체 교육' 등으로 번역되다가 1876년 곤도 진산(近藤鎭三)이 '체육'이라고 축약하여 번역하였다(岸野雄三, 1973: 53~103).

우리나라에서 체육이라는 개념에 해당하는 용어는 1895년 '체양(體養)'으로 그리고 1897년에 '체육'이라는 용어로 정착하였다. 1895년 고종황제는 갑오개혁의 정책에 따라 교육조서●를 반포하였다. 교육조서는 덕양, 체양, 지양●이라는 3가지 교육의 강령을 말하는 것으로, "체양(體養)은 동작에 일정함이 있어서 부지런함을 위주로 하고 안일을 탐내지 말며 고난을 피하지 말아서 근육을 튼튼히 하며 뼈를 건장하게 하여 병 없이 건장한 기쁨을 누리는 것"이라고 하였다. 여기서의 '체양'이 바로 서양의 신체 교육을 말한다. 그러나 이러한 체양은 이후로 사용되지 않았다(한왕택, 1996: 36~48).

갑오개혁의 일환으로 근대적인 교육체제를 마련하기 위한 조치로서 소학교 교원을 양성하는 교육기관의 설립을 위한 시도가 이루어진다. 1895년 4월 16일 칙령 79호로 한성사범학교 관제를 반포하였는데, 여기서 신체 교육을 의미하는 교과목으로 '체조(體操)'가 등장한다. 체육이란 명칭은 1897년 9월에 일본 유학생들의 친목회 회보에 "교육에 대한 국민의 애국 상상"이란 글에서 원응상(元應常)이 교육에 있어서 체육론을 주장하면서 정신의 교육과 대조적인 의미로 신체 교육으로서의 '체육'을 말하고 있다. 그리고 1906년 3월 30일 「황성신문」에 "대한체육구락부의 취지서"라는 제목의 글에서 경기단체를 체육단체라고 부르는 표현이 나타난다. 이 이후 오랫동안 우리나라에서 체육이라는 용어는 체조라는 개념과 혼재되어 사용되었다.

> **교육조서(敎育詔書)**
> 교육조서 혹은 교육입국조서(敎育立國詔書)는 1895년 2월 2일, 고종이 발표한 교육에 관한 특별 조서를 말한다.
>
> **지덕체와 체덕지**
> 영국의 철학자 존 로크는 "건강한 신체에 건전한 정신이란 말은 짧지만 세상에서 가장 완벽하게 행복한 상태를 표현한 것이다."로 시작되는 그의 『교육론』(1693)에서 교육을 위해서는 체육(신체의 건강), 덕육(습관의 형성, 지혜), 지육(학습)의 순으로 체덕지를 주장하였다. 한편, 오늘날 지덕체란 말의 원조가 된 스펜서(Herbert Spencer)는 그의 저서 『교육론(Education: Intellectual, Moral, and Physical)』(1860)에서 삼육론으로서 지덕체를 주장하였다. 그러나 고종은 교육조서에서 덕체지를 주장하였고, 수많은 한국의 지식인들은 체덕지 또는 덕체지를 주장하였다.

2) 스포츠 개념의 변천

고대 이집트 벽화에는 수많은 스포츠의 모습이 그려져 있다. 이것을 오늘날의 스포츠와 동일시할 수는 없지만, 그 반대로 그것이 오늘날의 스포츠와 다르다고 확언할 수도 없다. 스포츠는 놀이에서 출발하였으나, 모든 놀이가 스포츠는 아니다. 놀이에 대한 매우 뛰어난 연구서인 『호모 루덴스(Homo Ludens)』(1938)●의 저자 요한 하위징아(Johan Huizinga)는 놀이를 인간의 본성으로 규정하고, 인류의 초기 문화 형태로 해석하였다. 일반적으로 놀이는 자발적이며 일정한 규칙이 없는 자유로운 활동이고, 게임은 일정한 규칙과 경쟁적인 승부를 말한다. 놀이 중에서 제도화되고 체계적이며 신체적인 경쟁을 통해 승부를 결정하는 운동경기를 '스포츠'라고 부른다.

스포츠사학자 알렌 거트만(Allen Guttmann, 1981)은 제례나 전쟁 준비가 아닌 스포츠로서 놀이적인 운동경기의 즐거움을 발견한 최초의 사람들이 고대 그리스인이라고 말하고 있다(Allen Guttmann, 1981: 5~27). 로마의 스포츠는 그리스의 스포츠와 달랐다. 로마인들은 스포츠보다는 신체운동을 연습하는 경향이 있었으며, 활동 그 자체보다는 군사적인 목적을 위해 운동을 하였다. 또 스포츠 관중과 참가자의 입장에서 보았을 때, 그리스시대에는 자유시민이 경기하고 노예들이 관람했던 반면, 로마시대에는 자유시민이 참관하고 노예들이 경기하는 것으로 전환되었다. 중국 고대 주나라 고등교육의 하나인 태학(太學)에서는 교과과정으로 육예, 곧 예악사어서수(禮樂射御書數)를 하였다. 이 중에서 노래하고 춤추는 악(樂)과 활쏘기인 사(射), 말타기인 어(御)는 오늘날의 체육이나 스포츠로 볼 수 있는 것들이다. 또한 우리나라 조선시대에도 스포츠라고 부를 수 있는 제도화되고 경쟁적인 신체 활동이 있었다. 공개 경쟁을 통한 시험제도인 무과나 시취(試取) 같은 시험제도에 따라 조선시대의 무사들은 과거에 합격하기 위해 또는 승진을 위해 신체적인 훈련을 끊임없이 계속하였다. 이러한 과거제도는 스포츠 행사로 볼 수도 있다

스포츠를 역사적으로 연구하는 것은 스포츠가 어떻게 해서 생겨났고, 왜 소멸했는지 그리고 그것이 개인과 사회에 미친 영향은 무엇인지를 알아보는 작업이다. 원래 오락적인 의미를 가진 특정 운동경기를 영국인은 'desport'라 불렀는데, 이 단어는 derporter라는 프랑스어로, 라틴어

인 deportare에 근거한다. 이것은 영국의 시인 제프리 초서(Geoffrey Chaucer, 1340~1400)의 『캔터베리 이야기(The Canterbury Tales)』라는 책에서 발견된다. 영국인은 이 말을 짧게 해서 '스포츠(sport)'라는 단어를 만들었고, '자신을 즐겁게 한다'는 뜻으로 게임이나 개인 탐험, 사냥 등의 경기를 의미하는 말로 쓰였으며, 이것이 19세기에 와서 세계적으로 사용되었다(B. 질레, 1983: 69~70).

> **호모 루덴스(Homo Ludens)**
> 『호모 루덴스(Homo Ludens)』(1938)는 요한 하위징아(Johan Huizinga)의 저서이다. 철학가이자 역사학자였던 하위징아는 폭넓은 자료를 통해 놀이는 문화와 대립되는 것이 아니고, 문화는 놀이에서 파생되는 부산물임을 밝히고자 하였다. 그는 놀이의 특징을 자발성, 탈일탈성, 시공간의 독립성, 규칙성이라고 하였다. 그는 놀이가 인간의 본성이라고 이야기 한다.

4. 전통체육과 근대체육의 이해

삼국시대와 고대 그리스시대에 오늘날과 같은 체육이 있었는지 단정하기는 쉽지 않다. 문자적으로 체육이나 스포츠라고 부를 수 없지만, 과거에도 이와 유사한 신체 활동은 분명히 있었다. 오늘날과 같이 체계적이고, 조직적이며, 분명한 기록이 나타나는 체육활동은 아니지만, 나름대로 구체적이며, 단편적인 신체 활동은 오랜 역사를 지니고 있다. 체육을 굳이 구분하자면 전통체육과 근대체육으로 나눌 수 있다. 특히 서양에서 도입된 체조와 축구, 야구 같은 스포츠는 근대체육의 한 부분이다. 근대체육은 구츠무츠의 저서인 『청소년을 위한 체육』(1793)에서 비롯된다고 할 수 있다. 이 책은 전 세계 체육관련 저서 중에서도 가장 뛰어난 고전 중의 하나로, 독일을 비롯한 여러 나라 근대체육의 성립과 발전에 지대한 영향을 미쳤다. 그는 기존의 신체발육을 위한 수단이 충분하지 않았다고 전제하고, 체육의 효과와 목적을 새롭게 제시하였으며, 신체운동의 특성에 따라 체육을 분류하고, 달리기부터 레슬링, 무용과 수영 그리고 목욕 및 절제훈련, 감각훈련 등 다양한 체육의 소재를 구체적이고 과학적인 방법으로 제시하고 있다(구츠무츠, 2008: 12~20).

한편, 전통 스포츠와 근대 스포츠를 구분한 거트만은 전통 스포츠는 조직, 규칙, 경기, 역할, 대중정보, 통계와 기록이 존재하지 않았던 데 비해 근대스포츠는 조직적이고, 국가 수준이며, 규칙이 공식적이고, 표준화되고, 성문화되었으며, 경기가 전국이거나 세계적이며, 경기자와 관중은 전문가가 있고 엄격해졌으며, 대중정보는 특화되고, 통계와 기록이 기록되고 출판된다는 점에서 구별된다고 하였다.

1) 전통체육

전통체육의 목표와 방법은 오늘날과는 많은 차이를 보인다. 전통체육의 내용은 주로 무사들의 무예를 중심으로 이루어졌다. 전통체육에는 화랑 같은 청소년집단의 다양한 무예와 군사 훈련 그리고 무예정신들이 중요한 내용이었다. 그리고 귀족층의 여가시간에 적합한 사냥이나 놀이 중심의 유희와 오락 그리고 서민층의 일과 명절 같은 세시풍속으로서의 놀이와 오락 등이 전통체육의 주요 내용이었다.

무사들의 체육 방법은 어느 정도 체계적이었지만, 서민들의 유희와 오락은 체계적이기보다는 대대로 세습적으로 이어져 내려오는 자발적인 활동으로서 민속적인 것으로 이루어졌다.

2) 근대체육

1876년 병자수호조약 이후에 근대화가 이루어지고, 근대적 학교인 원산학사(1883), 언더우드 학당(경신학교, 1886), 배재학당(1886), 이화학당(1886) 등이 세워져 근대적인 교육이 시작되었으나, 이러한 학당이 처음 시작되었을 당시에 체육이 어떤 식으로 이루어졌는지 자세히 알 수는 없다. 그런 의미에서 우리나라에서 본격적인 근대적 체육의 출발점은 1894년 갑오개혁부터라고 할 수 있다.

1895년 교육조서 이후 근대식 학교들이 세워졌고, 체조를 정식과목으로 가르쳤으며, 선교사들은 기독교청년회(YMCA)를 통해 축구, 야구, 농구 같은 근대 스포츠 종목을 소개하였다. 1896년에는 우리나라 최초의 운동회가 개최되었으며, 여러 가지 근대 스포츠 종목이 일반 국민에게 보급되기 시작하였다.

> 『청소년을 위한 체육(Gymnastik für die Jugend)』(1793)
> 이 책은 출간되자마자, 오스트리아(1793), 덴마크(1799), 영국(1799년), 바이에른(1800), 미국(1803), 프랑스(1803), 네덜란드(1806), 스웨덴(1813), 스위스(1816), 이탈리아(1825) 등 유럽에서 번역되고 소개되었다. 이 책의 내용이 학교체육의 근간을 이루면서 근대체육을 정립시키는 매개가 되었다. 아시아에서는 일본(동경, 1979)과 우리나라(2008)에서도 번역되어 소개되었다.

2장 체육사 연구

김주연

학습목표

- 체육사에서 사관의 중요성에 대해 알아본다.
- 체육사에서 시대 구분의 필요성과 방법을 다룬다.
- 체육사에서 사료의 종류와 활용에 관하여 살펴본다.

1. 체육사의 사관

체육사 연구는 역사학의 연구 방법으로 과거 체육과 관련된 사실을 파악하고, 그 의미를 해석하는 데 의의가 있다. 현재와 미래의 체육을 위해서 과거 사실과 그 역사적인 의미를 어떻게 파악할 것인지는 '사실로서의 역사'와 '기록으로서의 역사'의 두 가지 측면으로 나누어 볼 수 있다.

'사실로서의 역사'는 과거 사실을 객관적으로 복원하는 랑케(L. Ranke)의 실증주의를 들 수 있고, '기록으로서의 역사'는 역사가의 주관에 따라 역사를 재구성하는 카(E. H. Carr)의 상대주의가 대표적이다. 랑케는 역사 서술에서 역사가의 주관을 배제하고 어떤 편견이나 선입견 없이 과거의 역사적 사실을 본래 '있는 그대로'의 상태로 밝히는 것을 중요하게 여겼다. 이에 비해 카는 역사를 "과거와 현재의 끊임없는 대화이다"라며 역사가의 해석을 강조하였는데, 이러한 해석 과정에는 가치관에 따른 사관이 반영된다.

사관(史觀)은 역사를 바라보는 관점을 통하여 현상 변화의 법칙을 해석하는 시각이므로 가치관에 따라 사회·문화의 변화를 인식함으로써 형성된다. 과거와 현재를 연결하는 역사 연구에서 사관은 더욱 중요하게 적용되는데, 이는 과거에 대한 견해를 바탕으로 하여 현재의 판단 기준을 제시한다는 점에서 비롯된다. 과거 탐구 자체에 심미적인 즐거움을 추구하는 경우도 있지만, 현재가 과거의 연장이기 때문에 역사 연구는 본질적으로 현재와의 연결을 통해 실효성이 부각된다(이영효, 2010: 88). 이러한 점에서 체육사 연구는 단지 과거 체육의 사실에 대한 지식을 찾는 데 그치는 것이 아니라, 그것이 가지는 의미를 통해서 현재와 미래의 체육에 대한 문제를 해결하는 데 보탬이 된다는 가치를 지닌다. 이는 체육사 연구의 주된 의미가 과거를 바라보는 현재의 시각에서 체육과 관련된 사실의 역사적 가치에 대한 재평가에 있으며, 이러한 역사 연구가 현재 상황에 적합할 때 그 효용성이 더욱 높아진다는 점과도 연결된다.

조명렬·노희덕·나영일(2000: 15)은 과거에는 위인이나 영웅 등의 뛰어난 개인 업적에 초점을 맞춘 인물 중심적인 역사 서술이 주로 이루어졌지만, 근대에 접어들면서 개인 업적 외에도 다양한 관점으로 역사를 이해하는 서술이 이루어진다고 하였다. 다양한 관점 중에서 먼저 유물사관과 관념사관을 들 수 있다. 유물사관은 인류 문명의 발달과정에서 물건·생산·기계·계급 등의 물질적인 영향에 주목하고, 관념사관은 각종 사건이나 제도 속의 자유·평등과 같은 정신적인 측면이 개입하여 인류 문명이 구현된다는 형이상학적 개념에 집중한다. 또한 진보사관과 순환사관에 대해서도 살펴보게 된다. 진보사관은 특정 시대가 혼란스럽게 여겨지더라도 사회 발전은 필연적이라는 낙관적인 경향을 보이며, 순환사관은 역사의 흥망성쇠가 결국에 반복된다는 순응적인 성격을 가진다(육영수, 2008: 38).

체육사 연구에 대해서 나현성(1995: 11)은 하나의 소재로 다루기에 적합한 사실을 선택해야 하고, 구체적인 사실을 파악할 수 있도록 연구자가 자유로운 견지를 가져야 한다고 하였다. 그리고 광범위한 체육에 관련된 사실을 대상으로 삼는다는 점에서 사실에 충실해야 함을 강조했다. 그러므로 체육사에서 사실에 충실하여 선택해야 할 내용과 그 의미를 적절하게 파악하는 기준을 설정하는 데에도 사관의 중요성이 강조된다. 이는 과거 체육의 모든 사실을 다룰 수는 없으므로 많은 사실 가운데 오늘날 체육에 의의가 있거나 중대한 변화의 계기가 되는 사실을 선택해야 하기 때문이다. 무엇보다 사관의 중요성은 같은 사실일지라도 바라보는 시각에 따라 해석이 달라질 수 있다는 점에서 나타난다. 이에 연구자는 편중된 사관으로 인해서 사실을 곡해하거나 경시해서는 안 되고, 사실의 복합성을 간과하거나 주요 사실을 지나쳐서도 안 된다.

> **사관의 차이**
> 비트겐슈타인의 '오리-토끼 그림'을 볼 때, 그림 속의 동물을 오리로 보는 사람과 토끼로 보는 사람으로 나뉜다. 이는 동일한 사물이나 현상을 판단하고 해석하는 데 있어서 사람마다 인식의 틀이 다르기 때문이다. 동일한 것이 관점에 따라 다르게 보이는 인식의 차이는 역사 연구에서 사관의 차이로 비유할 수 있다.

2. 체육사의 시대 구분

역사 연구에서 시대 구분은 역사의 흐름을 일정한 기준에 맞춰서 나누는 것이다. 관점에 따라 여러 의견이 있지만, 흔히 고대(古代)·중세(中世)·근대(近代)의 삼분법(三分法)으로 구분하거나 여기에 현대(現代)를 추가하여 사분법(四分法)으로 분류하기도 한다.

시대 구분은 한 분야의 내용, 구조, 사상, 이념 등의 관계들을 형식과 성격에 따라 시기적으로 나눈다는 점에서 그 분야의 역사에 대한 통합적인 이해를 전제로 삼는다. 연속성과 복합성을 지닌 역사의 범위를 잠정적으로 설정하고, 전체적인 역사의 흐름을 파악하기 위해서 시기별로 가치를 판단하여 그 관계를 살펴보는 것이다. 시대 구분은 특정한 관점에서 이루어지기 때문에 역사가의 주관적인 해석에 많은 영향을 받지만, 이러한 주관성에도 불구하고 명료한 시대 구분은 역사 이해에 도움이 된다는 점에서 긍정적인 기능으로 인식되고 있다(이상신, 2005: 185~186).

역사 연구뿐만 아니라 역사교육의 측면에서도 다양한 주제·지역·개념·인물 등에 따라 시대를 구분하는 학습법이 자주 쓰이는데, 이렇게 시대 구분을 진행하는 이유는 시간을 거슬러 올라가는 역사의 학문적 성향에 따라 시간의 흐름을 구획 짓는 것이 필요하기 때문이다. 단순히 시간의 순서보다는 시대별 특성이 있는 정치·사회·경제·문화의 측면에 역사적인 의미를 부여하는 과정을 거치면서 역사 연구의 수단으로 작용하는 것이다. 시대 구분 자체는 역사가의 관점에 의해 설정된 것이므로 역사가의 사관과 밀접한 연관이 있으며, 시대별 사상이나 흐름을 제시하는 것도 역사가의 해석과 판단에 영향을 받아서 구성된다(이영효, 2010: 95). 따라서 시대 구분은 불변의 절대적인 것이 아니라 역사를 연구하는 사람이나 학습하는 사람의 서술과 이해를 돕기 위한 가설이며, 역사 자체 속에 포함된다기보다는 임의적인 수단으로 활용된다(조명렬 외, 2000: 16~17).

체육사 연구에서도 과거 체육에 관련된 사실들을 근거로 삼아서 다양한 시대 구분이 이루어진다. 시대 구분은 체육사를 연구하고 학습하는 데 있어 체육 관련 사실들의 정리를 용이하게 함으로써 과거 사실의 흐름에 대한 이해도를 높일 수 있다.

체육사의 시대 구분 방법에 대해서 김달우(1986: 61~65)는 일반적인 역사학의 시대 구분과 달라야 한다고 하였다. 일반적인 시대 구분으로는 체육 분야의 역사적 특수성이 간과될 수 있고, 시대 구분이 광범위하게 설정되어 역사 서술의 실제적인 모순을 내포할 수 있다는 것이다. 그러므로 체육사 연구에서 시대 구분은 논리적인 일관성을 가진 명확한 기준이 필요하며, 먼저 설정하는 것이 아니라 사실을 철저하게 탐구한 후에 이루어져야 한다. 또한 시공간적(時空間的)으로 종횡의 연관성을 설명할 수 있어야 하고, 개념을 올바르게 파악한 후에 시도해야 하며, 체육사만의 시대 구분으로 독자성과 정체성을 확립해야 한다. 반면에 시대 구분에서 역사적인 내용을 적절하게 제시하지 못하면 추상적으로 여겨지고, 시대를 너무 세분화하면 오히려 체육사 학습에 혼란이 초래될 수 있음에도 유의해야 한다(임영무, 1985: 5).

서양체육사의 시대 구분이 한국체육사에 그대로 적용될 수 없다는 단편적인 차이점에서 나타나듯이 한국체육사의 시대 구분은 단순히 시기별로만 구분하는 것이 아니다. 한국체육사의 시대 구분은 일반적으로 나현성(1995: 15)의 방식을 따르고 있는데, 한국과 서양의 체육이 융합되면서 세계사의 성격을 가지게 되었던 갑오경장(1894년) 이전과 이후로 구분한다. 이에 갑오경장 이전은 무사 체육 등의 전통 체육을 강조하는 시기로 보고, 갑오경장 이후는 '교육입국조서(敎育立國詔書, 1895년)'를 통한 학교 교육에 기반을 둔 근대 체육의 시기로 여긴다(김달우, 1986: 63; 조명렬 외, 2000: 17). 체육사 연구에서 시대 구분은 체육과 관련된 특정 분야의 종합적인 지식을 기본으로 하며, 정치·사회·경제·문화 등의 시대별 특수성과 보편타당성을 함께 고려하는 유효한 가치를 지닌 작업이다.

3. 체육사의 사료

체육사는 체육학의 분과학문이지만 연구 방법에 있어서는 역사학의 범주에 포함된다. 역사 연구의 근본이 되는 사료(史料)는 체육사 연구에서도 중요하게 취급된다. 사료는 과거 체육과 관련된 사실을 담고 있는 역사 자료들이며, 체육사 연구에서 체육과 관련된 과거 사실을 서술하는 데 바탕이 된다.

역사 연구와 관련하여 "사료가 없으면 역사도 없다"라는 말이 있듯이, 체육사 연구에서도 역사적인 사실의 근거로 취급되는 사료의 수집 및 활용에 노력을 기울인다. 그럼에도 사료 자체만으로는 역사가 아니고, 과거의 흔적이거나 과거 사실을 파악한 것이라는 한계를 가진다. 이에 역사 연구자는 역사적 지식에 기반한 인식 능력과 학문적 방법을 동원하여 주어진 사료들을 정리, 비판, 해석하는 과정을 충실히 수행해야 한다(이상신, 2005: 57~58).

역사 인식의 매개물로서 사료의 종류는 다양하지만, 전통적인 분류 방식에 따라서 물적 사료와

그림 1-2. 『체육』과 『학교체육』 창간호 표지 (출처: 김주연 소장)

기록 사료로 나눌 수 있다. 물적 사료는 유물, 유적 등 현존하는 모든 상태의 물질적 유산이다. 예컨대 기구, 도구, 예술품, 생활용품 등의 유물과 건물, 성곽, 거주지 등의 유적을 들 수 있다. 기록 사료는 크게 문헌 자료(문서 등)와 구전 자료(민요, 전설, 시가, 회고담 등)로 구분된다. 그리고 사료는 만들어진 시기에 따라서 1차 사료와 2차 사료로 나누기도 한다. 일반적으로 1차 사료는 역사적 사실과 동일한 시대에 만들어진 자료이고, 2차 사료는 1차 사료를 근거로 서술되거나 후대에 새롭게 제작된 자료이다. 대체로 1차 사료의 가치를 높게 인정하지만, 의도성을 가지고 제작된 경우도 고려해야 하므로 모든 1차 사료가 높은 신빙성을 가지는 것은 아니다. 그렇다고 2차 사료만으로 역사 연구를 진행하는 것은 학문적인 가치 측면에서 바람직하지 않기 때문에 1차 사료에 대하여 의도성을 파악한 후에 역사적 사실에 접근하려는 연구자의 노력이 필요하다(박인호, 2008: 108~109).

체육사 연구에서는 과거의 사실들을 파악할 때, 기록 사료를 주로 사용한다. 기록 사료 중에서도 글자로 표기된 문헌 자료는 상대적으로 명확한 자료로 취급된다. 체육사 연구에서 주로 사용되는 문헌 자료들은 체육 및 스포츠 관련 기관이나 인물들이 포함된 공문서, 사문서, 편지, 출판물, 연대기, 연보, 회고록, 신문, 잡지 등이 있다. 또한 역사 연구에서 명맥을 이어온 구술 자료 역시 체육사의 자료로 활용된다. 구술 자료는 문헌 자료의 수집 및 분석이 대부분이었던 기존의 연구 풍토 가운데 역사 서술의 자료 보완과 역사 기록의 자료 생산이라는 두 가지 측면에서 다양하게 활용되고 있다(김주연, 2008: 1~8). 이 외에도 물적 사료에 해당하는 각종 경기 장소와 시설 등을 비롯하여 선수단 단복, 심판 복장, 운동용품 및 기구, 우승기, 메달, 참가증, 각종 기념품 등도 체육사 연구에서 역사적 사실들을 파악하는 데 토대가 된다.

역사 연구가 사료를 기반으로 하여 그것의 역사적인 의미와 가치를 새롭게 부여하는 작업이라는 점에서 법고창신(法古創新)의 의미를 짚어보게 된다. 연암 박지원(朴趾源, 1737~1805)이 설파한 법고창신은 "옛것을 본받아 새로운 것을 창조한다"는 뜻이다. 『논어(論語)』의 '온고이지신(溫故以知新)'이 "옛것을 익히고 나아가 새로운 것을 안다"며 앎에 대해서 다루고 있지만, '법고창신'은 창조하는 실천에 대해 다루고 있으므로 '온고이지신' 보다 더 적극적인 의미를 지닌다(중앙일보, 1999.12.6.). 체육사 연구는 이러한 법고창신의 뜻을 이어받아서 현재와 미래의 체육발전에 기틀을 마련하는 데 이바지해야 할 것이다.

Ⅱ부
선사·부족국가와 삼국시대의 체육

제2부에서는 선사·부족국가와 삼국시대의 체육을 살펴본다. 선사·부족국가와 삼국시대의 체육은 1장 선사·부족국가 시대의 체육, 2장 삼국시대의 체육으로 나누었다.

1장 선사·부족국가 시대에는 수렵, 채집, 제천의식, 주술행위, 성년의식, 전쟁, 자연재해 등에 관련된 신체활동을 하였다. 이 시대에는 시간이 흐르면서 농경과 목축도 시행되었다. 이 시대의 체육 활동으로 해석할 수 있는 신체활동으로는 수렵, 군사, 제천의식 축제, 주술, 성년의식, 정신 및 위생 건강, 유희 등을 들 수 있다. 선사·부족국가 시대에 우리 민족의 삶은 후대의 삼국시대 자료를 통해 유추해볼 수 있다. 나라의 체제는 바뀌어도 그 구성원의 문화나 습속은 쉽게 바뀌지 않기 때문이다.

2장 삼국시대의 체육에서는 삼국의 대립 속에서 나타난 신체활동의 특징을 파악하고 삼국시대의 대표적인 민속놀이와 오락을 살펴본다. 또한 통일신라의 기초가 된 화랑도의 체육 사상을 살펴보면서 삼국시대 및 통일신라의 역사적 의미를 이해한다. 삼국시대에는 유교와 불교가 도입되어 전통적인 무속신앙과 조화를 이루면서 정치와 교육 전반에 많은 영향을 미쳤다. 전쟁이 빈번한 삼국의 대립 상황 속에서 무예의 중요성은 필수적이었으며 군사 조직의 체계화 속에서 국방 체육이 중요한 위치를 차지하고 있었다.

1장 선사·부족국가 시대의 체육

서재철

 학습목표

- 선사·부족국가 시대의 생활 양식과 패턴을 이해한다.
- 선사·부족국가 시대의 신체활동과 관련된 문화적 내용과 성격을 파악한다.
- 현대 체육 및 스포츠의 기원이 될만한 신체활동의 종류를 이해한다.

1. 선사·부족국가시대의 생활

원시시대의 인류는 맹수들과 자연재해 그리고 적들로부터 자기 자신이나 가족을 지켜야 하는 환경 속에서 수렵 및 채집 활동이라는 생활 양식을 영위했다. 간단히 말해, 이것은 동물이나 식물과 같은 식용자원을 구하기 위해 정기적으로 이동하면서 사는 삶을 말한다. 고대 시대의 수렵·채집 문화는 일반적으로 작은 집단을 기본 단위로 하고 있으며, 가족 관계로 연결된 경우가 많다. 주기적으로 유목적 이동을 하는 집단들은 거대한 집단을 이루기도 한다. 다음 장에서 언급하겠지만, 오늘의 체육적 활동을 닮은 이 시대의 신체활동들은 주로 이러한 수렵-채집 문화를 살아가고 영위하는데 필요한 기본적 요소이자 활동이라고 할 수 있다.

선사시대를 살아간 사람들의 생활 속에서 일(노동)과 놀이(여가)는 명확하게 구별되지 않았다고 보는 것이 일반적인 견해이다. 그러나 근대 사회에서 엿볼 수 있는 물질적 풍요로움과 여가 활동의 다채로움을 엿볼 수는 없겠지만, 생활의 많은 부분이 일(work) 혹은 노동(labor)과 관련된 것들이 많지 않았을 것으로 판단되기 때문에, 놀이나 유희적 활동이 그들의 일상생활에서 많은 부분을 차지했을 것이라는 주장도 많다(Kretchmar et al., 2017: 26). 따라서 오늘의 신체 활동적 여가를 '닮은' 다양한 유형의 여가 활동들이 당시에 존재했을 것으로 추정하는 데 별 무리는 없을 것이다.

특별한 예외들이 있겠지만, 선사시대 수렵-채집 문화의 사회 구조는 대략적으로 개인들간의 평등적 관계가 유지된 것으로 추정하고 있다. 물론, 경제적 관계 및 사회생활의 구조 속에서 리더십의 실제가 다양한 방식으로 형성되었을 것이라는 점에는 이견이 없다. 친족 관계는 모계를 통해 형성되는 경우가 많았으며, 남성과 여성 사이의 장기적인 일부일처제 관계는 일반적으로 사회적 관계를 안정시키는 데 중요한 역할을 하면서 진화하였다. 앞선 시대를 살아간 많은 인류가 그랬던 것처럼, 수렵과 전투 그리고 제례 의식 등을 통해 다양한 육체적, 지적, 사회적 생활기술들을 집합적으로 전승하는 교육적 문화도 가꾸어 나갔다(Kretchmar et al., 2017: 26-28).

우리나라의 구석기시대에 대한 발자취는 여러 많은 지역의 유적에서 발견되고 있으며, 특히 전곡리 구석기 유적에서 그동안 동양에는 없는 것으로 알려져 온 아슐리안 손도끼 석기가 발굴되어 그 중요성이 세계적으로 잘 알려져 있다(임재해, 2006: 75). 신석기시대도 울산의 반구대 암각화에서 여러 생활상을 엿볼 수 있다. 청동기시대 또한 한국형 비파형 동검과 고인돌 같은 거석문화라는 뚜렷한 특징이 있어서 세계적으로 주목을 받고 있다. 처음에는 청동기를 사용하였고 후에는 철기를 사용하였던 고조선, 부여, 예, 맥, 마한, 진한, 변한 등 한강 이남만 해도 78개나 되는 부족국가시대 우리 민족의 삶은 삼국시대의 자료를 통해 유추해볼 수 있다. 나라의 체제는 바뀌어도 그 구성원의 문화나 습속은 쉽게 바뀌지 않기 때문이다.

2. 선사·부족국가시대의 체육

체육의 정의를 건전하고 건강한 정신을 함양하는 실제까지도 포함하여 이해하는 것을 전제로 할 때, 이 시대를 살아간 사람들의 신체활동은 제천의식, 주술 활동, 춤·노래·그림 같은 예술 행위 그리고 성년의식과 같은 문화적 실제 속에서 다양하게 전개되었다. 구체적으로, 오늘의 체육적 형식을 '닮은' 신체활동의 유형들로 달리기, 뜀뛰기, 던지기, 당기기, 밀기, 들기, 기어오르기, 발지르기, 헤엄치기, 차기, 깎기, 베기, 내려치기, 부수기, 찌르기, 쏘기 등을 들 수 있는데, 이것들은 수렵·채집의 바탕을 이루는 도구적 활동이자 생산 기술임과 동시에, 집단 공동체를 구성하고 영위하는 생활기술이었으며, 나아가 적으로부터 자신과 부족을 지켜내는 전투의 기초적 요소이기도 하였다.

가. 수렵

수렵-채집 문화는 생존에 필요한 신체적, 지적, 사회적 기술을 어린이와 청소년에게 가르치는 일종의 집합적 교육 시스템을 개발, 발전시켰다. 따라서 신체적, 정신적 능력을 진단, 평가, 검사하는 방식 그리고 그것을 경쟁의 요소를 동반하여 진행하고 운영하는 다양한 형식들이 등장하였고, 그것들이 이러한 수렵-채집 문화의 중요한 요소로 정착되었다. 그러한 신체 움직임 및 활동의 수월성을 평가하는 형식으로는 오래달리기, 무기의 정확하고 능숙한 사용, 민첩함과 추적 활동을 시연하는 것, 그리고 심지어 집단적 활동의 효율성을 구축하기 위해 고안된 다양한 종류의 연습법도 포함되어 있다. 결국, 수렵에 필요한 신체적, 정신적, 지적 능력과 기술을 가르치고 학습하고 또 증명하고 시연하는 문화적 형식의 등장과 진화가 곧 현대 사회의 스포츠 문화가 형성되는데 기초가 되었다(Kretchmar et al., 2017: 27).

구석기 시대의 도구는 주로 석기를 사용하였다. 처음에는 손에 들어오는 돌을 결을 따라 떼어내고 남은 몸돌을 손에 쥐고 수렵 및 채집에 이용하였다. 그 후 점차 다양한 용도로 사용하기 위해 몸돌에서 떼어낸 작은 뗀석기 돌들로 사용하게 되었다. 몸돌의 모양도 아주 다양하게 만들어 썼다. 구석기 후기에는 창날이나 화살촉 용도의 뗀석기도 사용되었다. 신석기 시대에는 도구를 좀 더 정교하고 다양하게 만들게 되고 더 큰 집단생활을 하게 된다. 석기는 연마해서 사용하게 되고 본격적인 활, 창, 도끼 등이 이용되었다. 전쟁도 빈번해지고 규모가 커졌다. 화살촉으로 잘 만들어진 석촉이 많이 발견되는 것으로 보아서는 활이 아주 빈번하게 사용되었을 것으로 생각되고 있다. 울산의 반구대 암각화를 보면, 화살로 고래를 잡는 모습이 있다. 사슴 뼈에 화살촉이 박힌 상태의 유물이 발굴되어 울산 박물관에 전시되어 있기도 하다(박준범, 2006: 55-91; 전호태, 2012: 1-47).

활을 제작하고 다루는 궁술에 대한 교육과 훈련이 삼국시대 이전에도 분명히 있었을 것이다. 고구려 시조인 주몽에 대한 『삼국사기』「고구려본기」시조 동명성왕조의 기록에서도 "나이 일곱 살에 스스로 활과 화살을 만들어 쏘는데, 백발백중이었다"라는 이야기가 있다(이유진, 2013: 371). 이만큼 중요하게 여겨진 궁술에 대한 학습이 선사·부족국가시대에도 이루어졌을 것으로 여겨진다.

수렵이나 어로 그리고 전쟁 상황에서 집단적으로 대처하는 경우도 많았다. 구석기 유적에서 대형 동물의 뼈가 발견되는 것이나, 반구대 암각화에서 여럿이 배를 저어 고래를 사냥하는 모습이 새겨져 있는 것으로 보아 집단의 구성원이 서로 협동하여 수렵 활동을 하였을 것으로 생각된다. 이런 경우도 반복되는 학습과 훈련이 있었을 것이며, 그를 통해 어린 구성원이 성년이 된 후 집단 활동의 한 일원으로 참여할 수 있었을 것이다.

나. 전투

수렵, 종교의식과 함께 전투는 고대 시대 체육적 신체활동의 세 가지 대표적인 유형의 하나이다. 신체 움직임을 수반하는 활동의 경쟁적 실제가 수렵에 필요한 기술을 가르치고 학습하는 중요한 장으로 기능했던 것처럼, 다양한 종류의 경쟁적 신체활동은 전투 활동을 향상하는 교육적 역할도 수행하였다. 예컨대, 고대 시대의 체육적 신체움직임과 활동은 다양한 경쟁적 형식을 활용하여 무기를 정확하고 강하게 사용하거나 타격을 가하고 피하는 움직임, 성공적 임무를 수행하기 위해 집단적 활동을 조직으로 수행하는 구체적인 행동강령 등을 가르치고 학습하는 본질적 요소로 작용하였다. 다시 말해, 이러한 움직임과 기술들은 실전의 전투에서뿐 아니라, 경쟁과 교육을 통해서도 향상할 수 있고 또 증명할 수 있는 것이었다. 결국 체육적이고 스포츠적인 신체활동의 실제는 공동체 구성원들의 전투력 향상과 공동체 보호에 있어 절대적으로 필요한 문화적 활동이었다

(Kretchmar et al., 2017: 27-8).

일부 인류학자들은 사냥꾼들이 행하는 전쟁과 같은 유형의 활동과 현대 사회에서 엿볼 수 있는 스포츠 관련 행동 사이의 연관성을 발견하기도 하였다. 수렵-채집 문화에서의 전투는 일반적으로 서로 가까이 살고 있으면서 치열한 경쟁 관계를 형성해온 집단들의 관계를 포함한다. 전사들은 화장과 의상으로 몸을 장식하며 크고 많은 함성으로 전투를 준비하였다. 그러나 실제 전투가 직접 동반되는 경우는 드물다. 결국 사상자보다는 부상자들이 많이 일어나는 형태의 전투라고 할 수 있는데, 이는 오늘날 세계 각국에서 간헐적으로 일어나고 있는 축구의 훌리건 현상과도 유사하다고 할 수 있다(Kretchmar et al., 2017).

부족국가인 청동기시대에는 벼농사를 포함한 농경 정착 생활과 고인돌 같은 거석 문화를 만들어낸 시기이다. 또 부족국가 간에 정복과 연합이 이루어져 부족연맹국가 같은 초기 왕국을 형성하는 과정을 이루게 된다. 이 시기는 후기로 갈수록 농경이나 목축에 관계된 사람들과 전쟁 시에 군사로 활동하는 사람들의 분리가 이루어지기 시작하는 여명의 단계이기도 하다.

『삼국지』「위지동이전」부여조, 동옥저조, 읍루조, 예조, 마한·진한조, 변한조 등에 의하면 우리나라에서는 이 시기에 집집마다 무기가 항상 준비되어 있어서 유사시에는 부족민들이 곧 군사가 되어 싸웠다. 그리고 부족의 장이 전쟁의 총사가 되었다. 그러므로 부족민들은 늘 강인한 신체를 유지하고 있어야 했으며, 부족장은 그중에서도 육체적으로나 정신적으로 능력이 우수한 사람이 선택되고 또 필요시에는 교체되었다. 그리고 부족민 중에 특별히 군사적인 인물이 있었음을 다음과 같은 사료들을 통해 알 수 있다. 『삼국지』「위지동이전」부여조에 "적의 침략이 있을 때는 제가(諸加)가 친히 출전하고, 하호(下戶)는 군량을 부담하여 공궤한다", 『후한서』「동이전」동옥저조에는 "읍락에 장수가 있어 그는 성질이 강직 용맹하여 문득 모(矛, 창)를 가지고 보전(步戰)한다"는 내용이 있다. 위의 사료로 유추해본다면 이 시기가 농민과 병사로의 분리가 시작되는 여명기였다고 할 수 있다. 그런 관점에서 부족민에 대한 군사 체육이 요구되고 그 군사 훈련이 실시되었다고 볼 수 있다. 즉, 농경사회가 유지됨에 따라 그 전 시대인 수렵시대에 비해 운동량이나 체육활동의 경험이 줄어들게 되었으므로 전쟁을 대비한 군사적 목적의 육체적, 정신적 훈련인 군사체육이 필요하게 되었다. 시간이 흐른 후 부족들의 연합체인 연맹부족국가가 좀 더 중앙집권적인 왕조 국가로 바뀌어 가면서 농민과 병사는 분리 운영되게 되었고 군사 체육은 더욱 강화되었을 것이다.

다. 제천의식

종교가 체육 및 스포츠의 역사에서 아주 중요한 토대를 제공해왔음은 주지의 사실이다. 예컨대, 수렵 및 사냥을 하는 사람들이 다양한 종교적 의례를 했다는 점은 벽화를 통해 세계 여러 곳에서 발견되고 있다. 또한 다양한 종류의 신체활동과 움직임들이 종교적인 의식에 포함된 행사로서 시행되었다. 예를 들어, 하늘에서 비를 내리기 위해 의식화된 릴레이 경주를 한다거나, 신들의 환심을 사기 위해 씨름으로 경쟁하기도 했다. 즉 오늘의 운동경기와 유사한 형태의 의식과 활동들은 종교적 신념에 활기를 불어넣는 상징적인 의식 및 제례의 역할을 하였다(Kretchmar et al., 2017: 27).

종교적 제천의식은 수렵 및 농경 문화와도 관련이 있다. 노동 활동을 마친 후 하늘에 감사를 드리는 의식을 지내거나 한해 농사를 시작하기 전 제사를 지냈다. 그리고 그 제사에는 모두가 함께 참여하는 다양한 유형의 신체활동이 있었다. 부족국가 시대에 이러한 종교적 제천의식은 원시적 형태의 의식이었다. 신분의 구별 없이 종교적 제의에 참여해 다양한 신체활동을 즐겼다. 그리고 이러한 의식은 씨족 사회나 부족국가의 전통이었다.

우리 인류는 선사시대부터 줄곧 우주 만물에 신이 깃들어 있다는 애니미즘(animism, 만유정령설(萬有精靈說)을 믿었다. 우리 민족은 특히 하늘을 크게 믿었고, 그중에서도 태양을 가장 숭배하였다. 배달, 조선, 서라벌, 서울 등의 어원은 모두 태양과 관계되어 있다. 사냥 전후, 농사 전후, 전쟁 전후 등 부족에 중요한 행사가 있을 때는 부족 전체가 애니미즘에 의한 의식을 치렀고 특히 하늘에 제사지냈다. 그리고 그 의식에는 축제가 따랐다. 반구대 암각화에도 사냥 전후의 축제 때 모습으로 추정되는 춤추는 사람이 있다. 두 손을 팔꿈치에서 꺾어 위로 들었고 두 다리를 구부려 춤을 추고 있는 모습이다. 『후한서』와 『삼국지』에 따르면 동일한 제천의식 축제가 지역에 따라 부여에서는 '영고(迎鼓)-국중대회(國中大會)', 동예에서는 '무천(舞天)', 고구려에서는 '동맹(東盟)-천제대회(天祭大會)', 마한에서는 '10월제', 신라에서는 '가배(嘉俳)'로 불렸다(고현아, 2013: 265-276; 이진희, 1999: 151-166).

기록이 남아 있지 않은 석기시대 때부터 시작되었을 것이지만, 부족국가사회에서는 이처럼 파종과 수확을 할 때 하늘에 제사를 지내는 제천행사가 벌어졌다. 『삼국지』「위지동이전」마한조에 기록된 축제에 대한 묘사를 보면 수십 명이 서서 땅을 밟는 표현들이 있다. 이 동작은 후에 고구려 고분 벽화에도 묘사되어 나타나게 되는데, 농사의 수확을 많이 하게 되기를 바라는, 즉 풍년을 기원하는 춤 동작이라고 할 수 있다. 또 밤낮으로 쉬지 않고 진행했음을 의미하는 표현들도 있다. 이러한 기록들에 의하면 축제 시에 많은 신체활동이 요구된다고 하겠다. 즉, 온몸을 격렬하게 움직이는 춤 운동을 밤낮으로 강도 높게 계속 시행하는 체육 활동을 하게 된다는 것을 의미한다. 이러한 배경에서, 우리 민족은 특별히 축제 체육이 발달한 민족이라 하겠다(고현아, 2013: 265-276; 신효영, 2020: 97-112; 이진희, 1999: 151-166).

부족국가의 제천의식 내용에 각저(角觝), 수박(手搏), 기마(騎馬), 사예(射藝), 격검(擊劍) 같은 직접적인 체육 활동도 포함되어 있었을 것이라는 추측도 있다. 이런 축제가 점차 유희로서 오락화하고, 이것이 경쟁 양상을 띠게 되면서 체육 경기의 기원이 되었으리라 여겨진다.

라. 주술

우리나라는 제천의식과 함께 민족의 시원 때부터 애니미즘을 행하여 왔다. 하늘과 태양을 숭배하는 광명사상(光明思想)을 실현하는 제천의식과 만물의 신에게 기원하는 애니미즘을 행하는 데는 만물신이나 하늘신과 인간을 연결해주는 존재가 필요하게 된다. 이 존재를 '샤먼(shaman)'이라 하고 샤먼이 주재하는 종교 행위를 '샤머니즘(shamanism)'이라 하는데, 우리 민족은 예부터 샤먼으로 무당(단골, 당골)이 있었다. 무당이 전쟁, 자연재해, 농경, 수렵, 공동체의 안정 등에 대한 집단적인 기원, 개인의 바람, 치병, 해원, 망자의 천도 기원 등을 행해왔다(임재해, 2006: 67-146; 이복임, 2017: 337-355).

무당이 행하는 기원 의식을 '굿'이라고 하는데, 굿을 할 때는 무당의 접신(接神) 같은 고도의 정신집중 행위와 더불어 공수의 과정이 있으며, 춤, 노래, 축원, 촌극, 묘기, 재담 등이 시행된다. 즉, 여러 날 동안 무당은 쉬지 않고 몸을 움직이는 신체 활동을 하게 된다. 이를 묘사한 다음의 기록이 있다.

『삼국지』「위지동이전」마한조에 "언제나 5월 파종이 끝나면 귀신에게 제사한다. 사람들이 무리를 지어 노래하고 춤추며 밤낮으로 쉬지 않는다. 그 춤은 수십 명이 서서 땅을 밟고 손발을 위로 올려 음악에 맞추는 것으로 탁무(鐸舞) 비슷하다"고 적혀 있다(남성진, 2009: 68). 이때 행해진 노래와 춤이 현대의 시와 음악, 무용의 시원이 된 것으로 알려져 있다. 현대 체육의 종목 중 춤 동작과 더불어 고도의 정신집중이 요구되는 종목의 시원도 역시 동일하다고 생각된다. 이런 점에서 제천의식을 포함한 굿을 행할 때 무당을 포함한 모든 구성원의 춤 행위를 주술 체육이라고 부를 수 있을 것이다.

마. 성년의식

부족국가시대의 체육적 의식 혹은 활동으로 성년의식에 주목할 필요가 있다. 육체적이고 정신적인 고통을 극복하는 과정에 대한 집합적 승인을 통해 공동체의 구성원으로 인정하는 성년의식은 거의 모든 부족국가 사회들이 가지고 있는 일종의 사회적 의식이었다. 이러한 과정이 형성된 배경은 특정한 위기를 극복하는 경험이 일상생활 및 공동체의 안정에 필요한 다양한 활동들을 수행하는 데 큰 도움이 된다는 논리에서 비롯된 것이다. 예컨대, 단식, 생매장, 다양한 형태의 육체적 고통 등에 대한 경험을 미리 연습하고 의식화함으로써, 이 과정을 통과한 청년들에게 구성원으로서 지위를 인정해주는 것이다. 이렇듯, 성인식의 목적과 기능은 공동체의 규범과 질서에 부합하는 능력 있는 인재를 육성하는 교육적 취지에서 나왔다고 할 수 있다(나희라, 2004: 171-195).

『삼국지』에 의하면 부족국가시대에는 어린 사람이 일정한 나이가 되어 성년이 될 때 통과의례로서 성년의식, 즉 성인식을 치러야 했다. 성인식은 크게 두 가지 내용으로 이루어져 있다. 정신적인 것으로서 일정한 장소에 일정한 기간 격리되는 것을 참고 견디는 것이다. 그리고 그 기간에 부족의 지도자로부터 어른으로서 익혀야 할 내용을 교육받는 것이다. 그 내용으로 부족의 역사나 금기사항, 종교적인 절차나 비밀, 어른의 권리와 의무 등이 있다. 나머지 한 가지는 육체적인 어려움을 극복하는 것이다. 그리고 식량을 확보하거나 부족의 신화를 계승하는 내용의 부족 춤 같은 것을 배우는 과정도 포함되었다. 즉, 신체 활동과 관련된 능력을 시험받는다는 점에서 오늘의 체육과 유사한 성격의 실제였다는 점을 추론할 수 있다.

그 내용을 『삼국지』「위지동이전」 한조에 "나이 어리고 씩씩한 청년들의 등가죽을 뚫고 큰 밧줄로 그곳을 꿰었다. 그리고 한 장(丈)살 남짓의 나무를 그곳에 매달고 온종일 소리를 지르며 일을 하는데도 아프다 하지 않는다. 이렇게 착실하게 일을 보면 이를 '큰사람'이라 부른다"라는 구절이 있다. 위 내용 중 '큰사람'이라는 것은 성인식의 목적이라고도 할 수 있는 즉 공동체의 후계자로서의 자격을 획득한 자를 의미하며, 또 부족을 위해 희생할 수 있는 단결심과 협동심을 가진 자를 의미한다. 이상의 성년식에서 겪게 되는 육체적인 힘든 과정을 어린아이 때부터 유희와 학습을 통해 준비해서 통과하는 것과 부족의 춤을 학습하는 과정 등을 성년의식의 체육활동으로 이해할 수 있다.

바. 정신 및 위생, 건강

단군신화에 의하면 우리 민족은 건국할 때 국가적인 이념으로 인간을 널리 이롭게 한다는 홍익인간(弘益人間)의 사상을 채택하였다. 그래서 우리는 비교적 평화를 사랑하는 민족성과 정신성을 함께 상상하면서 공유하는 문화를 가지게 되었다. 삼국시대에 행해진 '풍류도'라고 불리는 우리 고유의 정신 활동은 이미 그 이전 시대에도 우리 고유의 애니미즘과 제천사상에 의해 일상적으로 시행되었을 것으로 추측할 수 있다(노중국, 2014: 25-50). 즉, 세상 만물, 특히 자연과 하나 되어 소통하는 정신집중 행위가 성행하였을 것이다. 그 상황에서 고대 중국의 도교 사상이 더해져서 도인법(導引法) 같은 양생법(養生法)을 포함한 신선사상 등을 실천하고자 하는 더욱 심화된 정신 활동이 이루어졌을 것이다.

우리 민족의 평화적인 심성과 높은 무사 정신을 보여주는 기록으로 『진서(晉書)』「사이전(四夷傳)」 마한조에 "검(劍), 활(弓), 방패(楯), 창(矛), 노(櫓)를 사용하여 비록 투쟁공전(鬪爭攻戰)에 있으나, 서로 굴복(屈服)함을 귀(貴)하게 여긴다"라는 구절이 있다. 또한 부락의 평화를 존중하고 다른 사람들에게 피해를 주지 않기를 원하는 심성을 말해주는, 부족국가 이후 시대인 고구려에 대한 기록으로 『후한서』「동이전」 고구려조에 "그 풍속은 산천을 귀하게 여겼고, 산천에는 각각 부락마다 경계가 있어 함부로 서로 간섭하지 못하였다. … 꺼리는 바가 많아 사람이 병으로 사망하면 곧 옛집을 없애버리고 다시 새집을 지었다"라는 기록이 있다. 민족의 습속과 전통은 쉽게 변하는 것이 아님을 생각해볼 때, 고구려 이전의 부족국가시대에 대해서도 동일한 관점을 생각해볼 여지가 있을 것이다.

위의 기록에서 "산천을 귀하게 여겼다"라고 언급한 점은 특별하게 해석할 필요가 있다. 즉, 자연을 인간과 동일시하거나 그 이상의 신성함을 가진 것으로 생각했다고 이해할 수 있으며 이는 풍류도를 연상시킨다. 그리고 부락들이 서로 배려해서 평화를 지키고 타인들에게 피해를 주지 않기 위해 위생적인 측면에 특별히 신경을 썼다는 점 등을 충분히 유추할 수 있을 것이다. 이상과 같은 정신적, 위생적 건강을 위해 노력한 활동들은 현대에 시행되는 넓은 의미의 정신·위생·건강 관련 체육활동에 포함시킬 만한 과거의 흔적과 발자취들이다.

사. 유희

고대 그리스인들 뿐 아니라 이집트, 중국, 로마 등 소위 '문명'을 이루어 온 많은 역사 속 인간들은 오늘의 스포츠와 '유사한' 문화적 실제를 가지고 있었다. '호모 루덴스', 즉 네덜란드의 역사학자 요한 하위징아가 '놀이하는 인간'이라는 개념으로 표현하였듯이, 인간의 역사와 문화가 있는 곳에는 항상 놀이와 게임들이 있었고, 그중에는 특히 오늘의 스포츠를 '닮은' 유희적이고 놀이적인 것들이 많다.

그러나 안타깝게도, 우리 민족의 경우, 선사시대 및 부족국가시대의 유희에 대한 기록은 없는 것이 현실이다. 그러나 삼국시대의 기록을 살펴보면, 많은 유희적인 민속놀이가 성행하였음을 가정해볼 수 있다. 인간의 본능에는 유희본능이 있으므로 반드시 이 시대에도 많은 유희 활동이 있었으리라 생각된다. 집단 내에서나 집단끼리의 경쟁적인 유희 활동이 이루어졌을 것으로 추정된다. 제천의식이나 축제, 주술 활동을 할 때도 유희적 요소가 포함되어 있었을 것이다. 아이들도 유희를 통해 성장해가면서 신체활동의 범위를 넓혔을 것이다. 미성년들의 경우에는 전쟁놀이, 사냥놀이 등을 시행하였을 것이다. 이런 유희가 체육의 기원으로 언급되는 것은 당연하다 하겠다.

2장 삼국시대의 체육

곽영만

학습목표

- 삼국시대의 사회와 교육기관의 특징을 살펴본다.
- 삼국시대의 무예를 알아본다.
- 삼국시대의 민속놀이와 오락을 살펴본다.
- 통일신라의 기초가 된 화랑도에 대해 이해한다.

1. 삼국시대의 사회와 체육

가. 삼국시대의 사회

삼국이 국가의 기틀을 확립한 순서는 고구려는 1~2세기, 백제는 3세기, 신라는 4세기에 각각 국가의 기틀이 확립되었으며 전성기는 백제 4C, 고구려 5C, 신라 6C이다. 고구려는 중국의 문화를 수용, 여과하여 백제와 신라에 전달하며 삼국 문화의 가교역할을 하였고 백제는 상업으로 경제적 번영을 누렸으며 신라는 고구려와 백제의 영향 속에서 자신만의 고유한 문화를 펼쳐나갔다(하남길, 2010: 570).

삼국시대는 유교와 불교가 도입되어 전통적인 무속신앙과 낭가사상(娘家思想)의 조화를 이루면서 정치와 교육 문화 전반에 많은 영향을 주었으며 윤리의식의 발달과 함께 정치제도도 발달되었다(박의수 외, 2002: 29). 유교의 도입에 대한 정확한 기록은 없으나 삼국시대에 도입된 것으로 추정하고 있으며, 불교는 고구려(소수림왕 2년), 백제(침류왕 1년), 신라(법흥왕 14년)가 수용하면서 삼국시대 생활 전반에 영향을 미치게 되었다. 이렇게 전래된 불교는 토착신앙과 연계된 호국신앙과 사회적으로 민간신앙으로 자리 잡아 우리 민족의 정신세계에 큰 영향을 미쳤다.

적의 침입을 막기 위한 지리적 조건과 강과 기름진 평야가 펼쳐져 있는 환경적 조건, 이웃 나라와의 무역이 용이한 경제적 조건이 갖추어진 나라로 발전시키는 데 도움이 되는 영토를 차지한다는 것은 매우 중요하였기 때문에 삼국은 대립 속에서 무술이나 무예를 연마한 무사의 능력이 중요하였으며 필수적이었다. 따라서 삼국은 전 국민이 군사 조직 중심의 교육을 통한 무예를 연마하도록 장려하였으며 각각 고유의 교육기관과 제도를 마련하였다.

나. 삼국시대의 교육

삼국시대의 교육적, 군사적 성격을 지닌 신체활동은 신라와 고구려의 역사를 통해 찾을 수 있는데, 신라의 화랑도와 고구려의 태학과 경당이다. 화랑도는 민간수양단체의 성격이지만 국가의 비상사태를 위해 군사적 형태의 조직으로 전사교육도 실시하였다. 고구려의 태학은 최초의 관학으로 국가의 관리 양성을 목적으로 귀족자제들의 교육을 담당하였다. 백제는 체육을 위한 교육기관이 있었다는 기록은 발견되지 않았지만, 시조인 온조왕이 고구려 왕실의 왕자였다는 점에서 고구려의 교육과 학문이 백제로 전수되었을 것으로 예상할 수 있으며 모시(毛詩)박사, 의(醫)박사, 역(易)박사, 오경박사 등 일종의 교육 담당관 직책인 박사제도가 있었다(하남길, 2010: 571).

1) 신라

(1) 국학

신라는 20대 지증왕 4년(503) 국호를 신라라 칭하고 중국의 직제를 받아들이면서 왕호를 사용하였으며, 법흥왕 7년(520) 율령을 반포하면서 법령을 정비하였다. 법흥왕 15년 불교를 공인하면서 본격적인 중국의 문물을 수용하였고 30대 문무왕 16년(676) 삼국을 통일하였다. 국학은 대표적인 국립 교육기관으로 신문왕 2년(682) 예부에 국학(國學)을 두게 되었으며 유교 윤리의 사회적 확장을 위한 제도적 장치로써 군사적인 훈련과 인격 함양을 목적으로 귀족 자제들을 대상으로 교육을 실시하였다(하남길, 2014: 572).

(2) 화랑

화랑은 심신일원론(心身一元論)을 바탕으로 몸과 정신의 건강을 중요하게 여기는 사상으로 통일신라가 되기 위해 가장 큰 역할을 하였다. 화랑도는 민간수양단체의 성격으로 국선도(國仙徒), 풍류도(風流徒), 원화도(源花徒)라 불렸으며 화랑도의 조직이 체계화된 것은 진흥왕(540~575) 때이다. 화랑 집단은 화랑과 화랑을 따르는 다수의 낭도(郎徒)로 구성되었으며 화랑은 용모가 단정하고 믿음직하며 진골 귀족 낭도의 추대를 받아 뽑혔다(하웅용 외, 2018: 225). 화랑도는 현대교육인 전인적인 인간을 육성하는 데 목적이 있으며 교육체계에는 신체단련과 군사적 성격의 무예, 유희적 성격의 놀이 문화가 있었다. 『삼국사기』와 『삼국유사』에는 신라 화랑들의 활동에 대한 기록들이 있는데 이러한 기록들은 화랑들이 검술, 창술, 승마 등을 연마했다는 사실을 입증해주는 것이며 특히, 신체적인 단련이 중요한 교육 영역의 하나였음을 뜻한다. 화랑도의 성격과 기능에는 교육적 기능이 강하였기 때문에 청소년 교육단체로써 단체 활동을 통해서 도덕적 품성과 미적 정조를 함양하고, 신체적 단련을 함으로써 사물에 대한 판단력과 선악의 가치판단을 할 수 있는 인재들을 양성하였다(하남길, 2014: 572). 화랑도는 원광법사가 지은 세속오계의 계율을 바탕으로 삼국통일의 기초를 이룩하는데 크게 기여하였으며, 화랑도의 교육훈련 과정에는 산속에서 고행을 통해 신체와 정신의 강화를 목적으로 하는 입산 수행은 화랑도의 신체적 교육의 독특한 방법의 하나였다. 화랑도의 입산 수행 목적은 신체적, 정신적 단련은 물론 영적인 힘의 체득과정을 파악하는 종교적 의미도 있었다(이진수, 1990: 158). 또한, 신체 고행 및 각종 무예를 습득하고 명산대천을 돌아다니며 일종의 야외활동으로 다양한 신체활동을 통한 수련하는 편력과 가무, 축국, 수렵 등이 포함되었다.

> **세속오계**
> 사군이충(事君以忠) _ 충성으로써 임금을 섬기어야 한다.
> 사친이효(事親以孝) _ 효로써 부모를 섬기어야 한다.
> 교우이신(交友以信) _ 믿음으로써 벗을 사귀어야 한다.
> 임전무퇴(臨戰無退) _ 싸움에 나가서 물러남이 없어야 한다.
> 살생유택(殺生有擇) _ 살아있는 것을 죽일 때에는 가림이 있어야 한다.
> 출처: 하남길(2010: 207)

화랑도의 다섯 가지 계율 중에서 사군이충, 사친이효, 교우이신은 유교의 영향을 받은 덕목이며 임전무퇴와 살생유택은 불교적 덕목으로 부처가 거처하는 땅이라는 불국토(佛國土)사상이 내재되어 있다. 불국토란 자비가 충만하여 모든 사람이 행복을 누리는 불교의 이상 국가를 뜻하며 애국심을 갖게 하려는 의도에서 이루어졌던 것으로 보고 있다(정영근 외, 1999: 140).

2) 고구려
(1) 태학(太學)

최초의 관학(官學)이며 고등교육기관의 효시라 할 수 있는 태학은 소수림왕 2년(372년)에 설립되었다고 하며 유교 윤리의 사회적 확장을 위한 제도적 장치로써 귀족의 자제를 대상으로 군사적인 훈련과 인격 함양을 위한 교육을 실시하였고 국가의 관리 양성을 목적으로 하였다.

(2) 경당(扃堂)

『구당서(舊唐書)』에 의하면 "혼인하기 전의 자제(子弟)는 이곳에서 밤낮으로 책을 읽고 활쏘기를 익혔다"는 기록이 있다. 경당은 평민층의 자제에게 경학·문학·무예를 가르치는 사립초등기관으로 경서와 함께 활쏘기를 익히는 문무겸비(文武兼備)를 목적으로 한 군사훈련의 성격이 강하였다(하남길, 2014: 571).

3) 백제

백제는 마한의 북부지역에서 온조왕(溫祚王)이 세운 나라이며 후에 마한을 통합하여 고대국가로 빠르게 발전하였다. 백제는 중국의 남조문화와 부여, 고구려의 문화를 그대로 흡수하여 빠르게 발전한 나라이다(하웅용 외, 2018: 231). 백제에 학교가 있었다는 기록이 발견되지 않고 있지만, 백제의 경우도 신라의 화랑도나 고구려의 경당과 같은 교육제도가 분명히 존재하고 있었을 것으로 추측된다. 백제의 왕인 박사가 일본의 초청으로 일본에 논어와 천자문을 전했다고 한다(박의수 외, 2002: 34). 이러한 기록으로 보아 백제에서도 교육과 학문의 수준이 상당히 높았던 것을 알 수 있으며 백제는 모시(毛時)박사, 의(醫)박사, 역(易)박사, 오경(五經)박사 등 박사제도를 두고 있었다. 하지만 백제는 삼국 가운데 가장 먼저 멸망하여 그들의 문화를 후대에 전달하지 못하여 체육단체의 존재 여부를 선명하게 드러내지 못하고 있다.

2. 삼국시대의 무예

삼국시대는 고구려, 백제, 신라가 치열하게 대립하는 과정에서 성장하였다. 삼국의 충돌은 매우 격렬한 양상을 띠며 군사력 배경으로 전투기술이 급속하게 발전되었으며 대내적인 결속력 강화와 대외적인 정복을 위하여 군사 중심의 무예수련은 조직적으로 수행되어 국방체육의 한 영역으로 무예가 발달하였다.

고구려의 대표적인 무예로는 궁술, 기마술, 각저(角抵), 수박(手搏)을 비롯하여 창술, 검술, 석전(石戰) 등이 있었으며 대표적인 무예는 기마술과 궁술이었다. 그리고 고구려의 고분벽화, 수렵도, 기마도, 각저도, 수박도, 무용도 등은 다양한 신체적 교육활동이 존재하였음을 보여준다.

가. 기마술

삼국시대 마구(馬具)와 함께 기마의 상황을 알 수 있는 유적으로 고구려 고분 벽화의 기마수렵도, 기마전투도, 기마행렬도, 기마무사도 등이 있으며,『삼국사기(三國史記)』「고구려본기」시조 동명성왕 조(條)에는 부여 왕이 주몽에게 말을 기르도록 하였다는 기록이 보이며, 기사술(騎射術)로 마희(馬戲)와 기사(騎射)가 있었다.『삼국사기(三國史記)』에는 마숙(馬叔)이라는 놀이 용어가 등장하다가 6세기경 마희(馬戲)라는 용어가 등장하는데, 신라 지증왕 때 연해의 장군이 된 이사부(異斯夫)가 거도의 마숙을 배워 가야(伽倻)를 속이고 영토를 빼앗았다는 기록이 있어 삼국시대의 마희는 말을 조련하며 즐기는 다양한 놀이였던 것으로 추정된다(하늘길, 2010: 573).

기사(騎射)란 말을 타고 달리며 활을 쏘는 것으로 삼국시대부터 중요한 무예교육의 한 영역이었다. 기사의 형태는 고분벽화를 통해 알 수 있는데 승마 자세, 활을 쏘는 모습, 칼이나 창의 형태와 사용하는 동작, 복장의 형태 등이 그려져 말을 타고 사냥하는 박진감 넘치는 동작을 보여주고 있다.『삼국지(三國志)』에는 고구려, 부여의 여러 종족이 기사에 뛰어났다는 기록이 담겨 있으며,『삼국사기(三國史記)』에는 왕과 5부의 병사들이 사냥을 떠나는 모습이 기록으로 남아 있다. 그리고 중국 사서인『주서(周書)』에는 백제의 무기는 활, 화살, 칼, 창 등이 있었으며 기사를 중요하게 여겼다는 기록이 남아 있다(이진수, 1996: 39).

나. 궁술(활쏘기)

우리나라는 부족국가 시대부터 궁술이 발달되었다. 고구려 건국신화에 등장하는 고구려의 시조 동명성왕의 성은 고(高)씨였고, 이름은 주몽(朱蒙)이었다. 주몽이란 명칭은 명궁수(名弓手)란 뜻으로 '활 잘 쏘는 이'를 이르는 부여 말로써 신 혹은 왕이라는 등식이 성립되어 있었다. 실제 신화에 등장하는 영웅과 나라를 세운 시조들은 거의가 명궁수들이었으며 한국인이 활을 중요시한 수렵민족이라는 사실과 고대 한국인들이 궁술을 대단히 중요 시 하였음을 알 수 있다(이진수, 1996: 93).

활은 2미터가 넘는 장궁(長弓), 1미터 내외의 단궁(短弓)의 길이에 의해 두 종류로 구분되며 궁재를 반대로 강하게 눌러 굽혀서 시위를 거는 만궁(彎弓)과 시위를 반대로 걸지 않는 직궁(直弓)의 2종의 형식이 있다. 한국과 중국은 만궁으로 단궁이다. 이 사실은 고분벽화에 의해서 확인할 수 있는데 고구려는 무용총, 각저총, 통구 제12, 제17호분, 안악 제3호분 등에서 확인할 수 있으며 백제의 활로는 전라남도 나주 번남면 신촌리 제9호분 2옹관묘에서 한 벌의 활이 발견되었으나 당시 조사한 일본의 학자가 보고하지 않았기 때문에 상세한 내용은 알 수 없다. 그러나 옹관 내의 유물 배치도를 보면 활고자의 부분이 만곡(彎曲)되어 그 형태를 보아 백제의 활도 만궁이었음을 알 수 있다. 신라는 금관총에서 출토된 목제 금동피미(金銅披弭) 3개로 추찰할 수 있으며 신라의 활이 만궁이라는 사실은 경주에서 발견된 수렵문전(狩獵文塼)의 기마 수렵도문에 의해서 확인할 수 있다(이진수, 1996: 96).

촉의 형태는 다양하지만 대별하여 편평하면서도 폭이 넓은 평근식(平根式)촉과 가늘고 뾰족한 첨근식(尖根式)촉의 두 종류로 나눌 수 있다. 고구려, 백제, 신라는 평근식촉과 첨근식촉의 형태의 변화가 차이점은 있으나 촉은 일반적으로 철촉으로 단조(鍛造)라는 제작상의 기법으로부터 여러 가지의 형태가 만들어져 지극히 풍부한 변화를 나타낸다(이진수, 1996: 94).

삼국시대의 궁술은 매우 중요하게 취급되어진 교육 과정의 한 분야였다.『맹자』에는 중국 은(殷)나라 시대부터 학제에 활쏘기를 가르치는 서(序)가 있었다는 기록과『논어』에도 활쏘기가 하나의 교육활동이었다는 기록이 있다. 고구려의 경당(肩堂)에서도 활쏘기를 교육했고 신라에서는 궁전법

(弓箭法)으로 인재를 등용하였다. 『삼국사기』에 따르면 신라에서는 788년(원성왕 4년) 독서삼품과를 두어 인재 등용법이 생겨나기 전까지 궁전(弓箭)에 의해 인재를 등용하였다. 백제도 활쏘기는 백성이나 임금이 갖추어야 할 중요한 자질의 하나로 취급되었다(하남길, 2014: 574). 백제 비류왕(304~344) 시절 320년 궁의 서쪽에 사대를 만들고 매달 초하루와 보름에 활쏘기 연습을 했을 것으로 추정된다(최종삼 외, 2005: 329).

다. 각저

씨름으로 추정되는 각저(角抵)는 두 사람이 서로 맞잡고 힘과 기를 겨루는 종목으로 동양 여러 나라에서도 유사한 신체활동이 있었다. 각(角)은 서로의 힘을 비교한다는 것이며, 저(抵)는 서로 부딪힌다는 뜻이다. 각저는 몇몇 나라 간에 어원의 유사성을 보이고 있는데, 한국은 씨름(Ssirum), 몽고는 썰렘(Ssulrem), 중국은 쎄기유(Ssegiu), 러시아는 삼보(Sambo), 일본은 스모(Sumo)라고 부르고 있다. 이들 간에는 발음상 유사성을 찾을 수 있어 그 기원이 같은 것이 아닌가 추정된다. 우리나라에서 씨름에 관한 가장 오래된 사료는 각저총(角抵塚) 벽화이다. 각저총에는 두 역사가 몸을 맞대고 잡고 있으며, 심판으로 보이는 한 노인의 모습도 보인다. 그러나 각저가 언제 씨름으로 불리게 되었는가는 명확하지 않다(하남길, 2014: 579). 하지만 각저총에서 확인할 수 있는 것은 각저는 사회적으로 상당히 중요한 위치를 차지하고 있었을 것이라 확인할 수 있다. 고구려에서 씨름이 사회적으로 인정을 받지 못했다면 각저총에서 보는 것처럼 벽화의 단일 주제로 묘사될 수 없었을 것이기 때문이다(이진수, 1996: 221).

라. 수박

수박(手搏)이 행하여진 사실은 고구려의 고분벽화와 안악 3호 고분 등을 통해 확인된다. 그곳에는 두 사람이 일정한 거리를 두고 겨루는 자세가 나타나 있으며 손을 편 상태로 무릎을 구부린 동작을 취하고 있다. 두 사람이 대립하는 구도는 '양인대립(兩人對立)'으로 이 같은 대결 구도는 수천 년을 이어 내려오는 동양 격투기의 보편적인 대결 구도라고 할 수 있다(이진수, 1996: 223). 수박은 씨름처럼 손으로 맞잡고 메치는 것이 아니라 서로 떨어져서 주먹질로 상대편을 넘어뜨리는 무예로써 무사의 중요한 수련종목으로 널리 성행하였을 것이다. 또한, 격렬하고 전투적인 동작은 무사들에게 매우 직접적이면서 효과적인 훈련 방법으로 사용되는 실용적인 신체활동이었다.

3. 삼국시대의 민속놀이와 오락

고대국가 시대부터 민속놀이와 오락은 존재하였다. 삼국시대의 대표적인 민속놀이는 축국, 석전, 방응, 투호와 오락적 성격을 가진 여가놀이는 저포(樗浦), 위기(圍棋), 쌍육(雙六), 악삭(握槊) 등이 있었다(나현성, 1983: 29-41). 이런 놀이는 단지 유희의 목적뿐 아니라 구성원의 단결과 전쟁에 대비한 무예 수련의 의미도 있으며 귀족적 스포츠 성향을 가지고 있는 투호, 방응, 편력 등은 심신을 수양한다는 정신적 측면까지 포함한 활동이었다. 삼국시대에 성행한 각종 민속놀이와 오락의 유형을 살펴보면 다음과 같다.

가. 축국(蹴鞠)

축국(蹴鞠)은 가죽주머니에 겨를 넣거나 공기를 불어 넣어 만든 공을 발로 차는 게임이었다. 『삼국사기』에는 김유신과 김춘추가 김유신의 집 앞에서 축국을 했다는 기록이 있다. 김유신은 대표적인 화랑이며, 김춘추는 태종 무열왕이다. 이러한 사실들로 미루어보아 축국은 귀족사회에서 즐기던 체육활동이었다. 『삼국유사』에 기록된 김유신 집 앞에서 축국을 한 것은 특별한 구장이 아닌 집 앞의 빈터에서 축국을 행하였음을 시사한다. 축국은 한 사람 혹은 2~10인이 손을 제외한 온몸을 이용하여 공을 땅에 떨어뜨리지 않고 오래 차는 것인데 한 사람이 하는 것을 '일인장(一人場)', 두 사람은 '이인장', 열 사람이 하는 것을 '십인장'이라 한다(이진수, 1996: 17). 또한, 신라의 귀족들이 즐겼던 것으로 김유신과 김춘추가 축국을 했던 기록으로 보아 군사훈련의 의미도 있다고 할 수 있다. 그리고 고대 사회의 연중행사와 풍속을 기록한 『동국세시기(東國歲時記)』에는 큰 탄환(彈丸) 만한 공에 꿩 털을 꽂아 두 사람이 대립하여 공을 찼다는 기록이 있다(하남길, 2014: 578).

나. 석전(石戰)

석전(石戰)은 변전, 편전, 편쌈이라고도 한다. 한 부락이 동편 서편으로 나뉘어 돌팔매질하는 전투적 성격의 놀이로 돌팔매질을 피하여 달아나는 쪽이 패하는 경기였다. 『수서(隨書)』고구려전에 매년 초에 돌싸움을 했다는 기록이 있다(최종삼 외, 2005: 334). 『삼국사기』에 기록된 신라의 석전에 대한 설명에는 신라는 네 가지 당을 설치하였는데 첫째는 노당(弩幢: 쇠뇌부대), 둘째는 운제당(雲梯幢: 사다리부대), 셋째는 충당(衝幢: 성문과 성벽을 허물기 부대), 넷째는 석투당(石投幢: 돌 던지는 부대)이라는 기록이 있다(이진수, 1996: 196). 석전의 모습이 어떠했는지에 기록은 명확하지는 않으나 석투당은 문자 그대로 돌을 던지는 부대로써 집단 간에 돌팔매질하던 놀이 성격의 석전과 전투 훈련으로서의 석전이 있었던 것으로 추정하고 있다.

다. 방응(放鷹)

방응(放鷹)이란 매를 놓는다는 말로, 사냥꾼이 꿩을 발견하고 손목 위에 앉혀 놓은 매를 놓아 꿩을 잡는 것을 말한다. 따라서 방응(放鷹)이란 매사냥과 같은 말로 사용되고 있다. '방울소리를 듣고 찾아갔다'는 것은 꿩의 꼬리에 단 '매방울' 소리로 매의 소재를 알아내는 것을 말한다(이진수, 1996: 341). 고구려 안악 제1호분 벽화, 삼실총, 장천1호분에서 발견된 매사냥 벽화는 오랜 전통을 이어받아 고구려에서 성행하고 있었던 것으로 확인되며(이진수, 1996: 342), 방응은 동서고금을 통해 보이는 사냥의 한 종류로서『삼국사기』의 백제 아신왕 조에 방응의 활성화 상황이 엿보이는데, 사나운 매를 길러 꿩이나 기타 조류를 사냥하는 수렵이었다.

라. 투호(投壺)

화살 같은 막대기를 일정한 거리에 있는 항아리 안에 던져 넣는 게임으로 여성들도 많이 참여했다. 여가 시간에 행해지던 단순한 놀이의 성격도 있었으나 인격 수양이나 예절 교육과도 관련이 있었던 놀이이다. 사례에서는 활쏘기를 위한 넓은 사장(射場)이 필요하다. 그러나 사장이 없을 때는 투호로 활쏘기를 대신하였다. 투호를 실시하는 과정 그 자체가 덕성(德性)의 수양 및 덕행 그 자체로 대비되거나 인식되었다(이진수, 1996: 420). 사서오경의 하나인『예기』에 그 형식이 수록되어 있다는 것은 투호와 예절 교육의 상관성을 증명하는 것이라 할 수 있으며, 투호는 그 자체가 문화적 규범으로서의 의미를 가진 인간 수양을 위한 교양으로 자리 잡았다.

마. 기타

그 외 각종 오락으로는 저포(樗蒲), 위기(圍棋), 쌍육(雙六), 악삭(握槊) 등이 있었다. 저포는 중국의 놀이도 있는데 주사위가 4개로 '도박희(賭博戲)' 또는 '박희(博戲)'라고도 불렸다. 백제 때부터 성행했던 윷놀이와 비슷한 놀이로써 윷놀이의 "도, 개, 걸, 윷, 모"는 "돈(豚), 견(犬), 양(洋), 우(牛), 마(馬)"를 의미하며, 짐승의 크기와 빠르기 등이 고려되어 조직화된 놀이다. 위기는 혁기(奕棋), 박혁(博奕)이라고 하며 오늘날 바둑과 같이 흑백의 돌로 집 싸움을 하던 것이며 악삭과 쌍육은 주사위를 던져 나는 사위대로 말(馬)을 써서 겨루는 것이었다.

4. 신라 화랑의 체육과 사상

가. 화랑도의 체육활동

신라의 화랑도는 무예와 다양한 신체활동을 통하여 심신을 단련했던 사실이 잘 알려져 있다. 화랑의 체육은 효(孝)와 신(信) 등의 국민적 윤리를 강조하는 도의체육(道義體育)으로써 심신일원론적인 신체관을 바탕으로 신체의 덕(德)을 함양하는 데 목적을 두고 있다. 그것은 화랑의 기본 사상인 광명정대사상(光明正大思想)을 기초로 신체적 단련을 통해 심신의 조화로운 발달을 추구했기 때문에 화랑도의 교육 이상은 현대 전인교육의 이상과 일치하는 것으로 볼 수 있다(하남길, 2014: 580).

화랑은 신체에 직접적인 고통을 가하고, 이 신체적 고행(苦行)을 통해 체력의 강화는 물론 자신의 강인한 내면적 세계를 구축하고자 했다. 그리고 가무(歌舞), 편력(遍歷), 축국(蹴鞠), 수렵 등을 통해서 보다 폭넓은 인간 교육이 행하여 졌으며 검술, 기창술(騎槍術), 궁술, 기마술 등과 같은 무예의 수련 또한 필수적으로 행하여 졌다.

나. 화랑도 체육의 이념적 배경

초기의 화랑도는 고대 한국의 신라 청소년의 수행을 위한 민간단체의 성격을 띠고 있었기 때문에 심신의 수양을 위한 신체적인 활동은 교육적, 오락적 성격을 지닌 것이었다. 깊은 산 속으로 들어가 기도를 하며 수양을 하던 '입산 수행'이나 '명산대천'을 두루 돌아다니며 강인한 신체와 정신을 단련하던 수양 활동은 샤머니즘적 전통 신앙인 '선교'에 토대를 둔 것으로 보인다. 그것은 산악에 대한 숭배의식과 연관된 것으로 신체적 고행을 통하여 신선(神仙)의 경지에 도달하려는 교육적 활동으로 정의할 수 있다.

그러나 6세기 초부터 화랑도는 국가적인 제도로 성립되면서 교육적 기능이 강화됨과 동시에 군사단체의 성격을 띤 조직으로 변화되었다. 6세기 전후의 한반도는 고구려, 백제, 신라가 서로 팽창을 위한 대립이 가속화되고 있었다. 신라는 국가의 부흥을 위해서는 탁월한 지도자와 전사의 육성이 절실하게 요구되었기 때문에 궁술(弓術), 마술(馬術), 기마(騎馬), 검술(劍術), 창술(槍術) 등과 같은 무예 중심의 신체활동이 발달되었으며 사냥, 검무, 축국(蹴鞠), 편력(遍歷) 등과 같은 활동도 화랑도들의 교육이나 여가 활동의 수단으로 채택되었다(이기백, 1982: 87). 화랑의 신체적인 단련 활동은 충성, 효도, 신의, 용맹, 인(仁)과 같은 미덕의 함양에 있었으며 그것은 한국의 전통 신앙과 불교, 유교의 교육 이념이 결합된 것으로 나타난다.

신라의 화랑도는 지배계급으로서 보국충성(保國忠誠)할 수 있는 문무겸비(文武兼備)의 인재를 양성할 수 있는 삼국통일의 주체세력이었다. 따라서 화랑은 교양과 신체적 정신적 용맹성을 두루 갖추고 국가에 대한 충성심을 가진 집단이었다. 화랑들에게 신체활동은 단순히 체력의 육성이나 전사로서 기능 숙달을 위한 수단을 의미하는 것이 아니라 그 활동 자체를 통합적인 인간 교육의 수단으로 보았다. 화랑도는 법률로서 제정된 정식 국가기관은 아니었고 촌락 공동체의 청소년 단체로써 반관반민(半官半民)의 성격으로 자연을 벗 삼아 정신 수양을 하는 한편, 무예와 각종 신체활동을 통해 덕행을 쌓고 심신을 수련하였다(하남길, 2014: 536). 따라서 화랑도의 신체활동은 심신일원론적 사상을 기반으로 발달되었고, 신체적 단련 활동이 교육의 중요한 영역으로 취급되었음을 알게 한다.

다. 화랑 체육의 체육사적 의미

삼국시대의 신라는 고구려, 백제에 비하여 지리적으로 불리한 위치에 있기 때문에 화랑에게 군사적 성격의 훈련은 당연시 요구되는 상황이었다. 화랑도는 평상시에는 지도자 양성을 위한 과정으로 수양단체의 성격을 띠고 있었으나 국가의 위기 시에는 탁월한 충신과 뛰어난 장군, 용감한 병사가 모두 화랑을 통해 생겨났으며 이러한 사실은 화랑도의 체육사상이 군사적 성격을 지니고 있었음을 확인시켜주는 것이다. 화랑도의 무사정신과 임전무퇴의 계율을 지키기 위해 화랑들이 전쟁에 참여한 기록은 명확히 남아있으며 전쟁 시 장렬한 죽음은 화랑의 무인 기질의 상징이며 무사 정신의 표본이다(하남길, 2014: 581).

화랑도는 심신의 단련을 통한 도덕적 인간의 육성을 추구하고 자연의 숭배라는 종교의식과 연관된 활동이다. 또한, 화랑의 수련에 있어 빼놓을 수 없는 음악, 무용, 노래도 포함되어 오락적 성격도 내재되어 있다. 화랑제도가 청소년들에게 집단 활동을 통해서 도덕적 품성과 미적 정조를 함양하고 신체적 단련을 통해 강한 청소년을 양성하려 했던 점에서 체육사적으로 큰 의미를 지닌다.

우리나라는 역사적으로 유교사상이 정치와 사회를 지배했던 시대로 숭문사상에 입각한 교육의 영향을 받아 신체문화가 발달하지 못했다. 그러나 『삼국사기』의 기록에 의하면 삼국시대에서는 신체적 탁월성을 매우 중시하였으며 신라인들은 뛰어난 외모와 체격을 지닌 자만이 군주로서 군림함으로써 신체 그 자체에 높은 가치를 부여했고 신체의 미(美)도 매우 중시했다(하남길, 2014: 580).

화랑 체육은 심신 일체적 신체관을 토대로 신체활동을 통한 수련 자체를 덕(德)의 함양 수단으로 생각했으며 신체적 활동을 매개로 추구한 광명사상(光明思想)의 구현과 심신의 조화를 이룬 인간상(人間像)의 구현으로 파악된다. 또한 화랑도는 군사적, 교육적 측면의 목적을 갖춘 세계적으로 자랑할 수 있는 우리 민족의 유산이자 체육사적 유산이기도 하다. 화랑도의 신체활동과 교육에는 특별함이 있었으며 교육과정 속에서 발견할 수 있는 무예 수련의 입산 수행과 편력은 신체적 단련 뿐 아니라 정신적 측면을 함께 수양하였다는데 의미가 있다.

Ⅲ부
고려시대의 체육

제3부에서는 고려시대의 체육에 대하여 살펴본다. 고려시대의 체육은 1장 고려시대의 사회와 민속놀이, 2장 고려시대의 무예로 나누었다.

1장 고려는 918년 송악(개성)지방의 호족 출신인 왕건이 건국하였다. 고려시대의 교육제도에 대하여 관학(官學), 사학(私學), 과거제도(科擧制度)를 살펴보았다. 고려시대 귀족사회의 민속놀이로 격구(擊毬), 방응(放鷹), 투호(投壺)를 다루었고, 서민사회의 민속놀이로 축국(蹴鞠), 추천(鞦韆)의 활동 내용을 파악하였다.

2장 고려시대의 무예에서는 국자감에 설치된 칠재(七齋)를 살펴보았고, 그 가운데 무학(武學)을 공부하는 강예재(講藝齋)를 다루었다. 무신정권은 숭문천무(崇文踐武) 사상으로 문신이 무신을 경시하는 것에서 비롯되었다. 고려시대에는 무신정권의 영향으로 호위 및 군사 훈련에 기반한 신체 활동이 중시되었고, 다양한 무예 활동 가운데 수박(手搏)·궁술(弓術)·마술(馬術)·각력희(角力戲)·석전(石戰)의 내용을 짚어보았다.

1장 고려시대의 사회와 민속놀이

양현석

 학습목표
- 고려시대의 사회와 교육을 이해한다.
- 고려시대의 민속놀이를 이해한다.

1. 고려시대의 교육제도

가. 고려시대의 사회

918년 고려는 태봉을 세웠던 궁예를 몰아내고, 송악(개성)지방의 호족 출신인 왕건이 건국하였다. 왕건은 고려를 건국한 뒤 신라(935), 후백제(936)를 멸하고 다시 통일 국가를 세웠다. 고려왕조는 호족들이 연합하여 구성한 나라로 1392년 34대 공양왕까지 475년간 존속하였고, 호족들은 중국의 관료 제도를 받아들였다. 사상적인 측면에서 고려는 불교와 유교를 동시에 수용하였다. 불교는 수신(修身)의 도(道)였으며, 유교는 치국(治國)의 도(道)였다. 토지는 국유 제도였다.

문화적으로는 금속활자의 발명, 상감청자 같은 도자기 기술의 발달, 「삼국유사」 같은 역사서 집필, 쌍기의 건의로 시행된 과거제도 도입 등과 같은 독창적인 문화를 창달하였다. 고려의 신분제도는 신분을 크게 양인과 천인으로 나누는 양천제이다. 하지만 사회 신분을 다시 분류하면 지배층을 이루는 귀족과 중류층, 피지배층을 이루는 평민과 천민으로 나뉜다. 고려의 최고 지배층은 보통 문무 관리를 중심으로 한 귀족이다. 이들은 여러 대에 걸쳐 고위 관직에 오른 문벌 가문 출신으로 주로 개경에 거주하면서 정치적 · 경제적으로 많은 특권을 누렸다(이현종, 1983: 191).

나. 고려시대의 교육

고려시대는 국가 통치에 필요한 인재를 길러내며, 백성을 교화하고 풍속을 바로 잡기 위해서 교육을 중요하게 생각하였다. 고려 건국 초기의 교육제도는 신라의 교육제도를 계승하였으나 고려시대 교육의 특징으로 유교적 정치이념에 입각한 문치주의 교육, 사학(私學)의 발달을 들 수 있다. 유학 교육 기관으로는 관학인 국자감(국학)과 동서학당(5부학당) 그리고 사학인 12도가 있었고, 지방에는 향교와 서당이 있었으며, 유교 경전에 능통한 학자 경학박사를 파견하기도 하였다(고벽진 외, 2005:36).

(1) 관학

① 국자감

국자감은 지금의 국립대학에 해당하는 최고의 교육기관이었다. "좋은 곳을 가려 널리 서재와 학사를 짓고 전장(田莊)을 지급하여 학량(學糧)에 충당하며 또 국자감을 창건하라(『고려사』 권3, 성종 11년 12월 병인).".이는 국가에 필요한 인재를 배출하기 위한 곳으로., 고려 최초의 교육기관으로서 성종 11년(992) 이전에 이미 신라의 국학을 계승한 교육기관이 존재하였고, 이것이 성종 11년에 중국 제도를 의거하여 국자감으로 명칭을 변경하면서 이에 맞게 건물을 세운 것으로 알려진다(한국중세사학회, 1997:216).

② 향교

고려의 향교는 지방의 교육을 위하여 설치된 교육기관인데, 언제부터 교육이 실시되었는지는 명확하지 않으나 성종 이후 지방의 관립학교로 운영되었다. 예종과 인종 시대에는 군 단위까지 전국적으로 향교가 설립되었다. 향교는 유학의 전파와 지방민의 교화에 목적이 있었다. 향교의 입학 자격은 국자감의 율학·서학·산학의 경우와 마찬가지로 문구관 8품 이하의 자제와 서인(庶人)에게 입학을 허가하였다. 교육내용은 유교 경전이 중심이 되었다. 향교가 각 지방에 세워짐에 따라 지방교육과 유학이 발달하였다(고벽진 외, 2005: 38~39).

③ 학당

학당은 순수한 유학 교육기관으로서 서민을 위한 교육제도였다. 학당이 국자감 및 향교와 특별히 다른 점은 문묘를 설치하지 않았다는 것이고, 1261년(고려 원종2)에 동·서의 두 학당(學堂)을 처음으로 설치하여 각각 별감(別監)을 두고 가르친 것이 처음이다. 그 뒤에 유교가 불교에 대신하여 사상계(思想界)를 지배하게 되자 개경의 각 부에 학당을 설치하여 5부 학당으로 정비 강화되었다. 고려 말 1390년(공민왕 2년)에 정몽주는 당시 성균관에 재직하면서 동서학당 외 남부, 북부, 중부에 세 학당의 증설을 제기했으며, 북부학당을 제외한 동·서·남·중의 사부학당이 설치되었으며, 이는 국도(國都)의 동·서에 설치된 서민 교육기관이었다(한국교육사연구회, 1998: 180).

(2) 사학

① 12도

사학 12도는 고려시대 수도 개경에 설립된 12개의 사학을 가리킨다. 사학은 관학이 그 역할을 제대로 수행하지 못하고, 문벌 중심으로 문화가 발전하면서 보다 차별화된 양질의 교육을 받으려는 열망에서 설립되었다(한국중세사학회, 1997: 219). 목종 8년(1005) 문과에 장원급제하여 문종(1046~1083) 시대까지 5대에 걸쳐 여러 관직을 두루 역임했던 해동공자 최충이 72세로 관직을 은퇴한 이후 9재(齋)를 짓고 학당을 설립하고 이름을 시중최공도(侍中崔公徒) 또는 문헌공도(文憲公徒)라고 하였다. 최공도의 교육성과가 널리 알려지자 유명한 유학자들이 유사한 도(徒)을 개설하게 되었는데, 그중 유명한 11개 도(徒)을 더하여 12도(十二徒)라고 부르게 되었다. 국자감과 향교는 부진했고 학당은 아직 출현하기 전이어서 고려가 멸망할 때까지 360년간 존속한 12도는 고려의 중요한 교육기관이었다. 12도가 발전한 이유는 다음과 같다. 첫째, 국자감(국학)의 부진을 들 수 있다. 고려시대 전반에 걸쳐 내우외환이 계속되어 국자감이 부진해지자 면학에 뜻을 둔 젊은이들이 12도로 몰리게 된 것이다. 둘째, 과거제도에 치중한 사회 풍조를 들 수 있다. 최충 등의 사학 설립자들은 대부분 과거 출신의 권위 있는 지도자이며, 후학을 양성하여온 경력자였기 때문에 과거 지망생들이 12도로 몰리게 되었다(남궁용권 외, 2008: 42).

② 서당

향촌의 부락에 설치된 민간의 자생적인 사설 교육기관이다. 이러한 성격으로 인하여 서당의 기원을 고구려의 경당에서 찾기도 한다(고벽진 외, 2005:39). 고려의 서당에 관한 상세한 기록은 없으나 목종 6년(1003) 왕의 교서에 천인의 자제들이 책보를 끼고 스승을 따라 배운다는 기록이 있으며, 인종 2년(1124)에 송나라 사신 서긍(徐兢)이 쓴 『고려도경(高麗圖經)』에 민간 자제의 미혼자가 무리로 모여 스승에게 경을 배운다는 기록이 있다.

(3) 과거제도

고려의 과거제도는 958년(광종 9년)에 쌍기(雙冀)의 건의로 시행되었으며, 과거제도는 시험을 통해 학문적 소양을 쌓은 관료를 선발함으로써 공신 세력을 제압하고 왕권을 강화하려는 목적에서 실시되었다. 과거는 제술업(製述業), 명경업(明經業), 잡업(雜業)의 세 종류가 있었다. 제술업과 명경업은 문관의 등용 시험이었고, 잡업은 기술관의 등용 시험이었다. 제술업은 주로 시(時), 부(賦), 송(頌), 책(策), 논(論)등 문예(문장)를 시험하고, 명경업은 유교 경전, 잡업은 해당 기술 기능의 학문을 시험하였다(박의수 외, 2002:52).

2. 고려시대의 민속놀이

가. 귀족사회의 민속놀이

고려사회는 문치주의를 표방하면서 새로운 성격의 지배층이 형성되었다. 지배층으로 등장한 문반 귀족들은 각종 체육활동에 유희·경기적인 요소를 가미하였다. 기마술은 구기(毬旗) 경기로, 궁사는 유희 경기로, 수박은 관람용으로 변했다(조명렬 외, 1997: 324~325).

(1) 격구

① 격구의 기원

말을 타고 하는 마상 격구는 원래 파사(波斯) 즉 페르시아지방에서 유래된 것으로 현대의 폴로(Polo)경기도 이곳에서 유래되었으며, 폴로란 말은 티베트어의 풀루(Pulu)에서 왔다고 한다(이진수, 1996: 22). 격구는 실크로드를 따라 중국 서장 및 인도 제국으로 전파되고, 중국 당나라에 전래되어 격구(擊毬)로 불리면서 고구려, 신라에 전해진 것으로 추측된다. 발해와 후삼국시대에 이은 고려시대와 조선 초기시대에는 귀족과 지배층들 사이에서 축국, 수박(무술)과 함께 가장 유행하는 인기 경기였으며, 군사훈련으로도 성행하였다.

② 고려시대 격구의 성행 배경

고려 태조 원년 9월 갑오에 "상주의 적사 이자개(아자익)가 사자를 보내어 귀순하려 하매 왕이 명하여 그를 맞이하는 의식을 구정(毬庭)에서 하게 하였다"라는 기록과 태조 2년에 아자개 일행의 환영식을 격구장에서 했다는 고려사(高麗史) 기록이 있다. 특히 고려시대에 격구가 크게 성행하여 국가적인 행사로 단오절에 왕이 참관하는 등 대규모 격구대회가 벌어졌다.

격구는 고려의 역대 왕들이 좋아하였는데, 특히 의종이 격구를 좋아하고 능숙했으며, 무관들이 수박과 더불어 격구를 통해서 무예를 연마하는 군사적 목적과 함께 격렬한 마상놀이로 행해지기도 했다. 특히나 격구 경기는 왕이나 지배층의 눈에 띄어서 발탁되는 등 출세가도로 여겨지게 되었고 심지어 경기를 통해서 벼슬이 거래되는 등으로 변질되었다.

중국 당나라 때 태종은 격구의 운동방식을 체계화하여 축극(蹴鞠)과 더불어 무예를 익히기 위한 훈련의 한 방법으로 장려하였으며, 경기로, 말이나 광활한 구장이 필수적이라는 점에서 볼 때 귀족적인 것이었다(윤종만, 1998: 25). 또한 세시풍속으로서 단오날 행하던 경기로 고려시대 이색(李穡)(1328~1396)의 목은고(牧隱藁) 권23 시(詩)에 의하면, "단오일에 재추(宰樞)들이 격구(擊毬)를 구경하였다. 큰길가에 채붕(彩棚)을 걸고 격구를 하는데, 무릇 격구하는 이들은 모두 상(上)께서 낙점(落點)한 사람들이고 낙점받은 이가 아니면 감히 참여할 수 없으므로, 이 때문에 재상(宰相)도

나가서 격구를 하는 이가 있었다. 나는 상당군(上黨君)과 함께 저자 옆으로 가서 신평군(信平君)을 만나 시루(市樓)에 올라가서 구경하였다(국립문화재연구소, 2005: 295)." 격구는 신분이 있는 귀족과 지배층에서 유행하는 경기였다.

격구경기는 한반도에 전해지며 두 가지 성격을 띠고 발달하였다. 첫째, 군사훈련, 즉 연무 수단이었다. 격구는 주로 말타기 능력 향상을 위한 훈련 수단이었으며, 그 외 기창, 기검, 기사 능력 향상을 위한 수단으로 채택되었기 때문에 격구가 성행하였다. 『고려사』숙종시대의 기록에 따르면, 고려시대의 격구 경기는 예종 5년(1110) 신기군(神騎軍)에 의하여 처음 실시되었다고 한다(이진수, 1996: 38). 당시에는 동여진의 침입을 막기 위하여 국가 방위에 총력을 기울이던 시기였고, 격구가 군사훈련을 위한 수단으로 채택된 이후부터 급속히 확산되었던 것이다.

둘째, 귀족들의 오락 및 여가 활동이었다. 격구는 왕, 귀족, 무인들의 오락이나 스포츠의 성격을 띠고 발달하였으며, 오락적 특성도 격구의 성행 배경이 된다. 격구는 신기군의 군사훈련을 위해 채택된 이후부터 고려사회에 급속히 확산되었으며, 예종 11년(1116)의 기록에는 영성군(寧城君)도 격구에 참여한 것으로 나타난다. 중세 말(馬)을 소유한 부유한 계급이 기사(騎士)였듯이 격구에 참여한 계층은 주로 왕족이나 귀족계급이었다. 예컨대 의종(1146~1170)의 격구 애호는 도를 넘은 수준이었다고 한다. 그는 즉위 4년 9월 북원에 격구를 위한 구장(毬場)을 축조했으며, 11월에는 궁정의 내시들까지도 격구에 참여하라고 명하였다. 그 외 명종(1170~1197), 희종(1204~1211), 충렬왕(1274~1308) 등 많은 고려의 왕과 귀족은 격구를 즐겼던 것으로 기록되고 있다. 특히 최씨 무인 집권기에는 한층 더 성행하였다(하남길, 2013: 590).

③ 격구의 폐단

격구는 200보(250m) 정도 되는 넓은 구정(毬庭)에서 실시되었다. 『고려사』에 보이는 구정의 규모를 보면 3만 명이 식사를 할 수 있던 곳, 동서로 수백 보로 된 바둑판 같은 곳, 4백 보 정도의 규모에 둘레가 수리에 달하는 곳이었다(조명렬 외, 1997: 325). 당시 부녀자들도 격구를 할 정도로 대중화 양상을 보이면서 점차 사치스러운 모습으로 변해가기 시작하였다. 특히 최씨 무인 정권에는 격구의 사치성이 극에 달하였다. "최이(崔怡)는 격구장을 만들기 위하여 민가 수백 채를 점탈하였으며, 이곳에서 습전을 시키고, 습전을 마치면 주식(酒食)으로 향연을 펼쳤다. 그의 아들 최항(崔沆)도 자기 집에 고관들과 연회를 하면서 격구를 구경했는데, 당시 마별초(馬別抄) 중에는 금(金)으로 장니(障泥)를 장식하고, 금으로 만든 꽃잎을 말머리와 꼬리에 꽂은 자도 있었다."고 한다(이진수, 1996:49). 결국 고려시대의 격구는 무예적 요소와 유희적 요소를 동시에 지니고 발달하였으며 말이나 장비를 구할 수 있는 경제적 여건이 갖추어진 특수 계층만 참여하였고 그 폐단도 심하였다(하남길, 2013: 530).

(2) 방응

방응(放鷹)이란 말 그대로 '매를 놓다'는 말이다. 매를 날려 보내어 꿩이나 토끼등의 짐승을 잡는 수렵 활동을 의미한다. 방응, 즉 매사냥은 삼국시대부터 성행하던 것으로 사나운 매를 길러 꿩이나 기타 조류를 사냥하는 수렵 활동이자 무예 훈련의 성격을 지니고 있었다. 방응은 신라시대부터 시작되었으나 특히 고려시대에 매우 성행하였다. 고려시대의 매사냥은 1227년에 과도하게 이루어져서 어사대(御史臺: 감찰관직)에서 매사냥을 금지할 정도로 성행하였다(『고려사』, 고종 14년 을축조).

충렬왕 때에 "왕은 공주와 함께 응방을 인솔하고 매사냥을 하고 있다."는 기록이 보이는데(이진수, 1996: 345), 이 시기부터 매사냥은 매우 체계적인 관리체계 속에서 확산되었다. 충렬왕 즉위 1년(1274)에 응방(鷹坊)이 설치되었으며, 4년에는 각 지역의 응방심검별감(鷹坊審檢別監) 등을 두어 응방을 관장하였다. 충렬왕 5년에는 전라도 응방사(鷹坊使)가 임명되는 등 체계적인 관리체제를 갖추게 되었으며, 9년(1283)에는 응방도감(鷹坊都監)이 설치되어 전국의 응방사(종3품)의 관리 하에 들어갔다.

(3) 투호

투호(投壺)는 화살 또는 화살 같은 긴 막대기를 일정한 거리에 놓인 병 속에 던져 넣는 놀이로 삼국통일 이전에 이미 한반도에 소개되었고, 고려왕조에도 계승되었다. 『고려사』에서 예종은 즉위 11년(1116) 청연각(淸燕閣)에 행차하여 투호 편을 강론케 하고, 보문각 학사들에게 폐지했던 투호를 다시 실시하려 하였다는 내용이 포함되어 있다(한국학문헌연구소, 1990: 284). 『고려사』 기록에는 투호가 왜 폐지되었는지 얼마나 성행했는지에 관한 자세한 기록이 없으나 고려시대에도 투호는 왕실과 귀족사회에서도 성행했던 유희였다(하남길, 2013: 591).

나. 서민사회의 민속놀이

고려시대 서민들의 오락이나 스포츠였던 것으로 추정되는 유희는 축국, 씨름, 그네뛰기, 연날리기, 석전 등이 있다. 이러한 오락적 행사는 주로 불교 행사인 팔관회(八關會)나 단오절(端午節) 같은 명절에 열리는 경향이 많았다. 팔관회는 신라 진흥왕 때 시작하여 고려시대에 가장 융성하였던 민족적인 불교 축제로 금욕적 성격이 짙었다. 팔관회는 망언하지 않고, 살생하지 않고, 도둑질하지 않고, 음란한 일을 하지 않고, 술 마시지 않는 5계(戒)에다가 높은 자리에 앉지 않고, 사치하지 않고, 가무하며 놀지 않는다는 3계(戒)를 더한 8가지 금욕적인 계율(戒律)을 하루만이라도 지켜보자는 데서 나왔다(조명렬 외, 1997: 328). 단오절(음력 5월 5일)은 4대 명절 중 하나로 지방마다 차이가 있으나 마을 축제가 열릴 때 씨름, 그네, 닭싸움, 석전, 윷놀이, 정재, 투계, 투호, 연날리기 등과 같은 다양한 문화 행사를 동반하였다.

(1) 축국

고려시대에 축국(蹴鞠)이 행해졌다는 기록으로는 명종시대의 대문장가인 이규보의 율시가 있는데, "우연히 기구(氣球)를 보고 생각되는 바 있어 뜻을 붙여 시를 짓되 공에 바람을 넣어 사람들이 모여 차다 바람이 빠져 사람들이 또 헤어지니 쭈그러진 반주머니만 남더라(나현성, 1979: 59)."는 시 구절에서 시사되는 것으로 공에 공기를 넣는 데까지 발전하였음을 알 수 있다. 이 율시에 보이는 기구는 축국의 한 갈래로서 발로 차는 것임이 틀림없다(곽형기 외, 1994: 95).

(2) 추천

그네뛰기, 즉 추천(鞦韆)은 주로 단오절에 가장 많이 행하여 졌으며, 남자, 여자 혹은 남녀 혼성으로 그네를 타기도 하였으나 여성의 유희로 인기가 있었다. 그네뛰기에 관한 기록은 『고려사』 「열전」 최충헌 조에 보인다. "단오일에 권신 최충헌이 백정동궁에서 그네뛰기를 베풀고, 문관 4품 이상의 선비를 초청하여 3일 동안 놀았다."는 기록이 있고, 최이전(崔怡傳)에는 "종실과 관원들을 초청하여 연회할 때 채붕을 매어 산같이 만들고, 수를 놓은 장막과 집 휘장을 둘러치고, 그 가운데는 그네를 매어 무늬 놓은 비단과 채색 꽃으로 꾸몄다."는 기록이 있다(조명렬 외, 1997: 329). 그네뛰기는 서민들의 민속적 유희였던 동시에 공식적인 연회에서의 여흥을 위한 수단이기도 하였다.

2장 고려시대의 무예

김은정

학습목표

- 고려시대의 무예 관련 교육제도를 살펴본다.
- 고려시대의 무신정권과 무예에 대해 파악한다.
- 고려시대의 다양한 무예 활동을 짚어본다.

1. 고려시대의 무예 교육제도

고려시대 최고의 국립 교육기관은 국자감(國子監)이었다. 국자감의 교육은 문인 관료 양성에 초점을 두었고, 예종(고려 제16대 왕, 1105~1122년 재위) 때에는 무인 관료 양성의 필요성도 대두되었다. 이에 1109년(예종 4년) 국자감에서는 문무(文武)의 주요 과목들을 배우게 하고자 일곱 가지의 전문강좌로 칠재(七齋)를 구성하였다. 칠재의 내용은 세부적으로 유학(儒學)의 여섯 강좌와 무학(武學)의 한 강좌로 구성되었으며, 무학 교육이 포함된 칠재를 일컬어서 '문무칠재(文武七齋)'라고도 한다.

고려시대에는 유교 경전 위주의 유학 교육이 주를 이뤘다. 이런 가운데 예종 때 문무칠재(文武七齋)를 실행하게 된 것은 무인 관료인 장수와 문인 관료인 재상을 모두 양성한다는 두 가지 목표에서 비롯되었다. 이는 "문무(文武) 양학(兩學)은 국가 교화의 근원이므로 일찍이 명(命)을 내려 제생(諸生)을 양육하게 하여 장래 장수(將帥)와 재상(宰相)의 등용에 대비하고자 하였다(『고려사』권 74, 지 28, 학교)."라는 구절에서 확인된다. 고려시대 국학으로서 무학의 설치는 무관 양성을 중심에 두었고, 그 과정에서 이루어진 무예 교육은 신체활동을 통한 체육의 의미를 지닌다(이학래, 2003: 192).

칠재 가운데 유일하게 무학(武學)을 공부한 곳은 강예재(講藝齋)였고, 강예재 출신 무학생들에게는 관료 진출의 특전이 부여되었다. 무학생들은 예부시(禮部試: 고려시대 과거의 최종시험)에서 대책(對策: 필기) 시험으로 관료에 진출하거나, 별환(別喚)을 통한 재예(才藝: 실기) 시험으로 관리에 등용되는 경우도 있었다. 고려시대의 국학에 근간이 되었던 칠재 가운데 강예재가 포함된 것은 관료 진출뿐만 아니라, 지(智)에 편중되지 않고 덕(德)과 체(體)를 수용할 수 있는 문무(文武)를 겸비한 이상적인 인간 육성의 일환이었다는 의미를 지니고 있다(곽형기 외, 1994: 85~86).

1109년(예종 4년)에 설치된 칠재의 인원은 총 78명으로 이루어졌고, 그 구성은 유학재(儒學齋)의 유학생 70명과 무학재(武學齋)의 무학생 8명이었다. 그로부터 10년이 지나서 1119년(예종 14년)에 국학 진흥의 재정 뒷받침을 위해서 양현고(養賢庫)가 장학재단으로 설립되었으며, 칠재의 인원수는 무학재의 인원 배정을 늘리는 것으로 변경되었다. 그 결과 유학생은 원래 70명에서 10명이 감소하여 60명이 되었고, 무학생은 기존 8명에서 9명이 더 증가하여 17명으로 교육정원이 개편되었다. 이를 통해 무학재의 위상과 필요성이 강화되었음을 확인할 수 있다.

표 3-1. 칠재(七齋)의 구분 및 인원

구분	재명(齋名)	강의분야	인원(1109년)	인원(1119년)
유학재(儒學齋)	여택재(麗澤齋)	주역(周易)	70명	60명
	대빙재(待聘齋)	상서(尙書)		
	경덕재(經德齋)	모시(毛詩)		
	구인재(求仁齋)	주례(周禮)		
	복응재(服膺齋)	대례(戴禮)		
	양정재(養正齋)	춘추(春秋)		
무학재(武學齋)	강예재(講藝齋)	무예(武藝)	8명	17명

출처: 신천식(1995: 336), 재구성

무학재는 국학으로서 일정 부분을 담당하였지만, 1133년(인종 11년)에 폐지되었다. 무학재의 폐지 이유는 문신들이 무학재 출신들의 세력 상승을 견제하였고, 원나라의 간섭을 받았던 가운데 무인 양성의 어려움이 있었기 때문이다. 그렇게 무학 교육은 폐지되었고, 오랜 기간 복원되지 않았다. 무학 교육이 다시 강조된 것은 1371년 공민왕 때인데, 공민왕은 "문무(文武)의 채용은 한쪽만을 폐할 수 없으니, 중앙에서는 성균관으로부터 지방에서는 향교에 이르기까지 문무 양학(兩學)을 개설하고 인재를 양성하여 탁용(擢用)에 대비하라(『고려사』권74, 지 28, 학교)."고 하였다. 이는 국방을 담당할 무인들을 제도적으로 양성해야 할 필요성에 따른 것이었다(국사편찬위원회 편, 2007: 89~90).

지방 교육기관인 향학(鄕學)에서 무예 교육은 활쏘기를 통해 이루어졌다. 향사례(鄕射禮)는 매년 봄과 가을에 효(孝)·제(悌)·충(忠)·신(信)하며 예의가 바른 인물을 참가하게 해서 읍양(揖讓)·주배(酒盃)·궁사(弓射)·음악(音樂)으로 손님과 주인이 서로 즐기며, 예의와 덕행을 가진 자를 표창하여 마을 사람들에게 본보기가 되도록 하는 교육의 목적을 지니고 있었다. 향사례에서 활쏘기는 심신 단련과 함께 예의, 교양 등을 함양하는 체육적 가치를 지니고 있었다(곽형기 외, 1994: 86~87).

2. 고려시대의 무신정권과 무예

고려 전기에 문신 위주로 전개되었던 정치 지배 질서는 무신정권기를 통해서 일대 변화를 맞이하였다. 문신 위주의 귀족정치에서 무신에게 가해진 차별은 무신정권 등장의 결정적인 계기로 작용하였다. 그동안 문신은 고위 관리로서 정치권력을 독점하였고, 무신은 천대받으며 지위가 격하된 상태였다. 문신은 군대를 지휘 및 통수하는 병마권까지 가질 정도로 실권을 장악하였지만, 무신은 문신을 보호하는 호위군 정도의 취급을 받고 있었던 것이다. 왕은 아첨하는 문신들과 함께 유흥을 즐겼고, 무신들의 불만은 점차 고조되었다(이진수, 1996b: 20).

숭문천무(崇文賤武) 사상으로 인하여 문신들이 무신들을 업신여기는 상황에서 김부식의 아들인 문신 김돈중이 무신 정중부(鄭仲夫)의 수염을 태운 일까지 발생하자 무신들은 분개하였다. 이러한 분위기 속에서 무신들이 반란을 일으킨 직접적인 계기는 무예 행사에서 비롯되었다. 1170년(의종 24년)에 왕의 보현원(普賢院) 행차에서 오병수박희(五兵手搏戱)를 실시하였는데, 힘이 약했던 대장군 이소응(李紹膺)이 상대방을 이기지 못하고 달아나자 문신 한뢰(韓賴)가 그의 뺨을 때린 것이다. 이 사건에 대해 무신들은 격분을 금치 못하였고, 많은 문신들을 살해하여 무신정변(武臣政變)을 일으켰다(하남길, 2013: 586).

> **무신정변과 오병수박희**
> 다음 날 왕이 보현원으로 가려고 오문(五門) 앞까지 와서 시신(侍臣)들을 불러 술을 마셨는데 술자리가 한창일 때 좌우를 둘러보고 말하기를 '좋구나! 여기가 바로 군사를 훈련시킬 수 있는 곳이다.' 하고, 무신(武臣)에 명하여 오병수박희를 시켰다. 이것은 왕이 무신들의 불평을 짐작하고 이것으로 후하게 상을 주어 그들을 위로하려 한 것이었다. 그러나 한뢰(韓賴)는 무신이 왕의 총애를 받을까 염려하여 시기심을 품었다. 대장군 이소응(李紹膺)은 비록 무인이었지만 얼굴이 마르고 힘도 약해 한 사람과 수박희를 하였으나 이기지 못하고 달아나니, 한뢰가 갑자기 앞으로 나서며 이소응의 뺨을 때렸으므로 계단 아래로 떨어졌다. 왕과 여러 신하들이 손뼉을 치며 크게 웃었으며 임종식(林宗植)과 이복기(李福基)도 이소응을 욕했다.
> 출처: 『고려사』 제128권, 열전 제41, 반역2, 정중부

무신정변은 1170년에 무신 세력인 정중부(鄭仲夫) 등에 의해서 일어났고, 이는 고려시대 무신정권(武臣政權) 성립의 계기가 되었다. 권력을 잡은 무신들 사이에 갈등이 극심하였던 가운데, 무신정권은 약 100년 동안 존속되어 1270년까지 정치적인 영향력을 행사하였다. 정권을 장악한 무

신들의 계보는 이의방(李義方), 정중부, 경대승(慶大升), 이의민(李義旼)으로 지속되었다. 이어서 최충헌(崔忠獻)부터 최우, 최항, 최의까지 최씨 4대가 장악한 60여 년을 거쳤다. 그 후에는 김준(金俊), 임연(林衍), 임유무(林惟茂)의 집권으로 마무리되었다(민병하, 1983: 150~151).

무신정변으로 인하여 의종은 폐위되었고, 정권을 잡은 무인들이 명종을 새로운 왕으로 추대하였다. 무인들은 주요 관직을 독점하였으며 사병(私兵)을 소유하여 군사적인 입지를 확보하기에 이르렀다. 집권 무신들의 사병은 문객(門客)을 상층으로 하며 가동(家僮)을 하층에 둔 무력 기반을 형성하였고, 1179년에 경대승은 자신의 호위를 담당할 사병 집단인 도방(都房)을 설치하였다(하남길, 2013: 586~587).

최씨 무신정권 시기에는 사병으로 시작된 삼별초(三別抄)도 있었다. 여기서 별초란 '용사들로 조직된 선발군'이고, 삼별초는 좌별초(左別抄)·우별초(右別抄)·신의군(神義軍)으로 구성되었다. 원래 삼별초는 최우(崔瑀)의 집권 시기에 도성의 치안 유지를 목적으로 설치한 야별초(夜別抄)라는 특수조직이었는데, 밤에 순찰하면서 도적을 막기 위한 역할을 담당하였다. 이후 야별초는 병력을 늘려서 좌별초와 우별초로 분리하였고, 몽골 전쟁 때 포로가 되었다가 탈출한 사람들이 신의군을 조직하였다(국방부 군사편찬연구소, 2006: 256). 이와 같은 고려시대 도방과 삼별초 등의 역할을 통해서 무신정권 시기에 호위 및 군사훈련에 기반한 신체활동을 볼 수 있다.

3. 고려시대의 무예 활동

가. 수박(手搏)

한국의 문헌에서 수박은 『고려사』에 처음으로 등장하였다. 고려시대의 수박은 전국적으로 보급되어 있었고, 수박의 실력이 뛰어난 사람들은 군대의 일원이 되거나 벼슬을 얻기도 했다. 수박은 신체운동으로 각광받으며 정착하였고, 무인들이 익혀야 하는 중요한 기법으로 여겨졌다(이진수, 1996b: 18~19). 실제로 무신정권 시기에 최충헌(崔忠獻)은 손님을 초청하여 연회를 베풀고, 중방(重房)의 힘센 사람들한테 수박희를 시켜서 이긴 사람에게 상으로 교위(校尉)나 대정(隊正)의 직책을 주기도 했다. 또한 이의민(李義旼)은 수박희를 잘한다는 이유로 대정에서 별장(別將)으로 진급되었고, 변안열(邊安烈)도 수박희를 통하여 밀직부사(密直副使)에서 지밀직사(知密直司)로 승진하였다. 이처럼 수박은 인재 선발에 중요한 종목일 뿐만 아니라, 군인의 보직이나 벼슬의 승진에 관련된 기능도 가지고 있었다(조명렬 외, 2000: 322~323).

나. 궁술(弓術)

삼국시대의 전통을 이어받은 활쏘기는 고려시대에 전국적으로 장려되었다. 활쏘기는 국난에 대비한 군사훈련의 의미와 함께, 경기적인 요소를 가지고 체육활동으로 진행되는 경우가 많았다. 이는 문치주의를 표방했던 고려시대에 군자가 갖추어야 할 육예(六藝)의 덕목으로 활쏘기를 통한 무예 수련의 가치를 인정한 것이었다. 또한 『고려사』에 따르면, 활쏘기의 경우에 돈이나 물건을 거는 도박을 하더라도 죄가 되지 않았다고 하였다(곽형기 외, 1994: 89~90).

『삼국사기』에는 왕이 행차하여 활쏘기를 관람하였던 행사를 '관사(觀射)'로 표현하였는데, 고려시대에는 '열사(閱射)'로 그 용어가 바뀌었다. 열사는 고려시대 전반에 걸쳐 이루어졌으며, 『고려사』에서 왕이 활쏘기를 구경한 후 실력에 따라 상품을 주었다는 내용이 있었고, 당시 활쏘기에 기마술이 추가된 사어(射御)라는 표현도 확인된다. 선종과 숙종은 궁술(弓術)을 유독 장려하였는데, 선종은 최초로 사장(射場: 활터)을 세웠으며 숙종은 최초로 사정(射亭: 활터에 세운 정자)을 설립하였다. 고려시대에는 궁술을 통한 인재 등용 제도로 궁과(弓科) 혹은 시정과(試定科)를 진행하였고, 궁술의 우열을 진급에도 반영하였다(이진수, 1996a: 136~137).

고려시대에 무인은 물론이고 문인들도 활쏘기 수련을 게을리하지 않았다. 현종은 1029년에 60세 미만의 4품 이상 문관들에게 활쏘기 수련을 지시하였으며, 예종은 문무 신하와 시종관들에게 활쏘기를 시켜서 잘 쏘는 자에게 상을 주었다. 활쏘기 실력은 문무를 겸비한 인재 양성에 반영되었고, 관직의 임용과 녹봉에도 영향을 미치는 중요한 자질이었다(하남길, 2013: 588).

육예(六藝)
중국 주대(周代)에 행해지던 교육과목으로 여섯 가지 기예를 말한다. 육예는 예(禮)·악(樂)·사(射)·어(御)·서(書)·수(數)이다. 예는 예학(예법), 악은 악학(음악), 사는 궁술(활쏘기), 어는 마술(말타기), 서는 서도(붓글씨), 수는 산학(수학)이다.

다. 마술(馬術)

마술은 기마술(騎馬術)·무마(舞馬)·원기(猿騎)·마상재(馬上才)라고도 불린다. 육예 중에서 어(御)에 해당하는 승마 능력은 군자의 덕목 중 하나로 중요하게 여겨졌다. 이러한 마술은 격구(擊毬) 등에 연계되어 발달하였다(하남길, 2013: 588).

『고려사』에서 마술은 희마(戲馬), 농마희(弄馬戲)로도 나타난다. 의종 때 왕이 "부벽루(浮碧樓)에 나가서 신기군(神騎軍)의 농마희(弄馬戲)를 구경하고 백금(白金) 2근을 내려주었다(『고려사』, 제18권, 세가 제18, 의종2)."라는 기록도 있다. 이처럼 고려시대의 마술은 유희를 겸한 군사훈련이자 무예로서 실시되었다.

라. 각력희(角力戱)

각력희는 오늘날 씨름과 유사한 형태였으며, 각저(角抵), 각희(角戱), 각력(角力) 등으로도 불렀다. 『고려사』에서 충혜왕(고려 제28대 왕)은 각력희를 매우 가까이한 것으로 나온다. 1330년(충혜 1년)에 "왕이 나라의 중요 업무를 폐신(嬖臣)인 배전(裵佺)과 주주(朱柱) 등에게 맡기고 날마다 내수(內竪)와 함께 각력희(角力戱)를 하니 상하의 예의가 없어졌다(『고려사』, 권36, 충혜왕 세가 원년 3월조)."라는 기록이 확인된다.

훗날 『동국세시기(東國歲時記)』에서는 5월 단오의 풍속으로 각력(角力)을 소개하였는데, 각력에 대해서 중국인이 '고려기(高麗技)' 또는 '요교(撩跤)'라 부른다고 하였다(홍석모, 1911: 32). '고려기'라는 표현을 통해서 각력이 고려시대에 외국으로 알려졌으며, 민족의 고유한 신체활동으로 가치를 인정받았다는 점에 주목하게 된다.

마. 석전(石戰)

석전은 투석(投石)이라는 신체활동을 통해서 농사의 풍흉을 점치는 제의적 의미와 상무적인 신체 훈련으로 전쟁을 대비하는 연무의 의미를 지니고 오랜 기간 전승되어왔다. 『고려사』에서 석전은 석전희(石戰戱)로도 표현된다. 주로 단오(端午) 행사로 개최되었는데, 두 편으로 나눠 서로에게 돌을 던져서 승부를 가린다. 유희로서 석전은 충목왕과 공민왕 때 많은 사상자가 발생하여 법으로 금지되기도 했지만(조명렬 외, 2000: 330), 실전부대로서 석투반(石投班)과 석투군(石投軍)은 별도로 편성하여 유지되었다(이진수, 1996a: 198).

고려시대에 우왕(고려 제32대 왕, 1374~1388 재위)은 석전을 장려한 대표적인 왕이다. 『고려사』에서 석전에 대한 기록은 우왕 시기에 집중되어 있으며, 신하들의 만류에도 불구하고 석전에 대해 지대한 관심을 보인 것으로 나타난다. 이는 "5월에 우왕이 석전희를 보고자 하니, 지신사(知申事) 이존성(李存性)이 '이는 주상께서 관람할 것이 아닙니다'라고 간하였다. … 나라 풍속에 단오가 되면 무뢰배들이 떼를 지어 사방으로 통하는 큰 거리(通衢)에 모여 좌우의 두 무리로 나누고 서로 기왓장과 돌을 던지거나 짧은 몽둥이를 사용하여 승부를 가르는데 이를 석전이라 한다(『고려사』 권134, 열전47 신우6년)."라는 내용에서 확인된다(김창석, 2003: 152).

고려시대의 석전은 세 가지 성격을 지니고 있다. 첫째, 단오 등의 명절에 국속(國俗)으로서 행해졌다. 둘째, 전쟁에 대비한 연무(鍊武)의 의미로 군사훈련과 같은 무(武)로서 이루어졌다. 셋째, 승부가 분명하고 신체적인 탁월성이 표출되어 관람용으로서 관중들의 시선을 사로잡았다(하남길, 2013: 592~593). 석전은 주(走)·도(跳)·투(投)라는 인간의 기본적인 신체활동이 무(武)와 희(戱)로 전개되면서 무예이자 체육적인 가치를 지닌다(이진수, 1996a: 203~204).

IV부
조선시대의 체육

제4부에서는 조선시대의 체육을 살펴본다. 조선시대의 체육은 1장 조선시대의 사회와 민속놀이, 2장 조선시대의 무예로 나누었다.

1장 조선시대의 사회와 민속놀이에서는 이성계의 조선 건국 과정과 개혁, 그리고 정치적, 사회적, 문화적, 국방적 제도의 특징 등을 사회적 측면으로 살펴본다. 교육제도면은 유학교육기관으로서 관학과 사학, 그리고 기술교육기관을 다루었으며, 과거제도를 문과와 무과로 나누어 살펴본다. 조선시대의 민속놀이는 크게 교육 및 건강 개념의 체육활동과 세시풍속의 하나로 행하여진 신체 활동적 민속놀이, 그리고 유희적 목적으로 행하였던 오락 활동을 중심으로 살펴본다.

2장 조선시대의 무예에서는 무예 교육기관, 무과 제도, 무예 서적, 무예 활동에 대해서 살펴본다. 무예 교육기관은 관학인 훈련원, 관설사정과 민간사정 등을 중심으로 살펴본다. 무과 제도는 무과시험으로, 정규 시험인 식년시와 비정규 시험인 증광시, 별시, 정시 등을 살펴본다. 무예 서적은 『무예제보』, 『무예제보번역속집』, 『무예도보통지』 등을 중심으로 살펴본다. 무예 활동은 당시 성행된 궁술, 격구, 수박희 등을 중심으로 살펴본다.

1장 조선시대의 사회와 민속놀이

안진규

 학습목표
- 조선시대의 사회와 교육을 이해한다.
- 조선시대의 민속놀이와 오락에 대해 이해한다.

1. 조선시대의 교육제도

조선의 성리학 도입은 고려의 부정적 사회현상을 극복하는 데 불가피한 조치였다. 따라서 고려시대에 성행한 귀족 중심의 체육활동 등은 조선시대의 정치·사회적 영향으로 거의 자취를 감추게 된다. 하지만 무과제도의 시험과목 중 활쏘기는 문인들에게도 덕을 함양하고 사람 됨됨이를 평가하는 수단이었기에 국가적·교육적으로 권장되었다. 또한, 지배층에 권장되거나 즐겼던 체육활동 등은 일반 민중에게 전파되면서 그 방법 및 도구 등이 간이화·유희화되어 사회 저변으로 확산되었다.

가. 조선시대의 사회

중국의 원(元)과 명(明)의 세력 교체기에 외교정책을 둘러싸고 귀족들 사이의 대립이 격화되고 있을 즈음, 왜구의 토벌로 공을 세운 최영, 이성계 등의 무장(武將)세력은 지방 중소 지주층의 지지를 받아 독자적인 군벌을 형성하였다. 공민왕과 다르게 우왕이 친원정책(親元政策)을 펼 때 군권을 장악하고 있던 최영은 명나라가 철령 이북지방을 내놓을 것을 강요하자 반대에 그치지 않고 요동정벌을 추진한다. 이에 이성계 등은 요동정벌 불가를 주장하나 우왕은 이성계를 요동정벌의 총수로 임명하고 요동을 정벌토록 한다. 요동정벌을 위해 압록강 하류에 위치한 위화도에 이른 이성계는 결국 위화도회군(1388)을 통해 창끝을 우왕과 최영에게로 겨누어 역성혁명을 성공으로 이끌고 새로운 왕조, 조선시대(1392~1910)를 연다.

태조 이성계는 1394년 도읍을 개성에서 한양으로 옮겨 군제를 개혁하고 법제를 정비하였으며, 성균관과 향교를 일으켜 유학을 장려하였다. 초기 조선의 정치제도는 상당 부분 고려의 제도를 답습한 것이었으나, 태종 때 두 차례(1401, 1405)에 걸친 개혁으로 관제가 정비된 이래 전체적인 틀은 500년간 유지되었다.

조선은 유교적 관료국가였다. 고려가 불교를 숭배했던 것에 비해 조선은 불교를 배척하고 유교를 숭상하는 배불숭유(排佛崇儒)를 철저한 국가이념으로 받들어 세웠다. 이처럼 조선사회는 정치, 경제, 사회, 문화, 교육 등 모든 분야에 있어서 유교를 근간으로 체제를 구축하였다.

주자가례(朱子家禮)는 국민생활의 기본적인 규범의식이 되었고, 삼강오륜(三綱五倫)은 지고한 도덕률이 되었다. 신분은 대체로 왕족, 양반, 중인, 양인, 천민으로 구성되어 있었다.

조선시대의 교육은 당연히 유학(성리학) 중심이었으며, 교육은 과거를 통한 입신출세의 주된 수단이 되었다. 이러한 숭문주의(崇文主義)를 통해 퇴계, 율곡 등 학식과 덕망을 갖춘 위대한 인물들이 배출되었다.

국방정책은 전 국민을 병사로 삼고, 겨울 농한기에 군사훈련을 습득시키는 병농일치제(兵農一致制)를 기저로 하였다. 따라서 양인 이상의 국민은 16세 이상 60세에 이르기까지 누구나 군역의 의무를 가졌다. 따라서 군무에 종사하는 양인 이상의 남성들은 각종 무예를 익혀야 하였다. 그리고 백성은 평상시에도 무예를 습득하도록 강요되었고 병장기 휴대를 백성의 의무로 정하고 있었다.

조선은 사림의 성장으로 성리학의 발달을 가져왔으나, 한편으로는 소모적인 당쟁을 겪으면서 사회적 모순을 낳았다. 이러한 모순 속에 두 차례의 왜란(임진, 정유)과 두 차례의 호란(정묘, 병자)으로 한반도는 침략과 파괴를 당해야 하였다. 이에 국가는 재정적으로 파탄하였고, 백성은 도탄에 빠졌다. 이러한 파탄을 헤쳐 나가기 위해 병제와 세제의 개혁을 마련하였으나 백성은 계속 어려움을 겪었다.

이처럼 조선은 밀려오는 외세를 막지 못하고 청, 러, 일 등의 세력 속에 표류하면서 근대사회로 나아가는 데 한발 늦어지고 만다.

나. 조선시대의 교육

조선시대의 교육은 유교주의 국가이념을 바탕으로 이루어졌으며, 교육 형태는 유학교육, 무학교육, 기술교육으로 나눌 수 있다. 유학교육은 고등교육기관, 중등교육기관, 초등교육기관에서 이루어졌다. 고등교육기관으로 한양에 성균관(成均館)을 두었그, 중등교육기관으로 한양에 사학(四學, 사부학당)을 두었으며, 지방에는 향교(鄕校)와 서원(書院)을 두었다. 초등교육기관으로 서당을 두어 기초 학문과 유학을 익히게 하였다. 무학교육은 훈련원(訓鍊院)과 사정(射亭)에서 이루어졌고, 기술교육은 정부에서 관장하였다. 조선시대 집권층은 문치주의를 지향했으며, 이에 따라 무학교육이나 기술교육은 열등한 위치에 있었다.

1) 조선시대의 교육기관

조선시대의 교육은 초기부터 유교주의 국가이념을 바탕으로 한 교육기관이 증설되어 이에 따른 교육이 실시되었다. 조선시대의 교육 형태는 크게 유학교육, 무학교육, 기술교육으로 나눌 수 있다. 먼저 유학교육으로 고등교육을 담당했던 성균관(成均館)을 한양에 두었고, 중등교육기관으로는 한양에 사학(사부학당)을, 지방에는 향교(鄕校)를 두어 성리학적 소양을 지닌 사대부 양성을 목표로 유교경전 중심의 수업을 했으며, 초등교육기관으로는 서당을 두어 초급 유학지식, 천자문 등을 교육시켰다. 무학교육은 훈련원(訓鍊院)과 사정(射亭)을 중심으로 이루어졌으며, 기술교육은 해당 관청에서 별도로 실시하였다.

(1) 유학교육기관

조선시대의 유학교육기관은 크게 관학(官學)과 사학(私學)으로 구분된다. 관학은 성균관, 사학, 향교가 있었으며, 사학은 서원과 서당이 있었다.

① 관학(官學)
㉮ 성균관

성균관은 조선시대의 국립 최고 교육기관이었다. 고려시대의 최고 교육기관인 국자감을 계승하여, 명칭을 변경하였다. 성균관은 성리학을 바탕으로 지배이념을 보급하여 유교적 소양을 갖춘 관료를 양성하여 조선왕조 체제를 유지하는데 기여하였다. 성균관의 입학 자격은 소과 급제자인 생원과 진사를 원칙으로 하고, 인원이 부족할 경우 사학(4부 학당) 생도나 문음(門蔭) 후손으로 충원하였다. 교육내용은 사서오경(四書五經) 즉, 『대학(大學)』, 『논어(論語)』, 『맹자(孟子)』, 『중용(中庸)』, 『시경(詩經)』, 『서경(書經)』, 『예기(禮記)』, 『춘추(春秋)』, 그리고 『역경(易經)』의 강의, 문과시험 문제인 과문(科文), 시나 글을 짓는 제술(製述) 등이 교육되었다. 성균관 내 학생들의 생활은 유교적 의례에 따라 이루어졌으며, 대부분 자치적으로 이루어졌다.

갑오개혁(1894년~1895년)으로 과거제도가 폐지되면서 그 기능과 역할도 달라졌다. 1887년 고종 때에 경학원(經學院)으로 개칭했으며, 1894년 폐지되었다. 1911년 일제강점기에는 남아 있는 성균관이 경학원으로 개칭되어 식민지 교육기관으로 전락하였다.

㉯ 사학(四學; 사부학당)

사학은 조선이 고려시대 개경에 설립되었던 오부학당(五部學堂)을 계승하여 재정비한 교육기관이었다. 사학은 한양에 설치되었으며, 성균관의 부속학교 성격을 지닌 중등교육기관이다. 사학의 입학 자격은 양반 자제들이 8세가 되면 가능했으며, 교육내용은 소학과 사서오경 등이 교육되었다. 학생이 15세가 되어 승보시(陞補試)에 합격하면 성균관에 입학할 수 있었다. 초기에는 한양을 동, 서, 남, 북, 중앙으로 오부(五部)로 나누어 각 지역에 학교를 설치하는 오부학당이라고 했으나, 북부학당은 설치되지 못하고, 1445년(세종 27)에 폐지되어 동학(東學), 서학(西學), 중학(中學), 남학(南學)으로 구성된 사부학당으로 정착되었다.

㉰ 향교(鄕校)

향교는 고려시대에 지방에 설립된 중등교육 기관이었는데, 조선시대에 크게 성행하였다. 태종(太宗, 1400년~1418년) 때에 적극적인 장려로 전국의 주, 부, 군, 현 등에 향교가 설치되었다. 향교의 입학 자격은 주로 지방 양반이나 향리 자제들이었으며, 각 군현의 인구에 비례하여 정원을 책정하였다. 향교는 사학과 같이 성균관의 부속학교 성격을 지녔으며, 교육내용으로 유교 경전이나 사서를 익히는 경학(經學)이나 시문을 짓는 사장학(詞章學)이 교육되었다.

② 사학(私學)
㉮ 서원(書院)

서원은 조선 초에 성리학의 교육을 위해 새롭게 등장한 중등교육 기관으로 16세기 후반부터 세워지기 시작하였다. 교육 목적은 선현존숭(先賢尊崇)으로 선현을 제사하고 학통에 따라 학문을 연마하는데 두었으나, 실제로 관료 등용을 위한 과거를 준비하는 교육기관 역할을 하였다. 명종(明宗, 1545년~1567년) 이후 정몽주의 서원을 출생지에 건립하는 등 선조 때까지 전국의 서원이 100여 곳이 넘었다.

㉯ 서당(書堂)

서당은 고려시대의 것을 계승했으며, 조선시대에 더욱 활성화되었다. 초등 교육기관으로 유학을 중심으로 한 한문 교육이 주로 이루어졌다. 서당의 종류는 훈장직영서당(訓長直營書堂), 유지독영서당(有志獨營書堂) 등 다양했으며, 교육내용은 천자문과 사서오경의 강독(講讀), 시나 글을 짓는 제술(製述), 실용적인 글쓰기 연습인 습자(習字) 등이 있었다.

(2) 기술교육기관

기술교육은 중앙 정부의 관장 아래에서 각 해당 관청에서 별도로 실시하였다. 중인이 주로 교육에 참여했으며, 유학 교육에 비해 열등하였다. 기술관 채용을 위한 잡과(雜科)는 역과(譯科), 의과(醫科), 음양과(陰陽科), 율과(律科)로 구성되어 있었다(태조실록, 권1, 태조 1년, 8월). 예조(禮曹)에서 외국어인 역과가, 전의감(典醫監)에서 의학인 의과(醫科)가, 관상감(觀象監)에서 천문학인 음양과(陰陽科)가, 형조(刑曹)에서 법률인 율과(律科)가 실시되었다.

(3) 무학교육기관 (▶자세한 설명은 2장 조선시대의 무예에서 상세히 다루었음)
조선시대의 무학교육기관은 관학으로 훈련원(訓練院)이 있었으며, 사정(射亭)은 관설사정(官設射亭)과 민간사정(民間射亭)이 있었다.

다. 조선시대의 과거제도

조선 전기(태조, 1392~성종, 1506)에는 유교주의 국가이념을 바탕으로 한 교육이 실시되었으며, 과거법을 제정하였다. 조선시대의 과거제도는 전공영역에 따라 문과채용을 위한 문과(文科: 생진과와 대과), 무관을 채용하기 위한 무과(武科), 그리고 기술관 채용을 위한 잡과(雜科) 등이 있었다.

1) 문과제도

문과제도는 문과 채용시험으로 3년에 1회씩 시행된 정규 시험인 식년문과(式年文科)와 비정규 시험이 있었다. 비정규 시험에는 증광시, 별시, 알성시 등이 있었다. 문과는 생진과(生進科: 소과)와 문과(文科: 대과)로 나뉘었다. 생진과(소과)에는 사서오경을 시험하는 생원과(生員科: 명경과)와 시(詩)·부(賦)를 시험하는 진사과(進士科: 제술과)가 있었다. 생원과 진사에게는 초급 문관에 임명될 자격과 함께 다음 단계인 고급 문과 시험인 대과에 응시할 수 있는 자격이 주어졌고 성균관에 입학할 수 있었다(변태섭, 2007: 278). 최종 단계인 대과는 성균관 유생이 공부를 마친 뒤 응시하였다. 문과 시험은 초시, 복시, 전시로 3단계 별로 실시되었다.

2) 무과제도 (▶자세한 설명은 2장 조선시대의 무예에서 상세히 다루었음)
무과제도는 문과제도와 같이 정규 시험과 비정규 시험으로 구분되어 시행되었다.

3) 잡과제도

잡과제도는 기술관을 선발하기 위한 시험으로, 해당 관아에 필요로 하는 기술자 선발을 위한 것이었다(邊太燮, 2007: 279). 잡과에서는 예조, 형조, 전의감, 관상감 등의 각 관서에서 교육 및 선발을 맡아 실시하였다. 조선시대 당시 기술직은 문관직이나 무관직에 비해 잡직이라고 했으며, 학문 역시 잡학이라고 천시되었다(변태섭, 2007: 279).

2. 조선시대의 민속놀이

조선시대의 민속놀이는 크게 교육 및 건강 개념을 갖는 체육활동과 세시풍속의 하나로 행하여 진 신체활동 중심의 민속놀이, 그리고 유희 목적으로 즐겼던 오락 활동 중심으로 나누어 살펴보 았다.

가. 조선시대의 체육활동

조선시대의 체육활동에서 대표적인 것은 활쏘기라고 할 수 있다. 특히, 활쏘기는 무예적 중요성 과 함께 선비가 갖추어야 할 덕목으로 평가되었기에 무예 활등과 구별하여 다루었다.

1) 활쏘기

조선시대의 활쏘기는 무인에게는 무과시험의 한 과목으로서 중요하게 다루어졌을 뿐만 아니라, 문인에게는 덕을 함양하거나 평가하는 수단으로써 활용되었기에 국가적으로나 교육적으로 권장되 었다.

세종 때 중요한 의례의 하나로서 성균관에서 대사례(大射禮)가 거행되었으며, 성종 치세 때부터 사례(射禮)는 의식과 연계되어 교육적 성격을 띠고 시행되었다. 성균관의 육일각(六一閣)에서도 활 쏘기 교육이 실행될 정도였다. 대사례에서는 우수한 활쏘기 실력자를 나라의 제사에 참여시킬 인 물로 뽑았으며, 성균관의 유생들도 활쏘기 수련을 하였다. 태조가 즉위한 이후 전국의 주, 부, 군, 현에 향교가 설립되어 경서를 가르쳤고, 해마다 춘추 두 차례 향사례(鄕射禮)를 실시하였다.

활쏘기는 조선시대의 왕으로부터 일반 무인들에 이르기까지, 무관에서 문관과 일반 양민에 이 르기까지 가장 기본적인 체육활동으로서 예의 작법이었고, 놀이였으며, 심신단련의 수단이었다. 정조는 활쏘기를 일찍부터 힘쓴 이유에 대해서 "활쏘기는 육예의 하나이니 자신을 바르게 하는 공 부로서 증험할 수 있는 것이다. 자신을 바르게 하는 공부는 반드시 마음을 바로 하는 것으로부터 시작하니 만사와 만물이 어찌 마음을 한가지로 하는 일심(一心)이라는 글자를 실행하여 나가지 않 을 수 있겠는가? 나는 일찍이 이것으로써 스스로 힘썼다."라고 하였다.

조선시대에 있어서는 무과를 비롯한 여러 시험제도에서 활쏘기의 능력이 인재선발의 절대적 기 준이 되었다. 활쏘기가 인재선발의 준거가 된다는 믿음은 어떤 이가 쏜 화살이 과녁에 맞을 수 있 는 것은 그 사람이 이미 높은 수양이 되어 있기 때문이라는 믿음에서 나온 것이다. 유교 국가였던 조선시대에 활쏘기는 단순한 무술이나 무예의 차원을 넘어 분명한 철학을 바탕으로 성장한 교육적 체육활동이었다(하남길, 2010: 614).

또한, 일반에게는 활쏘기가 사정(射亭)을 중심으로 이루어졌으며, 여기서 실시된 경기적인 활쏘 기 대회를 편사(便射)라고 한다. 편사는 5인 이상으로 편을 나누어 활을 쏘는 경기를 말하는데, 당시 단체대항전을 개최하고 경기를 하는 것이 지금의 스포츠 단계까지 발전된 것으로 보인다. 그 시합의 종류는 다음과 같이 다양했다(이진수, 1996: 148-154). 이처럼 편사는 상무 정신의 함양에도 의미가 있지만, 여가활동을 위한 활동과 조직의 결성, 그리고 경기와 규칙 등으로 미루어 보아 생활체육의 하나인 클럽활동으로도 볼 수 있다(김상철, 1997: 41).

표 4-1. 편사의 종류

종류	내용
사정편사(射亭便射)	터편사라고 하는데 사정 간에 열리던 경기
동편사(洞便射)	동네 간에 열리던 경기
장안편사(長安便射)	도성 안의 3개팀이 벌이던 경기
사랑편사(舍廊便射)	사랑을 중심으로 한 경기
사계편사(射契便射)	계원 사이에 행해지던 경기
한량편사(閑良便射)	사정 간의 편사로 한량으로 참가가 제한된 경기
한출편사(閑出便射)	사정의 한량과 출신(出身, 무과에 합격한 자) 사이의 경기
삼동편사(三同便射)	당상관급의 퇴직자, 출신, 한량 3계급의 연합경기
남북촌편사(南北村便射)	고종 병자년(1876)에 거행된 남촌과 북촌 간 한량들의 경기
아동편사(兒童便射)	동리 단위로 열리던 16세 미만의 총각들 경기

2) 격봉

격봉은 궁중에서 왕족인 종친과 고위 관료 등의 상류계급의 남자들이 행하던 체육활동으로 오늘날 골프와 비슷한 놀이이다. 궁중에서 채 막대기(stick)로 공을 쳐 여러 개의 구멍 속에다 넣으면 점수를 얻어 승부를 내는 놀이이다.

『조선왕조실록』에는 '격봉(擊棒)'이라고 하기 전까지 '타구(打毬)' 또는 '격구(擊毬)', '봉희(棒戲)' 등으로 혼용하여 사용되었다. 예컨대 태종 13년(1413) 2월에 "아이들이 타구(打毬)놀이를 하고 있었다."와 세종 3년(1421) 11월에 "태종이 세종과 더불어 처음으로 새로 지은 궁 뜰 안에서 타구(打毬)를 하였다."라는 두 기록에서 알 수 있듯이 '타구'라고 하였다. 그러다가 세조 원년(1455) 9월에 "임금이 사정전 서쪽 계단 위에서 봉희(棒戲)를 보았다. 종친, 재추, 승지, 주서, 사관, 겸사복 등을 나누어 시합하고 이긴 사람에게 각각 환도를 주었다."에서 '봉희'라는 단어가 처음 나타났으나, 이후 '격봉'이라고 불렀다(세종실록, 권7, 3년 3월 무인조). 이처럼 세조 3년 이후 격봉이라는 용어만이 등장할 뿐 아니라 『조선왕조실록』 중 '격봉'이 최종적으로 나타나는 『성종실록(권112, 10년 12월 정사조)』에도 '격봉'으로 표기되는 사실에서 증명된다(심승구, 1998:132)

결국, 조선왕조 건국 이후 '격구' 또는 '타구'라고 기록되던 세조대에 이르러 기마격구와 구별하기 위해 이를 '격봉' 또는 '봉희'라고 불렀다. 그리하여 세즈대 이후부터는 '격구'라 하면 곧 '기마격구'를 뜻하는 용어로 사용되고, 골프 형태의 격구는 '격봉' 또는 '봉희'라고 구분하여 기록하고 있다(심승구, 1998: 132). 이는 점차 일반 서민에게까지 전파되어 일명 장치기, 얼레 공치기라하여 방방곡곡에서 자못 성행하였다(신호주, 1996: 46).

3) 방응

고려시대의 대표적인 귀족 스포츠인 방응(放鷹)은 '매를 놓는다'라는 말로 길들인 매를 이용하여 들짐승을 잡는 사냥법으로써 조선시대에도 왕실과 상류층의 여가문화로서 매우 인기가 높았다. 특히, 세종대왕은 매사냥을 부왕인 태종으로부터 배워, 비만을 예방하거나 레크리에이션 차원에서 실시하였다.

조선조 왕의 방응을 담당하던 부서는 응방(鷹坊)이었는데, 태조 4년에 한강 상류에 설치된 이후 궁 안에 설치되어 장응내관이 이를 주관하였으며, 응패(鷹牌)가 교부되었던 점을 미루어 방응이 얼마나 인기 있는 스포츠로 각광을 받았는지 짐작할 수 있다. 응패는 매사냥을 허가하는 증명서 역할을 했다. 일반 양반들에게는 목패가 교부되었고, 대군이나 종친들은 목패에 칠(漆)을 한 녹패(祿牌) 등이 교부되었다. 방응에 이용되는 매의 종류로는 부리와 발톱이 하얀 해청(海靑)을 비롯하여 송골, 토골 등이 있었으며, 송골매와 같은 좋은 매는 중국에 조공할 때 진헌의 대상이 되기도 했다.

4) 투호

투호는 고려왕조를 거쳐 조선왕조에 들어와 궁중 체육활동으로 크게 성행하였다. 태종, 세조, 성종, 중종 등이 모두 투호를 즐겼다. 특히 중종은 중국의 사신을 맞이하는 행사에 투호를 행하였다. 성종이 "투호는 놀이가 아니라 치심(治心)의 요체이다."라고 강조함으로써 조선조에 투호가 더 유행하는 계기를 마련하게 되었을 것이다. 또한, 성종은 기로연(耆老宴)을 매년 3월에 개최하고 투호를 실시케 하였으며, 5월 단오에도 활쏘기와 투호를 실시케 하였다. 퇴계의 일록(日錄)에는 투호신중(投壺神中)이란 기록이 나타난다. 여기서 신중이란 던진 화살이 신기할 정도로 정확히 호 속으로 들어간 것을 의미한다. 퇴계는 투호에 흥미를 느끼고 그것을 통하여 생생하고 의미 있는 체험의 시간을 가졌다. 퇴계는 투호를 부드러움과 엄함, 오만하지 않음, 승부의 초연함, 남자로서의 태도 등 군자로서의 모든 덕목을 함양할 수 있는 경쟁적 체육활동으로 인식하였다.

이진수(1996: 422-444)는 퇴계의 투호에 대한 인식을 '덕(德)'과 '경(敬)'으로서의 스포츠로 정리하고 있다. 먼저 '덕'으로서의 스포츠는 투호의 본질적 가치를 덕성의 함양에 두었으며, '경'으로서의 스포츠는 화(和)와 엄(嚴), 격식과 규범, 주인과 손님이 오만하지 않고 승부에 승복하는 마음이 고루 교차되는 경기로 신심일여(身心一如), 표리여일(表裏如一)의 체험을 유발시킨다는 점에서 제자들에게 투호를 실시케 하였다.

5) 이황의 양생과 활인심방

양생(養生)이란 용어는 서구의 건강 혹은 보건(Health)의 개념이 등장하기 이전의 동양적인 개념이다. 조선조의 대유학자인 퇴계 이황은 명나라의 주권(朱權, 1378-1448)이 저술한 도가류의 의서인 『활인심』을 구하고 직접 필사하여 『활인심방』이란 이름을 붙였으며, 1541년 정판된 이후 널리 읽히게 되었다. 『활인심방』의 내용은 활인심서, 중화탕, 화기환, 양생지주, 치심, 도인, 거병연수육자결, 사계양생가, 보양정신, 신양음식 등이다. 활인심서(活人心序)는 기(氣)를 조절하고, 맛을 줄이며, 욕망을 절제하기 위한 수양법의 하나이다. 중화탕(中和湯)은 한의가 치료하지 못하는 병을 치료하기 위한 처방이다. 화기환(和氣丸)은 화(火)를 다스리는 방법이다. 양생지법(養生之法)은 소식(少食), 절주, 피풍(避風), 운동의 필요성, 사계절의 건강관리 태식(胎息), 안마, 성생활의 절제 등을 설명하고 있다. 치심(治心)은 병들기 전에 하는 예방적 치료활동으로 '수양'이라고도 한다. 도인법(導引法)은 정신통일, 목 돌리기, 마찰, 침 삼키기, 다리의 굴신 동작으로 구성된 것으로 치료보다는 예방을 위한 보건체조의 기능을 한 인위적 운동이다. 거병연수육자결은 호흡의 비결로 입으로는 공기를 뱉고 코로 들이는 것이다. 사계양생가(四季養生歌)는 춘하추동으로 나누어 육자결(심장, 간, 쓸개, 지라, 허파, 콩팥을 보강)을 시행하는 방법을 설명한 것이다. 보양정신(保養精神)은 형기(形氣)를 보존하는 방법에 관한 것이다.

이처럼 『활인심방』은 병을 예방하는 수양 혹은 치심에 그 대부분을 할애하고 있다는 특색을 보이며, 중화탕, 화기환의 처방은 유가(儒家)의 수신과 상통한다. 이러한 점이 퇴계로 하여금 친히 이를 모사하여 실시케 한 동기가 되었을 것이다(이진수, 1996: 283-293).

나. 조선시대의 민속놀이와 오락

조선시대의 성리학적 유교사상은 세시풍속에도 그대로 나타나 중요한 명절마다 조상숭배의 행사가 포함되었으며, 이와 함께 춤과 노래 그리고 민속놀이가 함께 행해졌다.

1) 민속놀이

세시풍속은 대체로 농경문화를 반영하고 있어 농경의례(農耕儀禮)라고도 한다. 농경의례는 그 해의 농사가 잘되기를 바라며 행하는 기풍의례(祈豐儀禮), 뿌린 씨앗이나 옮겨 심은 모가 탈 없이 자라주기를 바라는 뜻에서 단오절이나 칠월 백중 사이에 행하는 성장의례(成長儀禮), 한 해의 풍년에 감사하고 이듬해에도 풍년이 들기를 바라는 마음에서 행하는 수호의례(守護儀禮)의 3가지로 구분할 수 있다. 이중 그해의 농사가 잘되기를 바라며 행하는 기풍의례가 중심이 되는데, 의례와 함께 민속놀이가 행해져 새해의 길흉과 풍년, 마을 태평의 기원, 그리고 마을주민의 단합을 도모하였다는 데 의미가 있다.

(1) 씨름

씨름은 두 명이 다리와 허리의 샅바를 맞붙잡고, 일정한 규칙에 따라 힘과 재주를 이용하여 상대 선수의 발바닥 이외의 신체 부분을 바닥에 먼저 닿게 넘어뜨리면 이기는 경기로서 '각저(角抵)', '각력(角力)', '각희(角戲)', '상박(相撲)' 등 다양한 명칭이 있다. 고려시대를 지나며 유흥 및 오락의 성격만을 지니던 것에서 나아가 조선시대에 들어 마을 간의 대항전이나 명절 때 풍년을 기원하는 행사의 성격을 지니게 되었다.

김홍도의 풍속도 속에 씨름 그림(각력도)이 있는 것은 씨름이 그만큼 일반화되었음을 보여주고 있는 예이다. 김홍도가 조선 후기의 사람인 것으로 보아 이때의 씨름이 나라 안에서 널리 행해졌음을 짐작할 수 있다. 당시 씨름은 귀족보다는 주로 서민층의 민속놀이로서 서민에게 오락과 휴식을 주고, 군사들을 훈련시키는 연무적(鍊武的) 신체활동이었다.

『난중일기』에서 이순신이 부하 장수들과 어울리기 위한 놀이의 한 수단으로 바둑(手談)과 장기(博)를 사용하였다면, 장수와 달리 병사들만의 놀이 수단으로서 군의 사기를 높이고 상무정신을 고취시키기 위하여 씨름(角力)을 권장하였다. 이에 관한 내용은 다음과 같다(진윤수 외 2인, 2007: 19).

> "군사들에게 씨름을 겨루게 하였다. 밤이 깊어서야 끝마쳤다(亂中日記, 甲午年 九月 二十一日 又令軍士角力相爭 夜深罷)."
> "늦게 군사들 중에서 힘센 사람을 뽑아서 씨름을 시켰더니 성복이란 자가 가장 뛰어났으므로 상으로 쌀 한 말을 주었다(亂中日記, 丙申年 四月 二十三日. 晚軍中壯力人使之角力 成卜者獨步 故給賞米斗)."

이와 같이 이순신은 씨름(角力)을 통해 1등 한 자에게 상을 내려 상무정신을 고취시켰으며, 부하 장병들의 노고를 치하하여 군의 사기를 높였다.

(2) 석전

석전(石戰)은 고려시대를 거쳐 조선시대로 계승되었는데 주로 정월 대보름 무렵과 사월 초파일부터 단오절까지 주로 행하였다. 젊은 남성들이 양편으로 나누어서 서로 마주 보고 돌을 던지는 놀이이다. 처음에는 일정 거리를 두고 머리를 싸매고 돌팔매질을 하는데, 이마가 깨지기도 하고 팔이 부러지기도 하며 피가 흘러도 그칠 줄 모르고 계속한다. 양편 중 이긴 쪽에 풍년이 든다는 주술적이며 오락적인 성격을 띤 체육활동이었다(이태웅, 1994: 6).

조선조에 들어와 석전(石戰)은 민중의 전통경기로 국속(國俗)으로서의 석전, 무(武)로서의 석전, 관람 경기로서의 석전, 운동경기로서의 석전 등으로 분류된다. 이러한 다양한 형태로서 발전되어진 이유는 석전이 경쟁적 경기 성격을 지니고 있었기 때문이다. 석전의 경쟁적 경기 성격을 반영하고 있는 좋은 예가 『세종실록』병인년 5월에 "좌군이 무너지므로 이에 백기를 빼앗아 바쳤다."에서 알 수 있듯이 '신체적 탁월한 투석능력을 통하여 상대편 기를 빼앗는 경기'가 석전이다. 또한, 왕과 귀족들의 관람을 위하여 석전이 개최되고 있었다는 사실도 매우 중요하다. 이처럼 석전은 좌우의 두 편으로 나누어 승부를 결정하거나 마을과 마을 사이의 유희적 실전 형태로 전승되어 내려왔다(이진수, 1996: 204-205).

(3) 연날리기

조선 후기의 기록인 『동국세시기(東國歲時記)』에 의하면, "최영 장군이 탐라를 토벌하려 할 때 비로서 생겨, 나라의 풍속으로 지금에 이르기까지 행하여지는 것이다"라고 기록하여 고려 말부터 전승되어 온 것으로 보인다. 삼국시대부터 있었던 연날리기는 군사적 목적이었으나, 유희의 성격을 띠고 조선시대까지 전승되었던 것으로 추측되며, 섣달그믐 무렵부터 정월 보름에 이르기까지의 소년에서 노인에 이르기까지 모든 연령층의 남성들이 함께 어우러져 즐길 수 있는 놀이였다.

(4) 줄다리기

줄다리기를 '삭전(索戰)', '조리지희(照里之戲)', '갈전(葛戰)'이라고도 한다. 『동국세시기』정월 상원조에는 줄다리기가 '조리지희'로 나타난다. 줄다리기는 촌락 공동체의 의례적 연중행사로 조선 후기부터 민중의 대중적 오락 행사로 여러 지방에서 성행하였다. 대개 정월 보름에 하였으나 지방에 따라 음력 5월 5일 단오절이나, 7월 보름 백중절에도 행해졌다. 동네 사람들이 편을 나누어서 장단에 맞추어 모두가 한마음이 되어 호흡을 맞추어서 줄을 잡아당기는데, 승부보다는 부락민들의 친목과 그해 농사의 풍흉(豐凶)을 점치는 놀이이다(이태웅, 1994: 5).

(5) 널뛰기

긴 널빤지의 한가운데에 짚단이나 가마니로 밑을 괴고, 양 끝에 한 사람씩 올라서서 마주 보고 번갈아 뛰면서 즐기는 여자들의 놀이로 초판희(超板戲), 판무(板舞), 도판희(跳板戲)라고도 한다. 음력 정월에 그네뛰기와 같이 전국적으로 행하여지는 대표적인 여성들의 민속놀이이다.

(6) 그네뛰기

고려 때부터 전해오는 민속놀이로 '추천(鞦韆)'이라고도 한다. 2개의 기둥이나 큰 나무의 가로 뻗은 가지에 두 가닥의 동아줄을 매어 늘이고, 줄의 맨 아래에 발판을 놓고 하는 놀이이다. 주로 단오절이나 한가위에 부녀자들이 하는 놀이이다.

(7) 윷놀이

윷놀이를 '사희(柶戲)'라고도 한다. 윷점으로 새해의 길흉을 점치며, 정초부터 보름에 걸쳐 주로 행하였다. 윷가락의 도, 개, 걸, 윷, 모는 우리의 생활과 친밀한 가축인 돼지, 개, 양, 소, 말의 이름이며, 농사와의 관계가 밀접하다(최상수, 1985: 49). 두 사람이 대국(對局)하여 각각 4개의 말을 가지고 29밭이 있는 윷판을 쓰는데, 말 길은 원근(遠近)과 지속(遲速)의 방법으로 승부를 가리는 것이다. 인원수가 많을 때는 두 패 또는 세 패로 편을 나누어서 논다. 남녀노소 누구나 즐길 수 있고, 장소에 크게 구애받지 않는 유서 깊고 전통 있는 놀이이다.

(8) 차전놀이

동채싸움이라고도 한다. 『동국세시기』에 "춘천지방에는 차전을 하는 풍습이 있다. 외바퀴 수레를 만들어서 동네별로 편을 짜서 서로 앞으로 밀고 나가면서 싸우는 것으로서 차전에 패하여 쫓겨가는 편에는 그해 흉년이 든다고 한다. 경기도 가평의 풍습도 이와 같다"라고 하여 놀이의 기원이 풍요를 점치는 것과 관계가 있음을 알 수 있다.

2) 오락

고려 말기부터 지배층의 전유물이었던 체육활동은 점차 일반 민중에게 퍼져나가면서 점차 간편화되고 유희적 요소가 가미되면서 보편적 오락거리가 되었다.

(1) 장치기

장치기는 조선 후기까지 전국적으로 성행했던 놀이로, 오늘날의 필드하키와 비슷한 경기이다. 여러 사람이 편을 갈라 공 등을 긴 막대기로 쳐서 상대편 문 안에 넣는 경기이다. 막대기 '장(杖)'과 친다는 '치기'의 복합어인 듯하다(최상수, 1985: 510-511). 장치기는 말을 타고 하는 기격구에서 걸으면서 하는 보격구가 변화되어 일반 서민들에게 내려오면서 놀이화된 것으로 보는 견해가 크다.

공의 크기는 야구공만 하고 나무를 깎아 다듬어서 만들거나 그 위에 가죽을 씌우기도 했다(이진수, 1996: 87). 채는 뽕나무나 기타 나무로 만들어졌다. 규칙은 보통 11명씩 두 팀으로 나누어 하나의 공을 사용하여 경기했다. 참가인원은 상황에 따라 조정되기도 했다.

(2) 바둑

고려시대에 성행하였던 바둑은 조선시대로 접어들면서 쇠퇴기를 겪게 된다. 조선의 건국이념은 유교였고, 혁명 주체 세력들은 고려 말엽의 부패에 바둑(手談)도 한몫을 하는 것으로 보았다. 그러던 것이 세종 때부터 궁정과 귀족사회에 다시 퍼져 차츰 일반인들에게까지 보급되었다. 바둑은 한자로 기(棋), 기(碁), 혁(奕), 혁기(奕棋), 박혁(博奕), 위기(圍棋), 난가(爛柯), 귤중지낙(橘中之樂), 수담(手談) 등으로 불리고 있다(동아출판사백과사전부, 1988: 131). 『난중일기』에는 바둑을 '수담(手談)' 또는 '혁(奕)'으로 표현하고 있다. 이순신이 직접 바둑을 둔 것은 8회이고, 다른 장수들이 바둑을 두고 있는 것을 누워서 구경하였다는 내용이 1회 나타난다(진윤수 외 2인, 2007: 17).

(3) 장기

『필원잡기(筆苑雜記)』에는 세종의 중신 김석정(金石亭)과 김예몽(金禮蒙)이 상희대국(象戲對局)을 한 것으로 나타난다. 따라서 장기가 전래된 후 조선시대에 이르도록 양반계급이나 고관들만이 즐기던 것으로 생각되며, 또한 장기의 명칭이 개정되기 전에는 상기(象棋), 상희(象戲) 등으로 명칭도 다양하였음을 알 수 있다. 『세조실록』 등에 상희(象戲)라는 이름 아래 장기에 얽힌 이야기가 소개되고, 조선 후기 방랑시인 김삿갓은 박(博)이라는 한시를 지어 장기의 기물을 소재로 세상을 풍자하고 있다. 이순신이 쓴 『난중일기』에서도 장기를 박(博)으로 표현하고 있다.

(4) 종정도

조선시대 양반계층이 공부해야 할 것 가운데 중요한 것으로 보학(譜學)·전고(典故)·관방(官方)이 있다. 그중 관방은 무슨 관청에 어떤 관리가 배치되고, 어떤 관리가 어떤 일을 맡는가 등의 관직 제도를 연구하는 것으로 꽤나 복잡하였다. 양반집에서 이러한 내용을 숙련하기 위해 놀았던 것이 바로 '종정도(從政圖) 놀이'이다. 이러한 종정도 놀이는 '승경도(陞卿圖)', '종경도(從卿圖)', '승정도(陞政圖) 또는 '정경도(政卿圖)'라고도 한다. 이것은 민속놀이 중의 하나로서 명절과는 상관없이 분위기만 조성되면 놀 수 있었으며, 경합쟁취형 놀이의 부류로서, 특히 아동의 공기놀이처럼 승부에 염두를 두고 상대적으로 노는 것이다(최두환, 1997: 177).

종정도 놀이는 윷놀이와 비슷한 방법으로 진행되며, 4~8명의 인원이 노는 것이 적당하다. 조선의 관직명을 위계(位階) 차례로 유학(幼學)부터 영의정과 봉조하(奉朝賀)에 이르기까지 망라해서 그려 넣은 말판에 윤목을 던져 나온 끗수에 따라 말을 놓아 말직에서부터 차례로 승진하여 먼저 최고 관직에 이르는 편이 이기는 것이다. 순조롭게 승진해 벼슬이 높아지기도 하지만, 자칫하면 파직이 되어 변방으로 밀려나거나 사약까지 받는 수도 있으므로 놀이의 긴장과 재미는 더한다.

『난중일기』에 나타난 종정도는 다음과 같은 가치가 있었다(진윤수 외 2인, 2006: 19-20). 첫째, 여가 선용을 위한 수단으로서 활쏘기를 할 수 없던 날에는 종정도를 통하여 부하들 간의 친목을 도모하였다. 둘째, 활쏘기 같은 아곤적(agon) 경기가 아니라 알레아적(alea) 경기로서 승패에 대한 심적 부담을 갖지 않아도 되는 것으로 지루한 시간을 보낼 수 있었던 놀이였다. 셋째, 관직의 체계적인 개념 및 위계질서 확립과 권관, 현감 등의 말단 장수들에게 출세할 수 있다는 동기를 부여한 교육적 놀이로 나타난다.

(5) 기타

이상의 언급한 놀이 외에도 제기차기(蹴毽毬), 팽이(氷毬), 썰매(雪馬), 줄넘기 등 다양한 놀이문화가 있었다.

2장 조선시대의 무예

박귀순

학습목표
- 조선시대의 무예 교육기관과 무과 제도를 이해한다.
- 조선시대의 무예 서적과 무예 활동을 이해한다.

1. 조선시대의 무예 교육기관

조선시대의 무예는 고려시대를 계승하거나 조선시대에 새롭게 전개되었다. 무관을 선발하기 위한 무과제가 정비되어 시행되면서 무예 실기 과목인 궁술, 격구 등이 발전하였다. 특히 조선시대에는 1592년 발발한 임진왜란(壬辰倭亂)과 정유재란(丁酉再亂) 양란을 계기로 많은 변화가 있었다. 또한, 다양한 무예 서적이 간행되었으며, 그중에서도 전 세계 어느 곳에서도 찾아볼 수 없는 종합 무예서인 『무예도보통지(武藝圖譜通志)』가 정조의 명령으로 간행되었다.

중앙 주도의 무학 교육기관으로 관학은 훈련원(訓練院)이 있었으며, 사정(射亭)은 관설사정(官設射亭)과 민간사정(民間射亭)이 있었다.

가. 훈련원(訓練院)

훈련원은 조선시대 무인 양성을 위한 공인된 교육기관이었으며, 군사의 시재(試才)와 무예 훈련 및 병서(兵書)의 강습을 관장하기 위해 설치되었다. 그러나 성균관과 같은 문인 전문 양성 기관의 수준이 아니었다. 훈련의 주요 교육 목적은 시취(試取)와 연무(鍊武)에 두었다. 시취는 무과를 주관하는 일이었으며, 연무는 무학의 이론과 실기를 학습하고 훈련하는 것이었다. 교육내용으로 『병요(兵要)』, 『무경칠서(武經七書)』, 『통감(通鑑)』, 『박의진법(博議陣法)』, 『병장설(兵將說)』 등의 무학 교육과 활쏘기, 말타기 등의 무예 훈련이 있었다(한국교육연구회, 1998: 117). 특히 훈련원에서는 시취를 주관하고, 군사의 연무 활동을 통해서 군사력을 강화하였다.

나. 사정(射亭)

사정은 조선시대 전국 각지에 설치되었으며, 무인을 교육하고 양성하는 역할을 하였다. 사정은 활쏘기의 훈련 장소라는 의미에서 사장(射場)이라고도 한다. 사정의 형태는 관설사정과 민간사정으로 구분되었다. 사전적인 의미로 사정은 한량들이 어울려 놀기 위해 활터에 세운 정자(亭子)이다. 이러한 의미로 볼 때 사정은 조선시대 공식 교육기관으로 볼 수 없으며, 무인 양성과 무예 교육기관의 역할을 대신했던 것으로 추정할 수 있다(하남길, 2010: 600).

관설사정은 태종이 훈련원 내에 사청(射廳)을 설치하여 무과시험 장소로 정하였다. 이와 함께 무인과 군사가 활쏘기 훈련을 할 수 있도록 하였는데, 이가 최초 관설사정이 되었다.

궁중의 관설사정으로는 창경궁 후원의 춘당대(春塘臺)를 들 수 있는데, 왕이 직접 사열하는 열무(閱武)나 활쏘기 시험인 시사(試射)가 행해졌으며, 왕이 직접 활쏘기 수련을 하는 친사(親射)가 이루어졌다. 효종 때에 창경궁내사복(昌慶宮內司僕)에 사정을 설치하여 말과 수레를 관리하는 내승(內乘)이나 왕의 호위군이었던 별군직(別軍職)이 습사하도록 하였다. 고종 때에는 경복궁 내에 경무대(景武臺)를 설치하여 문무 과거시험(文武科試)과 열무를 행하였다(한국민족문화대백과사전, 2022. 10. 01.).

민간사정은 풍소정(風嘯亭), 등룡정(登龍亭), 등과정(登科亭), 운룡정(雲龍亭) 등이 있었다(한국민족문화대백과사전, 2022. 10. 01.). 이 중 등룡정에서 이순신의 장인, 방진(方辰)은 후학을 양성했는데, 이순신을 비롯하여 많은 무인을 지도했으며, 이순신이 진로를 무과로 변경하거나 무과 합격에 가장 큰 영향을 주었다.

2. 조선시대의 무과 제도

조선시대의 무과제도는 무과시험으로 시취(試取) 혹은 취재(取材)라고 하였다. 무과 응시 자격은 문과에 비해 약했지만, 이후에 제도가 엄격해지지 못해 천민의 관료 진출 수단이 되기도 하였다.

무과는 문과와 같이 3년마다 정규적(正規的)으로 실시되는 식년 무과시험과 비정규적(非正規的)으로 실시되는 증광시(增廣試), 별시(別試), 정시(庭試), 알성시(謁聖試) 등의 무과시험이 있었다. 평시에 정규적으로 시행되었고, 조선시대 나라에 큰 경사가 있을 때 치러지는 시험인 증광시, 특별한 목적에 따른 시험인 별시, 나라에 경사가 있을 때 대궐 안마당에서 시행하는 시험인 정시, 왕이 문묘 참배 후에 성균관 유생의 제술 시험 결과에 따라 우수한 유생에게 급제를 주는 시험인 알성시 등은 상황에 따라 비정규적으로 행해지기도 하였다. 특히 조선은 임진왜란과 정유재란을 겪으며, 무예 재원 양성을 절감했으며, 이러한 정규와 비정규적으로 시행된 무과를 통해서 많은 무예 인재가 선발되었다.

무과시험은 식년문과와 같이 초시(初試), 복시(覆試), 전시(殿試) 3단계로 실시되었다. 초시에서

190명을 선발하고, 복시에서는 28명을 추천한 뒤 전시에서 이들의 최종 순위를 가려 품계를 차등으로 정하였다(변태섭, 2007: 279). 무과의 시취 과목은 다음의 [표 4-2]과 같다.

표 4-2. 무과의 시취 과목

시별 \ 과목	고시과목		비고
	무예	강서	
초시	· 목전(240보) · 철전(80보) · 편전(130보) · 기사 · 기창 · 격구	없음	· 향리의 무과 응시: 초시(初試) 전에 『무경칠서』의 강서 시험에서 조(粗) 이상을 득해야 응시 가능 · 목전과 철전의 통과 기준: 3발 중 1발 이상 통과된 후에 다음 과목에 응시 가능, 복시도 동일 · 원시(院試)와 향시(鄕試)의 정원: 70명(원시), 120명(향시)으로 인구 비례에 의해 합리적으로 편성
복시	· 초시와 동일	· 『사서오경』 중 1 · 『무경칠서』 중 1 · 『통감』·『병요』·『장감』·『박의』·『무경』·『소학』 중 1	· 강서의 고시 방법: 문장을 읽고 강독하는 임문고강(臨文考講) · 강서의 채점 방법: 통(通)은 7분(分), 약통(略通)은 5분, 조통(粗通)은 3분
전시	· 기격구 · 보격구	없음	· 전시의 과차: 갑과 3인, 을과 5인, 병과 20인

자료출처: 경국대전 권4, 병전, 시취조

무과시험은 강서 시험과 무예 시험으로 구성되었으며, 강서는 총 세 과목을 선택해서 응시할 수 있었다. 이러한 세 과목은 사서오경 중에 한 과목, 『무경칠서(武經七書)』의 『손자병법(孫子兵法)』, 『오자병법(吳子兵法)』, 『사마법(司馬法)』, 『육도(六韜)』, 『삼략(三略)』, 『위료자(尉繚子)』, 『이위공문대(李衛公問對)』중에 한 과목, 육서(六書)의 『통감(通鑑)』, 『병요(兵要)』, 『장감(將鑑)』, 『박의(博議)』, 『무경(武經)』, 『소학(小學)』 중의 한 과목이었다. 무예 시험은 목전(木箭), 철전(鐵箭), 편전(片箭) 등의 궁술, 말을 타고 하는 기창(騎槍)과 기사(騎射) 그리고 최종시험인 전시에는 격구(擊毬)가 있었다.

3. 조선시대의 무예 서적

조선시대에는 다양한 무예서가 간행되었다. 임진왜란과 정유재란 중에 간행된 『무예제보(武藝諸譜)(1598)』를 비롯해서, 『권보(拳譜)(1604)』, 『무예제보번역속집(武藝諸譜翻譯續集)(1610)』, 『무예신보(武藝新譜)(1759)』, 『무예도보통지(武藝圖譜通志)(1790)』 등이 간행되었다. 임진왜란이 발발하고, 전란 중에 남방의 왜구를 상대하기 위해서 『무예저보』가 시급하게 간행되었으며, 이러한 『무예제보』의 내용을 보완하고, 기병을 중심으로 이루어진 북방민족의 침략을 방어하기 위해서 『무예제보번역속집』이 간행되었다. 이러한 조선의 지리적 상황에 대한 대비와 계승적 의미를 가지고 간행된 『무예도보통지』는 다양한 무예 기예의 연속적인 기술체계와 종합적인 특징을 가진 최초의 종합무예서적이라고 할 수 있다. 특히 『무예제보』나 『무여도보통지』 등은 국가의 주도로 간행된 것으로 세계에서도 그 사례를 찾아보기 어렵다.

이외에도 활쏘기와 관련된 서적으로 평양 감영에서 간행된 『사법비전공하(射法秘傳攻瑕)(1799)』를 비롯해서 서유구의 『임원경제지(林園經濟誌)(1827)』의 「유예지(遊藝志)」와 장연식의 『정사론(正射論)(1827)』 등이 있다.

가. 『무예제보』

『무예제보』는 임진왜란과 정유재란 중에 간행된 것으로 명의 척계광(戚繼光)의 『기효신서(紀效新書)』를 번역하고 연구하여 간행된 무예서이다. 전쟁 중에 명군을 통해서 『기효신서』의 효율적인 병법과 무예의 위력을 알게 된 선조(宣祖)의 명령으로 간행되었다. 한교(韓嶠)는 군사를 데리고 명 진영에 가서 『기효신서』를 연구하여 간행하였다. 전쟁 중에 긴급하게 필요에 따라 간행되었으며, 『무예제보』에는 『기효신서』의 단병기 6기만 수록되었다(박귀순, 2017: 20-21). 『무예제보』는 무과 시험과목이 정립되기 이전까지 무예 평가 기준 및 척도가 되었다(선조실록, 권137, 선조 34년 5월 19일). 내용은 곤보(棍譜), 패보(牌譜), 선보(筅譜), 장창전보·장창후보(長槍前譜·長槍後譜), 파보(鈀譜), 검보(劍譜)로 구성되어 있다(한교, 1598).

나. 『권보』

『권보』는 권법 단일 종목이 수록된 것으로 현존하고 있지 않지만, 『무예제보번역속집』에 수록된 내용과 『조선왕조실록』을 통해서 간행된 기록을 찾을 수 있다. 앞서 『무예제보』가 간행될 당시에 전쟁 중에 바로 활용할 수 있는 단병기 6기만 수록되었으며, 권법은 누락되었다. 그래서 선조 37(1604)년에 이를 보완하기 위해 『권보』가 따로 간행되었다(선조실록, 권182, 선조 37년 12월 16일). 현재 『권보』의 구체적인 내용은 『무예제보번역속집』에서 확인할 수 있으며, 권법

단일 종목으로 구성되어 있다.

다. 『무예제보번역속집』

『무예제보번역속집』은 1610년(광해군 2년) 훈련도감의 최기남(崔起南)이 『무예제보』 내용 중에 누락된 『기효신서』의 무예를 보완하여 간행한 무예서이다. 내용은 『권보』를 포함해서 청룡언월도(靑龍偃月刀), 협도곤(挾刀棍), 왜검(倭劍)으로 구성되어 있다.

라. 『무예신보(武藝新譜)』

『무예신보』는 『무예신식(武藝新式)』이라고도 하며, 사도세자(思悼世子, 顯隆園)가 아버지 영조(英祖)의 재가를 받고 1759년에 간행한 무예서이다(박귀순, 2017: 28). 『무예신보』는 현존하고 있지 않아서 그 내용은 『무예도보통지』에서 찾을 수 있다. 내용은 십팔기(十八技)라고 해서 곤보(棍譜), 패보(牌譜), 선보(筅譜), 장창전보·장창후보(長槍前譜·長槍後譜), 파보(鈀譜), 죽장창(竹長槍), 기창(旗槍), 예도(銳刀), 왜검(倭劍), 왜검교전보(倭劍交戰譜), 월도(月刀), 협도(挾刀), 쌍검(雙劍), 제독검(提督劍), 본국검(本國劍), 권법(拳譜), 편곤(鞭棍)으로 18가지 종류의 기예로 구성되어 있다(정조, 1790).

마. 『무예도보통지』

『무예도보통지』는 1790년(정조 14년) 정조의 명령으로 이덕무(李德懋), 박제가(朴齊家), 백동수(白東脩)가 간행한 종합무예서이다. 정조는 조선이 임진왜란과 정유재란을 겪으며 그 중요성을 절감했던 무예를 체계적으로 정비하여 국방을 강화하고, 아버지 사도세자의 무예에 대한 뜻을 계승하고자 하였다(박귀순, 2017: 29). 『무예도보통지』는 한문본 4권과 언해본 1권으로 구성되어 있다. 『무예도보통지』는 중국 척계광의 『기효신서』와 모원의(茅元儀)의 『무비지(武備誌)』를 기본으로 하여 『무예제보』, 『권보』, 『무예제보번역속집』을 참조로 하였으며, 『무예신보』에 6가지 종류의 기예를 더해 간행되었다(정조, 1790). 『무예도보통지』는 총 24종류의 기예를 동작으로 묘사한 도(圖)와 동작을 설명한 보(譜)로 수록되어 있다. 무예 내용은 장창(長槍), 죽장창, 기창(旗槍), 당파(钂鈀), 기창(騎槍), 낭선(狼筅), 쌍수도(雙手刀), 예도, 왜검, 왜검(교전), 제독검, 본국검, 쌍검, 마상쌍검(馬上雙劍), 월도, 마상월도(馬上月刀), 협도, 등패(籐牌), 권법, 곤봉(棍棒), 편곤(鞭棍), 마상편곤(馬上鞭棍), 격구(擊毬), 마상재(馬上才)로 구성되어 있다.

『무예도보통지』는 왕의 명령에 따라서 국가사업의 일환으로 한국과 중국 그리고 일본 문헌 145권을 참조로 총 24종류의 무예 기예가 동작(그림)과 설명 형식의 도와 보로 기록되어 간행된 점에서 그 역사적인 의미가 높다고 할 수 있다. 또한, 양란을 통해서 유입된 중국과 일본의 무예는 당시 조선의 무예 체계나 기술을 풍부하게 만들었으며, 이러한 교류문화를 통해서 융합된 무예 문화로 발전된 점도 특이하다.

바. 『사법비전공하』

『사법비전공하』는 평양 감영에서 청나라 주용(朱墉)이 편찬한 『무경칠서』의 주석들을 모아 편찬한 병서인 『무경칠서휘해(武經七書彙解)(1700)』를 번역하여, 복간한 것이다. 저자는 미정으로 알려져 있으며, 평양감영인 기영(箕營)에서 군사훈련 목적으로 간행되었고, 활쏘기법의 주요 교재로 활용되었다.

사. 『임원경제지』

『임원경제지』는 1827년에 실학자 서유구가 간행한 것으로, 필사본 총 113권 52책으로 구성된 백과전서이다. 내용이 16지(志)로 구분되어 있어 『임원십육지(林園十六志)』혹은 『임원경제십육지(林園經濟十六志)』라고도 하였다. 특히 활쏘기와 관련된 내용은 16개지 중에 「유예지(游藝志)」에 수록되어 있다. 「유예지」에는 6권 3책으로 활쏘기를 포함해서 독서법, 회화, 서예, 음악, 수학 등 교양 백과로 구성되어 있다(서유구, 1827). 활쏘기를 크게 5개 항목으로 구분하고 다시 34개 소항목으로 세부적으로 구성하여 활쏘기에 대한 과학적인 방법이 설명되어 있다.

아. 『정사론』

『정사론』은 1872년 조선시대 무관인 첨절제사(僉節制使)를 지낸 장언식이 간행한 서적이다. 활쏘기 기예와 관련된 22편의 글이 실려 있으며, 조선시대 궁술 무예를 이해하는데 귀중한 자료로서 가치가 있다.

4. 조선시대의 무예 활동

조선시대의 무예 활동은 궁술, 격구, 수박희 등이 성행하였다. 특히 무과시험 과목으로 채택된 궁술과 격구는 왕이나 양반 사회에서도 성행되었다. 또한, 맨손 무예인 수박희는 무예 훈련이나 수련에 기본이 되었으며, 병사 선발이나 평가 기준이 되기도 하였다.

가. 궁술(弓術)

조선시대 궁술은 왕이나 귀족이 갖춰야 할 덕목이었고, 무인이나 무관이 되기 위해서 반드시 익혀야 할 무예 중의 하나였다. 또한, 유학자도 심신의 수양을 위한 방법의 하나로 여겼으며, 다양한 계층에서 익히고 수련되었다. 활의 용도는 전쟁용, 수렵용, 연습용 등으로 구분되었으며, 종류로 각궁(角弓), 철궁(鐵弓), 철태궁(鐵胎弓), 정량궁(正兩弓), 예궁(禮弓), 동개살 등이 있었다. 각궁은 조선의 전통적인 활로서 소나 양의 뿔로 장식한 활로서 수렵용과 연습용으로 사용되었다. 철궁은 철로 만들어졌으며, 철태궁도 대를 쇠로 만든 각궁과 같았고 전쟁이나 수렵용으로 활용되었다. 정량궁(正兩弓)은 길이가 5촌 5척으로 큰 활이었으며, 예궁은 6가지 종류의 재료로 만든 길이 6척의 활로 향음주례(鄕飮酒禮, 향촌의 유교 의례)에 사용되어 예궁이라고 하였다. 동개살은 등에 지는 동개에 활과 화살을 담아 말을 달리며 쏘는 기마용, 전쟁용으로 사용되었다.

특히 궁술은 무과 시험의 한 종목이었으며, 세부 과목으로 편전(片箭), 목전(木箭), 철전(鐵箭), 기사(騎射) 4과목이 있었다. 편전, 목전, 철전은 서서 쏘는 궁술로 보사(步射)였으며, 거리에 따라서 근후(近侯), 중후(中侯), 원후(遠侯)를 두고 쏘았다. 편전은 속칭 '애기살'이라고 할 정도로 짧은 화살을 사용하였다. 조선시대 군사가 전쟁이나 연습용으로 사용되었던 화살의 한 종류였다. 시험 때에 180보의 거리에서 한 사람당 세 발을 쏘았으며, 약 1천 보(600m) 떨어진 곳에서도 갑옷이나 투구를 관통할 정도로 효력이 뛰어났다. 목전은 나무로 화살을 만든 것으로, 멀리 쏘는 능력 시험에 사용되었다. 240보의 거리에서 한 사람당 세 발씩 쏘았고, 두 사람이 번갈아 가면서 한발씩 쏘았다. 과녁에는 사방 1장(1장 약 3m) 8척(1척 약 30cm)의 크기로 돼지머리가 그려져 있었다. 철전은 화살촉을 철로 만든 전투용 화살이다. 멀리 쏘아서 궁력의 강약을 평가하였다. 얼마나 강하게 화살을 쏘아 적을 살상할 수 있는지를 시험하는 궁술로 4척 6촌(1촌 약 3cm) 크기의 화살이 사용되었다. 『국조오례의(國朝五禮儀)』에 보이는 철전은 철촉이 둥글고 날이 없이 화살 깃이 좁은 무과 시험에 사용된 화살을 말한다. 철전은 무과 시험용과 연습용으로 사용되었고, 육량전(六兩箭), 아량전(亞兩箭), 장전(長箭)으로 무게에 따라 구분되었다. 그중 육량전은 철, 새털, 복숭아 껍질인 도피(桃皮) 등을 합성해 만든 화살이며, 무과의 초시와 복시에서 사용된 화살이었다. 기사는 말을 타고 궁술을 발휘하는 것으로 활 쏘는 능력에 비중이 높았다.

조선시대 사용된 화살은 편전, 목전, 철전, 세전(細箭), 유엽전(柳葉箭) 등이 있었다(이진수, 1996: 140-141). 편전, 목전, 철전은 앞서 설명한 바와 같으며, 세전은 적진(敵陣)에 격서를 보낼 때 쓰던 대나무 화살이었다(하남길, 2010: 602). 유엽전은 각궁에 사용하는 화살로 무과의 초시, 복시, 도시, 시재 등 모든 시험과 연습에 사용된 화살이었다. 화살의 종류는 [표 4-3]와 같다.

조선시대에 유명한 무관이었던 이순신이 1592년부터 1598년 임진왜란이 발발하고 전장에서 7년 동안 쓴 일기인 『난중일기(亂中日記)』에서 궁술과 관련된 기록을 살펴보면, 총 264회 기록을 볼 수 있다. 당시 날씨와 23번의 전투, 두 차례 백의종군 등을 고려한다면 무관 이순신은 거의 매일 궁술 훈련을 했던 것을 알 수 있다.

표 4-3. 화살의 종류

종류	내용
편전	· 속칭 '애기살' · 무과 초시와 복시 시험 과목 · 궁술의 정확도와 효력 평가
목전	· 나무로 만든 화살 · 무과 초시와 복시 시험 과목 · 궁술의 멀리 쏘기 평가
철전	· 육량전 : 무게가 6량(1량 약40g)이어서 육량전, 무과 초시와 복시에 사용 · 아량전 : 육량전과 같으나 무게가 4량 · 장 전 : 무게가 1~1량 5, 6전(1전 약4g)으로 전장(戰場)에서 사용 · 무과 초시와 복시 시험 과목 · 멀리 쏘아서 궁력의 강약을 평가
세전	· 가는 대나무 화살 · 적진에 격서를 보낼 때만 사용
유엽전	· 각궁에 사용하는 화살 · 길이는 2척 7촌 5푼에서 2척 9촌까지로 쏘는 사람의 팔과 활의 장단이 기준 · 무과의 초시, 복시, 도시, 시재 등 모든 시험과 연습어 사용

　당시 무관 이순신의 궁술은 다음과 같은 역사적 가치가 있었다(진윤수 외, 2006: 35). 첫째, 궁술은 일본의 조총과 맞서 싸울 수 있는 무예로서 전투에서 이길 수 있다는 자신감을 불러일으킨 촉매 역할을 한 점, 둘째, 궁술은 단순히 군사적 목적에 국한된 신체활동에서 벗어나 사회적 친교의 수단이었다는 점, 셋째, 궁술은 특정한 일과가 없을 때는 모든 공무를 마친 후 여가 활동의 하나로 행해진 점, 넷째, 궁술은 무관의 덕(德)을 함양하는 방법뿐만 아니라 평가 수단으로 활용된 점, 다섯째, 무관 이순신이 궁술 시합을 통해서 상품을 하사하며 수군(水軍) 내의 사풍을 격려했던 점, 여섯째, 이순신이 뛰어난 궁술 능력을 통해서 승리 지향적 리더쉽을 발휘했던 점이었다. 조선시대 이순신은 전란 중에도 궁술을 통해서 개인과 군사의 무예 능력 향상 및 군사의 덕 함양이나 군사 평가를 했으며, 수군내에 궁술 수련이나 여가 활동을 격려하였다. 특히 무관 이순신은 궁술을 통해서 뛰어난 리더쉽을 발휘하여, 위기에 처한 조선을 구하였다.

나. 격구(擊毬)

　조선시대의 격구는 고려시대의 격구를 계승했는데, 고려시대의 격구는 무예적인 요소와 유희적인 요소 모두 갖추고 있었다. 조선시대에는 유희적인 격구보다 무예적인 요소에 비중을 두고 격구를 계승하였다. 조선을 건국한 태조 이성계는 직접 격구에 참가할 정도 마상무예 능력이 뛰어났다.

『조선왕조실록(朝鮮王朝實錄)』의 「태조실록(太祖實錄)」의 총서(總序)를 보면, 아래와 같다.

> "고려 공민왕 5년(1356)에 태조의 나이가 22세임에도 불구하고 벼슬을 하였다. 고려의 풍속에 매년 단오절에는 나이가 젊은 무관과 의관의 자제들을 뽑아서 격구의 기예를 익혔는데, 그날에 이르면 도시의 큰길에 용봉(龍鳳)으로 된 임시 왕의 자리인 장전(帳殿)을 설치하고, 길 복판에 격구 문인 구문(毬文)을 세우면, 왕이 장전 앞에서 이를 구경한다. (중략) 태조는 선발에 참여하여 공을 운반할 때 말 달림이 너무 빨라 벌써 격구 채를 목과 귀 옆에 수직을 세우는 비이(比耳) 동작을 2회-3회 하고, 격구 채를 높이 들어 친 다음 밑으로 내리는 동작인 수양(垂楊)을 했는데, 갑자기 돌에 맞아 반대쪽으로 달아나 말의 네 발 뒤쪽으로 나왔다. 태조는 즉시 위를 쳐다보고, 누워 몸을 돌려서 말꼬리에 붙어서 공을 치니, 공이 다시 말 앞발 사이로 나오므로 이것을 쳐서 문밖으로 나가게 한다. (중략) 또 공을 운반해 칠 때는 벌써 수양(垂楊)이 되어 공이 다리 기둥에 맞아 말의 왼쪽으로 나가므로 태조는 오른쪽 등자를 벗고 몸을 뒤집어 쳐서 이를 맞히고 다시 쳐서 문밖으로 나가게 한다. (중략) 온 나라 사람들이 몹시 놀라면서 예전에는 듣지 못한 일이라 하였다"

당시 태조는 격구를 즐겼을 뿐만 아니라 뛰어난 격구 기예 능력이 있었던 것을 알 수 있다. 왕이 친히 격구에 참가할 정도이며, 이는 조선 초 격구가 얼마나 성행했는지 알 수 있는 대목이기도 하다.

또한, 1425년(세종 7년) 4월 19일에 병조에서 격구를 무과시험 과목으로 정하고자 하는 계를 다음과 같이 올렸다.

> "중국의 한(漢)나라의 축국(蹴鞠)과 당(唐)나라의 격환(擊丸)은 예전의 축국으로부터 시작된 것으로, 놀이처럼 보이고, 실제 전투를 연습하는 것이었습니다. 전조(前朝, 고려 조정)의 전성시대에 행해졌던 격구(擊毬)는 이러한 격구 놀이를 모방했습니다. 그러나 격구를 잘하는 자는 기사(騎射)도 할 수 있으며, 창과 칼 쓰기도 잘 할 수 있사오니, 이제부터 무과시취(武科試取)거나 춘추 도목시험(都目試驗)에 이러한 기예를 시험하는 과목으로 두기를 원합니다. (중략) 왕이 그대로 따랐다(세종 7년 4월 19일)."

병조에서 격구를 무과시험 과목으로 정하자는 주청을 올렸으며, 왕은 올라온 계의 내용을 그대로 따라 무과시험 과목에 격구가 들어가게 되었다. 또한 조정 문신들이 격구에 대한 배척에 대해 1430년(세종 12년) 9월 21일에 세종은 당시 격구는 고려시대의 유희적 요소가 강했던 격구와 다르다고 했으며, 격구의 무예로서의 가치를 다음과 같이 강조하였다.

> "왕은 격구(擊毬)하는 것에 대해 조정 신하들이 고려조(高麗朝)의 폐해를 들어 폐지를 청한 자가 많았으나, 격구는 본시 무예(武藝)를 연습하기 위한 것으로 놀이가 아니라고 말하였다. 또한 옛일을 보아도 모두 무예 습득을 위한 것이라고 하였다. (중략) 말을 잘 타는 자가 아니면 잘할 수 없고, 달

리는 재능도 반드시 기사(騎射)보다 갑절이나 능해야만 공을 칠 수 있기에 무예를 수련하는 데에 이보다 나은 것은 없다고 하였다."

격구는 조선을 건국한 태조 때부터 무예로서의 특징이 내포되어 무과시험 과목이나 무예 연습을 위한 보조적 수단으로 여겼다. 고려시대의 것을 계승했으나, 고려 말의 유희 요소가 강한 격구에 벗어나 격구의 본연의 무예 요소가 강조되어 성행하였다. 또한 기사와 같은 다른 무예보다 탁월한 무예 능력이 필요한 종목으로 중시되었다. 특히 격구는 단일 종목의 무예 능력이 아니라, 말을 타고 다양한 격구 기예를 펼쳐야 했기 때문에 승마, 격구 기예, 체력 등 다양한 요소가 겸비되어야 했기에 무과시험 과목 중 난이도가 가장 높았다.

조선시대에 격구는 무예로서 무관을 선발하기 위한 무과시험 과목이었고, 무예 연습의 수단이었다. 또한 기본적으로 말을 타고 말 위에서 격구 채를 가지고 상대 선수나 팀과 경쟁하며, 다양한 기예를 펼치는 점에서 고난도의 기예가 필요하였다.

다. 수박희(手搏戲)

수박희는 격구와 같이 고려시대의 수박을 계승하였다. 두 사람이 주로 손을 이용하여 힘과 기예를 겨루는 맨손 무예이며 격투 무예이다. 수박희는 맨손 무예로 군사 선발 기준이 되었으며, 특별한 행사의 시연이나 시범을 통해 관람형 무예로 발전하기도 하였다.

『조선왕조실록』의 「태종실록(太宗實錄)」에 따르면, 1410년(태종 10년) 1월 21일과 1411년(태종 11년) 6월 10일에 병조(兵曹)와 의흥부(義興府)에서 군사 선발을 위해서 수박희를 기준으로 두었다.

> "병조(兵曹)와 의흥부(義興府)에서 수박희(手搏戲)로 사람을 시험하여 방패군(防牌軍)을 보충하였는데, 세 사람을 이긴 자를 방패군으로 선발하여 보충하였다(태종실록, 태종 10년 1월 21일)."

> "봄부터 여름까지 의흥부와 병조는 흥인문(興仁門) 내에서 기사(騎射), 보사(步射) 시험을 통해 무사인 갑사(甲士)를 선발하였다. 이때 잘하지 못한 자를 삼군부(三軍府)에 모아 놓고, 주보(走步)와 수박희를 다시 시험하여 3명 이상 이긴 자는 선발하고, 그러지 못한 자는 모두 가려서 탈락시켰다(태종 11년 6월 10일)."

또한 『조선왕조실록』의 「태종실록(太宗實錄)」과 「세종실록(世宗實錄)」에 따르면, 수박희는 왕의 생일이나 귀족 등의 행사에서 시연하기도 했는데, 수박희는 공연과 관람적 특성을 보여준다.

"임금이 상왕(上王)을 경회루(慶會樓)에서 받들어 맞이하여 헌수(獻壽)하고 노래 부르고 화답하여 지극히 즐기었으니, 상왕의 탄신(誕辰)인 때문이었다. 세자(世子)와 여러 종친(宗親)이 모두 시연(侍宴)하였다(태종 16년 7월 1일)."

"경회루(慶會樓) 북쪽에 나아가 종친들은 활 쏘는 것과 역사(力士)의 수박희를 관람하였다(세종 13년 3월 28일)."

조선시대 수박희는 손으로 상대와 힘과 기예를 겨루는 맨손 격투 무예로서, 갑사나 방패군 등과 같은 군사 선발 시험의 기준이 되었으며, 왕의 생일과 같은 특별한 날에 시연이나 시범이 이루어지며, 공연적, 관람적 특징이 내포되어 발전하였다.

V부
개화기의 체육·스포츠

　제5부에서는 개화기의 체육·스포츠를 살펴본다. 개화기의 체육·스포츠는 1장 개화기의 체육, 2장 개화기의 스포츠로 나누었다.

　1장 개화기는 변혁기였다. 19세기 후반 조선 사회는 열강들의 침략 야욕으로부터 자유로울 수 없었다. 제국주의 조류는 '은둔의 나라' 조선 사회가 새로운 사상과 문화를 경험하는 계기가 되었다. 이 시기 근대적인 체육과 스포츠도 개화기 조선 사회에 소개되면서 신체교육에 대한 필요성이 제기되었다. 여기에 국권 위기라는 정치적 상황 속에서 대두된 사회진화론적 자강 사상은 신체적 역동성의 중요성을 강조하는 시대적 요구를 촉발했다. 개화기는 조선 사회에 근대적인 체육의 시발점이다.

　2장 개항으로 시작된 조선의 외부와의 교류는 근대적 문화 수용을 위한 물꼬가 되었다. 개항 이후 서구의 근대적인 문화가 선교사, 외국인 관리, 군인 등을 매개로 조선 사회에 유입되었다. 이러한 과정에서 서구의 근대적인 스포츠 종목들도 소개되면서, 학교체육의 태동과 각종 스포츠 문화가 전개되기 시작했다. 개화기에 스포츠 문화의 확산이 가능했던 것은 흥미로운 신체문화에 대한 조선 사회의 자발적 수용 의지와 체육이 일본을 비롯한 열강으로부터의 독립을 위한 중요한 교육수단으로 작용한 결과였다. 이러한 역사적 맥락 속에서 개화기는 다양한 근대적 체육활동과 근대스포츠 문화가 한국 사회에 개화된 시기였다.

1장 개화기의 체육

최종균

 학습목표
- 개화기의 체육 및 스포츠의 수용 배경을 이해한다.
- 개화기의 조선 사회의 근대 체육 및 스포츠의 수용 과정을 이해한다.

1. 개화기의 사회와 교육제도

가. 개화기의 사회

조선왕조의 등장은 역사적으로 지역할거체제에서 중앙집권적 통치체계로의 전환을 의미하였고, 유교를 정치사상으로 삼아 민(民)이 나라의 근본이라는 민유방본(民惟邦本)의 유교정치사상을 강조하는 국가운영체계를 만들어냈다(이태진, 2005: 27~32). 특히 성리학을 관학으로 받아들여 나라를 다스리면서 심학(心學)이나 예학(禮學)이 발달하게 되었고, 외교적으로는 중국과의 사대적 외교를 통해 체제를 유지하였다. 이러한 문치(文治) 편향의 국가적 흐름은 문약화(文弱化)라는 결과를 부르게 되어 왜란(倭亂)과 호란(胡亂)이라는 참화로 이어졌다.

조선 후기 내부적으로는 집권층의 갈등과 세도정치로 인해 일반 서민들의 생활이 날로 피폐해졌다. 이러한 궁핍한 생활에 대한 저항으로 전국에서는 민란이 빈번하게 발생했다. 또한 조선 중기 이후 지속된 붕당정치와 오랜 기간 집권하며 성리학적 명분론을 앞세우던 노론(老論)에 대한 반발이 강하게 일어나게 되었다. 이러한 붕당정치에 대한 서민과 비주류 지식층의 염증과 민본위민(民本爲民)을 앞세운 탈성리학적 개혁 사상의 출현은 조선 후기 사회의 해체를 견인해가고 있었다. 특히 서자(庶子)와 같이 요직에 진출할 수 없었던 소외된 양반과 중인 지식층을 중심으로 형성된 북학파 학자들과 실생활에 필요한 실사구시(實事求是)의 학문을 주장하는 실학파 학자들은 조선 후기 학문과 사상계의 변혁을 이끌었다(정성식, 2020: 43~44).

또한, 17세기 중국에 사신으로 다녀온 지식인들에 의해 서학(西學)의 일부로 전래된 천주학은 18세기 이후 점차 신앙으로 발전하여 천주교의 세를 확장해나갔다. 19세기 중엽 교구가 설립되면서 이어진 서양인 신부들의 포교 활동은 세도정치로 부패한 조선 사회의 불만과 평등주의 내세 신앙의 교리가 민심을 타고 급속도로 천주교의 교세를 팽창시켰다. 천주교를 포함한 서학의 전래가 조선 사회에 미친 가장 큰 영향은 백성, 특히 지식의 서구 인식과 세계관의 변화를 이끌었다는 것이다. 천주교 박해와 같은 굵직한 종교적 사건 뒤에서 일부 실학자들은 부수적으로 묻어 들어온 과학 문명을 통해 새로운 세계관에 눈을 뜨고 있었다(신복룡, 1997: 122~123). 이러한 지식인의 세계관 변화로 인해 이 시기는 중화사상에서 벗어나 새로운 문명 세계에 대한 개방론의 당위를 마련하고 있었다.

이러한 조선 후기 사회의 모습은 본격적인 개화의 신호이기도 하였다. 특히 지식인의 세계관 변화와 실사구시의 학문적 성향, 인간 평등을 교리로 내세운 동학과 천주교의 등장과 같은 사회 질서의 변화는 개화기 체육활동의 수용을 넘어, 근본적으로 인간의 몸과 신체활동에 대한 인식 변화를 가능케 하는 토대가 되었다.

1876년 조선은 일본의 강압에 따라 강화도 조약을 맺은 이후 정치와 사회적 격변의 시대를 경험했다. 개항은 제국 열강들의 식민화 위협 속에서 국가 존립을 위한 대대적인 사회 개혁을 추진하는 동인이 되었다. 문명개화, 위정척사, 애국계몽, 부국강병은 이러한 시대적 상황을 대변하는 개념들이다. 개화기는 개항 이후 1894년 민중과 국가 차원에서 각각 개혁을 시도한 동학혁명과 갑오개혁, 1905년 을사조약을 거쳐 1910년 일제에 의한 강제 병탄(倂呑)에 이르는 시기를 말한다(김언순, 2010: 36).

개화기는 조선이 급격한 사회 변화를 겪었던 시기였다. 내부적으로는 봉건체제의 붕괴현상이 나타났고, 외부적으로는 제국주의 침략에 따른 사회 불안이 증폭되었던 시기였다. 또한 강력한 서구의 힘과 근대적 사상이 침투함에 따라 조선 사회의 근간을 형성했던 성리학적 사고체계가 무너졌고, 제국주의 열강의 외압에 따라 조선 사회가 파괴되어 간다는 민족의 위기의식 아래 조선 사회는 집단별로 상이한 민족적 대응이 나타난 시기였다. 그 결과 당시 조선 사회는 민족 내부의 각 계층에 따라 성리학을 지켜내자는 위정척사사상, 서구 근대문명을 수용하자는 개화사상, 외세와 정부의 부정부패에 대해 저항했던 민중운동이 나타났다.

개화기는 크게 세 가지 사상의 그늘 아래 있었다. 그 첫 번째는 위정척사사상이다. 서학(천주교)의 유입과 서세동점의 흐름 속에서 유교와 성리학은 옳은 것이며, 서구의 천주교와 과학혁명은 사악한 것이라는 주장이 위정척사사상의 핵심이었다. 위정척사파들은 서구와 일본 제국주의의 침투로 악화될 조선의 경제를 두려워하면서 이 사상을 주장하였고, 개화기 동안 빈번하게 발생했던 의병 활동의 사상적 기반이 되었다. 두 번째 사상적 조류는 개화사상이었다. 개화사상은 서양 문명의 요체를 수용하여 부국강병을 이루고 자주적인 근대 국민국가를 이룩하자는 집단적 의식의 발로였다. 개화사상가들은 동양의 전통적인 도를 유지하면서 서양의 기술을 받아들이자는 온건파와 서구와 일본의 기술뿐만 아니라 정치·경제·군사·교육 등을 급진적으로 받아들이자는 급진파로 나누어 개화를 꿈꾸었다. 세 번째는 동학사상이었다. 동학사상은 인내천(人乃天)으로 상징되는 평등주의가 그 사상의 요체였다. 동학의 평등주의 사상은 조선조의 봉건적 신분제를 부정했으며, 반외

세·반침략의 민족주의, 신분제를 부정하는 평등주의를 표방함에 따라 동학농민운동의 사상적 배경으로 작용했다(김재호 외, 2020: 164-165). 개화기 조선의 사회는 외부 세계와의 접촉 속에서 내부적으로 이데올로기적 충돌이 지속된 상황을 직면하게 되었다.

그럼에도 불구하고 개화기 조선은 서구와 일본이라는 이질적인 타자와 직면하여 그에 대한 다양한 관점을 갖고 나름의 대응 논리를 체계화하고 실천했다. 결과적으로 이 시기 조선은 제국주의 침략이라는 험난한 파고에 노출되었지만, 근대적 타자와의 조우와 대응 속에서 한국 근대 사상이 형성되는 기반을 마련해 나갔다. 특히 개화기 국권 상실의 위기에 직면한 조선 사회는 서구의 근대적인 사상을 토대로 자강의 길을 모색하였다. 개화기 조선은 서양 제국주의의 침탈 야욕에 직면함에 따라 국가의 독립 유지와 근대화가 절박한 시대적 과제였다. 이러한 상황에서 1880년대 후반 조선의 자강론자들은 서구의 사회다원주의를 수용하여 '경쟁'을 근대적 문명화와 역사적 진보 및 생존을 담보하는 원리로 인식하게 되었다.

개화기 사회진화론은 한국 사회에 가장 많은 영향을 미친 사상이라 할 수 있다. 제국주의 조류 속에서도 약한 민족은 강한 민족의 약탈 대상이 되는 것은 자연스러운 정세였다. 서구와 일본에 비해 국력이 약했던 조선도 마찬가지였다. 당연히 조선의 자강론자들은 사회다원주의 영향으로 국권을 상실한 민족적 위기 상황에서 "적자가 되기 위해서는 무엇을 해야 하는가?"를 생각했고, 문명화를 통한 강자 되기를 목표로 경제개발과 교육을 통한 근대의식 양성에 주력했다. 그들은 서양의 장점을 적극적으로 수용함과 동시에 신식교육을 통해서 근대사회를 이끌어 갈 인재를 길러내고자 했다. 무엇보다 한민족의 역사와 문화에 대한 자긍심을 높이고 근대적 국가 의식을 형성하고자 했다(박정심, 2016: 47~187).

신식교육과 더불어 추진된 조선의 구체적인 부국강병의 노력은 신식 군대의 양성이었다. 1881년 일본인 호리모도(堀本礼造)를 교련관으로 초빙하여 서울에 거주하는 양반 자제 100여 명을 사관생도로 선발, 일본식 군대훈련을 시켰다. 이듬해에는 궁성호위부대에서 선발한 군인 80명으로 별기군을 창설 호리모도 교련관에 의해 신식 훈련을 개시하였다. 당시 호리모도가 주도한 군사훈련의 내용은 사료로 기록되어 있지 않으나, 일본 육군사관학교와 육군도야마학교의 군사 훈련법이 체조, 사격, 마술, 검술, 육상 등 무예와 스포츠 내용을 근간으로 하였기에 유사한 내용을 훈련했을 것으로 추측되고 있다(한왕택, 2002: 29).

한편 1882년 박영효가 이끄는 수신사 일행의 일본 방문과 1883년 보빙사의 미국 파견 이후 서양 문물, 특히 근대식 무기 수입에 대한 필요성이 대두되었고, 당시 승정원일기를 보면 군사 양성을 급선무로 해야 한다는 상소문을 발견할 수 있다(이희숙, 2001: 93). 신식 군대와 근대적 병기로 무장함으로써 자주적으로 무력을 양성해야 한다는 목소리가 커진 가운데, 일찍이 김옥균은 일본의 호산학교(일본소년사관학교)에 유학생을 입학시켜 신식 군사훈련과 기술을 배워오도록 하였으며, 1881년 9월 파견된 일본 수신사 수행원이었던 장대용과 신복모는 일본에 그대로 남아 육군 도야마학교에 입학하기도 하였다. 이들은 귀국 후 박영효에 의해 신식 군대훈련을 위한 교관으로 채용되어 1천 명을 훈련 시켰는데 이것이 유학생에 의한 최초의 병식체조(兵式體操) 도입으로 추측되고 있다(한왕택, 2002: 30). 고종은 귀국한 유학생들을 필두로 군관학교 설립을 추진하였으나 조정의 수구파 관리들의 강한 반대로 실패로 끝나기도 하였다. 이후 개화교육 사상가들의 끊임없는 노력 끝에 군관학교가 설립되었고 교육과정으로 편성된 병식체조가 군사체조로 발전하여 체육의 모습을 드러내었다(이희숙, 2001: 94).

사회진화론은 체육사적으로도 변혁을 위한 사상적 토대가 되었다. 사회진화론을 경험한 지식인들이 신체활동을 보는 인식의 변화가 생겼다. 약육강식의 정세 속에서 민족이 살아남을 수 있는 방법은 우선 신체적으로 강해지는 것이었다. 사회진화론자들에게 체력이 화두가 되었다. 체력을 향상시킬 수 있는 다양한 제도적 장치가 마련되어야 했고, 교육제도에 있어서 체육의 필요성이 절감된 시기였다. 예컨대 독립신문의 1896년 5월 2일자 논설을 살펴보면 사람이 몸이 건강하고 병이 없어야 우수한 민족이 될 수 있다는 내용이 존재한다(독립신문. 1896. 5. 2.). 민족의 건강과 체력의 중요성이 무엇보다 강조되어야 한다는 언급이다. 국민 건강의 문제가 곧 국력이라는 인식의 토대는 민족의 위생 상태의 개선 활동으로도 이어졌다. 이러한 개화기 건강과 위생, 즉 보건에 대한 의식은 이른바 건민육성(健民育成) 사상을 태동시키며 자연스럽게 신체활동에 관한 관심으로도 이어졌다. 신체의 병을 예방하고 스스로 몸을 지킬 수 있는 강한 신체를 지닌 국민 양성을 위한 필수 불가결한 요소는 운동이었으며, 이는 이후 개화기 교육에서 체육과 스포츠를 수용하는 결정적인 당위로 작용하였다(황태상, 1996: 9~10).

이와 같이 19세기 후반 조선 사회는 서구 근대화에 대한 저항과 수용의 병존 현상을 겪으면서 생존과 국권 회복을 위한 자강이 절실한 민족적 과제임을 인식했다. 유교의 문약주의가 민족의 역동성을 저해했다는 인식이 생긴 것도 이러한 맥락이었다. 따라서 실력 배양을 위한 교육이 민족 자강을 위한 핵심적인 과업으로 등장했고, 생물학적 적자를 양성하기 위해서는 체육활동이 필수적인 활동으로 인식되는 전환기를 맞이했다. 개화기 조선 사회에서 근대학교가 출현하고, 체육활동이 전개되었던 이유가 여기에 있다.

나. 개화기의 교육제도

개화기 교육 운동은 개화사상을 토대로 전개되었다. 개화사상가들은 약육강식의 세계 질서 속에서 한국이 도태되지 않고 살아남기 위해서는 스스로 강자가 되어야 하고 강자가 되려면 문명 개화하는 것은 선택이 아니라 필수라 인식했다. 개항 이후 한국 사회는 제국주의 조류 속에서 민족적 위기를 절감했고, 민족의식의 고취와 더불어 국권 유지에 대한 국민 의식이 자각되었다. 이를 위해 추진된 개화운동은 크게 정치적 개화, 경제적 개화, 그리고 교육적 개화를 중심축으로 전개되었다. 그중에서도 조선 사회는 교육적 개화에서 뚜렷한 유산을 남겼다(이학래 외, 1994: 138).

1876년 개항 이후 조선 사회는 서세동점(西勢東漸)의 정세 속에서 부국강병책이 절실함을 자각했다. 조선 정부는 19세기 후반부터 세계의 다른 국가들의 부국 정책의 실상을 확인하기 위해 수신사(修信使), 조사시찰단(朝士視察團), 영선사(領選使) 등을 파견했다. 이러한 과정에서 서구와 일본이 강성해진 근원이 교육제도에 있다는 것을 깨닫게 되었고 이는 곧 교육제도 개혁으로 이어졌다.

개화기 조선의 교육개혁의 대표적인 유산은 갑오개혁이었다. 갑오개혁은 일본의 군사력을 기반으로 단초가 마련되었으나, 일본은 조선을 직접적으로 지배할 수 없었으므로 초기 개혁은 조선 관료들이 주도했다. 갑오개혁을 주도한 개화파들은 서구식 신학제(新學制)를 도입하며 교육내용을 개편할 것을 주장했다. 즉 교육사상 및 내용 면에서 근본적인 변화가 모색되기 시작한 것이다(구희진, 2006: 197~209). 갑오개혁에 나타난 교육개혁의 특징은 크게 3가지로 압축될 수 있다. 첫째, 부국강병을 위해 동도서기론(東道西器論)에 입각하여 서구의 학문과 기예를 수용하기 위한 정책을 추진했다. 둘째, 백성들에게 신분에 차별이 없는 평등한 교육을 제공함으로써 그들 스스로 사회적 신분과 제약으로부터 벗어날 수 있다는 이념적 토대를 제공했다. 셋째, 부국강병을 목표로 수립된 신학제에 따라 관공립의 소학교, 사범학교, 외국어학교의 설립이 이루어졌다(이명주, 2010: 2~3).

개화기 근대적 교육개혁에 관한 조치는 고종의 교육입국조서(教育立國詔書)를 통해서 구체화되었다. 앞서 개화기 사회 변화에서 언급하였듯이 당시 조선 황실은 근대국가로의 변모를 꿈꾸며 다양한 사신단을 해외에 파견하여 서구로부터 기술, 제도, 의식 등에 대한 정보를 수집하게 된다. 서구 열강 중 가장 먼저 미국과 조약을 체결한 후 보빙사로 파송된 민영익, 홍영식, 서광범, 유길준 등의 소장 개화파는 귀국 후 학교 및 교육제도 도입을 강력하게 건의하여 개혁안을 상주하게 된다. 이 결과 설립된 것이 바로 육영공원이다(류방란, 1998: 165). 이 과정에서 자연스럽게 서구의 문물 도입에 커다란 관심이 형성되고 의식의 전환이 이루어지며 서구식 신체 인식론과 신체문화 역시 받아들여졌다. 주지할 점은 고종의 교육입국조서에는 조선의 전통적인 신체문화에서 벗어나 보다 적극적으로 신체를 교육적 대상으로 바라보는 관점이 반영되어 있다는 것이다. 고종은 교육을 국가 보존의 근본으로 인식하며 덕양(德養), 체양(體養), 지양(知養)의 세 가지 교육강령을 하달했다. 고종은 이 세 가지를 교육에서의 강기(綱紀)로 제시하고, 덕, 체, 지를 갖춘 인재를 양성하기 위해 널리 학교를 설치할 것을 명하였다(教育立國詔書, 1895. 2. 2). 교육입국조서의 내용은 중요한 시사점을 내포하고 있다. 전통적인 유교 교육에서 경시되었던 신체 교육의 당위성이 담지되었기 때문이다. 전통적인 교육제도에서 근대적 제도에 따른 체계화된 교육정책이 마련된 것이다. 따라서 이러한 근대적인 교육을 실현하기 위한 학교와 교사가 필요하게 되었다. 개화기 근대적 학교의 설립은 이러한 시대적 배경에 따라 추진되었다.

개화기 근대학교를 설립한 주체는 크게 정부, 민간인, 선교사로 구분할 수 있다. 우선 정부에서 설립한 학교를 살펴보자. 당시 조선은 개항과 함께 외부 세계와 원활한 소통을 위해 통역관 양성이 시급했다. 이러한 차원에서 정부는 관립 외국어교육 기관의 거교를 주도했다. 1883년에 영어연수를 위해 서울 재동에 설립된 동문학(同文學)을 근대식 외국어교육 기관의 시작점으로 볼 수 있다. 동문학은 이후 1886년 육영공원(育英公院, Royal English School)의 설립으로 폐교되었고, 육영공원은 번역관 양성을 위한 교육기관으로 기능하며 1894년에는 영어학교로 개편되었다. 이후 일어학교(日語學校), 한어학교(漢語學校), 법어학교(法語學校), 아어학교(俄語學校), 덕어학교(德語學校)가 설립되어 관립 외국어학교의 체제가 구축되었다. 관립 외국어학교의 설립은 특정 계층에 국한되어 있었던 외국어교육이 전체 계층을 대상으로 확대되었다는 측면에서 중요한 의미를 지닌다. 여기에 이들 학교에서 배출된 인재들이 당시 국내외에서 새로운 시대가 요구하는 다양한 실무적인 활동을 전개하였다는 측면에서 교육적 성과가 있었다고 볼 수 있다(우현정, 2020: 11~12).

개화기 지식인들을 중심으로 민간 사립학교의 설립도 추진되었다. 서구 및 일본의 제국주의적 야욕 속에 민족 내부의 인사들이 자발적 의연금(義捐金)을 바탕으로 민족 자강을 위한 교육사업을 전개한 결과였다. 개화기 민족계 사학교육 기관의 효시는 1883년에 원산에 설립된 원산학사(元山學舍)이다. 원산학사는 외세의 침투를 직접적으로 경험한 개항지 주민들의 재정적 원조와 덕원부사 정현석(鄭顯奭)의 주도로 세운 한국 최초의 근대학교였다. 원산학사는 국권 수호를 위한 민간의 자발적 동기가 발화점으로 작용한 측면에서 교육사적 의의가 있다. 한편 1895년 민영환이 세운 흥화학교(興化學校), 1896년 민영기가 중학동(中學洞)에 세운 중교의숙(中橋義塾), 1901년 서광세 등 4명이 세운 낙연의숙(洛淵義塾)과 함께 영어와 일어를 주로 가르치는 어학교육 기관으로 기능했다. 19세기 민간 사립학교는 외국어 능력의 향상을 통해 외부와의 교류를 원활하게 하려는 교육적 의도가 담겨 있었다고 볼 수 있다.

개화기 기독교도 학교 설립에 주된 역할을 담당했다. 기독교는 기독교 학교를 세워 교육을 통해 복음에 눈을 뜨게 하고 의식의 변화와 지적인 욕구를 자극하고자 했다. 개화기 여러 기독교 단체와 선교사들은 전국적으로 많은 지역에서 기독교 학교들을 설립했다. 기독교계 학교는 1910년까지 총 802교가 생겨나며 근대적인 교육활동을 위한 근간으로 기능했다(임후남, 1990: 5). 예컨대 서울의 배재학당(1885), 경신학교(1886), 이화학당(1886), 정신여학교(1887), 배화학당(1898)을 비롯해 인천의 영화여학당(1892), 부산의 일신여학교(1895), 전주의 신흥학교(1901), 공주의 영명학교(1905), 마산의 창신학교(1908) 등이 설립되어 전국 각지에서 민주주의 교육을 목표로 하는 신교육이 실시되었다. 중요한 사실은 이러한 기독교 학교들은 체육교육에 있어서 선구적인 역할을 담당하며 민족적 단합과 국권 회복을 위한 공간으로 기능했다. 즉, 개화기 기독교 학교들은 민족운동을 위한 사회적 책임을 다하고자 했다. 일제강점기 기독교 학교와 민족운동의 밀접한 상관관계가 나타난 것도 이러한 이유에서였다.

개화기는 개항을 기점으로 서구의 근대적인 문물과의 교류와 일본의 침략 야욕을 직접적으로 경험하면서 근대적인 교육에 대한 시대적 요구를 절감하는 계기가 마련된 시기였다. 이에 따라 정부, 민간인, 기독교를 중심으로 근대적인 학교의 설립이 가속화되었다. 근대학교의 출현은 새로운 신교육에 대한 민중적 각성과 열망을 자극하는 동기로 작용했다. 여기에 일본을 비롯한 열강들의 침략이 빈번해짐에 따라 근대학교는 민족교육을 위한 근거지로 활용되기도 했다. 개화기 체육활동도 근대학교를 토대로 개화되었다. 민족지도자 및 교육자들이 체육활동을 근대적인 교육활동의 필수적인 요소이자, 민족적 위기 속에서 민족적 단합과 결집을 위한 핵심적인 과업임을 깨달았기 때문이다.

2. 개화기 체육

개항과 함께 서구의 근대적인 교육제도와 문화가 소개되면서 근대 체육과 스포츠 문화도 도입되었다. 전통적인 무예와 민속적인 유희 중심의 체육이 존재했음에도 조선 사회는 문존무비(文尊武卑) 풍조에 사로잡혀 신체활동을 경시하는 사회적 분위기였다. 이러한 유교의 반신체적 문화 안에서 겨우 맥락을 유지하던 신체활동과 문화는 선교사, 유학생, 외교원들에 의해 서구식 신체 훈련법이 도입되고, 서양식 극장과 학교 기관을 통해 보급된 신체교육으로 큰 전환점을 맞이하게 된다(김주희·김종규, 2014: 139). 여기에 서구식 의학 담론에 의한 건강과 위생에 대한 인식 전환 역시 빠르게 신체와 신체활동에 대한 인식을 변화하게 만든 계기라 평가할 수 있다.

더불어 19세기 말 제국주의 조류에 따른 열강들의 잦은 침입과 약탈 속에서 조선 사회는 체육이 민족 자강과 국권 회복을 위한 핵심적인 교육활동임을 자각하게 되었다. 근대학교를 중심으로 종래 덕육(德育)과 지육(智育)에 치중된 교육과정에 체육이 필수적인 교육과정으로 포함된 이유가 여기에 있다.

한국 근대체육의 태동은 학교체육이라는 모태적 변인을 토대로 성장하게 된다. 개화기 한국의 학교체육은 크게 세 가지 구조 변인으로 나타난다. 첫 번째 변인은 무예적 기량과 전통적 민속 유희가 근대학교가 설립된 이후 일부 종목에 한하여 교육과정 속에 편입된 경우이다. 둘째 변인은 기독교 근대학교에서 선교사들을 중심으로 서구 근대적인 체육프로그램이 과외체육활동으로 도입된 경우이다. 마지막 변인으로는 체조 중심의 체육이 교육과정에 수용된 것이다(곽형기, 1994:

140~229). 이러한 삼중적인 구조양상 아래 개화기의 체육은 무예학교와 원산학사에 무예체육이 포함된 근대체육의 태동기(1876-1884), 기독교계 사립학교와 관립학교의 정규 교과과정에 체조 과목이 편성된 근대체육의 수용기(1885-1904), 일반 학교 체계에 학교체조, 병식체조, 유희 등이 필수 교과로 지정된 근대체육의 정립기(1905-1910)의 3단계를 거치면서 발전되었다(하남길, 2010: 619-620).

가. 개화기 학교체육의 발전양상

(1) 근대체육의 태동기(1876-1884)

근대체육의 태동은 학교체육의 발화였다. 태동기의 대표적인 근대 학교체육의 근거는 동래 무예학교와 원산학사에서 확인할 수 있다. 동래 무예학교는 1876년 개항지 부산에서 새로운 문물과 외세의 도전에 대응할 새로운 지식의 필요에 따라 설립되었다. 특히 동래 무예학교는 일본의 침입에 맞서기 위한 일환으로 무예교육을 실시하였다. 개화기 개항장은 외세와의 직접적인 대면이 존재했던 공간이었기에, 개방적 태도와 폐쇄적 태도가 반목하는 환경적 특수성 아래 전통과 국권을 수호하기 위한 실질적인 무(武)의 교육과정이 요구되었다. 일본과의 지리적 접근성이 좋은 부산도 마찬가지였다. 이러한 지리적 환경으로 부산 지역의 무예교육에 대한 필요성이 높아진 것이다. 동래 무예학교는 개항 이전부터 일본의 잦은 침입에 노출되어 있었던 동래에서 무예교육을 담당한 것이다. 예컨대 동래 무예학교에서는 무예능력 향상을 위해 활쏘기를 매달 시험으로 채택해 국방력 강화를 위한 무예교육을 전개했다(김주연, 2011: 11-25).

근대체육 태동기의 학교체육은 무예 중심의 교육이 주를 이루었다. 동래 무예학교의 영향을 받아 설립된 원산학사도 무예를 중시해 최초로 교육과정 속에 무예를 채택했다. 우리나라 최초의 근대적 학교로 알려진 원산학사는 설립 초기에 문예반 50명과 무예반 200명을 정원으로 하여 출신과 한량(閑良)으로 뽑은 후 훈련을 통해 별군관(別軍官)을 양성하였다. 이를 위해 무예반에서는 별군관도시절목(別軍官都試節目)을 제정하여 유엽전(柳葉箭), 편전(片箭), 기추(騎芻) 등 3기(技)를 시험과목으로 채택했다. 활쏘기 능력과 말 타는 능력을 향상시키기 위한 무예 교육프로그램이 마련되어 있었다는 것을 알 수 있다. 원산학사의 입학 자격은 무사로서 무예반에 입학해 배우고자 하는 자는 입학금 없이 입학을 허가하였다. 특히 원산학사는 외국 세력과 직접 대항하는 지방의 개항장에서 시무를 대처하기 위하여 설립되었다는 사실이 주목된다. 무예반의 병설도 외국 세력의 침투를 방어하기 위한 무비자강(武備自强)의 요청에 따른 것으로 시의적절하고 현실주의적이며 창의적인 것이었다는 점에 의의가 있다. 또한 외국의 학교를 모방하여 설립된 것이 아니라 전통교육 시스템이었던 서당을 개량 서당으로 발전시키고 다시 이것을 근대학교로 발전시켜 전통을 계승한 사실도 역사적인 의미가 있다. 여기에 학교 설립에 있어 초기 거화파들의 적극적인 지원과 지방 학부

형의 요구에 선각적 관료들이 적극 호응하여 관민이 협력함으로써 학교의 설립이 이루어졌다는 점도 주목할만한 역사적 사실이다(신용하, 1974: 192~204). 이처럼 원산학사는 외세의 침략이 본격화되는 시대적 상황에서 지방의 개항장 민중들의 소중한 기금을 바탕으로 설립되어 문무를 겸비한 인재를 양성했다는 측면에서 근대체육사적으로 의미가 큰 교육기관이라고 생각된다.

(2) 근대체육의 수용기(1885-1904)

근대체육의 수용기에는 크게 기독교 학교와 관·공립학교에서 체육이 행해졌다. 비단 체육뿐 아니라 모든 교육 분야가 서로 다른 두 성격의 학교에서 함께 이루어졌다. 기독교계 학교가 조선의 개화와 근대의식 형성에 막대하게 기여한 것은 명백한 사실이다. 그러나 한국 근대교육이 외생적 요인에만 의존하여 발전한 것으로 치부하는 것은 옳지 않다. 앞서 살펴보았듯 조선 후기부터 사회 내부에는 근대교육의 맹아가 있었다. 즉 조선 사회에 내재적으로 발전하고 있었던 근대교육의 씨앗이 관·공립학교의 설립과 한국 근대교육의 발전을 이끌었다는 관점도 존재하고 있다(류방란, 1998: 162).

먼저 근대체육 수용기 기독교 학교의 체육과 스포츠에 대해 살펴보면 다음과 같다. 이 시기에 설립된 기독교계 학교에서는 체육에 대한 중요성을 인지하고 신체활동을 매개로 한 근대적인 교육활동을 실시했다. 종교사에서 교회와 스포츠의 조우는 아이러니한 사건이다. 중세 금욕주의적 사고에 지배된 기독교가 근대에 와서 세속화의 상징이었던 스포츠를 수용하고 체육활동을 실시한 이유는 무엇일까? 여러 이유가 있겠지만 기독교가 체육활동을 복음화를 위한 영적 교류의 장으로 전환할 수 있다는 실용주의 노선으로 인식을 확장한 결과이다. 그 결과 19세기 후반부터 미션 스쿨과 YMCA와 같은 기독교 관련 교육단체에서 체육활동을 본격적으로 수용하여 교육프로그램으로 활용했다. 미션 스쿨과 YMCA가 한국 근대체육의 효시로 남게 된 것도 이와 같은 역사적 맥락 때문이었다(이가람, 2013: 35~47). 1876년 강화도조약의 체결로 문호를 개방한 구한국 정부는 1882년 미국을 비롯해 영국, 독일, 이탈리아, 러시아 등과 수호조약을 맺었다. 수호조약의 체결 결과 일본과 유럽, 미국으로부터 근대적인 신문화를 도입한 구한국은 정치, 경제, 사회, 교육 등 여러 분야에서 근대적인 체제를 갖추게 되었다.

기독교 학교의 등장에 결정적으로 영향을 미친 사건은 조선 정부의 서양 선교사 입국 허용이라 할 수 있다. 1880년대에 들어서 조선 정부는 외교정책의 노선을 폐쇄에서 개방으로 전환하게 된다. 이러한 명분은 동도서기(東道西器)의 논리로 동양의 도덕, 윤리, 지배 질서 등은 그대로 유지하면서 서양의 선진화된 기술과 문명을 받아들여 자강을 꾀하자는 것이다(이해명, 1984: 397). 기독교 포교 활동을 금지하는 조건 아래 선교사의 입국을 허용한 것은 결과적으로 교육과 종교를 비롯한 사회 문화 전반에 있어 서구 문화가 본격적으로 유입되는 결과를 낳았다(류방란, 1998:

163~164). 특히 1882년 5월 서구 열강 중 가장 먼저 미국과 수호조약을 체결한 이후, 기독교 선교사가 입국하여 선교활동을 본격적으로 전개했다. 이것은 일본에 체재하고 있던 미국 북감리파 선교사 맥클래이가 1884년 7월 미국 공사인 푸트와 김옥균의 알선으로 고종으로부터 의료 및 교육사업에 대한 허가를 받았기 때문이다(하정희·손환, 2014: 48). 여기에 1885년을 기점으로 서양 유학생과의 교류가 법제화되자, 알렌(H. Allen), 언더우드(H. G. Underwood), 아펜젤러(H. G. Appenzeller) 등을 비롯한 기독교계 선교사들이 대거 입국해, 한국 사회에 본격적으로 복음 전파를 하기 위한 매개체로 근대식 학교를 설립했다.

개화기 한국에서 선교사들이 기독교계 학교를 설립할 수 있었던 또 다른 배경에는 조선 사회 내부의 자발적인 인식의 전환도 존재한다. 개화기 조선 사회의 개화사상가들은 외국의 새로운 사상과 문화를 도입하고, 그것을 토대로 국민계몽에 힘써야 함을 주장했다. 근대적인 교육을 통한 전인적인 인재 양성이 제국주의 야욕이 점철된 약육강식의 위기 상황을 극복하고 조국의 근대화를 이룩할 수 있는 핵심적인 과업이라 생각했기 때문이다. 하지만 당시의 조선 사회의 교육 기회는 특권 지배층에 편중되어 있었다. 개화 사상가들은 교육의 기회가 소수의 사람만이 아니라 일반 평민 자녀들에게 확대되어야 조국의 부국강병이 조속하게 이루어질 수 있다고 인식했다. 왕인 고종의 생각도 같았다. 1882년 고종은 논음(論音)을 내려 교육받을 권리에 대한 차별을 공식적으로 철폐했다(곽애영, 2005: 33~34). 출신의 귀천을 가리지 말고 학교에 입학할 것을 허락한 것이다.

개화기 조선 사회는 내적으로 신교육의 중요성에 대한 집단적 자각과 선교사들의 기독교 복음을 위한 교육기관 설립의 필요성이 더해지면서 전통적인 유교 교육에서 탈피해 서구식 근대교육으로 전환되는 분수령을 맞이했다. 이러한 시대적 배경 속에서 태동한 개화기 기독교계 학교는 한국 사회의 새로운 근대교육의 근간으로 기능했다. 1880년대 선교사들은 서울을 비롯한 주요 도시에서 학교를 설립했으나 이후 지방교회를 거점으로 전국적으로 학교의 설립에 박차를 가했다. 1909년 당시 기독교계 학교의 규모를 살펴보면 초·중등학교의 수가 총 802교에 달했으며, 학생 수가 19,776명이었다. 같은 시기 관·공립학교가 총 108개, 학생 수가 18,024명이었다는 점을 감안하면 기독교계 학교는 개화기 한국 사회의 주된 교육기관이었음을 알 수 있다(곽애영·곽형기, 2005: 28-30). 더욱 중요한 사실은 1880년대부터 전국적으로 개신교 선교사들이 주도해 설립한 기독교계 학교의 교과과정과 과외활동에 신체활동을 통한 교육활동이 포함되었다는 점이다. 예컨대 개화기 배재학당(1885), 이화학당(1886), 경신학교(1886), 정신여학교(1887), 영화여학당(1892), 숭실학교(1897), 삼일학교(1903), 숭의여학교(1903) 등의 미션 스쿨은 근대적 성격의 제도화된 교육과정을 운영함으로써 선진 외국의 신교육을 실시하였고, 체육교육에 있어서도 선구적인 역할을 담당했다. 개화기 기독교계 학교는 한국 근대체육의 효시이자 출발점이었다.

① 배재학당

1885년 8월 3일 북감리교 선교사 아펜젤러가 설립한 중등교육 기관이다. 당시 선교활동을 금지하고 서구 열강과의 통상조약 체결 이후 영어 해득자가 필요했던 조선의 상황을 고려하여 아펜젤러는 조선 입국 이후 영어교습에 몰두하였고, 조선 황실로부터 영어학교의 이름을 '배재학당'으로 하사받았다. 본격적인 배재학당의 운영에 있어 아펜젤러는 그의 모교인 프랭클린 앤 마샬 대학(Franklin and Marshall College)을 모델로 서구식 자유 교양교육을 지향하는 교육과정 과목을 편성하고자 하였다. 그 결과 배재학당의 초기 교육과정은 다소 고전적인 교양교육의 성격을 갖게 되었다(류방란, 1998: 168~176). 그 결과, 1890년 배재학당의 교과목은 한문(경서, 사서), 영어, 천문, 지리, 생리, 과학, 수공 및 성경 등으로 구성되었으며, 1896년까지 배재학당의 교육과정에서는 체육이 정규교과목으로 채택되지 않았다. 다만 과외활동 시간에 야구·축구·정구(테니스)·농구와 같은 서구 스포츠 활동이 실시되었다. 하지만 1897년 체육교사로 헐벗(H. B. Hulbert)이 부임한 이후 배재학당에서는 수업시간에 도수체조(徒手體操)를 지도하기 시작했고, 철봉하는 법도 가르쳤다. 1909년에는 학제가 개편되면서 교과과정이 대폭 변화되었다. 이때 체육과목으로 교련(체조)이 시행되었고, 수업내용으로는 주로 군대식 병식체조가 진행되었다. 특히 배재학당의 체조와 교련과목의 담당교사로는 미국 공사관의 경비대원과 해병대원이 선출되기도 했다(곽애영·곽형기, 2005: 32-33).

② 경신학당(언더우드 학당)

경신학당은 1886년 언더우드(H. G. Underwood) 목사가 정동에 위치한 자신의 집에 고아원 형식으로 설립한 '언더우드 학당'으로 출발한 학교로 현재의 경신·중고등학교의 모체이다. 초기 경신학교 교육과정에 정식 체육 과목은 없었지만 신체적 유희를 즐길 수 있는 '오락' 시간이 존재하였다. 이후 1891년 '예수교 학당'으로 교명을 변경하며 함께 이루어진 교과목 개편과정에서 체조가 포함되었고, 매일 제1교시에 30분간 체조시간이 배정되었다. 또한 경신학교 교과과정이 갖는 특징은 바로 동서양의 체육을 교과과정에 함께 실시하였다는 점이다. 서양인이 가르치는 체조 외에도 학생들의 심신 단련을 위해 우리의 활쏘기 시간을 교육과정에 포함시켰다. 비록 초기에는 유희 수준의 신체활동을 교육과정에 편성하였지만 경신학교는 병식체조의 보급과 더불어 점차 도수체조, 곤봉, 철봉 등 다양한 기계체조를 학교교육을 통해 보급하였다(곽애영, 2005: 47-48; 곽애영·곽형기, 2005: 34).

③ 이화학당

이화학당은 1886년 감리교 선교사 스크랜튼(M. F. Scranton)이 복음 전파를 위해 설립한 여성 교육기관이다. 이화학당에서는 1892년부터 체조가 정규과목으로 편성되었다. 특히 중등과 학생들에게는 곤봉체조와 악기를 이용한 유희체조가 실시되었다. 또한 이화학당은 1904년 9월 4년제의 중등과정의 여자중학교로 확대 개편되었다. 이화여자중학교는 1학년에서 3학년까지 체조(유희, 학교체조)가 매주 1시간이 배정되어 정식으로 체육이 학교 교육프로그램으로 자리를 잡았다. 그 결과 이화여자중학교의 체조 수업은 장안의 화제가 되기도 했다. '이화학당 여학생들이 뜀을 뛰는 해괴한 것을 배운다'는 소문이 돌자, '이화학당에 다닌 여학생은 며느리로 삼지 않겠다'는 풍문마저 나돌기도 하였다. 이화학당에서는 비단 체조 외에도 무용, 육상, 농구, 정구와 같은 서양 스포츠도 교육되고 있었다(서울신문, 2012.8.2.). 유교 구습의 사회 풍조상 여성의 신체적 활동 그 자체가 상스럽다는 편견이 존재했기 때문에 이화학당의 체조 수업은 그야말로 여성의 신체활동에 대한 패러다임적 전환과 같았다. 이처럼 구한말 여성의 신체활동 교육에 대한 인식이 존재하는 가운데 이화학당은 한국 여성체육의 효시 기관으로 역할을 담당했다(손환, 2001: 5~6).

④ 정신여학교

정신여학교는 1887년 안니 엘러스(A. Ellers)가 설립한 우리나라 여성 교육 기관의 효시 중 하나이다. 정신여학교의 초기 교과목은 성경과 산술 두 과목으로 체육은 존재하지 않았다. 이후 1890년 체조를 정식적인 교과목에 배정해 여성들의 신체활동을 위한 교육시간을 확보했다. 당시 체조교육의 실제는 신체의 부분 운동과 전체 운동의 조화를 강조했다. 또한 여러 가지 기구를 활용한 율동수업도 존재했다. 특히 신체가 허약한 학생들을 대상으로 식전에 체조를 실시했다. 체조가 신체 건강에 긍정적인 영향을 미칠 것으로 판단한 결과였다.

⑤ 영화여학당

영화여학당은 1892년 인천 내리 교회의 제2대 목사 조원시(趙元始) 목사의 부인 존스(G. H. Jones) 여사가 설립한 여성 교육기관이다. 영화여학당의 초창기 교육과정 역시 체육이 포함되어 있지 않았다. 하지만 학교가 경동(京洞) 교사로 이전한 이후에는 체조를 가르친 것으로 보인다. 영화 70년사에 따르면 당시 경동 교사에서는 교과목으로 체조가 정해졌고, 마이커(J. B. Maker)가 체육수업을 담당했다고 한다. 영화여학당 학생들은 마이커의 지도 아래 달리기의 기초를 배우는가 하면 팔운동, 허리운동, 다리운동, 가슴운동, 머리운동으로 구분한 신체활동을 수행했다. 영화여학당은 이화학당 못지않게 신교육을 실시했으며, 여성들의 신체활동의 중요성을 인식한 교육기관으로 볼 수 있다(곽애영, 2005: 49-51).

⑥ 숭실학교

숭실학교는 1897년 북장로교 선교사 베어드(W. M. Baird)에 의해 평양에 설립되었다. 역시 다른 기독교 학교와 마찬가지로 초창기 교육과정에서 체육을 발견할 수 없다. 다만 정확한 시기는 특정할 수 없으나 1901년 교장 베어드가 보낸 교과과목 보고서에 체조가 포함되어 있어 정식 교육과정으로 편성되었다는 사실을 확인할 수 있다. 또한 근대식 체조를 가르친 교사는 베어드의 아내인 블레어 부인(Mrs. Baird)으로 알려져 있다(곽애영·곽형기, 2005: 35).

⑦ 삼일학교

삼일학교는 1903년 선교사가 아닌 북감리교회의 국내 유지였던 이하영, 임면수, 나중석 등에 의해 창립되었다. 사실 삼일학교는 소학교 수준의 교육을 하였기에 글쓰기와 셈하기와 같은 3R 교육에 초창기 교육의 방점이 찍혀 있어 체육이 따로 교과목으로 편성되지는 않았다. 이후 1906년 삼일학교 학제 개편에 따라 다양한 과목이 교육과정에 편성되었고 이때부터 체조를 가르치기 시작한 것으로 보인다(곽애영·곽형기, 2005: 36).

⑧ 숭의여학교

숭의여학교는 1903년 마펫(S. A. Maffett) 목사에 의해 평양에 세워졌다. 숭의여학교의 초기 교육과정에는 체조가 교과목으로 편제되었는데 구체적인 배당 시간과 교수자에 대한 상세한 자료가 부족한 실정이다. 다만, 성경과 예배시간이 매일 이루어진 사실은 기록으로 남아 있으며 체조가 지리, 역사, 과학, 음악, 미술과 같이 교육과정 내에서 교육된 사실은 확인되고 있다(곽애영·곽형기, 2005: 36).

설립 시기는 근대 체육의 수용기(1885~1904) 범위에 있지 않지만, 학교체육을 통한 근대 체육의 수용 및 보급이라는 수용기 특징에 따라 계성학교(1906)와 신성학교(1906)의 체육 활동도 함께 살펴보기로 한다.

⑨ 계성학교

계성학교는 미국의 애덤스(James E. Adams) 선교사 부부에 의해 1906년에 설립되었다. 계성학교는 영남 지방 최초의 중등교육 기관이자, 현 대구의 계성 중고등학교의 전신이기도 하다. 숭의여학교와 마찬가지로 다른 기독교 학교보다 다소 늦게 설립된 계성학교의 교육과정에는 초기부터 체조가 교과목으로 포함되었다(곽애영·곽형기, 2005: 36-37).

⑩ 신성학교

신성학교는 1906년 북장로교 선교사 휘트모어(N. C. Whittemore)에 의해 평안북도 선천군에 세워졌으나, 1909년에서야 교육과정을 운영하는 학교의 면모를 갖추게 되었다. 교육과정표를 살펴보면 1~4학년 모든 학년에 체조 과목이 편성되어 있으며 1~2학년이 주당 3시간, 3~4학년은 주 2시간을 체육에 할애하였다. 주목할 점은 교육목표에서부터 지덕체의 조화를 통한 전인교육을 강조하고 있으며 특히 체력발달에 중점을 두고 병식체조가 아닌 학교체조를 가르쳤다는 점이다(곽애영b, 2005: 37).

이처럼 기독교계 학교에서는 서구식 근대교육 시스템을 적극적으로 도입하여 전인적인 인격의 발달을 위한 목표 아래 체육활동, 특히 체조가 필수적인 교과목으로 채택되었고, 여성들의 신체활동도 강조했다. 근대체육의 수용기 기독교계 학교가 주도한 체육활동은 한국 근대체육의 발전을 위한 소중한 자양분이 되었다고 볼 수 있다.

다음으로 근대체육의 수용기의 관·공립학교의 체육을 살펴보자. 조선은 1895년 고종의 『교육입국조서(敎育立國詔書)』의 이념을 실천하고자 근대학교 설립을 위한 각급학교의 관제와 규칙을 제정 공포하고 전국 각지에 근대식 학교를 설립하게 되었다. 예컨대 1895년 서울에 한성사범학교를 비롯해 외국어학교, 법관학교를 설립하고 한성중학교와 수하동소학교, 영동소학교, 정동소학교, 재동소학교, 양사동소학교를 설립했고, 지방에는 평양고등학교와 관찰사의 소재지인 수원, 공주, 충주, 광주, 전주, 진주, 대구, 춘천, 평양, 영변, 해주, 함흥, 경성 등에 관립 소학교를 설립했다. 또한 1896년에는 서울에 불어학교와 아어학교를 설립하고, 지방인 인천, 강화, 양주, 파주, 광주, 개성, 부산, 제주, 청주, 순천, 남원, 영광, 안동, 원산, 경산, 경흥, 임천, 안악, 의주, 강계, 성주, 북청 등지에 학부의 지정 공립 소학교를 설립하였고, 1897년에는 서울에 우무학당과 전무학당을, 1899년에는 경성의학교와 상공학교를, 1900년에는 한성고등학교, 광무학교, 한어학교, 독어학교를, 1904년에는 농상공학교를 설립하는 등 신문화 수용과 인재 양성이라는 시대적 요구에 따라 많은 수의 관·공립학교가 설립되었다(이시용, 2005: 37-38).

근대체육의 수용기에 나타난 관·공립학교의 체육활동의 시발점은 1895년 고종의 『교육입국조서(敎育立國詔書)』의 반포였다. 교육입국조서의 반포는 근대적인 학교에서 체육활동을 위한 법제적인 방안이 마련되었음을 의미하는 것이다. 즉, 전국적으로 설립된 관·공립학교의 관제와 규칙을 제정 공포하는 과정에서 체육수업을 개설할 수 있는 토대가 구축된 것이다. 그 결과 『교육입국조서』가 반포된 이후 체육(체조라는 명칭으로) 소학교 및 고등과의 정식교과목으로 채택되었다. 각급 학교에 대한 관제와 규칙에 의거한 학교체육을 살펴보던 다음과 같다.

① 소학교 및 중학교의 체육

구한국 정부는 1896년 소학교규칙대강(小學校規則大綱)을 제정했다. 소학교령 제1조에서는 "아동의 신체발달을 감(監)하여 기초생활에 필요한 지식과 기능을 가르친다."라고 규정하고 있다. 또한 제10조에서는 "체조는 신체의 성장을 균제건강(均齊健康)케 하며, 정신을 쾌활강의(快活剛毅)케 하고, 겸하여 규율을 지키는 습관을 기름을 요지로 함"이라고 규정하여 체육이 아동의 실생활을 위한 필수적인 활동임을 천명함과 동시에 체육의 심동적·정의적 목표 개념을 함축적으로 표출하고 있다(곽형기, 1994: 140~229). 한편 1900년에 반포된 중학교 규칙에 중학교 편제를 살펴보면, 심상과(4년)와 고등과(3년)의 교과목에 체조가 편성되었으며, 병식체조가 중심이 되었다.

② 사범학교의 체육

우리나라에 근대학교 법제 중 최초로 제정된 것이 교원 양성제도인 한성사범학교(漢城師範學校官制)였다. 또 같은 해 학부령 제1호로 한성사범학교 규칙이 제정되었다. 이 규칙에 따르면 사범학교의 편제는 2년 과정의 본과(本科)와 6개월 과정의 속성과(速成科)로 구분하고 있다. 중요한 사실은 본과와 속성과의 교과목에서 체조를 공통으로 채택했다는 것을 알 수 있다. 여기에 제11조에서 본과 체조과목의 정도를 보통체조와 병식체조로 규정하여 신체 단련적 형태의 체조수업을 강조했다는 것을 알 수 있다(이학래, 2000: 61-62).

③ 외국어학교

1895년 칙령 제88호로 외국어학교관제(外國語學校官制)가 공포됨에 따라 1895년 이전에 이미 설치되었던 일어학교(1890), 영어학교(1894)에 이어 1896년부터 관립 법어(1896), 아어(俄語, 1896), 한어(漢語, 1897), 덕어(德語, 1898) 등이 설치되어 영어를 비롯한 6개의 외국어를 관립학교에서 가르치게 되었다. 외국어학교의 교과목은 해당 외국어와 독서, 작문, 본국 역사, 지리로 구성되었는데, 그 설립 목적상 체조를 정식종목으로 채택하기가 힘들었다. 하지만 중요한 사실은 외국어학교에서는 병식체조, 기계체조 등을 훈련수단으로 가르쳤고, 서구 근대스포츠를 바탕으로 신체활동에 관한 교육을 활발하게 전개했다는 것이다. 예컨대, 영국의 허치슨(W. du F. Hutchinson)과 핼리팩스(T. E. Halifax), 미국의 질레트(P. L. Gillett), 프랑스 마텔(E. Martel) 등이 외국어학교에 근대 스포츠 문화를 소개하고, 이를 기반으로 비공식 교육과정을 통해서 학생들의 체육활동이 확산되었다(이학래, 2000: 63).

(3) 근대체육의 정립기(1905-1910)

1905년 일본은 대한제국의 외교권을 박탈하기 위해 대한제국과 을사조약을 강제적으로 체결했다. 1906년 2월에 일제는 식민지 지배를 원활하게 준비하기 위해 대한제국 교육제도에 관한 대대적인 개편을 단행했다. 갑오개혁 때 공포된 모든 교육령을 폐지하고, 식민지 교육을 위한 대체 법률을 제정하였다. 일제는 통감부의 주도하에 식민지 교육정책의 개편을 통해서 한국의 민족교육을 억제하고 일제의 침략에 대한 한국인의 저항을 최소화하기 위한 교육적 기반을 조성해 나갔다. 그 결과 한성사범학교를 관립 한성사범학교로, 소학교를 보통학교로, 중학교를 고등학교로 개편했다(곽형기, 2006: 31). 보통학교의 수업연한은 6년이었으며, 1906년에 공표된 보통학교 교육시행령 1조, 소학교령 교육 목적에는 신체 발달, 도덕 교육, 생활에 필요한 지식과 기예 교육이 강조되었다. 또한 6조에는 국어, 한문, 일어를 비롯하여 '체조'가 정식교과목으로 명시되었고, 10항에 체조의 성격과 목적이 규정되어 있었다.

통감부는 1906년에 공포된 52조를 통해 중학교령을 고등학교령으로 바꾸어 수업연한을 7년에서 3~4년으로 축소했다. 고등학교령에서도 '체조'가 교과목으로 규정되었다. 그 내용을 살펴보면 "체조는 신체를 강건히 하며, 정신을 쾌활케 하고 겸하여 규율을 수(守)하며 협동을 상(尙)하는 관습을 양(養)하기를 위주로 하여 보통학교 체조와 병식체조를 적당히 교수함을 요함"이라는 체육목표가 명시되어 있었다. 중요한 사실은 체육수업이 본과 4년간 주당 3시간 보통체조와 병식체조로 편성되었다는 점이다. 예과 및 보습과 과정도 매주 3시간 보통체조와 병식체조가 편성되었다. 그리고 병식체조 대신 학교체조(스웨덴 체조)를 하는 것도 가능하다고 정하고 있다. 한편 고등여학교에서는 1908년 4월 칙령 22호 발표 이후 본과와 예과 교육과정에 체조가 편성되었다. 1906년에 사범학교령이 공포된 이후 관립 한성사범학교의 교육과정 속에는 예과와 본과에 모두 체조가 편성되어 있었다. 1905년 이후 생겨난 많은 사립학교에서도 국권 회복을 위한 필수적인 교과목으로 체육을 강조했다. 그 결과 민족의 생존을 걱정하던 많은 선각자와 민족지도자들이 학교를 설립하며 교육 구국운동을 펼쳤으며, 그러한 과정에서 많은 사립학교가 건립되었다. 이렇게 민간인에 의해 설립된 사립학교는 기울어져 가는 국운을 바로잡고 국난극복을 위해 새로운 학문을 적극적으로 받아들이는 것이 주된 설립목적이었다. 도산 안창호 선생이 고향에 설립한 대성학교, 이승훈 선생이 설립한 오산학교 등이 대표적인 사립학교이다.

오산학교는 이승훈(李昇薰: 1864~1929)이 설립한 학교이다. 이승훈은 오산학교의 교육 목적을 민족운동을 주도할 인재의 육성에 두었다. 오산학교가 체육사적으로 중요한 이유는 자명하다. 오산학교는 지·덕·체를 갖춘 민족지도자를 양성하기 위해 협동적 수업, 강건한 훈련, 전일제 교육, 노작(勞作) 교육, 생활교육을 실시했다. 특히 오산학교의 교과목은 수신, 역사, 지리, 영어, 산술, 대수, 헌법, 대의, 물리, 천문학, 생물, 광물, 창가, 조련 등이었다. 오산학교의 체육은 군사훈련의 형식을 띠었다. 국권 상실의 분위기 속에서 국권회복을 위한 전투력 향상에 집중한 것이다. 당시 오산학교의 체조는 씨름, 경주, 권투 등을 기반으로 신체를 강건하게 하는 것이자, 전쟁을 대비한 다양한 훈련을 하는 활동을 의미했다(이학래, 1990: 176~176). 군인의 길을 걸어가던 인물들이 오산학교의 체육교사로 역임하면서 체육활동이 군사훈련의 성격을 띠고 전개되기 시작했다. 대표적인 인물이 바로 관산 조철호(趙喆鎬, 1890~1941)다. 그는 오산학교에 체육교사를 하면서 체육교사로서 민족교육에 투신했다. 건장한 신체와 강건한 정신력은 독립운동가를 양성하는 가장 중요한 지름길이라고 인식했다. 병식체조를 가미한 체육교육은 군사훈련에 버금가는 강도로 진행되었다(김형목, 2015: 107).

대성학교는 1908년 개교하여 1913년에 폐교했다. 아주 짧은 역사를 가진 학교이지만 체육사적으로는 매우 중요한 역할을 담당한 학교이다. 대성학교는 민족운동의 대표적인 지도자였던 도산 안창호가 설립한 학교였다는 사실 뿐만 아니라 지·덕·체를 겸비하고 민족의식이 투철한 인재를 양성했던 교육기관이기 때문이다. 안창호는 평안남도 강서 출신으로 서울에 상경해 선교사가 설립한 민로아 학당에서 근대학문을 섭렵하며 민족지도자로 성장할 수 있는 기반을 닦았다. 대성학교의 교육과정을 살펴보면 수신, 국어, 한문, 작문, 역사, 수학, 체조 등 17개 과목으로 구성되어 있었다. 당시의 사립학교인 보성학교, 오산학교, 휘문의숙, 융희학교 등의 교육과정과 매우 흡사하다는 것을 알 수 있다. 대성학교도 1906년 8월에 발표된 고등학교령에 준해서 교과과정을 편성했다는 것을 짐작할 수 있다. 특히 중요한 사실은 이러한 교육과정 중에서도 체조가 매우 중요한 과목으로 위치를 차지했다는 점이다. 대성학교의 한 졸업생의 회고에 따르면 군사훈련을 받는 체조시간이 학생들에게는 가장 중요한 과목으로 인식되었다고 한다. 국운이 쇠퇴한 시점에 설립된 민족학교에서 군사훈련이 바탕이 된 체조수업이 교육활동에 핵심적이었다는 것은 당연한 역사적 순리였다. 체조수업은 교육활동이자 곧 생존활동이었다. 민족자강을 위해서는 체조수업이 가장 절실한 교육활동의 장으로 기능해야 했던 시기였기 때문이다(강영택, 2012: 25).

이러한 학교들이 1900년대 초 시대적 상황에서 교육은 곧 국권회복운동의 수단으로 인식하였으며, 민족정신의 고취와 체력단련을 강조했다. 그리고 덕육, 지육, 체육을 강조하는 분위기 속에서 체육도 중요한 교과목 중의 하나로 자리 잡았다. 그러나 시대적 상황으로 인해 체육은 군사교육의 성격을 띠고 실시되었다. 즉 체육의 성격은 군사훈련이나 다름없었고, 군대식으로 체육활동이 전개되었다. 이러한 중심에는 애국계몽운동에 앞장선 애국지사들이 존재했고, 그들은 교육이 곧 국권회복이라는 의식 아래 사립학교를 설립하고 민족정신의 고취와 체력의 단련을 강조했다. 그래서 애국 계몽운동계 사립학교에서는 학교체육을 군사체육과 병행해서 운영했으며, 연합대운동회를 개최하여 국민의 애국적 단결의식을 고취시켰다. 이 시기 대표적인 사립학교가 바로 오산학교와 대성학교였다.

근대체육 정립기에 설립된 기독교계 학교 역시 관·공립학교와 마찬가지로 통감부의 식민지 교육정책에서 자유롭지 못하였다. 근대체육 정립기 기독교계 학교의 특징은 정규 교육과정 외 체육

활동이 정착되었다는 점이다. 수용기 일부 기독교계 학교에서 시작된 과외체육활동은 정립기에 와서 더욱 활발해져 완연한 학교특색활동 및 정과 외 신체활동으로 자리 잡게 되었다. 이러한 정규 교육과정 중심의 체육활동에서 정과 외 체육활동으로의 확장이라는 학교체육의 변화는 체육과 스포츠의 국내 연착을 돕는 결정적 역할을 한 것으로 보인다. 다양한 종목의 스포츠가 선교사들에 의해 특별활동 및 과외 체육 장면에서 보급됨으로써 근대 교육기관에서 학교체육의 모습을 구축하였고 이는 곧 근대체육의 정립과도 맞닿아 있었다. 근대체육 정립기의 대표적인 기독교계 학교의 과외 체육활동을 정리하면 다음과 같다.

① 배재학당

배재학당은 개화기에 세워진 학교 중 가장 앞서 근대학교의 모습을 갖춘 것으로 잘 알려져 있다. 학교체육 분야에서는 야구, 축구, 농구와 같은 서양식 스포츠를 도입해서 과외 체육활동을 적극적으로 실시하여 국내 스포츠의 도입과 발전에 선구자적 역할을 담당한 것으로 평가받고 있다(명문숙, 1988: 26-27). 「배재 80년사」는 정구반, 축구반을 다른 학교보다 선제적으로 과외 체육활동으로 운영하였다고 기록하고 있다. 정구반은 1900년, 축구반은 1902년에 조직되었다. 특히, 축구반은 현재 배재고등학교 축구부로 그 맥락을 꾸준히 이어와 현존하는 가장 오래된 축구팀이 되었다. 이후 1911년 야구부, 1920년대 농구부 및 육상부, 1930년대 수영부, 권투부, 탁구부, 배구부, 럭비부 등을 창단하는 등 배재학당은 일제강점기에도 학교체육에 서양 스포츠를 적극적으로 도입, 명실공히 근대체육의 산실이 되었다(곽애영·곽형기, 2005: 37~38).

② 이화학당

이화학당의 여학생들은 그 자체로 개화의 상징적인 존재였고, 졸업생들은 우리나라 여성 근대화에 큰 족적을 남겼다. 이화학당은 학생들의 육체와 정신의 균형 잡힌 발전에 관심을 가지고 체육교육에 힘썼다. 교사들은 정규 교육과정 외 시간에도 여학생을 옥외로 이끌고 나가 각종 놀이와 경기를 즐길 수 있도록 도왔으며, 「이화 100년사」는 이화학당의 체육활동으로 인해 당시 학생들의 전체적인 체력증진과 전염력에 대한 저항력이 눈에 띄게 향상되었다고 평가하고 있다(이화 100년사 편찬위원회, 1994: 134-135). 이화학당 이벤트로 잘 알려진 창립기념일 메이 데이(May day) 행사는 1908년 최초 거행되었는데, 이화학당의 제1회 운동회 역시 같은 해 메이 데이 행사의 일환으로 개최되었다. 제1회 운동회에서는 메이 데이 행사 프로그램 중에 운동 경기를 넣는 수준이었으나, 1936년 10월 24일에 열렸던 운동회 기록에서는 전교생 체조뿐 아니라 릴레이, 배드민턴과 같은 경기 종목도 포함되어 있음을 확인할 수 있다(곽애영·곽형기, 2005: 38; 마니아타임즈, 2020.03.14).

③ 경신학교

경신학교의 대표적인 과외 체육활동은 축구부였다. 정확한 창단 시기는 특정할 수 없으나 1901년 정동에서 연지동으로 부지를 옮긴 후 상투머리에 짚신을 신고 바지저고리를 입은 학생들이 교정에서 축구를 하는 사진을 통해 어렴풋이 경신학교 축구부의 태동 시기를 짐작할 수 있다. 경신학교 축구부는 엄격한 규칙과 트레이닝 등 제도화된 축구의 모습보다는 유희 수준의 신체활동으로 행해졌던 것으로 보인다(곽애영·곽형기, 2005: 39).

④ 정신여학교

정신여학교의 비교과 활동은 정신 학생기독청년회 이름으로 이루어졌다. 정신학생기독청년회는 종교부, 사교부, 체육부, 음악부로 광범위하게 조직되어 전교생이 비교과활동에 참여할 수 있었다. 1922년 정구부가 조직되어 교내 정구대회를 개최한 기록과 더불어, 정구부, 탁구부가 고등여학교 운동회에 참가하는 등 체육부 활동을 장려한 흔적이 역력히 남아 있다(김향숙, 2018: 176; 정종석·임영무, 2013: 10).

⑤ 영화여학당

영화여학당의 과외 체육활동은 체육교사였던 마이커 교사가 수업시간이 끝난 방과 후 시간에 학생들에게 공을 가지고 할 수 있는 유희수준의 변경 게임을 한 기록이 남아 있다(정종석, 임영무, 2013: 10). 「영화 70년사」에 따르면 남자들은 공을 발로 차고 밀며 뛰는 축구를 했으며, 여자들은 새끼로 줄을 매고 편을 갈라서서 양편에서 한 사람씩 나와 손바닥으로 공을 넘기는 운동을 하였다고 전해진다(김세한, 1963: 26-27).

⑥ 숭실학교

숭실학교 과외 체육활동 중 가장 눈에 띄는 것은 야구부이다. 야구를 우리나라에 전래한 것으로 알려진 질레트가 한성사범학교에 부임하기 전 평양 숭실학교에서 2-3명의 학생들과 야구를 한 기록이 전해지고 있다(이학래, 2000). 숭실학교 야구부 지도는 선교사 출신 교사들에 의해 이루어졌으며, 과외 체육활동으로 보급되어 학생들 사이에 점차 대중화되었다.

⑦ 계성학교

계성학교 개교 초기 학생들은 과외 체육활동으로 철봉, 야구, 정구 등을 경험한 것으로 전해진다. 1908년에는 축구부가 창설되어 활발하게 운영되었으며, 당대 쟁쟁한 선수들을 배출해내며 영남지방뿐 아니라 전국적으로 축구부의 명성을 떨치기도 했다(곽애영·곽형기, 2005: 40).

⑧ 신성학교

　신성학교는 확고한 중등교육 기관으로 거듭난 이후 체육진흥 발전에 선구자적 역할을 담당한 학교이다. 당시 학교 안으로 서양의 근대식 스포츠를 보급하는 데 있어 가장 적극적이었던 곽림대(郭林大) 교사가 1909년 초빙 교장으로 부임하며 임기 내 축구, 야구, 테니스를 과외 체육활동 종목으로 운영하였다. 1909년 7월 일본 동경 유학생 야구단이 모국을 방문하였을 때, 선천에서 신성학교와 친선경기를 가진 구체적인 기록이 남겨져 있다(곽애영·곽형기, 2005: 40).

　이상의 기독계교 학교들의 교과 외 체육활동은 학교의 규모나 위치, 개교 시기 등 학교 환경과 사정에 따라 유희부터 제도화된 종목까지 다양한 스펙트럼으로 운영되었음을 알 수 있다. 대부분의 학교가 일제강점기부터 운동부의 모습을 갖춘 다양한 과외 체육활동부를 본격적으로 창단하였으나, 근대체육 정립기의 기독계교 학교들의 과외 체육활동이 갖는 교육적 의의는 학교체육이 정규 교육과정 밖의 신체활동을 포함하게 된 점이다. 이는 단순히 시공간적 확장성을 넘어, 국민이 일상생활에서 신체활동을 즐길 수 있는 생활체육의 단초를 마련했다는 점에서 더욱 의의가 있다. 근대체육 및 스포츠의 정립에 학교체육이 얼마나 중요한 역할을 했는지 알 수 있는 대목이다.

2장 개화기의 스포츠

이가람

 학습목표
- 개화기 근대스포츠의 도입과 활동의 전개 양상에 대해 이해한다.
- 개화기의 주된 체육사상과 사상가에 대해 이해한다.

1. 개화기의 스포츠 활동 및 기관

개화기는 한국 사회가 스포츠 문화를 처음 경험한 시기다. 18~19세기 서구의 산업화와 근대화를 바탕으로 전개된 신체문화의 조직화 현상은 놀이에서 스포츠로의 문화적 진화과정을 촉진했다. 이러한 과정에서 각 종목의 통괄단체가 설립되며, 각종 스포츠에 관한 성문화된 규정이 마련되었다. 여기에 19세기 후반 제국주의 조류가 확산되면서 제도화된 신체문화인 스포츠도 세계화를 위한 동력을 마련했다. 개화기 한국에도 서구와 일본과의 문화적 교류 속에서 그들이 향유하던 근대스포츠가 유입되었다. 개화기 근대스포츠의 도입은 크게 교육기관과 체육단체라는 매개적인 공간을 통해서 이루어졌다. 즉 개화기에 설립된 근대적인 학교에서 스포츠는 놀이에 대한 학생들의 움직임 욕구 충족과 신체적 교육을 위한 목적으로 활용되고, 각종 체육단체에서 스포츠가 일반 사회인들의 문화적 수단과 사회적 통합을 위한 중요한 매개체가 되면서 근대스포츠문화가 한국 사회에 소개되었다.

가. 운동회와 근대스포츠

개화기 근대스포츠의 도입은 운동회와 깊은 역사적 상관관계가 있다. 근대적인 학교와 체육단체에서 실시된 운동회가 각종 스포츠의 도입과 확산을 위한 구심점으로 기능했기 때문이다. 예컨대 외국어학교, 기독교계 학교, 각 체육단체가 주최한 운동회를 통해서 육상 경기를 비롯한 각종 운동경기대회가 개최됨에 따라 근대적인 스포츠가 한국 사회에 소개되었다. 개화기에 나타난 운동회에 관한 역사와 전개 양상에 대한 이해는 한국 근대스포츠 문화의 확산을 파악할 수 있는 중요한 열쇠이다.

(1) 개화기 운동회의 역사와 개최양상

개화기는 한국 사회에서 근대적인 운동회가 발아된 시기이다. 지금까지 한국체육사학회에서는 개화기 근대적인 운동회의 원류가 영국이라는 것이 정설로 받아들여지고 있다. 우리나라 최초의 운동회는 1896년 5월 2일 영어학교의 허치슨(W. D. Hutchison)이 주관한 야외운동을 그 효시로 보고 있는 견해가 지배적이다. 이후 매년 외국어학교에서 운동회를 비정규적으로 실시하였고, 각종 학교에서도 운동회를 개최하기 시작했다. 예컨대 1897년 4월 2일에 흥화문(興化門) 밖 산 위에서 경성학당(京城學堂) 창립 1주년 기념운동회가 열렸고, 같은 해 4월 27일에는 훈련원에서 관공립소학교의 운동회가 개최되었다. 또한 영어학교에서는 1897년 6월에 대대적인 운동회를 개최했는데, 영국 공사관의 서기관이 경기자를 심사 결정하고, 허치슨을 비롯한 여러 외국인 교사들이 경기 진행을 담당했다. 이처럼 1896년 영어학교가 주최한 운동회를 기점으로 개화기 각종 학교는 삼선평과 훈련원 등의 장소에서 정기적으로 운동회가 개최되었다(이학래, 2000, 67).

한편 개화기 근대적인 운동회의 역사에 관한 새로운 견해도 존재한다. 개화기 운동회의 원류를 영국이 아닌 일본에서 찾을 수 있다는 주장이다. 을미의숙(乙未義塾)의 운동회가 그 근거이다. 박상석은 1895년 김윤식이 개교한 을미의숙에서 영어학교보다 빠른 시기인 1895년에 한국 근대 운동회에 관한 역사적 흔적을 발견했다. 구체적으로 살펴보면 일본어 교육기관인 을미의숙 6처의 학도 300여 명이 훈련원에서 대운동회를 개최했다는 내용이 김윤식의 일기인 속음청사(續陰晴史)에 기록되어 있다(박상석, 2009: 15-23). 김윤식의 일기 내용은 개화기 운동회 역사에 대한 새로운 기록이자 발견이다. 즉 개화기 운동회의 시작점에 일본의 영향도 존재했다는 것이다. 결국 한국 사회에 최초로 근대적인 운동회가 개최된 시기는 개화기로 볼 수 있으며, 당시 외국어학교와 외국인 교사가 중심이 되어 한국에서 근대적인 운동회가 실시되기 시작했다.

학교 운동회를 중심으로 여러 스포츠 종목의 경기대회가 개최되면서 각종 체육 단체들도 생겨났다. 각종 체육단체에 대한 구체적인 내용은 후술하겠지만, 새롭게 조직된 체육단체에서도 운동회를 주최해 근대스포츠의 보급에 앞장섰다. 1906년 3월 11일에 결성된 대한체육구락부, 같은 해 4월 11일에 조직된 황성기독교청년회 운동부 등이 대표적인 단체이다. 특히 황성기독교청년회가 개화기 근대스포츠의 확산을 위한 중요한 창구로 기능했다. 1903년 10월 28일에 발기한 황성기독교청년회는 1905년부터 각종 근대적인 스포츠를 적극적으로 보급하는 역할을 담당했다. 특히 1906년 4월 11일에는 소개된 근대스포츠를 기반으로 하는 운동회를 개최했다. 황성기독교청년회는 1906년 6월 9일 대운동회를 개최하였는데, 이 대운동회에서는 높이뛰기·넓이뛰기·100보 경주·50보 경주·2인 3각 경기 등과 함께 축구 경기가 개최되었다(정동구·하웅용, 2003: 216).

구한말 운동회는 어떠한 모습으로 전개되었을까? 우선 운동회가 얼마나 많이 개최되었는지에 대한 부분을 살펴보면, 1895년 을미의숙에서 진행된 운동회를 기점으로 1910년까지 운동회는 약 500회 정도가 개최되었다. 당시 운동회는 전국 각지에서 개최되며 확산되는 경향을 보였다. 확산의 동인은 여러 가지가 있겠지만 반일 감정이 큰 몫을 차지한 것으로 보인다. 운동회가 국권 회복을 위한 단합의 장이 되었기 때문이다. 시기적으로는 4월~6월, 10월에 많이 개최되었다. 스포츠를 수행하기 위해 적합한 절기인 봄과 가을에 운동회가 주로 실시되었다. 그렇다면 개화기 실시된 운동회 종목은 무엇이었을까? 운동회 연구가 박상석에 따르면, 크게 체조, 경쟁, 유희, 전투, 교육과 관련된 운동 종목이 채택된 것으로 보인다. 예컨대 체조에는 매스게임, 집단체조, 기계체조, 경쟁에는 육상(달리기, 포환 멀리던지기, 멀리뛰기, 높이뛰기 등), 구기(축구, 야구, 농구, 피구, 테니스), 자전거 경주, 민속경기(활쏘기, 씨름), 유희에는 줄다리기, 닭싸움 등을 비롯한 각종 유희적 게임, 전투에는 모의 전투 경기, 교육에는 음악 경연, 산술경연, 국문경연 등이 펼쳐졌다(박상석, 2016: 143-152). 특히 운동회의 종목으로 전투 경기와 교육적 활동이 포함되었다는 측면에서 구한말 제국주의 정서의 확산 속에서 운동회가 호국 활동의 성격을 지니고 실시되었다는 점이 인상적이다. 이와 같이 개화기 운동회는 서구의 근대스포츠와 전통 민속놀이를 기반으로 하고 새롭게 구성한 유희적 게임과 교육적 활동을 포함하며 개화기 한국 사회의 신체 향유를 위한 소비적 공간과 국권 회복을 위한 신체 교육적 활동의 성격을 지닌 문화적 행사로 기능했음을 알 수 있다.

(2) 개화기 운동회의 역사적 의미

개화기에 개최된 운동회는 운동회 이상의 의미를 지닌 문화행사였다. 각급학교와 사회단체가 중심이 되어 주최한 운동회가 단순히 스포츠 향유만을 위한 행사가 아니었다는 의미이다. 이러한 측면에서 개화기 운동회의 역사적 의미는 크게 4가지로 요약할 수 있다.

첫째, 운동회는 서구 근대스포츠와 전통 민속놀이가 공존하는 대중적인 문화활동이었다. 개화기 운동회는 봉건사회에서 근대로 전환되는 사회적 배경으로 한국 전통적인 놀이와 서구의 근대적인 스포츠가 공존하는 형식으로 발전했다. 당시 근대적 운동회는 남녀노소를 막론하고 많은 수의 관객이 참여하는 지역 사회의 대중적인 문화활동으로 전개되었다(하웅용 외, 2018: 294). 개화기 한국인들의 움직임 경쟁 욕구에 대한 소비가 서구 근대스포츠의 유입 속에서 확산되기 시작한 것이다. 씨름과 같은 전통적인 신체문화도 경기적인 요소가 가미되며 대중들의 주된 문화활동의 수단으로 기능하기 시작했다.

둘째, 운동회는 향촌 주민들의 축제적인 성격을 지니고 있었다. 운동회는 지역 주민들이 신체활동을 기반으로 어우러지는 축제의 장으로 기능하면서 주민들의 연대감을 형성하는 중요한 지역 사회의 문화적 행사였다. 국운이 쇠퇴하는 분위기 속에서 운동회는 정치적 상황을 잠시 잊는 활동이자 국권 회복을 염원하는 집단적 행동으로 기능했다. 운동회는 유희에 대한 집단적인 표출이자 민족적 단결의 매개였던 것이다.

셋째, 운동회는 민족의식을 불어넣을 수 있는 집단적인 공동체 의식이었다. 운동회에 참석한 선수와 관중들은 함께 애국가를 부르고, 민족 지도자들의 연설에 집중했다. 축사나 기타 연설에는 민족 단결을 위한 외침과 자주독립을 위한 의지가 포함되어 있었다. 운동회가 민족의식을 고취하는 중요한 통로였다는 사실은 운동회에서 불렀던 운동가를 통해서 분명해진다. 예컨대 1906년 남양사립보흥소학교(南陽私立普興小學校) 운동회에서 불렀던 운동가에는 충군애국정신을 바탕으로 독립 주권을 도모하자는 열망이 담겨져 있었다(대한매일신보. 1906. 6. 2.).

넷째, 운동회는 개화기 사회체육 발달을 위한 촉진제였다. 초창기 운동회가 각급학교를 중심으로 전개된 것은 맞지만, 학교 운동회에 지역 주민들이 참가하면서 운동회는 단순한 학교의 교육 행사가 아니라 지역 주민이 함께하는 문화적 행사였다. 이런 과정에서 일반 사회인들이 스포츠에 대한 매력과 필요성을 경험하는 기회가 되었다(하남길, 2010: 627). 서구의 근대적 스포츠가 내재한 규칙은 신체적 탁월성의 경쟁에 대한 한국인들의 관심을 증폭시켰다. 개화기 운동회는 본능적으로 내재된 움직임의 욕구와 공격성의 욕구를 해소할 수 있는 적절한 창구가 되었다.

개화기 운동회는 단순한 스포츠 이벤트가 아니었다는 점에서 운동회 이상의 의미를 지닌다. 근대스포츠의 확산을 위한 가교이자 민족의식 고취의 장이었다. 서구에서 유입된 스포츠가 개화기 한국인들의 유희적 요구를 충족하면서도 신체적·정신적·사회적 교육을 위한 중요한 수단으로 기능한 결과이다. 개화기 스포츠를 근간으로 하는 운동회는 민족적 위기를 잠시 잊는 장이 되면서도 국권 회복을 위한 중요한 소통의 장으로 기능했다. 개화기 운동회는 이 시기 한국체육의 확산과 발전을 위한 구심점이었다.

나. 개화기 근대스포츠의 소개와 도입

개항은 외부의 문물이 유입되는 물꼬가 되었다. 근대적인 신체문화인 스포츠도 마찬가지였다. 스포츠 세계화의 시발점은 영국이었다. 근대스포츠 대부분이 19세기 영국에서 놀이 수준에서 조직화된 게임으로 태동했으며, 그것이 영국을 중심으로 전 세계로 확산되는 복잡한 과정이 있었기 때문이다. 산업혁명 이후 도시화와 산업화의 변혁적 과정의 최전선에 있었던 영국 사회는 당시의 사회적, 정치적, 경제적 위기의 격동기에 전통적인 스포츠 형태가 먼저 표준화, 규제, 관료화되는 결과를 낳았다. 즉 당시 영국은 대중적 신체문화에 대한 요구, 도시 산업자본주의 질서의 유지, 퍼블릭 스쿨을 중심으로 하는 애슬레티시즘(Athleticism)의 사회적 확산 등을 토대로 민속 스포츠의 근대화 현상이 전개되었다. 이후 영국을 중심으로 조직된 근대스포츠는 서유럽 내, 그리고 서유럽과 나머지 국가들 사이의 상업, 문화, 군사적 상호의존성이 강화되면서 세계적 확산을 위한 동력을 구축했다. 이후 영국을 비롯한 서구 유럽의 제국주의 팽창력이 본격화되면서 근대스포츠는 북미, 남미, 아프리카, 아시아 등으로 본격적인 확산을 경험했다. 한국은 개화기에 서구 근대스포츠가 소개되기 시작했다. 개화기 서구와 일본과의 교류 속에서 그들의 신체문화였던 근대스포츠 문화가 자연스레 한국 사회로 유입되기 시작했다. 종교단체, 학교, 외국인 거주지 등이 주요 확산의 중심지였다. 특히 1890년대부터 학교의 교육과정에 체육이 채택되면서 다양한 근대 스포츠가 본격적으로 소개되고 확산될 수 있는 계기가 되었다(이가람·이승훈·김낭규, 2021: 55~68). 개화기에 등장한 근대스포츠를 살펴보면, 체조, 육상, 수영, 축구, 야구, 농구, 사이클, 테니스, 사격 등이 있다. 이러한 근대스포츠는 각종 학교의 운동회와 연합운동회, 황성기독교청년회, 대한체육구락부 등을 통해서 소개되었다. 근대스포츠의 확산 과정의 특징으로는 처음에는 기초 종목이 주종을 이루었으며, 점차 각종 구기와 투기 종목도 소개되는 경향이 보였다는 점이다(김봉섭, 2003: 9~50).

(1) 체조

근대체조의 도입은 고종의 교육입국조서의 반포가 직접적인 계기가 되었다. 1895년 고종황제는 교육조서를 통해 국가주의적 세계정세 속에서 실용 학문에 힘써 국민 각자의 덕양과 체양, 지양의 고른 발달을 이룩하라는 것을 시달했다. 학교에 체조과목을 교육내용으로 포함할 수 있는 법제가 마련된 것이다. 고종의 교육조서 발표 이후 각급학교가 학교령을 공포하면서 체조가 정식교과목으로 채택되었고 시작은 한성사범학교였다. 1895년 4월 16일에 한성사범학교는 칙령 제79호를 통해 체조를 정식교과목으로 채택했다. 이후 각급학교에서는 관제를 통해 체조를 정식적인 교과목으로 개설해 나갔다. 한편 개화기 기독교 선교사들도 기독교계 학교를 설립해 신교육 운동을 보급함에 있어 유희, 보통체조, 병식체조와 같은 근대식 체조를 근대스포츠의 한 종목으로 도입했다. 예컨대 배재학당에서는 헐버트(H. B. Hulbert)가 도수체조와 철봉을 지도했으며, 이화학당에서도 1892년부터 체조과목을 개설했다. 특히 경신학당에서는 1891년부터 체조가 교육과정의 한 부분으로 채택되면서 매일 1교시를 체조에 할당했다. 여기에 1908년 '무도기계체조부'와 1909년 '체조연구회'가 조직되어 서구식 근대체조의 보급을 위한 체조 강습회가 실시되면서 체조의 확산을 위한 토대가 마련되었다(남상철·소화·김달우, 2017: 1-10). 특히 체조연구회의 결성은 개화기 체조의 발전을 위한 구심점이 되었다. 체조연구회는 1909년 서울의 체조교사들이 자발적으로 조직한 단체였다. 당시 각급학교 체조교사였던 조원희, 김성집, 이기동 등이 주축이 되어 창설된 단체로 체조의 이론과 실제에 관한 다양한 사안들을 연구하고 조사하면서 체조 지도자의 전문성을 신장하고 학생들의 체계적인 체조 교수를 위한 이론서를 개발하기도 했다(이학래, 2000: 111).

개화기 체조는 민족운동의 일환으로 학교체육에서 주된 활동으로 실시되면서 확산되었다. 당시 각급학교에서의 체조는 근대체육보다는 민족의식을 고취하는 군사훈련식 병식체조 위주로 실시되었다. 국권이 빼앗긴 상황에서 병식체조를 중시한 것은 국권회복을 위한 토대를 마련하는 차원에서 체력단련을 통한 전쟁 수행능력을 높이고자 한 활동으로 이해해야 한다. 특히 군대 해산 이후 구 한국군 출신 체육지도자들이 체육교육을 담당하면서 병식체조는 실천적인 군사훈련의 성격을 띠고 전개되었다(이학래, 2000: 90). 한편 기독교계 사립학교에서도 근대식 체조교육이 활발하게 전개되었다. 예컨대 정신여학교, 이화학당, 배재학당 등의 학교가 모두 체조를 필수과목으로 지정했다. 이화학당에서는 1904년 중등과 교과과정에 체조과가 1~3학년에 개설되어 있었고, 악기 연주에 맞추어 가벼운 곤봉을 가지고 다양한 유희체조를 가르치기도 했다(이화100년사편찬위원회, 1994: 73~341).

(2) 육상

육상경기는 체조와 함께 가장 먼저 한국에 보급된 근대적인 스포츠이다. 육상경기의 보급로는 운동회였다. 개화기 운동회의 주된 종목으로 육상경기가 채택되었기 때문이다. 운동회에서 육상경기는 전통적인 민속경기와 접목되면서 대중화를 위한 동력이 마련되었다. 육상은 1896년 5월 관립영어학교의 허치슨, 핼리팩스, 터너 등의 교사들의 지도하에 개최된 운동회를 통해 처음 소개되었다는 것이 정설로 되어있다. 하지만 을미의숙의 운동회는 한국 육상의 시초에 대한 새로운 추정을 가능하게 한다. 1895년 4월 18일 을미의숙에서 운동회가 실시되었기 때문이다. 구체적으로 살펴보면 을미의숙에서는 1895년 4월 18일 이슬비가 내리며 오후에 바람이 강하게 부는 가운데 학생 300여 명이 훈련원에서 대운동회를 개최했다는 것이다(손환, 2020: 43). 물론 당시 대운동회에서 실시된 구체적인 종목을 알 수는 없지만 이 시기의 대운동회에서 육상 경기가 행해졌다는 측면에서 충분히 을미의숙 대운동회가 한국 육상의 중요한 시작점의 하나로 볼 수도 있다.

한편 관립영어학교에서도 1897년 6월에 대운동회를 통해서 육상경기를 본격적으로 전개했다. 독립신문 1897년 6월 19일자 기사내용을 살펴보면 당시 관립영어학교의 운동회에서 실시된 종목을 확인할 수 있다. 당시 육상경기로는 300보 달리기, 600보 달리기, 공던지기, 대포알 던지기, 높이뛰기, 멀리뛰기, 2인 3각 달리기, 1350보 달리기 등이 실시되었다(독립신문, 1897. 6. 19). 이후 개화기 운동회는 육상경기의 확산을 위한 주된 창구로 기능했다. 당시 육상경기는 운동회의 주 종목으로 선택되어 크게 도보, 행보경주(行步競走), 연각경주(連脚競走, 이어달리기), 공던지기, 투구경쟁(投球競爭), 송구경쟁(送球競爭), 고저구송(高低毬送), 뜀뛰기, 고도경주(高跳競走), 착구경쟁(捉球競爭, 공잡는 경기), 고비광비(高飛廣飛, 높고 멀리 날기) 등이 실시되었다(박상석, 2016: 144). 육상경기의 수용과정에서는 특이한 경기 종목의 명칭도 나타났다. 예컨대 소년 단거리 종목은 '연자학비(燕子學飛)'라 불리며, 제비가 날아가는 것에 비유되었고, 청년 중거리 종목은 '추안군상(秋雁群翔)'이라 하여, 가을 기러기가 무리를 지어 나는 것에 비유되었다. 또한 높이뛰기는 '대어발호(大漁跋扈)'라 하며, 큰 물고기가 높이 뛰어오르는 것과 유사한 움직임이라고 여겼다(이규태, 1988: 219). 한국인들은 맨몸으로 하는 신체적 경쟁인 근대 육상경기를 자신들의 시각에서 해석했다는 측면에서 당시 조선 사회는 새로운 신체문화에 대한 적응이 나타났다고 볼 수 있다.

개화기 운동회는 한국 육상경기를 위한 결정적인 시작점이자 육상경기 확산을 위한 구심점이었다. 운동회를 준비하는 과정에서 자연스럽게 육상종목이 학생들을 중심으로 소개되었고, 운동회를 실시하는 과정에서 지역 사회로 육상경기가 확산해 갔기 때문이다.

(3) 수영

수영은 인간의 생존을 위한 원초적인 움직임에서 비롯되었다. 고대부터 인간은 먹고살기 위해 물속에서 생존활동을 전개했다. 우리나라에서 스포츠로서의 수영은 언제 시작되었을까? 우리나라 수영 도입의 역사는 무관학교에서 찾을 수 있다. 1898년 무관학교칙령(武官學校勅令) 제11호 제17조를 살펴보면, "더위를 당하여 3주일을 학생에게 휴가를 주되, 이 시기에 혹 유영(遊泳) 연습을 명하기도 할 것"이란 내용이 있다. 즉 무관학교에서 학생들이 하계휴가를 이용해 수영 연습을 한 것을 알 수 있다. 또한 1909년 7월 15일부터 2주일간 이희두(李熙斗) 교장을 비롯한 장교급 직원 20여 명과 학생 40여 명이 한강에서 숙영(宿營)하면서 수영 연습을 한 것이 영법(泳法)과 관련된 교육적 활동의 효시라 볼 수 있다. 이후 수영은 20세기부터 각 지역의 유원지 등을 중심으로 각종 강습회와 수영장이 개설되면서 전국적으로 확산하기 시작했다(이학래, 2000: 73).

(4) 빙상(스케이팅)

스케이팅도 개화기에 한국에 도입되었다. 미국인 선교사 아펜젤러(1858~1902)가 발행한 영어 잡지 '더 코리안 레퍼지토리(The Korean Repository)'의 1895년 2월호 기사를 통해 개화기 한국 스케이팅의 시초를 파악할 수 있다. 당시 기사를 살펴보면, "1월 17일과 21일, 경복궁에서 열린 스케이팅 파티에는 상당수의 서울 거주 외국인들이 참석했다. 연못의 얼음상태는 양호했으며, 참석자들은 정성스러운 초대를 해주신 전하 내외께 진심으로 감사를 드렸다. 섬 위 여름정자(향원정)는 따뜻했고 가벼운 식사가 제공되었다." 이 기사를 통해 당시 고종과 명성왕후가 경복궁 향원정에서 스케이팅 파티를 열었다는 것을 확인할 수 있다. 스케이팅이 정확하게 누구에 의해서 소개되었는지 알 수 없지만 19세기 후반 서양인들을 중심으로 한국에 스케이팅이 전해진 것으로 보인다. 특히 이러한 과정에서 고종이 서양인들과의 교류를 위한 목적으로 스케이팅 파티를 연 것이 한국 스케이팅의 효시라고 할 수 있다(동아일보. 2014. 2. 7.). 또한 1897년 3월 18일자 독립신문을 살펴보면 당시 원산에서 선교사들을 중심으로 스케이팅이 겨울철 가장 흥미로운 여가활동으로 실시되었다는 것을 알 수 있다(The Independent. 1897. 3. 18.). 또한 1929년 동아일보 기사를 살펴보면 미국으로 돌아가는 YMCA 총무 질레트가 가구를 경매할 때 스케이트를 한국인 현동순씨에게 일금 15전에 팔았다는 기록이 존재한다. 현동순은 스케이팅의 용도를 몰라 질레트에게 무엇을 할 때 사용하는 물건인지 물어본 후 그 쓰임을 알았다고 한다. 현동순은 실제로 구입한 스케이트를 이용해 삼청동 강변에서 스케이팅을 한 것으로도 전해진다. 이후 1910년에는 한강에서 빙상대회가 개최될 만큼 스케이팅은 개화기 겨울철 스포츠로 자리를 잡았다(동아일보. 1929. 1. 1). 한국 스케이팅은 미국의 선교사들의 겨울철 여가활동 속에서 전파된 것이다. 선교사들이 한국에서 즐기던 자신들의 겨울철 스포츠가 자연스럽게 한국인들에게 노출되면서 스케이팅이 도입된 측면이 있다.

스케이팅의 도입에는 일본의 영향도 존재한다. 스케이팅은 개화기 일본인들의 대운동회의 종목으로 채택되었다. 이러한 사실은 1908년 대한매일신보 기사를 통해서 확인할 수 있다. 기사 내용은 평양 대동강 빙상에서 일본인이 대운동회를 하는데 여흥으로 빙상을 즐겼다는 것이다. 이러한 사실은 현동순이 질레트에게 스케이트를 입수하기 약 3개월 전의 일이다. 즉 스케이팅은 일본인들의 겨울철 유희로서 한국에 소개되었던 것으로 보인다. 교육적 목적이 아니라 여흥의 목적으로 전파된 것이다. 또한 1910년 조선일일신문사 주최로 한강에서 빙상운동회가 개최되어 오쿠보 사령관을 비롯해 이시즈카 장관, 문무관 수백 명이 모여 대성황을 이루기도 했다. 당시 대회에는 군인과 민간인이 참여했고, 대회를 개최한 이후 스케이트 보급이 늘어나 스케이팅을 즐기는 사람들도 많아졌다. 수만 명의 관람자가 참석해 스케이팅의 매력에 노출된 결과로 보이며, 이러한 측면에서 일본인들을 중심으로 한 빙상운동회가 한국 스케이팅의 효시로도 기능했다고 볼 수 있다(손환, 2020: 39).

이와 같이 한국의 근대적인 빙상경기는 미국인 선교사와 일본인들이 여흥을 위한 수단으로 스케이팅을 즐기면서 자연스럽게 소개되었다고 볼 수 있다. 미국인 선교사와 일본인들의 스케이팅을 본 한국인들은 겨울철 여가 수단으로 스케이팅을 시작한 것이다.

(5) 축구

근대적인 축구는 축구 종주국에서 직접 소개되었다. 1882년 영국의 측량선인 플라잉피시호(Flying Fish)의 선원들이 인천의 제물포항에 입항한 후 인근 지역에 축구를 전해 준 것이 한국 축구의 효시로 볼 수 있다(장재훈·박경호·옥광, 2013: 45~55). 이후 축구는 개화기에 설립된 외국어학교인 영어학교, 법어학교(프랑스어), 아어학교(러시아어), 일어학교 등에서 축구를 즐겼다고 한다. 즉 개화기 본격적인 축구의 도입은 외국어학교를 매개체로 확산되었다. 예컨대 전택부의 『남기고 싶은 이야기들』을 보면 "한국에서 축구가 처음 보급된 것은 1898년쯤부터였다. 관립영어학교 학생들은 영국인 선생들이 가져온 축구공을 처음 보게 되었다. 축구 공차기는 교내에서 인기를 끌었다. 학생들은 영국인 선생이 가르쳐주는 대로 공을 찼다."라고 기록하고 있다(전택부,

1993: 101~102). 최근 박경호는 1890년대 후반부터 1900년대 초반까지 한국 축구의 도입과정에서 영국에서 온 성공회 선교사들의 역할에 주목했다. 특히 1897년에 설립된 강화학당에서는 다양한 신식교육을 가르치는 과정에서 공식적으로 축구를 포함했다는 사실을 밝혔다. 강화학당뿐만 아니라 영국인 선교사들은 수원, 진천 등에 설립한 성공회 계열 학교인 진명학교에서 축구를 전파했으며, 심지어 진천교회와 수원교회 학교팀들을 중심으로 축구 교류가 있었다는 사실을 밝혔다(박경호, 2021: 59). 이러한 연구물들에서는 한국 축구의 도입에 있어 축구의 종주국 영국의 직접적인 영향이 존재했음을 파악할 수 있다. 이것은 영국산 스포츠 문화인 축구가 한국에 도입될 수 있었던 원동력이 영국인 선교사들로부터 시작되었음을 의미하는 것이다.

개화기 한국 축구의 도입에 대한 역사적 흔적은 개화기 학교의 교육내용을 통해서도 확인된다. 1886년 조선 최초의 근대적 중등교육 기관으로 설립된 배재학당에서 교과외 활동으로 축구를 실시한 기록이 존재한다. 『배재80년사』에는 "1920년 비로소 배재학당 운동장에서 풋볼이 구르기 시작했다"고 기록하고 있다(김세한, 1965: 299). 당시 배재학당 축구부의 활동을 확인해 보면 다음과 같다.

그때의 축구는 아식 축구라는 것이었다. 인원은 몇 사람이던지 제한이 없으며 양편이 같은 수이면 되었고 골대에 대해서도 넓이와 높이의 한정이 없어 골키퍼의 키를 표준으로 했으며 … 경기시간도 일정하지 않고 어느 편이고 항복을 하여 백기를 드는 시간이 끝나는 시간이며 점수가 많은 편이 이기는 편이었다. 기술에 있어서는 볼을 트래핑한다던가 패스하는 것은 염두에 두지 않고 높이 차는 것을 들어 뻥이라 하여 이것을 기술로 알았다(김세한, 1965: 299).

이처럼 배재학당에서도 축구가 소개되었다는 것을 알 수 있다. 물론 서구의 근대스포츠문화가 한국 토양에 뿌리를 내리는 데에는 적응 기간이 필요했다. 즉 규칙을 이해하면서 경기에 임하기까지는 어느 정도의 시간이 필요했다. 하지만 이러한 적응기가 존재했다는 것은 축구가 한국에 도입되는 과정을 방증하는 역사적 사실로 이해할 수 있다.

한편 축구의 도입과정에 있어서 한국인들의 자발적인 수용과정도 존재한다. 이러한 사실은 개화기 한국 축구사의 선구자인 김종상이 축구를 배우고 전파한 사실을 통해서 확인된다. 관립영어학교에 재학하면서 축구를 배운 김종상은 축구 경기에서 뛰어난 실력을 보였다. 이후 김종상은 황성기독교청년회 초대 간사로 임명되며 축구 전도사가 되었다. 김종상을 중심으로 한 황성기독교청년회 축구부는 개화기 훈련원에서 매주 영국공사관팀과 영어학교팀을 상대하며 축구를 즐겼다(청년. 1980. 2. 15.). 개화기 축구를 경험한 인물 중에는 축구에 재능을 보인 선수도 나타났다. 김종상이 대표적인 예이다. 김종상은 축구를 혼자만이 즐긴 것이 아니라 황성기독교청년회의 체육지도자로 활약하며 한국 청년들의 체육활동에 이용했다. 축구는 YMCA라는 보급로를 토대로 사회에 확산하기 시작했고, YMCA를 통해서 축구를 배운 인물들이 다른 교육기관이나 단체에서 활약하며 축구가 보다 많이 전파되었다.

이와 같이 축구는 개화기 교육기관과 기독교 선교사들이 운영하던 사립학교, 영국인 등을 중심으로 도입되었고, 그 과정에서 한국인들의 자발적인 축구 수용에 대한 의지도 존재했음을 알 수 있다.

(6) 야구

한국에 미국산 스포츠 문화인 야구가 유입된 것은 1896년으로 보인다. 그 주체는 한국에 거주하는 미국인들이었다. 이러한 사실은 당시 독립신문의 영문판인 『더 인디펜던트(The Independent)』에 잘 나타나 있다. 1896년 『더 인디펜던트(The Independent)』에 미국인들을 중심으로 조선 사회에 개최된 최초의 야구 경기가 소개되고 있기 때문이다. 구체적으로는 1986년 봄부터 서대문 근처의 모화관에서 미국 해병과 미국인 거주자들이 지속적이고 활발하게 야구 경기를 실시했다는 것이다. 특히 중요한 사실은 당시 많은 한국인이 이 야구 경기를 호기심 가득 찬 눈빛으로 참관했다는 점이다. 물론 1896년 봄시즌에 서울의 모화관과 훈련원에서 개최된 야구 경기는 서울에 거주하는 외국인과 외국인 군인들의 행사였다. 하지만 당시 경기에는 한국인 서재필 박사가 출전한 기록이 존재하며, 한국의 땅에서 최초로 야구라는 근대 스포츠가 개최되었다는 측면에서 체육사적 의미가 분명 존재한다(손환·이가람, 2011: 19~28). 이후 야구의 본격적인 도입은 1904년에 이루어졌다. 한국에 야구의 씨를 뿌린 인물은 YMCA 초대 총무인 질레트(P. L. Gillett)였다. 그는 1904년 봄부터 YMCA 청년들에게 야구를 가르쳤다. 이후 질레트의 지도하에 YMCA 야구팀은 1906년 2월 훈련원 마동산에서 덕어학교에 대항하여 야구 시합을 펼치기도 했다. YMCA에서 야구를 배운 인물들이 여러 학교와 사회에서 야구를 전파하면서 한국 야구는 본격적으로 확산하기 시작했다(이가람, 2014:101~114).

야구의 도입에 있어 일본의 영향도 존재한다. 현재까지 최초의 기록은 인천영어야학교의 일본인 학생의 일기에서 찾을 수 있다. 1899년 인천영어야학교 1학년이었던 후지야마후지사와 일기에 베이스볼이라는 서양 공치기를 했다는 기록이 존재한다. 당시 인천은 구한말 열강들의 군함이 당도하는 곳의 하나였다. 인천은 다양한 근대 문물과 스포츠 문화가 소개될 수 있는 유리한 환경이었다. 이런 환경에서 일본인 학생들이 야구를 소개했을 가능성이 높다(조준호, 2008: 20). 또한 동아일보 1930년 4월 2일자를 보면 다음과 같은 내용이 존재한다.

1905년에는 관립한성고등학교에 야구팀이 생겨 다카하시라고 하는 일본인 선생의 지도 아래 싹이 틔었다. 이리하여 겨우 볼을 던지고 받을 줄 알게 되니까 이만하면 배운 기술을 가지고 어디 한번 맷취(게임)을 하여 보았으면 하여 갈망하는 나머지 두 살 선배인 황성기독교청년회군에게 도전을 발하여 게임을 행하게 되니 이것이 거금 25년전의 일로 물론 조선야구사에 있어서 최초의 게임이었던 것이다(동아일보. 1930. 4. 2).

　이와 같이 일본인 교사들도 한국 야구를 소개하는 역할을 담당했다. 1900년에 개교한 관립중학교에서도 일본인 체조교사 요꼬지 스데지로가 야구를 지도한 기록이 존재한다(경기 80년사, 1981: 65). 한국 야구의 도입에 있어서 일본인들도 하나의 도입 통로가 되었다는 것을 알 수 있다. 즉, 한국에 건너온 일본인 교사들이 체육수업을 통해서 자신들이 먼저 경험한 야구를 한국인 학생들에게 전수한 것이 한국 야구 도입의 또 하나의 배경이 되었던 것이다.

　한국인 청년들의 야구 도입에 대한 수용 의지도 확인된다. 미국과 일본의 영향 속에서 야구가 서서히 도입되어 가는 과정 중에 일본에서 야구를 배운 유학생들도 방학을 이용해 모국에 돌아와 야구를 소개하면서 야구의 도입은 가속화되었다. 예컨대 1909년 재일한국인유학생 단체인 대한흥학회 야구부는 한국에서 원정경기를 펼쳤다. 당시 대한흥학회는 훈련원에서 재경서양선교사와 YMCA 연합팀과 야구 경기를 수행했다. 특히 이러한 과정에서 대한흥학회는 야구에 대한 규칙과 기술들을 전파하는 가교역할을 담당했다. 또한 개성, 평양, 선천, 안악 등지로 순회하며 야구를 보급하기도 했다(황성신문. 1909. 7. 21; 황성신문. 1909. 7. 25.). 야구는 현재 한국에서 가장 인기 있는 대중 스포츠 문화이다. 개화기 일본에서 야구를 처음 접했던 한국인들도 야구에 대한 호기심과 열망이 대단했던 것을 짐작할 수 있다.

　이처럼 개화기 미국산 야구는 한국에 소개되면서 본격적인 도입의 과정을 경험했다. 개화기 한국 사회가 야구를 빠르게 수용할 수 있었던 것은 미국과 일본의 영향과 한국인들의 야구에 대한 자발적 참여의 결과라고 할 수 있다. 야구가 한국에서 가장 인기 있는 스포츠가 될 수 있었던 이유는 야구의 도입에 있어 다각적인 역사적 배경이 존재하고 있기 때문이다.

(7) 농구

　농구는 미국에서 조직화된 스포츠문화이다. 종교단체인 YMCA가 청소년들을 위한 겨울철 흥미 있는 운동으로 개발했다. 농구는 개화기에 한국 사회에 소개되었다. 1903년 설립된 황성기독교청년회는 1904년부터 농구를 비롯한 각종 스포츠를 소개했다. 이후 YMCA가 새 회관을 건립한 1907년부터 질레트는 YMCA의 회원들에게 농구를 본격적으로 지도했다. YMCA는 농구의 보급을 위해 석탄 보관장을 개조하여 농구 백보드를 세우는 등의 노력을 보였다. 이러한 과정에서 당시 운동부 간사였던 김종상(金鐘商)은 관립 영어학교 출신으로 만능 운동선수로 활약하며, 총무 질레트를 도와 농구를 지도하는 역할을 담당하기도 했다. 또한 1907년 YMCA 회원들은 동경 유학생단과 한국 최초의 농구경기를 거행하기도 했다. 하지만 개화기 농구의 확산에는 한계가 존재했다. 전문적인 지도자와 경기장이 부재했기 때문이다. 농구를 하기 위한 설비를 갖추는 것이 쉽지도 않았으며, 질레트가 농구 전문가가 아니었기 때문에 농구가 쉽게 확산될 수 있는 환경이 아니었던 것이다. 하지만 이후 농구는 1916년에 YMCA의 실내체육관이 준공되고, 전문 체육간사였던 반하트(B. P. Banhart)가 부임하면서 본격적으로 보급되기 시작했다(이가람, 2014: 109~110).

이처럼 개화기 농구는 YMCA를 중심으로 한국에 소개되었지만, 개화기 한국 사회에서 농구는 전문적인 지도자와 설비의 부재로 본격적인 확산을 경험하지는 못했다고 볼 수 있다. 하지만 황성기독교청년회가 농구를 체육사업을 위한 목적으로 수입하였다는 측면에서 이후 농구 확산을 위한 실질적인 밑거름이 되었다는 것을 알 수 있다.

(8) 테니스

한국 테니스의 역사는 지금까지 1900년에 배재학당에서 조직된 테니스부를 그 시초로 보고 있다. 배재학당의 테니스부에서는 새끼줄을 네트로 설치한 후 널판 조각 라켓을 가지고 테니스를 실시했다. 신성학교(信聖學校)에서도 병식체조, 축구, 야구 등과 함께 테니스가 보급된 기록이 있다(이학래, 2000: 78). 하지만 테니스가 한국에 소개된 시기는 그 이전인 1890년대였다. 당시 한국에 거주하던 미국인들의 주된 스포츠로 향유한 것이 바로 테니스였다. 서울 정동이 바로 한국 테니스의 발원지였다. 정동에서는 서양인들의 사교 클럽을 중심으로 테니스가 보급되었다. 특히 테니스는 미국 선교사들의 주된 여가수단이었다. 선교사들은 미국 중산층의 삶을 한국 땅에서 재현하기 위해 당시 한창 새로운 중산층의 인기 스포츠였던 테니스를 한국 사회에서도 즐겼던 것이다(류대영, 2007: 62). 그 결과 정동의 중심부에는 몇 개의 테니스 코트가 마련되었고, 1888년 조직된 서울유니언클럽의 서양인들을 중심으로 봄과 가을철에 테니스가 유행했다(The Korean Repository, 1897: 480). 서양인들이 한국 땅에서 즐긴 테니스 경기에 한국인들이 참여했는지에 대한 여부를 알 수가 없다. 하지만 분명한 것은 서양인들과 공무적으로나 사적으로 친분이 있었던 당시 한국 관료나 개화파 지식인들을 중심으로 테니스가 소개되었을 가능성이 매우 높다고 생각된다.

(9) 연식정구

연식정구는 개화기 한국 사회에 도입된 스포츠이지만 정확한 도입연도를 파악할 수는 없다. 한국에서 연식정구가 처음 시작된 곳은 배재학당이라고 주장하고 있다. 구체적으로 살펴보면 배재학당에서 1900년에 정구부가 조직되었다. 하지만 배재학당은 본격적인 연식정구의 보급로가 되지는 못했다. 당시 배재학당에 정구부가 조직되었지만 경기를 활성화 할 수 있는 네트와 라켓도 부족한 실정이었다. 개화기 연식정구의 실질적인 도입의 주체는 일본이었다. 당시 경성전기주식회사의 무샤(武者鍊三)가 한국에 연식정구를 소개했다. 무샤는 1904년 이전에 이미 연식정구를 한국에 소개하면서 연식정구계의 선구자라고 불린 인물이다. 이후 1908년 4월 18일 탁지부(현 기획재정부)의 관리들이 친목을 도모하기 위해 설립한 회동구락부가 연식정구를 즐기면서 일반사회인들에게 전파되기 시작했다(손환, 2020: 17~18).

(10) 사이클링

개화기 한국에 자전거가 소개되었다. 물론 초창기 자전거는 이동 수단으로 유입되었다. 자전거에 대한 최초의 기록은 1884년 미국 해군 장교 필립 랜스데일(Philip V. Lansdale) 대위가 제물포에서 미국 공사를 보호하기 위해 서울로 이동할 때 자전거를 이용했다는 내용이다. 이후 1890년대 후반 한국 사회에서는 서울을 중심으로 자전거가 교통수단을 넘어 경쟁적인 스포츠 문화로 진화되어갔다(이가람·우승호, 2017: 1~13). 한편 본격적인 자전거 경주대회는 1906년에 나타나기 시작했다. 1906년 육군 참위(參尉) 권원식(權元植)과 일본인 요시카와(吉川)가 훈련원에서 자전거 경기를 한 기록이 있다. 1907년에도 한일인자전차상회(韓日人自轉車商會) 주최로 훈련원에서 자전거 대회가 열리기도 했다(하남길, 2010: 631~632).

(11) 검도

검도는 개항기 이후 일본에서 유입되었다. 당시의 공식적인 명칭은 격검(擊劍)이었으며, 경쟁적인 스포츠라기보다는 무술의 일종으로 호신 또는 경호의 수단으로 소개되었다. 한국 사회에 검도가 처음 소개된 것은 신식훈련의 개시부터였다. 1881년 일본인 신식 교련관을 초빙하여 일본식 군대훈련을 시키는 과정에서 검술이 포함되어 있었다. 이후 1896년 경시청이 치안의 목적으로 격검을 경찰교습과목으로 채택하면서 우리나라에 검도가 소개되기 시작했다. 1904년에는 장교의 재교육 기관인 육군 연성학교에 검술과를 두어 군인의 교습 과목으로도 검도가 확산되었다. 이와 같이 검도는 개화기 경찰과 군인들의 훈련 방법의 하나로 한국에 도입되었다. 우리나라 최초의 검도대회는 1908년 내각원유회(內閣園遊會) 주최로 거행된 韓·日 양국 순사 격검시합(擊劍試合)이었다(옥광·김성헌, 2009: 27~38).

개화기 한국에 당도한 선교사, 외국인 교사, 군사 및 외교 담당자들은 종교적·정치적·교육적·문화적 목적 아래 근대적인 스포츠를 한국에 소개했다. 예컨대, 종교적인 측면에서는 복음 전파의 목적, 정치적인 측면에서는 문화 동화정책의 목적, 교육적 측면에서는 근대적인 인재 양성의 목적, 문화적인 목적에서는 문화 향유의 목적이 내재되어 있었다. 근대스포츠를 소개하는 집단의 외부적인 목적과 근대스포츠를 소개받는 내부적인 목적이 공존하면서 개화기 각종 근대 스포츠가 한국 사회에 도입될 수 있었다. 이처럼 개화기는 한국 사회에 근대 스포츠가 발아할 수 있는 토양이 조성된 시기라고 볼 수 있다.

다. 개화기 스포츠 기관

개화기 근대스포츠의 전파에는 체육단체라는 매개체가 존재했다. 개화기 각종 근대 스포츠가 소개되고, 운동회를 중심으로 각종 운동경기대회가 전개되면서 스포츠 동호인들이 결성한 체육단체나 스포츠클럽이 증가하게 되었다. 체육단체의 설립은 근대스포츠의 대중화와 전파를 위한 강력한 동력으로 작용했다. 체육단체가 각종 근대스포츠를 직접 보급하는 창구로 기능함과 동시에 각종 대회를 주최하는 역할을 담당했기 때문이다.

(1) 대한체육구락부(大韓體育俱樂部)

대한체육구락부는 1906년 3월 11일 서울 괴동(현 종로구 종각역 일대) 김기정(金基正)의 집에서 창단된 우리나라 최초의 근대적인 체육단체이다. 대한체육구락부를 창설한 인물들은 외국어 문서 번역 업무를 담당했던 궁내부 예식원의 현양운(玄陽運), 영어와 역사를 가르친 교육부 번역 과장 신봉휴(申鳳休), 독일어 학교 교관 한상우(韓相宇) 등이었다. 이들은 외국어에 능통한 엘리트들로서 대한체육구락부 설립 취지서를 통해서 신체 교육을 소홀히 하여 청년들이 나약해짐에 따라 나라가 쇠퇴했다고 지적했다. 따라서 대한체육구락부는 신체적인 활동을 통해서 청년들이 약해진 기개를 키우고, 즐거운 생활을 살도록 하며, 나아가 국민의 시든 원기를 회복하기 위한 목적으로 설립되었다(황성신문, 1906. 3. 30). 이를 위해 대한체육구락부는 매주 수요일과 토요일 오후 훈련원 마동산에서 축구, 높이뛰기, 멀리뛰기, 달리기, 씨름 등을 기반으로 회원들의 신체적 활력을 고취했다.

대한체육구락부는 개화기 서구의 문화에 노출되어 근대스포츠를 즐긴 단체이다. 이 단체는 신체적 활동이 민족의 기개와 원기 회복에 핵심적인 동력이라 생각하고, 각종 서구의 근대스포츠를 수용하여 독립을 위한 기초를 닦음과 동시에 즐거운 삶을 위한 수단으로 활용해야 된다고 인식한 것이다. 이러한 측면에서 대한체육구락부는 개화기 민족 자강을 위한 창구이자, 청년들의 신체문화 향유의 공간으로 기능했다고 볼 수 있다.

(2) 황성기독교청년회(皇城基督敎靑年會) 운동부

황성기독교청년회는 1903년 설립된 단체이다. 종교단체임에도 불구하고 황성기독교청년회는 황성기독교청년회 운동부를 결성했다. 황성기독교청년회는 미국 YMCA의 전인적 교육론을 기초로 설립되었기 때문이다. 즉, 미국 YMCA에서 주장하는 영, 정신, 신체가 온전한 기독교인을 양성한다는 목적 아래 조직된 황성기독교청년회는 전인적인 교육의 실천을 위해 신체활동을 통한 교육을 사업으로 채택한 것이다. 따라서 1906년 4월에 스포츠를 통해 복음을 전파하고자 하는 종교적 목적과 회원들의 전인적 성장을 위한 교육적 목적 아래 운동부가 설립되었다.

황성기독교청년회 운동부는 개화기 근대스포츠의 소개와 도입을 위한 가장 핵심적인 체육단체로 기능했다. 우선 황성기독교청년회의 전인적 인간론을 바탕으로 하는 트라이앵글 사상이 개화기 자강적 민족주의 교육구국사상으로 변용되어, 선진적 신문화로서의 개화사상, 사회진화론적 자강 사상, 숭무론적 자강론과 함께 개화기 사회체육의 발전을 위한 사상적 토대를 형성하였다. 체육활동이 수용될 수 있는 사상적 토대를 황성기독교청년회가 마련한 것이다. 또한 황성기독교청년회 운동부는 개화기 각종 근대스포츠를 도입하는 창구로 기능했다. 예컨대 야구, 농구, 축구, 유도, 검도, 체조, 권투, 배구 등의 근대스포츠가 YMCA를 통해서 소개되고 도입되었다. 특히 야구와 농구는 YMCA에서 최초로 한국에 도입되었다. 중요한 사실은 황성기독교청년회 운동부에서 스포츠를 배운 회원들이 다른 학교에 체육지도자를 역임하면서 근대스포츠가 체계적으로 도입될 수 있는 환경도 조성되었다. 한편 황성기독교청년회는 야구, 농구, 배구, 유도, 철봉, 역도, 권투 등의 근대스포츠를 보급했을 뿐만 아니라 각종 운동경기대회를 개최하는데 주도적인 역할을 담당했다. 예컨대 황성기독교청년회 운동부는 1906년 덕어학교와 한국 최초의 야구 시합, 1907년에 동경유학생단과 최초의 농구시합을 추진했다. 나아가 운동회 개최와 체육 강연회의 개최를 통해 다른 체육단체의 결성과 활동을 자극함과 동시에 근대스포츠에 대한 인식을 새롭게 하는 역할도 담당했다(김재우, 2006: 75~86).

이처럼 황성기독교청년회 운동부는 개화기 한국 근대스포츠 발전의 근간으로 기능했다. 종교단체로 비교적 일본의 감시와 통제가 덜했기 때문이다. 민족 독립운동가들이 황성기독교청년회에 입회한 이유는 일본의 눈을 피해 민족운동을 하기 위함이었고, 이러한 과정에서 스포츠 활동은 민족자강과 단결을 위한 실천적인 교육활동으로 채택되었다.

(3) 대한국민체육회(大韓國民體育會)

대한국민체육회는 한국의 병식체조 개척자이자 근대체육의 선구자라고 할 수 있는 노백린이 설립한 체육단체이다. 노백린은 구한말 학교체육 중심의 체육과 운동회를 통해 스포츠가 일반 사회로 확대되는 상황에서 체육의 저변확대를 위해 체육단체의 설립을 모색했다. 그 결과 노백린은 1907년 10월 체육이 덕육과 지육에 비해 부진한 현상을 극복하기 위해 대한국민체육회를 조직했다. 그는 각 학교에서 병식체조만을 행하고 있는 것을 인식하고 국민의 교육적인 차원에서 체육을 장려하기 위해 체육단체를 설립했다. 대한국민체육회는 서구와 일본으로부터 근대체육이 도입되는 초기에 체육활동의 저변확대를 위한 창구역할을 수행했다(손환, 2008: 41~49).

(4) 대동체육구락부(大同體育俱樂部)

대동체육구락부는 1908년 8월에 권성연, 조상호, 이기환 등이 결성한 사회체육단체이다. 대동체육구락부는 사회진화론적 자강론에 입각하여 체육의 가치를 국가의 부강과 존폐의 근간이 되는 핵심적인 요인으로 인식했다. 대동체육구락부원들은 창립 목적을 체육학의 각 분야를 연구하고 실행하여 개인의 강건한 체력을 배양함으로써 강력한 국가를 만드는 것에 두었다(이학래, 2000: 109). 즉, 대동체육구락부는 사회진화론에 입각해 강한 인종만이 살아남을 수 있다는 인식에서 설립된 단체였다. 대동체육구락부를 설립한 주체들은 조선시대 유교주의 아래 형성된 숭문천무(崇文天武) 사상으로 약해진 민족성을 체육활동을 기반으로 강하게 키우기 위해서 체육단체를 조직한 것이다. 체육단체의 설립은 곧 강한 민족성의 회복을 위한 노력의 일환이었다.

(5) 회동구락부(會洞俱樂部)

회동구락부는 1908년 2월 2일 탁지부(度支部, 현재의 재정경제부)의 관리들이 친목 도모를 위해 자발적으로 조직한 체육단체이다. 회동구락부는 바둑, 장기, 정구 등을 실시하기 위한 시설을 갖춘 단체이다. 특히 회동구락부는 연식정구를 가장 먼저 도입한 단체이자 직장 체육의 효시로 체육사적 의미가 깊은 단체로 볼 수 있다. 이러한 사실은 1911년 11월 14일자 매일신보를 통해 확인할 수 있다. 당시 기사를 살펴보면 탁지부 직원이 조직한 회동구락부 회원들이 서소문 밖에서 가을운동회를 개최해 각종 운동경기를 실시했다는 기사가 존재한다(매일신보. 1911. 11. 14.). 이처럼 회동구락부는 한국 사회의 직장체육단체의 선구적인 단체로 기능하며, 개화기 직장 내에서 각종 스포츠 활동을 통해 친목을 도모하고 신체활동을 장려한 단체였다.

(6) 무도기계체육부(武道機械體育部)

무도기계체육부는 1908년 9월 무관학교장 이희두와 학무국장 윤치오 등이 결성한 단체이다. 무도기계체육부는 청년과 일반 국민의 체육발전을 도모하기 위해 창설된 단체였다. 우리나라 최초의 기계체조 단체인 무도기계체육부는 청년 및 일반 국민의 체육발전을 지향하였으며, 군인체육기관의 모체라고 할 수 있다. 이 단체가 당시 실시한 종목으로는 습사, 승마, 유술, 격검 등이 있다(황성신문. 1908. 9. 4.). 무도기계체육부는 다른 체육단체와는 달리 주로 군사훈련을 위한 체육활동을 채택했다는 점에서 민족 자강을 위한 밑거름이 되었다고 볼 수 있다.

(7) 대한흥학회(大韓興學會) 운동부

갑오경장(1894)을 기점으로 한국 정부는 일본으로부터 신문화를 수용하기 위해 관비 유학생을 보내기 시작했다. 1905년 을사보호조약 체결 이후에는 애국계몽운동의 일환으로 구국교육운동이 전개되면서 사비 유학생도 증가되었다. 그 결과 일본 유학생들은 지역별로 단체를 구성해 친목과 단결을 도모해 나갔다. 이후 유학생 단체들의 분립이 유학생간 분열을 초래한다는 인식 속에서 유학생 통합단체인 대한흥학회를 결성하게 되었다. 대한흥학회는 건전한 청년을 배출할 목적으로 조직 내에 운동부를 설치했다. 대한흥학회 운동부는 개화기 한국 근대 체육발전에 있어 크게 두 가지 관점에서 중요한 역할을 담당했다. 첫째, 대한흥학회 운동부는 봄과 가을에 정기적으로 운동회를 개최했다. 각종 근대 스포츠 활동을 통해서 회원 상호간의 단결과 민족의 위기를 공감하는 계기를 가졌다. 둘째, 본국 원정 시합을 추진했다. 당시 원정 시합은 야구를 비롯한 신식 근대 스포츠가 한국 사회에 도입될 수 있는 계기가 됨과 동시에 국권상실의 위기 속에서 민족주의적 의식을 결집하는 통로가 되었다(손환, 2002: 27~35). 이처럼 대한흥학회 운동부는 선진문물인 근대 스포츠문화를 먼저 경험한 유학생들이 근대스포츠를 기반으로 동 조직 내의 회원 화합을 도모하고, 본국의 근대스포츠 도입과 애국계몽활동의 토대를 마련했다는 차원에서 체육사적 의미가 있다.

(8) 체조연구회(體操硏究會)

체조연구회는 1909년 10월에 조직된 체육단체이다. 당시 각 학교의 체조교사를 주축으로 보성중학교에서 조직되었다. 체조연구회는 비조직적인 체육을 조직적이고 실용적인 신체적 활동으로 진척시키기 위해 실질적인 기술과 이론에 관한 연구를 추구함으로써 국민의 신체적·정신적 강건함을 진일보시키기 위한 목적으로 조직된 단체이다(대한매일신보, 1909. 10. 16.). 체조연구회는 개화기 학교체육의 체계화와 전문화를 위한 핵심적인 동력을 제공했다는 측면에서 역사적 의의가 있다.

2. 개화기 체육 사상 및 인물

가. 개화기의 체육 사상

19세기 조선은 격변의 사회였다. '조용한 아침의 나라'로 불리던 조선 사회가 열강의 침략 야욕이 점철되면서 민족적 혼란이 가중되어갔다. 서구 제국주의 팽창의 조류를 조선 사회도 피해갈 수 없었다. 여기에 문약한 한국인들의 습성으로는 제국주의의 조류 속에 힘의 논리로 제국들을 상대할 수 없어 결국은 국권의 위기를 경험하게 되었다. 국권 위기의 근원적인 사상적 배경을 찾는다면 조선시대 유교주의 영향 아래 지속되어 온 숭문천무(崇文賤武)일 것이다. 신체활동의 부재 속에 역동적인 국민의 기질이 약화되어 온 것이다. 유교주의는 신체활동의 중요성을 간과했으며, 그 과정에서 당시 서구의 제국들이 강조한 신체문화의 발달도 상대적으로 저해되었다. 심지어 양반 문화에서는 활발하게 움직이는 신체활동을 평민이나 하인들이 하는 하찮은 놀이 정도로 치부했다. 결국 유교주의는 사회 지도층의 신체활동에 대한 부정적 인식을 야기하는 이데올로기로 작용하며 개화기 조선 사회의 근대적인 체육활동과 스포츠 문화의 도입에 걸림돌로 작용했던 것이다. 특히 여성들의 체육활동은 사회적인 부덕(不德)으로 간주되기도 했다. 그러나, 개화기 지식인들 사이에 유교주의적 관습으로는 강대국들의 제국주의적 야욕에 대항할 수 있는 정신과 힘을 갖추기가 힘들다는 시대적 위기의식이 결집되기 시작했다.

개화기 한국 사회에서는 신체활동의 필요성을 인식하고 서로운 근대 체육과 스포츠 문화를 도입하려는 자발적인 움직임도 일기 시작했다. 이러한 움직임의 근저에는 사회진화론적 민족주의가 존재했다. 일본과 서구 열강의 제국주의적 팽창은 국권 상실의 위기로 이어졌고, 이러한 과정에서 조선 사회는 근대적 교육의 중요성과 강건한 청년의 육성이 필수적이라는 사회적 인식도 생겨 나게 되었다. 즉 강한 민족만이 살아남을 수 있다는 적자생존의 법칙을 직접적으로 깨달은 것이다. 강한 민족성을 확보하기 위해서는 신속하고 실질적인 방안이 필요했다. 당시 조선 사회의 개화파 지식인들을 중심으로 서구와 일본 제국의 근대식 체육과 스포츠 문화를 경험하면서, 체육활동이 강한 민족의 양성을 위한 필수적이며 핵심적인 실천사항임을 인지했다. 개화기 근대 체육과 스포츠 문화가 확산된 이유가 여기에 있다. 개화파 인사들과 정부 관료들 사이에서 신체활동을 기반으로 한 교육과 경쟁 활동이 국권의 위기 속에 살아남을 수 있는 유일하고도 강한 수단이라는 사회적 공감대가 형성된 것이다. 따라서 개화기 사회진화론적 민족주의는 근대적인 체육과 스포츠의 발달을 위한 촉진적인 이데올로기로 기능했다.

개화기는 유교주의와 사회진화론적 민족주의가 공존했다. 하지만 약육강식의 세계 질서 속에서 국권 위기가 현실로 다가오자 사회진화론적 민족주의 이데올로기가 강세를 보였다. 국권 상실의 민족적 위기 속에서 국민의 체력과 건강을 가장 중요한 국가적 과제로 인식한 것이다. 당시의 이러한 분위기는 서우학회(西友學會) 기관지인 서우(西友) 제7호에 잘 나타나 있다. 당시의 기사를 살펴보면, "체육을 소홀히 할 때는 국민이 모두 그 해를 입어 체력이 감소하여 인종이 점점 연약하게 되니 외적을 만나면 스스로 지키는 힘이 거의 없기에 증식하는 인민에게 보호 감독을 받게 된다. 따라서 인민의 신체가 건강하지 못하면 그 해가 국가에 미치는 것이 적지 않다."라고 적고 있다(서우 제7호, 1907). 민족적 위기의 해결책으로 체육이 강조될 수밖에 없는 환경이 조성된 것이다. 이러한 분위기 속에서 특히 사회진화론적 민족주의 이데올로기를 수용한 체육사상가들은 국가를 지켜내기 위한 가장 실용적인 수단이 체육활동임을 간파하고, 체육단체의 설립, 체육의 중요성 설파, 학교체육의 강조, 체육교사의 양성 등을 위한 적극적인 노력을 기울였다. 예컨대, 최창렬은 1906년 12월 『태극학보』에 "체육을 권고함"이라는 글을 통해 "20세기는 우승열패(優勝劣敗)하는 경쟁시대의 완력을 유지하지 못하면 개인은 물론 국가적으로도 도태를 면치 못할 것이며, 세계의 문명화된 여러 나라는 삼육(三育) 중 체육도 도입하여 활발한 기력을 양육하였으나 우리는 100여 년 이래로 교육의 대방침이 문예에 치우쳐 있다."라고 언급했다. 또한 문일평(文一平, 1888~1936)은 체육을 국가의 운명을 결정하는 중대한 교육적 분야로 인식했다. 1908년 5월에 『태극학보』 제2호에 실린 「체육론」을 통해 체육학교의 특설과 체육교사의 양성, 체육에 대한 연구를 위해 청년의 해외 파견이 중요함을 피력하였다(이학래, 1990: 39~42).

요컨대 개화기 조선은 제국주의에 노출되며 국권을 상실할 수 있다는 민족적 위기가 형성되었다. 유교주의적 숭문천무 사상보다 강한 민족만이 살아남을 수 있다는 사회진화론적 민족주의가 국권 회복에 적합한 이데올로기로 대두되었다. 우승열패의 시대에 살아남기 위해서는 스스로 강해져야 한다는 사회적 인식이 조성된 것이다. 역동적인 민족의 기질과 체력을 배양할 수 있는 체육과 스포츠는 민족 자강을 위한 핵심적인 실천 활동이었다. 개화기 근대적인 체육활동과 스포츠 문화가 수용되고 확산된 사상적 배경은 이러한 역사적 맥락에서 이해해야 한다.

나. 개화기의 체육 관련 인물

개화기 제국주의적 침략이 가속화되면서 국권을 회복하기 위한 사상가들의 실천적인 움직임도 존재했다. 특히 자강을 위한 핵심이 체육활동이라는 것을 깨달았던 체육사상가들이 등장하면서 개화기 체육과 스포츠에 대한 사회적 인식이 개선되었으며, 민족 자강을 위한 체육활동의 실천적 노력도 확산해 갔다.

(1) 이기

해학(海鶴) 이기(李沂, 1848~1906)는 전북 김제 출신으로 실학에 능통한 개화기 실학사상가이자, 독립운동가로 활약한 인물이다. 이기는 1905년 을사조약이 체결된 이후에는 애국계몽운동에 전념하였다. 한성사범학교의 교관으로 활동하며 민족 재건을 위한 인재 양성에 주력했고, 대한자강회를 결성하는 주체로 활약하며 자강독립론(自强獨立論)을 주장했다. 또한 호남학회의 교육부장으로『호남학보(湖南學報)』의 발행을 주관하였다. 이러한 과정에서 이기는 교육이 바로 국권 회복의 지름길이라 규정했고, 민족 자강을 위해서는 무엇보다 체육이 중요하다고 설파했다. 이기는 사회진화론적 인식이 강한 인물이었다. 그 결과 그는 교육자로서 강한자만 살아남을 수 있다는 신념을 바탕으로 아동들이 체조를 통해서 근육과 골격을 튼튼히 해야 한다고 강조했다. 즉 그는 체육활동이 제국주의 침략에서 독립 유지를 할 수 있는 근본적인 방안이라 생각했고, 이를 위해 체조를 필수적인 활동으로 생각한 것이다(하남길, 2010: 639). 이처럼 이기는 실학사상가로서 민족 자강을 위해서는 실질적으로 신체적, 정신적으로 인간을 강하게 할 수 있는 체육이 실용적인 학문이라는 것을 강조한 사상가였다.

(2) 서재필

송재(松齋) 서재필(徐載弼, 1864~1951)은 전남 보성 출신의 개화파 지식인이자 최초의 미국 시민권자였다. 그는 갑신정변(甲申政變) 실패 후 미국으로 망명해 서구의 근대적인 문화와 사상을 체득했다. 특히 미국 사회에서 사회진화론을 흡수한 후 신체와 건강의 중요성이 국가 운명의 근간이라는 인식을 가지게 되었다. 그 결과 서재필은 독립신문의 영문판인 『더 인디펜던트(The Independent)』를 통해서 조선이 제국주의 팽창정책에서 비롯된 국가적 위기에 살아남기 위해서는 근대적 교육과 강건하고 투철한 애국심을 지닌 청년 육성이 필요하다고 피력했다. 나아가 그는 부국강병을 위해서는 신체활동을 기반으로 하는 무(武)의 강화, 공중 위생운동의 필요성, 스포츠와 체육활동의 강화가 필수적인 활동이라고 주장했다.

서재필은 근대스포츠 문화의 도입에도 큰 역할을 담당했다. 우선 그는 『더 인디펜던트(The Independent)』를 통해서 야구, 축구, 체조, 육상, 테니스, 자전거, 레슬링, 복싱 등 다양한 근대 스포츠 문화를 지속적으로 소개했다. 또한 그는 근대적 체육을 보급하고 민족의식을 각성시키는 활동으로 운동회를 홍보하고, 직접 운동회의 상품을 후원하면서 개화기 근대 스포츠 문화의 도입과 확산에 기여했다. 한편 그는 근대 스포츠 문화의 선구자로 자전거, 야구, 크리켓 등에 직접 참여하기도 했다(백유영·이가람, 2019: 51~64).

이처럼 서재필은 개화기 근대 체육과 스포츠 문화의 확산에 중요한 문화적 교량 역할을 담당했다. 또한 한국 최초의 근대 민간신문인 독립신문을 통해서 민족 재건을 위한 체육과 건강의 중요성을 강조한 체육사상가로 인식할 수 있다.

(3) 문일평

호암(湖岩) 문일평(文一平, 1888~1939)은 평안북도 의주 출신의 사학가이자 문학가였다. 일본 메이지 학원(明治學院)에서 유학을 한 후 한국의 대성학교, 양실학교, 경신학교 등에서 교사로 활동했으며, 중외일보사 기자, 조선일보사의 편집 고문을 역임했다. 특히 문일평은 사학가로서 체육이 국가의 운명을 좌우하는 핵심적인 교육 영역이라고 판단했다. 이러한 그의 인식은 1908년 5월 24일 태극학보 제21호에 체육론(體育論)이라는 기사 제목으로 작성한 논설을 통해 잘 드러난다.

> 健全한 國民을 養成하는 道는 敎育에 在하거니와 大凡 敎育의 旨를 分晳하야 言하면 德 智 體育 三者라. 於此 三者에 體育이 其 一에 居흠은 何也오. 日 身體가 存한 然後에야 精神이 生하나니 樹木에 譬컨딘 身體는 根抵오 精神은 枝葉이라. 根抵가 堅固한 則 枝葉이 隨而繁茂하고 萬一 根抵가 薄弱한 則 枝葉이 亦隨而殘衰는 必然之理니 然則 樹木을 栽培하는 者 반다시 根抵로부터 始하N고 人材를 養成하는 者 몬저 身體로 起點을 作할지니 卽 體育이 是라(태극학보, 1908. 5. 24).

위의 논설문을 통해서 문일평은 건전한 국민을 양성하기 위해서는 교육이 필요하고 무엇보다 체육이 중요하다는 것을 설파하고 있다. 나아가 신체가 있어야 정신이 나오는 것으로 신체교육을 기점으로 인재를 양성해야 한다고 주장했다. 특히 문일평은 이를 위해 체육학교 설치, 체육교사 양성, 체조와 승마 교육 실시, 신체 건전한 인재의 해외 파견 등을 강조했다(태극학보, 1908. 5. 24.).

이처럼 문일평은 직접적인 체육지도자는 아니었지만, 개화기 체육이 인재 양성의 근간이라는 인식을 가진 체육사상가로서 체육교육의 체계적인 발전의 중요성을 설파한 인물이었다.

(4) 김종상

소포(小圃) 김종상(金鐘商, 1885~1972) 선생은 1885년 강원도 정선에서 태어났다. 어린 시절 서울에서 한학을 공부하며 관립영어학교에 입학했다. 김종상은 관립영어학교를 다니면서 영어를 배웠고, 서구의 근대적인 스포츠도 경험하게 되었다. 특히 관립영어학교를 다닐 때 가장 먼저 배운 축구에 타고난 재능을 보이기도 했다. 축구뿐만 아니라 각종 운동에 소질을 보였던 그는 관립영어학교를 졸업한 이후 황성기독교청년회 초대 체육간사로 발탁되었다. 김종상은 이 무렵 황성기독교청년회의 초대 총무 질레트로부터 야구를 접한 이후에는 야구, 축구, 높이뛰기, 넓이뛰기, 철봉 등을 청년회 회원들에게 지도했다. 그는 체육간사로서 황성기독교청년회의 축구부를 조직해 훈련원 대청 앞에서 매주 수요일과 토요일에 영국공사관팀, 관립영어학교팀과의 축구 경기를 주도하기도 했다. 김종상은 체육지도자의 삶 이후에는 김구, 김규식, 여운형 등과 함께 독립운동에 헌신했다.

김종상은 흔히 한국 축구사의 선구자이자 한국 근대식 운동경기의 개척자로 알려져 있다. 뛰어난 운동자질로 개화기 한국 근대스포츠의 도입 창구였던 황성기독교청년회의 체육간사를 역임한 결과였다(청년. 1980. 2. 15). 이처럼 김종상은 개화기 체육지도자로 근대스포츠의 보급과 확산에 앞장선 인물이었다.

(5) 노백린

계원(桂園) 노백린(盧伯麟, 1875~1926)은 1875년 황해도 풍천에서 출생한 독립운동가이자 군 출신의 체육지도자였다. 어린 시절부터 기골이 장대하고 성격이 호탕해 무인 기질을 타고난 노백린은 학문도 게을리하지 않았다. 그 결과 1895년에는 "조선정부위임유학생(朝鮮政府委任留學生)"으로 선발되어 일본에 관비로 유학을 떠날 수 있었다. 그는 일본에서 게이오의숙(慶應義塾), 세이조 학교(成城學校), 육군사관학교를 다니면서 체조를 비롯한 군사훈련을 받았다. 1900년 한국에 귀국한 이후 노백린은 무관학교, 육군연성학교, 군부교육국장, 무관학교 교장을 역임했고, 1907년 군대 해산 이후에는 신민회 활동에 동참해 국권회복운동을 위해 헌신했다. 노백린이 국권 회복을 위해 강조한 것은 바로 체조교사와 군인의 양성이었다. 특히 노백린은 개화기 국민교육에 있어 체육활동의 중요성을 강조하면서 근대체육 발전을 위한 다양한 체육 사업을 실천했다. 그는 우선 체조강습회를 개최해 군대식 훈련에 기반한 병식체조를 전수했다. 노백린이 주도한 체조강습회는 이후 여러 지방의 체조강습회 개최를 위한 모태로 활용되며 전국적으로 체조교사 배출을 위한 초석이 되었다. 또한 노백린은 1907년 병식체조에만 국한된 체육의 한계를 극복하고 덕육과 지육만큼 체육활동의 저변을 확대하기 위해 대한국민체육회를 설립했다. 또한 노백린은 고향 황해도에서 광무학당(光武學堂)을 설립하고 체육활동을 강조해 애국사상을 고취하는데도 이바지했다(손환, 2008: 41~49).

이처럼 노백린은 문무를 겸비한 인재로 일본에서 선진 체육활동을 경험한 후 개화기 한국의 근대체육발전에 초석을 쌓은 인물이었다.

VI부
일제강점기의 체육·스포츠

제6부에서는 일제강점기의 체육·스포츠를 살펴본다. 일제강점기의 체육·스포츠는 1장 일제강점기의 체육, 2장 일제강점기의 스포츠로 나누었다.

1장 일제강점기의 체육은 조선총독부는 식민지통치를 위해 학제 개편에 착수하였다. 학제 개편은 전부 4차례에 걸쳐 이루어졌다. 조선교육령을 공포하고 학교체조교수요목의 제정을 통해 조선인을 일제의 충량한 신민으로 육성하기 위해 민족주의 체육을 말살하고 일본화의 정착을 시도하였다. 또한 일본인과 차별 없는 교육을 실시한다고 하였으나 이는 기만정책에 불과하였고 체육설비의 부족으로 인해 제대로 시행되지 못하였다. 그러던 중 중일전쟁을 일으킨 일제는 전시체제 하 학교체육의 군사훈련화를 도모하고 전쟁 수행을 위한 도구로 전락시켰다.

2장 일제강점기의 스포츠는 조선총독부에 의해 일본인들이 주도하였다. 그중에서 중심적인 역할을 한 것이 식민지 스포츠를 통제하는 기관으로 설립된 조선체육협회였다. 한편 1919년 3·1독립운동 후 조선인의 스포츠 활동을 총괄하는 조선체육회가 설립되었다. 그러나 중일전쟁 후 일제는 조선체육진흥회를 설립하고 모든 스포츠단체를 흡수·통합시켜버렸다. 이러한 상황에서 일제에 저항하며 한국의 스포츠 발전을 위해 공헌한 인물이 있었다. 그 대표적인 인물로 독립운동가 여운형, 베를린올림픽대회 마라톤에서 우승한 스포츠영웅 손기정 등을 들 수 있다.

1장 일제강점기의 체육

손환

 학습목표

- 일제강점기의 학제개편에 대해 학습한다.
- 일제강점기의 학교체육에 대해 학습한다.
- 일제강점기의 체육활동에 대해 알아본다.

1. 학교체육 정책

가. 조선교육령과 학교체육

1910년 일제는 조선을 강제 병합한 후 조선총독부를 설치하고 식민지통치에 착수하였다. 조선총독부는 식민지통치를 수행하기 위해 1919년 3·1 독립운동이 일어나기 전까지 무력을 동원한 무단통치 정책을 실시하면서 교육정책의 일환으로 1911년 8월 23일 조선교육령을 공포하였다. 조선교육령(전문 제2장 제30조)의 주요 내용을 살펴보면 다음과 같다.

> 제1조 조선에서 조선인의 교육은 조선교육령에 따른다.
> 제2조 교육은 교육에 관한 칙어의 취지에 따라 충량한 국민을 육성하는 것을 본의(本義)로 한다.
> 제3조 교육은 시세(時勢)와 민도(民度)에 적합하도록 해야 한다.
> 제4조 교육은 크게 나누어 보통교육, 실업교육, 전문교육으로 한다(조선총독부관보, 1911.9.1.).

이처럼 조선교육령은 시대의 추세와 국민의 생활 정도에 적합한 교육을 목표로 조선인을 일제의 충량한 신민으로 육성하기 위해 보통교육, 실업교육, 전문교육을 중심으로 한 식민지 교육체계를 정비하는 데 있었다.

그리고 일제는 조선교육령을 구체적으로 시행하기 위해 그해 10월 20일 조선총독부령으로 규칙을 공포하고 11월 1일부터 시행하였다. 이에 따라 학교의 명칭과 수업연한은 보통학교 4년, 고등보통학교 4년, 여자고등보통학교 3년, 실업학교 2년 내지 3년, 전문학교 3년 내지 4년으로 하는 교육체계를 채택하였다. 이러한 사실은 조선교육령과 시행규칙을 통해 교육 연한을 단축시켜 조선인들에게 우민화 교육을 시키려는 의도를 가지고 있었다.

조선교육령과 시행규칙에 따라 체조는 각 학교의 교과목으로 채택되었는데 그 내용을 보면 "체조는 신체의 각부를 균등하게 발육시키며 자세를 단정히 하고 정신을 쾌활하게 하며 규율을 지키고 절제를 하는 습관을 양성하는 것을 요지로 한다."고 규정되어 있다(나현성, 1963: 148-151).

이러한 상황에서 1914년 6월 10일 조선총독부 훈령으로 학교체조교수요목이 제정되면서 일제의 학교체육은 본격적인 궤도에 오르게 되었다. 여기서 학교체조교수요목을 제정한 이유를 보면 다음과 같다.

> 학생의 교육상 체조과가 중요한 것은 말할 것조차 없다. 그러나 종래 각 학교에서 교수할 때 항상 각각 다르거나 적절하지 않은 것이 있다. 이에 별책과 같이 학교체조교수요목을 제정해 준거한 것을 알게 하고 이것을 실시함에 있어 반드시 학교 훈육의 방촉을 존중하고 토지의 상황, 학교의 설비, 남녀의 희생 및 심신의 발달을 감안해 적당한 교과서를 정하고 본과의 목적을 달성하는데 유감 없기를 기해야 한다(조선총독부관보 호외, 1914.6.10.).

이와 같이 학교체조교수요목은 교육상 체육교육이 중요한데 각 학교에서 가르칠 때 다르거나 적절하지 않아 체육교육을 통일하기 위해 제정했던 것이다. 학교체조교수요목의 내용은 체조과의 교재, 체조과 교재의 배당, 체조과 교수시간 외에 해야 할 각종 운동, 교수상의 주의로 되어있다.

이에 관한 내용을 구체적으로 살펴보면 체조과의 교재는 체조, 교련, 유희로 구성되어 있는데 체조는 전신운동(다리, 팔, 머리, 가슴, 등, 배, 옆구리), 평균대운동, 숨쉬기운동, 턱걸이운동, 도약운동으로 되어있다. 교련은 정지와 행진동안의 여러 동작, 도수의 소·중대 교련, 집총의 각개 및 소·중대 교련으로 되어있다. 유희는 경쟁유희, 발표동작유희, 행진유희로 되어있다.

체조과 교재의 배당은 학생의 신체와 정신의 발달에 따라 운동의 성격을 고려해 적절히 배당하였다. 또한 교재의 진도는 순환, 점진의 방침에 따라 각 학년, 각 학기, 각 시간마다 이미 배운 내용을 연습하면서 점차 그 정도를 진행하도록 하였다.

체조과 교수시간 외에 해야 할 각종 운동은 훈육의 방침을 감안해 체조, 격검, 유술, 궁술, 등산, 수영, 테니스, 씨름(남자), 연날리기(남자), 야구(남자), 나기나타(薙刀, 여자) 등이고 겨울에는 스케이트, 스키 등을 장려하도록 하였다.

교수상의 주의는 단체교수로 다수의 학생을 공동으로 운동시키는 동시에 항상 학생의 신체와 정신의 발달상태에 유의해 적절히 지도할 것, 학생의 신체와 정신을 육성하기 위해 기술에 치우치지 않도록 할 것, 운동을 생활화하는 습관을 양성하는 데 노력할 것, 교실의 청결과 통풍 및 채광에 주의할 것, 교재는 학생의 신체와 정신의 발달에 힘쓰고 타 과목 교수시간의 배당을 고려해 분량과 배열을 정하도록 규정하였다.

이들 내용을 보면 학교체육은 학생의 신체와 정신 발달을 고려해 교과와 교과 외 활동으로 나누어 실시하였으며, 특히 교과 외 활동은 서구의 근대스포츠는 물론 일제의 체육활동이 대부분을 차지하고 있음을 알 수 있다. 그리고 학생의 신체와 정신 육성, 운동의 생활화, 위생관리에 중점을 두는 주의사항도 강조하였다.

이상과 같이 1910년 일제의 강제 병합 후 조선총독부의 조선교육령 공포로 학교체육은 일제의 충량한 신민을 양성하기 위한 도구로 전락해버렸다. 그리고 일제는 식민지 학교체육을 더욱 구체적으로 실시하기 위해 1914년 학교체조교수요목을 제정해 근대적 체육을 도입하였으나 이것은 식민지 교육정책의 일환으로서 일본화의 정착을 시도하였던 것이라고 할 수 있다.

나. 제2차 조선교육령과 학교체육

1919년 3·1 독립운동으로 일제의 무단통치 정책은 문화통치정책으로 전환되었다. 일제의 문화통치정책은 우리민족을 회유하여 보다 효율적으로 지배하기 위한 기만정책이었다. 체육정책 또한 그 수단으로 이용되었다. 일제의 기만은 운동경기의 과열화를 조성시키고 자신들이 설립한 체육단체를 통해 각종 운동경기대회를 개최하였는데 이는 학교체육에도 그대로 적용되었다.

이러한 상황에서 조선총독부는 1922년 2월 6일 기존의 조선교육령을 개정해 제2차 조선교육령을 공포했다. 개정된 제2차 조선교육령의 내용을 보면 첫 번째, 보통학교의 수업연한을 4년에서 6년, 고등보통학교는 4년에서 5년, 여자고등보통학교는 3년에서 4년으로 각각 연장하였다. 두 번째, 기존의 각 학교에서 폐지되었던 조선어가 필수과목이 되었다. 세 번째, 조선인과 일본인의 공학을 원칙으로 하였다. 네 번째, 사범학교와 대학 설치의 길이 열렸다. 다섯 번째, 실업교육, 전문교육, 대학교육을 일제의 제도와 동일하게 정하였다(손인수, 1971: 169).

이처럼 제2차 조선교육령은 표면상으로 일제의 학제와 형식상 동일하게 해 조선인에 대한 융화정책을 표방한 것이었다. 이러한 교육정책의 표면적 변화는 조선인들에게 교육열을 진흥시켰으며 교육의 혜택을 받는 층을 확대시키는 결과도 가져왔다.

그리고 1927년 4월 1일 조선총독부 훈령으로 학교체조교수요목도 개정하였다. 그 이유는 기존의 학교체조교수요목이 형식적인 스웨덴체조에 너무 치우쳐 청소년의 신체와 정신의 발달 단계를 충분히 고려하지 못했기 때문이다. 또한 각종 근대스포츠가 행해졌으나 학교체조교수요목에서는 이를 충분히 반영할 수 없었다. 따라서 이러한 학교체조교수요목의 개선을 통해 학교체육이 나아가야 할 방향을 제시할 필요성이 대두되어 개정하게 되었던 것이다. 여기서 제2차 학교체조교수요목을 개정한 취지에 대해 살펴보면 다음과 같다.

학교체조교수요목은 다음과 같이 개정한다. 마땅히 이 교수요목에 준거하고 교련교수요목과의 연계를 유지해 토지의 정황과 학생, 아동의 심신 발달을 감안해서 각 적절한 교재를 정하고 이것을 실시해 체육의 진흥을 도모하고 학생, 아동의 신체 건전한 발달을 기해야 한다(조선총독부관보 호외. 1927.4.1.).

이 내용을 보면 기존의 학교체조교수요목은 준거의 틀이 없었으나 개정 학교체조교수요목에는 명확히 준거를 제시하고 있으며 이를 교련교수요목과 연계를 유지할 것을 규정하고 있음을 알 수 있다. 제2차 학교체조교수요목의 내용은 체조과의 교재, 체조과 교재의 배당, 체조과 교수시간 외에 해야 할 각종 운동, 교수상의 주의로 되어있다. 이에 관한 내용을 구체적으로 살펴보면 체조과의 교재는 체조, 교련, 유희 및 경기로 한다. 단 남자의 사범학교, 중학교, 고등보통학교, 실업학교에는 검도 및 유도를 부가할 수 있다. 체조는 전신운동(하지, 머리, 상지, 가슴, 옆구리, 배, 등), 턱걸이, 평균대, 도약운동, 물구나무서기 및 회전운동, 호흡운동이었다. 교련은 도수운동이었고, 유희 및 경기는 경쟁유희, 창가유희, 행진유희, 달리기, 뛰기, 던지기, 구기였다. 검도 및 유도는 일정한 방식을 제시하지 않더라도 적당한 방법을 정해 가르쳐야 한다고 하였다.

체조과 교재의 배당은 학생, 아동의 심신 발달에 맞게 운동의 성질을 생각하고 대체로 다음에 제시하는 것에 준거해 적절한 배당을 할 필요가 있다. 또한 교재는 순환, 점진의 방침에 따라 각 학년, 각 학기, 각 시간마다 이미 학습한 것을 연습하고 점차 그 정도를 진행하여야 한다.

체조과 교수시간 외에 해야 할 각종 운동은 체조는 위에서 제시한 교재에 대해 적절하게 행해야 하나 수업의 전후 및 중도에 행해야 할 간단한 체조의 일례를 제시하면 발뒤꿈치를 세워 무릎 꿇기, 머리를 뒤로 젖히기, 팔 옆으로 펴기, 몸 아래로 굽히기, 몸 뒤로 굽히기, 몸 옆으로 굽히기, 몸 옆으로 돌기, 팔위로 올려 옆으로 내리기 등이다. 유희 및 경기, 검도 및 유도, 기타 운동은 위에서 제시한 교재 외에 해야 할 운동의 종류는 궁도, 스모, 나기나타(薙刀), 수영, 조정, 테니스, 탁구, 야구, 스키, 스케이트, 기타 등이다.

교수상의 주의는 체조과 교수는 첫 번째, 항상 그 목적에 도움이 될 것을 기하고 학생에게 기술에 치우치는 일 없이 각 학생, 아동의 신체 및 정신 발달에 유의하고 적절한 지도를 해야 한다. 두 번째, 체조, 교련, 유희 및 경기, 검도 및 유도는 각 특징을 서로 맞추어 체조과의 계통을 하나로 해 신체 및 정신의 육성을 완전하게 하는 것을 그 일부에 치우치는 일이 없도록 해야 한다. 세 번째, 체조과에서는 체육운동의 필요와 그 합리적 실시가 필요하다는 것을 자각시키고 항상 이것을 행하는 습관을 양성시키는 것에 노력해야 한다. 네 번째, 체조장은 항상 청결히 하고 용구, 기타 설비에 유의해 그 사용 및 취급에 주의를 요하고, 또한 실내에서는 통풍 및 채광을 충분히 해야 한다. 다섯 번째, 체조과의 교수 및 교재 선택은 토지의 정황, 계절, 날씨 등을 고려하고 이것을 적절하게 해야 한다. 여섯 번째, 운동 및 회수는 운동의 성질 및 진도에 맞게 정하고 속도 및 조율은 운동의 성질,

운동시켜야 할 몸의 구조 및 연습 정도에 따르고 완급을 적절히 할 수 있게 하고 또 체조의 구호는 운동의 성질, 기타에 따라 사용 여부를 정해야 한다. 일곱 번째, 운동 복장은 가볍게 하는 것이 가능하나 체재(體裁)를 갖추도록 주의해야 한다. 여덟 번째, 여자의 운동은 체력 및 몸가짐에 유의하고 교재를 배당하더라도 복장 등의 상태에 맞게 적절한 교재를 골라 교수의 방법을 적절하게 해야 한다. 아홉 번째, 교련의 행진 보폭은 아동 및 여자에게는 적절하게 축소해야 하며 속도는 아동에게는 항상 조금 빠르게 하고 또한 행진은 때때로 보폭, 속도 등에 변화를 주어 연습시키고 여자의 행진은 무릎을 굽히고 허벅지를 조금 올려 낮게 한다. 열 번째, 검도 및 유도, 경기 등은 특히 예절을 중시하고 학생에게 승패에 사로잡히는 일이 없게 한다. 열한 번째 포환던지기, 원반던지기, 창던지기는 위험을 예방하기 위해 특히 감독에 유의해야 한다고 되어있다.

여기서 기존의 학교체조교수요목 내용과 비교하면 다음과 같은 차이가 있음을 알 수 있다. 첫 번째, 교육내용의 배당순서를 정하고 운동종목을 정리해 교육내용의 명칭을 바꾸었다. 두 번째, 체조교육 내용에 철봉, 도약, 회전운동과 같은 기교성을 요하는 전신운동이 증가하였다. 세 번째, 유희에 새로운 경기인 달리기, 뛰기, 던지기, 구기(球技)를 더하였다. 네 번째, 유희의 내용을 정리해 그 수가 증가하였다. 다섯 번째, 사범학교, 중학교, 고등보통학교, 실업학교 남학생에게 검도와 유도를 더 할 수 있게 하였다. 여섯 번째, 각종 운동에서 예절을 중시하고 승패에 사로잡히지 않도록 하였다. 일곱 번째, 투척경기에서 안전을 위해 감독에 유의하도록 하였다(이학래, 2000: 168).

이처럼 제2차 학교체조교수요목은 기존에 비해 학교체육에 새로운 내용이 추가되었으며 그 밖에 검도와 유도의 대상이 확대되었고, 또한 예절을 중시하며 승패에 연연하지 말고 안전관리에도 중점을 두게 하였다.

그리고 제2차 학교체조교수요목은 학교체육의 변화를 가져왔는데 그 내용은 조선총독부가 체조교수서로 발행한 『소학교 보통학교 신편체조교수서』의 서언을 통해 엿볼 수 있다(그림 6-1 참조).

> 이 교수서는 1927년 4월 1일 조선총독부 반포의 학교체조교수요목에 준거해 실제 교수의 참고서로 편찬된 것이다. 그러니까 예전의 교수서와 전혀 그 내용을 달리하고 체조편에서는 신 교재를 보완했으며, 유희 및 경기편도 새롭게 보완한 것이다(조선총독부, 1927: 서언).

위의 내용을 보면 『소학교 보통학교 신편체조교수서』는 제2차 학교체조교수요목의 기준에 따라 기존의 『소학교 보통학교 체조교수서』와 내용을 달리하고 새롭게 내용을 보완해 실제로 학교 현장에서 사용할 지도서로 활용하기 위해 편찬한 것이었다.

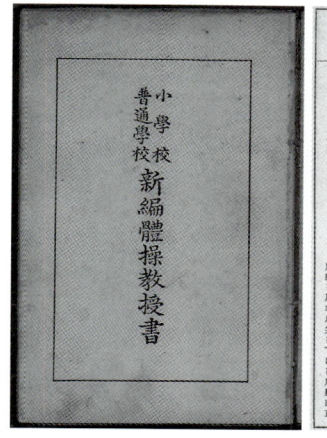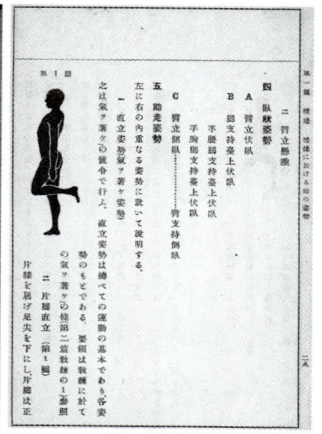

그림 6-1. 소학교 보통학교 신편체조교수서 (출처: 손환 소장)

그러면 제2차 학교체조교수요목은 실제로 학교체육에 어떻게 적용해 실시되었는지 경성사범학교부속보통학교의 예를 들어 그 내용을 보면 학교체육의 대부분은 육상경기 중심으로 실시되었고 운동경기는 야구와 농구가 행해졌다. 이렇게 학교체육이 육상경기 중심으로 행해진 이유는 운동설비의 부족 때문이었다. 이러한 사실은 경기도 사범학교부속보통학교 초등교육체조과연구회에서도 운동설비의 부족을 이미 지적한 것을 통해 알 수 있다. 그리고 이 연구회의 자문을 심의한 동대문소학교에서는 체조과의 임무와 체육의 목적을 달성하기 위해 체육설비가 필요하다는 것을 강조하였고, 특히 그 해결책으로 실내체조장과 체조기기의 설치를 제시하기도 하였다(이학래, 2000: 170).

이처럼 제2차 학교체조교수요목은 학교체육의 발전을 위해 다양하고 구체적인 내용으로 되어 있으나 학교현장에서는 운동설비의 부족으로 제대로 이루어지지 못하는 한계를 가지고 있었다.

이 제2차 학교체조교수요목은 1937년 6월 1일 조선총독부 훈령으로 다시 개정되었다. 제3차로 학교체조교수요목을 개정한 취지를 보면 다음과 같다(그림 6-2 참조).

> 학교체조교수요목은 1937년 6월 1일부터 다음과 같이 개정한다. 마땅히 본 개정 교수요목에 따르고 학교교련교수요목으로 해 연계를 유지하고 지방의 정황에 따라 적절한 교수세목을 정하고 이것을 실시해 학생, 아동의 신체 건전한 발달을 기하며 인격을 육성하는데 유감이 없게 해야 한다 (조선총독부관보 호외, 1937.5.29.).

제3차 학교체조교수요목의 내용은 체조과의 교재, 교수상의 주의, 교재 배당에 관한 주의, 체조과 교수시간 외에 행하는 각종 운동으로 되어있다. 이에 관한 내용을 구체적으로 살펴보면 체조과의 교재는 체조, 교련, 유희 및 경기로 한다. 단 남자의 사범학교, 중학교, 고등보통학교, 실업학교에서는 검도 및 유도, 궁도를, 여자의 사범학교, 고등여학교, 여자고등보통학교 및 여자실업학교는 궁도, 나기나타(薙刀)를 부가할 수 있다. 이 교재 외에 토지의 정황에 따라 적당한 시설 및 지도자가 있는 경우에 한해 수영, 스키, 스케이트를 부가할 수 있다.

교수상의 주의는 첫 번째, 신체 및 정신은 조화적으로 발달시키는 것을 필요로 하고 체조과의 교수 때는 신체의 수련과 함께 다른 교과목과의 연계를 유지하며 그 정신적 효과를 발휘시키는 것에 노력한다. 두 번째, 체조과의 교재는 각 특징을 가지며 서로 맞추어 체조과의 목적을 달성하도록 일부에 치우치는 일이 없어야 한다. 세 번째, 체조과의 교수는 학생, 아동의 신체 및 정신의 정황에 맞게 방법을 적절하게 해야 한다. 네 번째, 체조과는 체육운동의 필요를 자각시켜 항상 이것을 행하는 습관을 양성하도록 노력해야 한다. 다섯 번째, 체조과 교수는 토지의 정황, 계절, 날씨, 설비 등을 고려해 적절하게 해야 한다. 여섯 번째, 체조과 교수는 순환, 점진의 방침에 따라 끊임없이 이미 배운 교재의 연습을 하고 점차 그 정도를 진행해야 한다. 일곱 번째, 소학교 저학년의 교수는 교재를 가능한 한 자연적, 종합적으로 취급해 아동의 생활에 적합하게 해야 한다. 여덟 번째, 여자의 운동에 관해서는 심신의 희생을 감안해 교수의 방침을 적절하게 하고 몸가짐에 유의해야 한다. 아홉 번째, 기계, 기구를 사용하는 운동은 특히 상해를 예방하기 위해 감독에 유의해야 한다. 열 번째, 체조운동은 대체로 기본적, 대표적인 것을 제시하고 교수할 때에는 자세, 동작, 기타 궁리를 해 효과를 충분하게 해야 한다. 열한 번째, 경쟁적 유희 및 경기는 학생에게 승패에 사로잡혀 정신적 훈련을 게을리 하는 일이 없게 해야 한다. 열두 번째, 창가유희 및 행진유희는 학생에게 기교에 치우쳐 신체수련을 잊는 일이 없게 해야 한다. 열세 번째, 검도의 교수는 주로 수련 및 시합에 따르지만 기본동작 및 응용동작에 대해 충분한 지도를 해야 한다. 열네 번째, 유도의 교수는 연습을 주로 하지만 특히 기술의 기초적 연습을 중시해야 하고 연습은 매치기 기술을 주로 하며 굳히기 기술을 따르게 해야 한다. 열다섯 번째, 검도 및 유도의 교수는 적당한 기회에 강의를 하고 실지의 수련에 따라 효과를 얻게 노력해야 한다. 열여섯 번째, 체조과 교수 외에 행하는 각종 운동에 대해서는 충분한 계획 하에 실시하고 지도, 감독에 유의해야 한다.

교재 배당에 관한 주의는 첫 번째, 학년의 배당은 새롭게 교수해야 할 교재만을 제시한다. 두 번

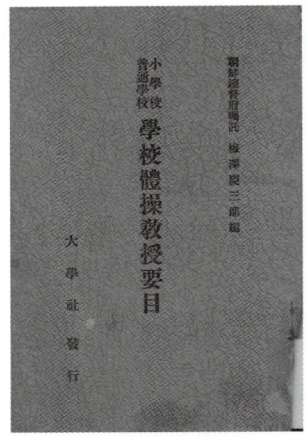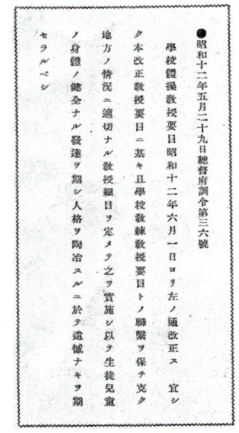

그림 6-2. 소학교 보통학교 학교체조교수요목 (출처: 손환 소장)

째, 교수에 필요한 기계, 기구는 특히 이것을 제시하지 않더라도 연습의 정도와 운동의 성질에 맞게 적절한 것을 선택해 사용해야 한다. 세 번째, 체조운동의 자세는 특히 명시하는 것 외에 직립자세부터 행해야 한다. 단 청결한 마루, 다다미 위에서 행할 경우는 기타의 자세를 해도 무방하다. 네 번째, 검도 및 유도의 강의는 적절한 것을 선택해 간단명료하게 해야 한다. 다섯 번째, 검도 및 유도는 심판법의 개요를 가르쳐야 한다. 여섯 번째, 이 표에 제시하지 않더라도 적당한 시기에 교수시간의 일부를 할애해 보건적 체조 중에서 적당한 것을 선택허 부가한다.

체조과 교수시간 외에 행하는 각종 운동은 체조과 교재 중에 제시하는 각종 운동. 기계체조, 정구, 야구, 탁구, 럭비, 축구, 조정 등은 각각 그 성질을 감안하고 토지의 정황, 학생 심신의 발달 정도, 연령, 성별 등에 맞게 적당한 것을 선택해 지도를 적절하게 해야 한다고 되어있다.

이상과 같이 1922년 제2차 조선교육령은 학교체육을 외형상 일제와 같은 체제로 개편해 형식상 창조적 정신과 자주적 행동에 따라 행해지는 스포츠나 유희를 중심으로 실시되었다. 그러나 이것은 체육교육의 전반적인 추세를 반영하는 것이었지만 체육교육의 발전을 도모한 것은 아니었다. 그리고 제2차 학교체조교수요목에서 규정한 교과 역시 제대로 시행되지 못했다. 이러한 사실은 당시 체육설비의 부족을 가장 큰 원인으로 들 수 있다. 그러던 중 1937년 제3차 학교체조교수요목을 개정해 교재의 종류와 활동적인 운동을 증가했으며 교수상의 주의와 교재배당의 주의사항을 정리했다. 이를 통해 이 시기 일제의 학교체육 정책은 식민지 교육체계를 확립하려는 목적에서 시행되었던 것으로 보인다.

다. 제3차 조선교육령과 학교체육

일제는 1930년대에 들어와 1931년 만주사변, 1937년 중일전쟁을 일으키면서 조선을 대륙침략의 거점으로 삼고 1941년에는 제2차 세계대전의 도화선이 되는 태평양전쟁을 일으키며 민족말살정책을 시행하였다. 이러한 일제의 식민지통치정책 변화는 전시체제를 강화해 우리 민족을 철저하게 황국신민을 만드는 데 있었다.

민족말살정책에 따라 일제는 학생들에게 전시교육을 실시하기 위해 1938년 3월 조선총독부령으로 기존의 교육령을 개정해 1938년 4월 1일 제3차 조선교육령을 시행하였다. 제3차 조선교육령에서 개정된 내용을 보면 첫 번째, 보통교육은 소학교령, 중학교령, 고등여학교령에 따른다. 단 이들 칙령 중 문부대신의 직무는 조선총독이 행한다. 두 번째 현재 조선에 있는 보통학교는 소학교, 고등보통학교는 중학교, 여자고등보통학교는 고등여학고로 한다고 되어있다(조선총독부관보 호외, 1938.3.4).

이 제3차 조선교육령은 일제의 중일전쟁으로 전시체제를 강화하기 위해 학교체육의 본래 목표보다 군사훈련의 강화라는 국가적 목적을 달성하는 데 있었다. 이것은 당시 조선총독인 미나미 지로(南次郞)가 황국신민의 자질을 향상시키려고 내세운 국체명징(國體明徵), 내선일체(內鮮一體), 인고단련(忍苦鍛鍊)의 3대 교육방침을 통해 엿볼 수 있다. 이에 따라 학교체육도 변질되었는데, 특히 3대 교육방침 가운데 인고단련은 학교체육과 밀접한 관계를 가지고 있었다. 학교체육에서 인고단련을 강조한 것은 일제의 군사적 팽창이라는 국가의 목적을 성취하는데 있었다.

이러한 가운데 1년도 안 되어 학교체조교수요목이 제4차로 개정되었다. 여기서 기존의 학교체조교수요목과 비교해보면 체조과의 교재는 첫 번째 남자의 사범학교, 중학교, 실업학교는 체조, 교련, 유희 및 경기, 검도 및 유도로 하고 궁도와 스모를 부가할 수 있다. 두 번째, 여자의 사범학교는 체조, 교련, 유희 및 경기, 검도 및 유도의 기본동작으로 하고 궁도, 나기나타(薙刀)를 부가할 수 있다. 세 번째, 고등여학교 및 여자 실업학교는 체조, 교련, 유희 및 경기, 검도 및 유도로 하고 검도 또는 유도의 기본동작, 궁도, 나기나타(薙刀)를 부가할 수 있다. 이들 교재 외에 토지의 정황에 따라 적당한 시설 및 지도자가 있는 경우에 한해 수영, 雪滑(스키), 氷滑(스케이트)을 부가할 수 있다.

교재의 배당은 첫 번째, 황국신민체조, 기타를 부가한다. 두 번째, 여자사범학교, 고등여학교, 여자실업학교의 검도 또는 유도의 기본동작은 남자사범학교, 중학교, 남자실업학교의 기본동작 교재에 준해 적당한 학년 학생의 신체 정황에 맞게 적절하게 가르치는 것으로 한다고 되어있다(조선총독부관보, 1938.3.30.).

이처럼 제4차 학교체조교수요목은 황국신민체조와 함께 여학생에게도 검도, 유도, 궁도, 나기나타(薙刀) 등의 교재를 채택하였으며 스키와 스케이트도 외래어를 사용하지 않고 일본어 설활(雪滑), 빙활(氷滑)이라는 명칭을 사용하였다. 이것은 일제의 군국주의적 목표를 그대로 드러낸 것이었다. 특히 황국신민체조는 일제의 무사도 정신을 고취시키기 위한 목적으로 제정되었다(그림 6-3 참조).

그림 6-3. 황국신민체조 (출처: 손환 소장)

일제가 황국신민체조를 학교체육에 도입한 것은 일제 말기에 행해졌던 황국신민의 서사와 더불어 국가의식의 함양을 위함과 동시에 우리 민족의 독자성을 부정하고 일제에 동화시켜 민족말살을 목표로 한 대표적인 정책이었다. 일제는 그 밖에도 대일본국민체조, 대일본청년체조, 대일본여자청년체조, 건국체조 등을 보급했다(이학래, 2000: 262-263).

그리고 일제는 전시체제의 강화에 따라 학생들을 동원하기 위해 학제를 개편하고 1941년 3월 31일 국민학교령을 공포하였다. 국민학교의 교육목적은 황국의 도에 따라 초등 보통교육을 실시해 국민의 기초적 연성을 이루는데 있었다. 국민학교령에 따른 체육교육의 주된 변화는 첫 번째, 체조과의 명칭이 체련과로 바뀌었고 체육의 목적도 전쟁수행을 위한 황국신민의 연성에 두었다. 두 번째, 체련과의 내용은 체련과 체조와 체련과 무도로 구분하고 체련과 체조는 체조, 교련, 유희, 경기 및 위생을 부가하였다. 체련과 무도는 무도의 간단한 기초 동작을 습득시켜 신체와 정신을 연마해 무도의 정신을 양성하는데 있었다(이학래, 2000: 264-265).

이와 같이 제3차 조선교육령의 학교체육은 일제가 중일전쟁, 태평양전쟁을 일으키며 전시동원체제로 전환되면서 군사훈련화가 실시되었으며 국체명징, 내선일체, 인고단련이라는 3가지 강령을 내용으로 하는 황국신민 연성을 강조하였다. 또한 1년도 지나지 않아 학교체조교수요목을 4차로 개정하고 일제의 무사도 정신을 고취시키기 위해 황국신민체조와 무도를 실시하였다. 그리고 국민학교령을 공포해 전시체제하 황국신민의 연성을 위해 기존의 체조과를 체련과로 바꾸어 체력증강에 힘썼다. 이리하여 이 시기의 학교체육은 체육의 본래 기능에서 벗어나 전시체제하 일제의 전쟁수행을 위한 도구로 전락하고 말았다.

라. 제4차 조선교육령과 학교체육

태평양전쟁의 확산으로 일제는 전시체제를 더욱 강화하면서 전쟁수행을 위한 체력증강은 학교교육에도 그대로 반영되었다. 이러한 가운데 조선총독부는 1943년 3월 18일 제4차 조선교육령을 공포하고 국민학교, 중학교, 고등여학교, 실업학교, 사범학교의 규정을 개정하고 그해 4월 1일부터 시행하였다(조선총독부관보, 1943.3.18.). 여기서 제4차로 조선교육령을 개정한 배경을 보면 다음과 같다.

> 일제의 국내에 따라 조선에서도 1943년도부터 학제를 개정하게 되어 총독부에서는 19일 조선교육령의 개정안 요강을 발표하였다. 이 개정안은 금년 4월부터 실시될 것이다. 그 골자는 인재를 하루빨리 사회에 내보기 위해 대학예과와 중등학교의 수업연한을 1년간 단축한 것, 또 황국신민 연성을 철저히 하는 동시에 의무교육제도에 대비해 교원의 소질을 향상시키고자 사범학교를 전문 정도로 승격하는데 결국은 황국도에 의한 황민연성이 그 근본정신이다. …중략… 이번 학제개혁의 중요한 안목은 국민학교 제도에 따라 면목을 일신한 초등교육에 대응해 전 교육을 "황국

도에 기초를 두는 국민연성"에 일관시키는 동시에 교육내용을 쇄신 강화하자는 것이다(매일신보, 1943.2.20.).

이처럼 제4차 조선교육령은 한마디로 전시체제하에서 학교의 수업연한을 단축시켜 가면서까지 황국신민의 연성에 더욱 박차를 가하며 교육을 쇄신, 강화하였다. 이러한 내용은 당시 조선총독 고이소(小磯國昭)의 훈시를 통해 엿볼 수 있다. 그 내용은 국가의 결전체제하 획기적 쇄신을 도모하기 위해 일제의 방침에 따라 조선교육령을 개정하는데 개정의 중점은 인재의 국가적 긴급한 수요를 위해 수업연한 단축과 사범학교의 승격 등 질적 혁신의 계획에 많은 관심을 가져야 한다고 하였다(조선총독부관보, 1943.4.7.).

일제는 군국주의적 전시체제를 더욱 강화하기 위해 1943년 4월 3일 징병제의 실시, 5월 12일 결전 하 일반국민체육의 실시요강, 7월 22일 학도전시체제확립 요강, 8월 22일 학도근로령 등의 각종 법령을 공포하였다. 그리고 체육대회도 국민연성대회, 전장운동대회, 전력증강운동대회, 국방체력연성대회 등으로 바뀌어 각종 경기중심의 체육대회가 폐지되었다. 그 대신 체력훈련이라 해 남자에게는 전쟁기술 훈련(총검술, 사격, 체조, 육상, 검도, 스모, 수영, 스키 등), 특기훈련(해양, 항공, 기갑, 전차 등)이 강요되었다. 여자에게는 체조, 육상, 기갑, 무도, 수영, 雪滑(스키), 구기, 해양훈련 등을 실시하였다. 이 가운데 육상은 올림픽종목을 없애고 중량운반경주, 수류탄던지기, 견인경기, 장애물통과경주, 행군경주 등 대부분의 체육이 전투훈련의 도구가 되었다(곽형기 외, 1994: 251-252).

이와 같이 일제에 의해 전쟁이 가속화되면서 학교체육은 본래의 모습을 잃어버리고 오로지 전시 하 전쟁수행을 위한 것만 중시되며 군사훈련 일변도로 바뀌게 되었다.

2. 체육활동

서구에서 체계화를 갖춘 각종 경기종목은 개화기에 이어 일제강점기에도 계속해서 도입되었다. 여기에서는 이들 각종 경기종목의 도입 시기, 내용에 대해 알아보기로 한다(표 6-1 참조).

가. 권투

권투는 1912년 광무대 단성사 주인이었던 박승필이 유각권구락부(柔角拳俱樂部)를 설립해 회원들에게 지도한 것이 처음이다. 이에 대해 당시의 「매일신보」를 보면 "유각권구락부는 단성사에서 체육을 목적으로 유술, 씨름, 권투 3가지의 점수로 우수한 자에게 상품을 나누어 주었다"고 되

표 6-1. 일제강점기 경기종목의 도입 현황

종목	도입 시기	내용
권투	1912	광무대와 단성사의 주인인 박승필이 유각권구락부를 설립해 회원에게 지도
탁구	1914	조선교육회 내에 조직된 경성구락부의 원유회에서 거행
배구	1914.6 이전	YMCA 체육부에 의해 거행
테니스	1919	조선철도국에 의해 소개
스키	1921	나가노현 이야마중학교 체육교사인 나카무라(中村丘三)에 의해 소개
골프	1921	조선철도국의 안도(安藤又三郎)에 의해 효창원골프코스 건설
럭비	1924	럭비구락부에 의해 소개
역도	1926	일본체육회 체조학교 졸업생인 서상천에 의해 소개

어 있다(매일신보, 1912.10.9.). 이처럼 권투는 1912년 박승필에 의해 소개된 것으로 보이는데 실제로 그는 어떤 인물이며 언제, 어디서, 누구에게 권투를 배웠는지, 또한 유각권구락부는 구체적으로 어떤 활동을 하였으며 언제까지 존속했는지에 대해서는 현재 알 수 없다.

한국에서 권투가 본격적으로 행해진 것은 1925년 1월 30일 조선중앙기독교청년회(이하 YMCA) 운동부의 주최로 개최된 제9회 실내운동회 때 권투가 정식종목으로 채택되고 나서였다. 이를 계기로 YMCA 운동부에서는 1927년 제1회 권투선수권대회를 개최하였으며 약 30명의 선수가 참가하였다(전택부, 1993: 112).

당시에는 권투를 둘러싸고 재미있는 일화가 많았는데, 예를 들면 권투의 규칙을 몰라 연습 도중에 싸움을 하기도 하고 상대 선수가 링 밖으로 떨어지거나 도강을 가면 쫓아가서 때려 관중이 둘로 나뉘어 집단싸움을 일으키기도 하였다(전택부, 1993: 112). 이와 같이 권투는 실내운동회의 종목으로 채택된 것을 계기로 YMCA 주최의 권투대회를 통해 서서히 보급된 것으로 보인다.

나. 탁구

탁구는 언제, 누구에 의해 어떤 경로를 거쳐 도입되었는지 현재 그 자세한 내용을 파악할 수 없는 실정이다. 이에 관한 기존의 연구를 보면 한국에서 최초의 탁구경기는 1924년 1월 경성일일신문사의 주최로 개최된 제1회 핑퐁경기대회라 하고 이 대회를 계기로 점차 보급되었으며 이 무렵 YMCA에서도 탁구를 하는 모습을 자주 볼 수 있었다고 하였다(나현성, 1958: 122).

그러나 조선교육회의 기관지인 「조선교육회 잡지」를 보면 "조선교육회에 경성교육구락부를 조직해 개회식을 한 후 원유회를 열고 여흥, 핑퐁, 활쏘기를 하고 즐겼으며 설비는 도서 및 신문, 잡지 열람실, 오락실(바둑, 장기, 핑퐁), 담화실, 휴게실이 있었다"고 되어있다(조선교육회, 1914:

50-51). 그리고 YMCA 기관지인 「청년」에는 "1921년 2월 9일 소년부에서 제2회 탁구대회를 개최하고 상품을 수여한 후 폐회하였다(조선중앙기독교청년회, 1921: 37). 또한 운동부에서는 교실 아래층 유희실에서 탁구를 하였으며 주말을 이용해 경성 내 각 학교와 경기도 하고 학생대회나 전국대회에 참가도 하였다"고 되어있다(조선중앙기독교청년회, 1921: 31).

이러한 사실을 통해 탁구는 1914년경 조선교육회 내에 조직된 경성교육구락부의 원유회에서 행해진 것이 시작이었고, 또한 경성구락부에는 탁구의 설비도 갖추고 있었다. 그리고 YMCA에서는 소년부의 탁구경기를 2번이나 개최하였으며 운동부에서는 학생대회와 전국대회 등에도 참가하고 있었음을 알 수 있다. 이처럼 한국에서 탁구는 이미 1914년경 도입되어 있었으며 YMCA도 1921년에는 탁구를 하고 있었다.

한편 YMCA는 1922년 1월 탁구 규칙을 만들었는데 이것은 비록 일본의 탁구 규칙을 번역한 것이지만(조선중앙기독교청년회, 1922: 49-59), 한국 최초의 탁구 규칙으로서 당시의 탁구경기를 파악할 수 있는 중요한 단서가 된다고 볼 수 있다. 여기서 그 주된 내용을 보면 탁구경기는 단식만으로 행해졌으며 1게임 10점 선취제와 듀스의 3점 선취제를 제외하면 오늘날 탁구규칙과 거의 같다고 할 수 있다.

다. 배구

한국에서 배구의 도입에 대해 여러 주장이 있는데 우선 나현성은 "배구가 우리나라에 도입되기는 1916년 3월 25일 YMCA의 반하트(Barnhart)에 의해 처음으로 회원들에게 지도되었으며 이 때부터 YMCA가 중심이 되어 점차 보급, 발전했다"고 하였다(나현성, 1958: 102-103).

하지만 전택부는 "한국체육계의 원로인 김영구는 1916년 YMCA 재학 당시 영국 선교사 페크의 아들에게 부탁하여 배구 규칙서를 구해 YMCA 뒷마당에 줄을 긋고 코트를 만들어 배구를 시작했다"고 하였다(전택부, 1993: 110-111). 이들 내용을 보면 한국에서 배구는 두 사람 모두 1916년으로 보고 있는데 도입자에 대해서는 미국인 반하트와 김영구라고 주장해 어느 쪽이 확실한지 알 수 없다.

그러나 YMCA 운동부의 1914년 6월부터 1915년 5월까지의 통계를 보면 배구는 총 69회가 행해졌으며 참가자는 1,874명에 달하였다(전택부, 1994: 178). 이를 통해 배구는 누구에 의해 도입되었는지 불확실하지만 이미 1914년 6월 이전에 도입된 것으로 보인다.

한국에서 최초의 배구경기는 1917년 3월 30일 YMCA 체육관에서 재경서양인과 청년회 회원에 의해 열려 청년회 회원이 3대0으로 승리하였다. 이날 시합에서는 체육관의 계단 위에 관람석을 만들어 일반인의 관람을 환영하였는데(매일신보. 1917.3.30), 이것은 일반인에게 배구의 보급을 도모하기 위해서였다고 생각된다. 이 배구경기를 계기로 한국에서 배구는 YMCA가 중심이 되어 행해졌으며 1923년 7월 10일에는 재하와이학생단이 방한해 YMCA 체육관에서 YMCA와 시합을 해 재하와이학생단이 2대1로 승리하였다(동아일보. 1923.7.6.). 또한 1925년 7월 21일부터 9일간 YMCA 운동부는 운동무도회(運動舞蹈會)를 개최해 배구 등을 지도하였다(동아일보. 1925.7.15.). 이처럼 한국에서 배구는 주로 YMCA에서 친선경기를 하였을 뿐 전국대회는 개최되지 않았다.

이에 대해 대일본배구협회 기관지인 『배구』를 통해 당시 조선에서 배구의 상황을 보면 "육상과 축구 등의 약진은 눈부시지만, 배구는 뒤쳐져 있어 유감이다"라고 되어 있으며(伊藤順助, 1931: 69), 또한 "조선의 배구가 어떤 경로로 도입되었는지 잘 모르지만, 네트를 사이에 두고 공을 배드민턴처럼 서로 치는 것이라는 생각밖에 없었다."고 하였다(安武良劫, 1934: 156). 이를 통해 당시 한국에서 배구는 다른 종목에 비해 뒤쳐지고 있었으며 경기수준도 아직 초보적인 단계에 머물러 있었다는 것을 알 수 있다.

한국에서 배구가 본격적으로 행해진 것은 1925년 10월 조선신문사 주최로 제1회 전조선배구대회가 개최되면서였다. 이 대회는 매년 개최되었으며 당시 배구팀으로는 경성사범학교, 선린상업학교, 제일고등보통학교, 용산중학교, 조선은행이 있었다(伊藤順助, 1931: 69). 그리고 1926년 여름에는 선린상업학교에서 미에다(三枝祐龍)가 2일간 배구강습회를 개최하였다. 또한 1932년에는 대일본배구협회의 조선지부로 경성에 조선배구협회가 설립되어 사업을 수행하였으며 1937년부터는 중앙지부, 북선지부, 서선지부, 남선지부, 호남지부를 조직하였다(榊原敏郎, 1937: 162).

이와 같이 한국에서 배구는 1914년 6월 이전에 도입되었으며 처음에는 YMCA에 의해 행해졌다. 그러나 1925년부터는 일본인에 의해 전조선배구대회와 강습회 등이 개최되어 배구는 본격적으로 행해지게 되었다. 당시의 배구는 주로 학교를 통해 경성을 중심으로 보급되었고 1932년 조선배구협회의 설립에 의해 각 지방에 지부가 조직되어 전국조으로 확대되었다.

라. 경식정구(테니스)

경식정구는 언제, 누구에 의해 어떤 경로로 도입되었는지 전혀 알 수 없고, 경식정구에 관한 사료나 연구도 찾아보기 어렵다. 그러나 유일하게 나현성의 『한국스포츠사』를 보면 경식정구에 관한 내용을 볼 수 있으나 아쉽게도 경기기록의 언급에 그치고 있으며, 또한 어떤 사료를 사용하였는지에 대해서도 나와 있지 않다(나현성, 1958: 95-101).

이러한 상황에서 『일본정구연감』을 통해 한국에서 경식정구의 내용을 알아보기로 한다. 원래 한국에는 이미 연식정구가 보급되어 있었으며, 또한 우수선수도 많이 배출되어 한국인 사이에서 매우 성행하고 있었다. 그래서 한국에서 테니스라고 하면 연식정구이며 경식정구는 특히 경식정구라고 하지 않으면 통하지 않을 정도였다(今井道德, 1942: 32).

그리고 한국에서 경식정구는 1919년에 조선철도국에서 채용한 것이 처음이고 경성에서 극히 소수의 사람만이 하고 있었으며 1927년경 선수는 20명 정도였다고 한다. 또한 1933년에는 조선정구연맹이 설립되어 경성제대에서 경식정구를 채용하면서 대학예과, 경성사범학교 등의 학교와 일반사회인의 증가에 따라 본격적으로 보급되었다. 그 후 1941년 4월 1일에는 일본정구협회 조선지부가 설립되었다(今井道德, 1942: 32). 조선지부는 구락부와 대교 정구대회, 전조선선수권대회, 조선신궁봉찬체육대회, 경성선수권대회의 개최와 메이지신궁체육대회 참가 등의 활동을 하였다(今井道德, 1942: 33).

이와 같이 한국에서 경식정구는 1919년 조선철도국에 의해 도입되었으며 당시 경식정구는 일본인에 의해 독점되어 행해졌다. 이것은 한국에서는 일찍부터 연식정구가 보급되어 성행하고 있었으며, 또한 용구의 구입을 위한 경비의 문제도 있어 한국인은 경식정구를 할 만한 상황이 아니었다고 생각된다.

마. 스키

한국에는 옛날부터 현재의 스키와 비슷한 것이 있었다. 길이는 135cm, 폭 12cm 정도이고 양 끝을 둥글게 휘어 짚신을 장착하고 스톡은 150cm 정도의 나무지팡이였다. 이것으로 산야를 다니며 사냥을 하였다(吉田眞弦, 1930: 108). 이에 대해 이익의 『성호사설유선』을 보면 "함경도의 산수 갑산에는 겨울에 설마를 타고 손으로 곰, 호랑이를 찔러 잡는다."고 되어있다(나현성, 1981: 345). 이를 통해 조선식 스키인 설마는 적설량이 많은 산간지방에서 사냥하기 위해 사용되었던 것으로 보인다.

이 조선식 스키는 유가와(由川貞策)라는 일본인 독지가가 국경을 건널 때 조선의 옛집에서 우연히 1대를 발견하였다. 1912년경 20여 엔이라는 매우 비싼 운임을 지불하며 다카다(高田)의 엣신(越信)스키구락부에 보낸 것이 다카다 가이코샤(偕行社)에 보존되어 있다(山崎紫峰, 1936: 327).

한국에서 스키는 1921년 나가노현(長野縣) 이야마(飯山)중학교에서 원산중학교로 전근 온 나카무라(中村丘三)가 가져온 2대의 오스트리아식 스키를 원산중학교 학생에게 지도한 것이 처음이다(吉田眞弦, 1930: 108). 나카무라는 원산이 이야마지방과 마찬가지로 눈이 많이 내리는 지역이었기 때문에 스키를 활용하기 위해 학생에게 가르쳐주고 일반인에게 선전하며 보급을 도모하였다(山崎紫峰, 1936: 327).

그러나 당시 스키를 시작한 사람들 사이에는 위험한 것이라 생각하고 별로 흥미를 끌지 못하였다. 취미나 실용적인 가치를 가진 장쾌한 겨울스포츠로서 인정을 받지 못하고 오히려 위험한 놀이로서 일반인에게 저해를 받고 있었다. 그래서 나카무라는 우선 마을의 유지와 체육협회 관계자 등 10명을 설득해 학교에 10대의 연습용 스키를 구입해서 학생을 가르치는 동시에 강습회와 시연 등을 통해 선전한 결과 마침내 각자 1대씩 구입하기에 이르렀다. 이리하여 1923년 봄에는 전조선스키대회를 개최하게 되었다. 전조선스키대회라고 하면 거창하게 보일지 모르겠으나 그 내용은 매우 빈약하였다. 불과 20대의 스키를 서로 사용하며 15도 정도의 슬로프를 구르는 사람이 많았다. 또한 참가선수가 없어 중학교 학생을 제외하고는 주최 측에서 우동과 단팥죽이라도 제공해야 할 정도의 소위 양반계급이었다(齊藤英二郎, 1932: 136-137).

이와 같이 한국에는 현재의 스키와 비슷한 설마가 있었으나 그것은 어디까지나 사냥을 위해 사용된 것이었다. 한국에서 스키는 1921년 나카무라가 가지고 온 오스트리아식 스키를 원산중학교 학생에게 지도한 것이 시작이라고 할 수 있다. 처음에는 스키에 대한 일반인의 인식이 매우 낮아 주로 학교를 중심으로 보급되었다.

그 후 스키장의 개발, 스키단체 설립, 스키대회의 개최와 스키강습회 등을 통해 일반사회에도 보급되면서 정착하게 되었다. 여기서 당시 한국 최초의 스키장을 보면 [그림 6-4]와 같다.

그림 6-4. 한국 최초의 원산 신풍리스키장 (출처: 손환 소장)

바. 골프

한국에서 골프는 1917년 7월 조선철도국 이사인 안도(安藤又三郎)가 다롄(大連)의 호시가우라(星ヶ浦) 골프장을 보고 매력을 느껴 경성에도 필요하다고 생각하면서 시작되었다. 조선철도국장과 조선호텔 지배인의 협력을 받아 조선호텔의 부대시설로서 고객서비스와 손님 유치를 위해 용산 효창원 부근의 국유지 약 5만 8,000평을 임대해서 골프장을 건설하게 되었다(그림 6-5 참조). 골프장의 설계는 일본 고베(神戸)에 거주하고 있던 영국인 던트(H. E. Dannt)에게 의뢰하였고 1919년 5월 13일 조선철도국 공무과의 이시카와(石川) 기사의 감독으로 나무 베기, 코스의 잔디, 하우스, 파수꾼 오두막집의 건축비를 포함해 6,000엔의 예산으로 착공하였다(高畠種夫, 1940: 45).

이렇게 해서 한국 최초의 효창원골프장은 1921년 6월 1일 개장하였으며 코스는 9홀이었고 길이는 2,322야드였다. 이용 시에는 하루 1엔의 그린비와 매월 5엔, 연 25엔의 회비를 납부하였다(高畠種夫, 1940: 46).

그러나 효창원골프장의 공원화와 이상적인 코스의 신설 요구로 이전설이 나와 후보지를 물색한 끝에 청량리근처 이왕가 능림(陵林)을 임대하기로 하였다. 이리하여 청량리골프장은 4만엔의 기부금과 이노우에(井上信)의 설계, 조선철도국 공무과장의 공사로 18홀, 3,906야드, 파 70으로 1924

년 12월 7일 개장하였다. 개장 후 청량리 골프장은 일본의 프로골퍼를 초청해 회원의 기술향상을 도모하였고, 또한 경성의 일류인사들로 구성된 경성골프구락부를 설립해 기존 조선호텔의 부대시설에서 독립하였다(高畠種夫, 1940: 48~49).

그러던 중 회원들의 기술향상과 교통문제로 청량리골프장에 대한 회원들의 불만이 생기면서 다시 골프장의 이전설이 나

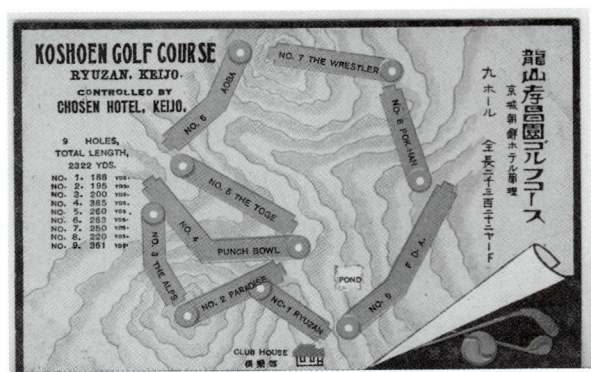

그림 6-5. 한국 최초의 효창원골프장 (출처: 손환 소장)

오게 되었다. 그래서 이번에도 적당한 장소를 물색한 끝에 영친왕의 공사비 2만엔 외에 3년간 매년 5,000엔씩 1만 5,000엔의 하사금과 은배(銀杯), 토지 30만평의 무상대여로 군자리에 골프장을 건설하게 되었다. 군자리골프장은 1929년 6월 22일 개장하였는데 기존의 코스와는 달리 18홀, 6,045야드, 파 69로 되어 있으며 설계는 골프계의 권위자인 아카보시(赤星六郎)에게 의뢰하였다(高畠種夫, 1940: 51, 54).

이와 같이 한국에서 골프는 1921년 효창원골프장이 건설되면서 시작되었으나 효창원골프장의 공원화, 코스의 협소함, 교통의 불편 등으로 청량리골프장, 군자리골프장으로 이전하며 서서히 체계를 갖추게 되었다.

한편 지방에도 골프장이 건설되었는데 그 내용을 살펴보면 원산골프장(1924), 대구골프장(1924), 평양골프장(1928), 부산골프장(1933) 등이었다.

사. 럭비

럭비의 도입에 대해서는 여러 주장이 있는데 먼저 나현성은 1923년 럭비를 일반에게 보급하기 위해 조직된 럭비구락부에 의해 최초로 소개되었다고 주장하고 있다(나현성, 1958: 128). 다음으로 민관식은 1928년 일본유학출신자에 의해 소개되었으며 그해 일본인이 설립한 경성럭비연맹을 통해 보급되었다고 주장하고 있어(민관식, 1965: 195), 어느 쪽이 맞는지 확실하지 않다.

그러나 당시 일본인에 의해 설립된 조선철도국의 『선철럭비사』(鮮鐵ラグビー史)에 따르면 한국에서 럭비는 1924년 가을 만주에서 럭비를 배운 조선철도국 사카구치(坂口正淸)에 의해 도입되어 1927년 경성럭비연맹이 용산의 조선철도국 운동장에서 개최한 것이 최초의 럭비시합이었다(元鮮鐵ラグビー部, 1980: 40, 판권).

한편 당시 조선인에 의해 조직된 럭비 팀은 보성전문학교(1929), 양정고등보통학교와 중앙고등보통학교(1931), 배재고등보통학교(1932) 등이 있었다. 이들 팀은 1929년 10월 제3회 경성럭비

연맹전에 보성전문학교가 처음으로 참가한 것을 계기로 1931년부터 팀을 조직하기 시작해 매년 이 대회에 참가하게 되었다(민관식, 1965: 195).

이와 같이 한국에서 럭비는 1924년 조선철도국의 사카구치에 의해 도입되어 1927년 조선철도국을 중심으로 설립된 경성럭비연맹에서 개최한 대회를 통해 보급되었다. 그리고 1929년에는 조선인 최초의 럭비팀인 보성전문학교 럭비부가 조직되어 그해 개최된 제3회 경성럭비연맹전에 참가하였다. 이것을 계기로 조선인 각 학교에서는 럭비부를 조직해 그때까지 일본인에 의해 독점되었던 럭비는 조선인 사이에서도 행해지면서 점점 활기를 띠게 되었다.

아. 역도

역도는 1926년 11월 일본체육회 체조학교(현 일본체육대학)를 졸업한 서상천에 의해 도입되어 조선체력증진법연구회의 설립을 통해 학교와 일반사회에 보급되었다. 원래 역도는 일본의 주료아게(重量擧げ), 서양의 웨이트 리프팅(Weight Lifting)과 구별하기 위해 힘의 길이라는 뜻으로 서상천이 창안하였다. 그 의미는 동서양의 철학을 통해 인간으로서 갖추어야 할 기본정신과 생활의 도(道)를 구하는 데 있었다(백용기, 1987).

그 후 역도는 1928년 2월 24일부터 2일간 YMCA 주최와 조선일보사 후원으로 제1회 역도대회가 YMCA 체육관에서 개최되었는데 이 대회가 한국에서 열린 첫 역도대회였다(서상천 외, 1931: 185). 이 대회를 시작으로 1930년 11월 8일에는 중앙체육연구소와 조선체육회의 공동 주최로 제1회 전조선역도대회가 개최되었다. 이 대회는 YMCA 주최의 대회가 체중의 구별 없이 일정한 중량과 운동 회수로 판정한 것에 대해 경체중(53.1kg 이하)과 중체중(53.1kg 이상)의 2체급으로 구분해 행해졌다(서상천 외, 1931: 187-188).

그리고 1932년 12월 제3회 전조선역도대회는 제10회 로스앤젤레스올림픽대회의 규정을 채택해 경경급(56.2kg), 경급(63.7kg), 중급(中級 75kg), 경중급(78.7kg), 중급(重級 78.7kg 이상)의 5체급으로 나누어 개최되었다(서상천 외, 1931: 217-218).

이와 같이 역도는 이들 대회를 중심으로 보급, 발전되었으며 대회 규정은 올림픽대회의 방식을 채택해 국제역도계의 흐름에 따르려고 하였다. 여기서 특기할만한 것은 개화기와 일제강점기 각종 근대스포츠의 대부분이 유럽과 미국, 일본에서 도입되었는데 역도만큼은 일본유학출신자인 서상천에 의해 도입되었다는 사실이다.

2장 일제강점기의 스포츠

하정희

 학습목표

- 일제강점기 조선스포츠의 리더 조선체육회에 대해 알아본다.
- 일제강점기 식민지 스포츠의 통제기관에 대해 알아본다.
- 한국의 스포츠발전에 공헌한 인물에 대해 알아본다.

1. 스포츠단체의 설립과 활동

가. 조선체육회의 설립과 활동

1910년 8월 일제의 강제 병합에 따른 조선총독부의 무단통치 정책은 언론, 집회, 결사의 자유를 금지했을 뿐만 아니라 스포츠 활동도 통제하였다. 따라서 이 시기의 스포츠 활동은 주로 일본인들에 의해 주도, 장악되었다. 그러나 1919년 3·1 독립운동이 일어나자 일제는 기존의 무단통치 정책을 문화통치 정책으로 바꾸면서 조선스포츠계에 활성화를 가져왔다. 이러한 상황에서 1920년 7월 국민의 강건한 신체형성과 민족정신의 함양, 단결을 목표로 조선체육회가 설립되었다. 조선체육회는 당시 조선인의 스포츠 활동을 주도한 단체로 각종 경기대회를 주최, 후원하며 조선스포츠계를 통괄한 단체였다. 여기에서는 일제강점기 조선스포츠계를 리드했던 조선체육회에 대해 알아보기로 한다.

1) 조선체육회의 설립

1919년 3·1 독립운동 후 조선총독부의 통치정책 전환은 언론, 집회, 결사의 자유를 허용하면서 조선인의 스포츠 활동은 활발하게 전개되기 시작하였다. 그 일례로 변봉현은 조선의 스포츠계를 위해 운동기관을 설립할 것을 강조하고 실제로 운동기관을 통해 운동가를 양성해 운동을 장려해야 한다고 주장하였다(동아일보, 1920.4.10.). 그리고 운동기관을 설립하기 위한 조건으로 동지의 규합(동아일보, 1920.4.12.), 경비의 조달도 제안하였다(동아일보, 1920.4.13.). 이렇게 해서 1920년 7월 13일 국내운동가, 일본유학출신자에 의해 조선스포츠계를 대표하는 조선체육회가 설립되었다.

조선체육회가 설립된 경위를 살펴보면 원래 고려구락부를 모체로 해서 설립되었는데 당시 고려구락부는 도쿄유학생과 경성의 운동가에 의해 전 조선을 대표하는 운동단체를 목표로 설립되었다(동아일보, 1925.1.1.). 그러나 고려구락부는 설립은 했으나 대전할 상대가 없어 전 조선을 대표하는 운동단체로서 목적을 달성할 수 없게 되었다. 그래서 활동 범위를 확대해 전 조선을 대표할 만한 운동단체로 거듭나기 위해 조선체육회로 이름을 바꾸었다(매일신보, 1920.7.13.).

그 후 조선체육회는 1920년 6월 16일 명월관에서 고원훈(보성전문학교 교장)과 장두현(동양물산 사장)을 비롯해 47명이 모여 창립위원 10명을 선정하고 취지서와 규칙서를 제정하였다(동아일보, 1920.6.18., 6.28.). 그리고 그해 7월 13일 조선청년에게 운동사상을 고취시키고 일반체육의 장려를 목적으로 중앙예배당에서 창립총회를 개최하였다(동아일보, 1920.7.13.). 이 창립총회에는 90명의 발기인이 참석해 조선사회의 운동단체를 후원, 장려해 조선인의 생명을 원숙 창달하는 통일적 기관이 없어 조선체육회를 발기한다는 내용의 취지서가 발표되었다.

그리고 그해 7월 16일 태화정에서 각 임원을 선정했는데 회장에 장두현, 이사장에 고원훈, 이사에 장덕수 외 6명, 평의원에 임경재 외 19명, 회계감독에 김규면 외 1명, 운동부장에 현홍운 외 11명, 사교부장에 이승우 외 6명, 편집부장에 유지영 외 4명 등이었다(매일신보, 1920.7.19.).

이렇게 조직의 체제를 갖춘 조선체육회는 조선인의 체육을 지도, 장려하는 것을 목적으로 하고, 이를 위해 체육에 관한 각종 경기대회의 개최, 체육에 관한 도서의 발행, 기타 본회의 목적을 달성하기 위해 필요한 일 등의 사업을 하였다.

2) 조선체육회의 활동

조선체육회는 각종 활동을 했는데 그중에서도 가장 활발하게 활동을 전개한 것이 각종 경기대회의 개최였다. 여기서 조선체육회가 개최한 전조선경기대회를 보면 [표 6-2]와 같다.

표 6-2. 조선체육회 주최 전조선경기대회

대회	연도	내용
전조선야구대회	1920-1933	첫 활동, 전국체육대회 효시 우승기(1922)
전조선축구대회	1921-1933	심판 판정시비 중지(1921) 1922년 2회, 3회 개최 우승컵(1925), 연장전(1927)
전조선정구대회	1921-1933	소학단 신설(1923), 우승기(1925)
전조선육상대회	1924-1933	재정난 중지(1926-1927, 1931) 여자선수 첫 참가(1929)

전조선빙상대회	1925-1936	전조선남녀빙상대회로 개칭(1931) 기후 관계 중지(1926-1928, 1932, 1935)
전조선경기대회	1929	창립 10주년(야구, 정구, 육상)
전조선씨름대회	1929-1934	개인 및 단체전(1929), 단체전(1931)
전조선수상대회	1930-1935	경성운동장 수영장 개장(1934)
전조선역도대회	1930-1934	2체급: 경체중, 중체중(1930회) 5체급: 경경급, 경급, 중(中)급, 경중급, 중(重)급(1932)
전조선농구대회	1931-1937	경성운동장 농구코트(1937)
전조선아마추어권투대회	1931, 1933	5체급: 플라이급, 밴텀급, 페더급, 라이트급, 웰터급
전조선풀마라톤대회	1933-1936	손기정 우승(1934-1935)
전조선종합경기대회	1934-1937	창립 15주년 15회(1934): 야구, 축구, 정구, 육상, 농구 16회(1935): 씨름, 역도, 무도 추가 17회(1936): 수상, 권투, 탁구 추가 16회(1937): 배구 추가

조선체육회는 첫 활동으로 제1회 전조선야구대회를 개최하였다. 그 배경을 살펴보면 설립은 했으나 기본재산이 없어 회장을 비롯해 이사들은 이름만 있을 뿐이었다. 그러나 이들 임원들은 각자 선호하는 대회를 개최하기 위해 사방팔방으로 알아본 뒤 야구대회를 개최하게 되었다(선우전, 1924: 44). 그러면 수많은 종목 중에서 왜 야구대회였는지 그 이유는 조선체육회를 설립할 때 발기인 90명 중 야구 관련 인물이 윤기현(도쿄유학생 야구선수), 방한용(고려구락부 야구선수), 홍준기(오성학교 야구선수), 현홍운(YMCA 야구선수), 변봉현(도쿄유학생 야구선수), 이원용(오성학교 야구선수), 이상기(도쿄유학생 야구선수), 권승무(보성고보 야구선수) 등 8명이었고, 이들 중 윤기현, 이원용, 현홍운, 변봉현, 이상기 등 5명은 임원이었다(선우전, 1925: 21-22). 또한 일본에서 1915년부터 개최해온 오사카아사히신문사(大阪朝日新聞社) 주최 전 일본중등학교야구선수권대회에서 사용한 야구규칙, 대회강령, 대회기록을 손쉽게 참고할 수 있었기 때문이다(조선일보, 1972. 5.17).

이처럼 조선체육회는 설립 당시 재정적인 여유가 없어 각자 좋아하는 경기대회를 개최하기 위해 여기저기 알아본 뒤 야구대회를 개최하게 되었던 것이다. 또한 야구대회의 개최는 조선체육회 발기인 중 야구인이 적지 않았고, 일본유학출신자가 일본의 야구대회 자료를 입수했기 때문이다. 이렇게 해서 개최된 야구대회는 전조선야구대회로 이름 붙이고 오늘날 한국엘리트스포츠의 요람으로서 전국을 순회하며 매년 개최되고 있는 전국체육대회의 효시로 한국스포츠사에 매우 중요한 의미를 지니고 있다.

전조선축구대회는 1921년 제1회 대회부터 심판의 판정시비로 도중에 대회가 중단되는 불상사가 있었으며, 제3회 대회는 개최시기를 2월에서 11월로 변경해 1922년에는 제2회, 제3회가 개최되기도 하였다. 제6회 대회에는 우승컵의 기증이 있었고, 제8회 대회에는 연장전이 도입되는 등 회를 거듭할수록 그 체제를 갖추어 갔다.

전조선정구대회는 1923년 제3회 대회부터 소학단이 신설되었으며 제5회 대회부터 우승기가 수여되었다. 전조선육상대회는 1924년부터 개최되었으나 재정난으로 3차례 중단되었으며 제6회 대회부터 여자선수가 처음으로 참가하였다(그림 6-6 참조). 전조선빙상대회는 1925년부터 개최되었으나 기후 관계로 5차례나 중단되었고 제7회 대회부터 전조선남녀빙상대회로 명칭을 바꾸었다.

전조선경기대회는 1929년 조선체육회 창립 10주년을 기념해 종합경기대회의 형태로 야구, 정구, 육상을 개최했으나 한번으로 끝나 아쉬움이 남는 대회가 되었다. 전조선씨름대회는 처음에는 개인전과 단체전이 개최되었으나 1931년 제3회 대회부터 단체전만 개최하였다.

전조선수상대회는 경성제대와 용산철도국의 수영장에서 개최되었으나 1934년 제5회 대회부터 경성운동장 수영장이 개장되어 그곳에서 개최하였다. 전조선역도대회는 처음에는 2체급만 개최했으나 1932년 제3회 대회부터 올림픽대회의 방식을 채택해 5체급으로 개최하였다. 전조선농구대회는 주로 YMCA 체육관에서 개최되었으나 제7회 대회부터 경성운동장에 마련된 농구코트에서 개최되었다. 전조선아마추어권투대회는 5체급으로 구분해 개최되었다. 전조선풀마라톤대회는 1936년 베를린올림픽대회 마라톤에서 우승한 양정고보의 손기정이 제2회 대회와 제3회 대회에서 우승을 차지해 2연패를 달성하였다.

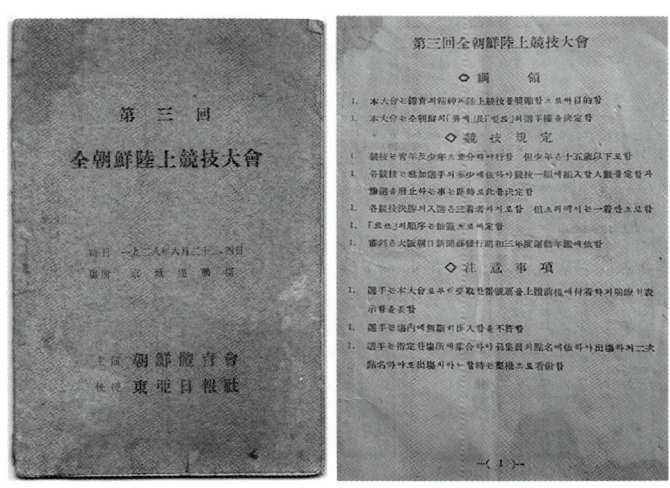

그림 6-6. 제3회 전조선육상대회 프로그램 (출처: 손환 소장)

전조선종합경기대회는 1934년 조선체육회 창립 15주년을 기념해 기존의 각 종목별대회에서 벗어나 종합경기대회를 개최하였다는 것이 특기할만한 사실이다. 그리고 그때까지 개최된 각 대회의 회수를 계승해 제15회 대회라고 했으며 회를 거듭할수록 새로운 종목을 추가하였다.

그리고 조선체육회는 육상경기의 연구를 위해 1923년 7월 이사회를 열고 고문에 김동철, 위원에 허성, 서병희, 원달호, 강낙원, 이중국을 위원으로 구성한 육상경기위원회를 조직하였다(동아일보, 1923.7.6). 이 육상경기위원회는 이듬해인 1924년『육상경기 규칙 및 부록』을 편찬했는데 이것은 1922년 노구치(野口源三郎)의『최신 육상경기 규칙의 해설』을 번역하였다. 또한 조선체육회는 그 밖에도 전조선경기대회를 개최할 때마다 운동 용구의 부족을 느끼고 임원들이 자체적으로 문제를 해결하기 위해 운동구점을 설치해 운영하였다(동아일보, 1921.10.23.).

이러한 상황에서 1937년 일제에 의해 중일전쟁이 일어나자 조선총독부는 통치정책을 바꾸고 시정방침의 일환으로 스포츠단체의 통제를 시작하였다. 이리하여 일제강점기 조선의 스포츠발전을 위해 많은 기여를 한 조선체육회는 1938년 일제의 스포츠단체인 조선체육협회에 어쩔 수 없이 흡수되어 해산당하고 말았다. 그러나 1945년 8월 15일 광복이 되자 그해 11월 7년 만에 재건되었으며 1948년 대한민국 정부수립 후 대한체육회로 명칭을 바꾸고 한국스포츠계의 리더로서 그 역할을 다하며 현재에 이르고 있다.

나. 조선체육협회의 설립과 활동

1910년 일제의 강제 병합에 의한 조선총독부의 무단통치 정책은 언론, 집회, 결사의 자유를 빼앗고 스포츠 활동도 통제하였다. 그래서 이 시기의 스포츠 활동 대부분은 일본인이 주도하였다. 이러한 상황에서 1919년 2월 일본인 스포츠단체 조선체육협회가 설립되었다. 조선체육협회는 일제강점기 조선신궁경기대회를 비롯해 각종 경기대회를 개최하면서 스포츠 활동을 주도하며 조선스포츠계를 총괄한 단체였다. 여기에서는 일제강점기 스포츠통제 장치의 단체였던 조선체육협회에 대해 알아보기로 한다.

1) 조선체육협회의 설립

조선체육협회는 1919년 2월 18일 조선신문사의 후원 하에서 경성정구단과 경성야구협회가 중심이 되어 설립되었다. 조선체육협회의 목적은 조선에서 체육을 장려하고 회원의 친목을 도모하는데 있었으며 목적을 달성하기 위해 야구부와 정구부를 비롯해 각종 운동부를 조직하고, 매월 기관지를 발행하였다(大島勝太郎, 1932: 128).

조선체육협회의 임원 중 회장과 부회장, 평의원은 정재계의 인물로 구성했으며 이사와 간사는 운동관계자를 중심으로 구성해 실질적으로 회의 운영을 담당하게 하였다(大島勝太郎, 1932:

119-120, 132). 이것은 대외적으로 조선체육협회의 권위를 내세우는 한편 대내적으로는 회의 운영을 위한 자금조달을 고려했기 때문인 것으로 보인다.

　조선체육협회의 운영은 회원의 기부금과 회비(월 50전)로 충당했는데 실제로는 기부금에 대한 의존도가 높았다. 이러한 기부금에 의한 회의 운영은 경제적으로 어려움이 발생했을 경우 많은 영향을 미칠 수 있는 문제점을 가지고 있었다. 실제로 이 문제는 행정관리, 재계 불황으로 자금 부족 문제가 생겨 회의 운영에 지장을 초래하자 1925년 3월 회원의 회비(연 12엔)로 회를 운영하기로 회칙을 변경하였다(경성일보, 1925.3.9.).

　그 후 조선체육협회는 일제강점기 조선에서 식민지 통제를 위한 스포츠단체로서 활동을 전개해 나갔다. 1937년 전시체제가 되자 조선의 스포츠를 통제하기 위해 1938년 8월 각종 스포츠단체를 그 산하에 두고(경성일보, 1938.8.27.), 1941년 2월 조선체육협회의 조직개편이 결정되었다. 조직개편에 따른 개정안(전문 제6장 제23조)의 주된 내용은 다음과 같다.

> 제1조 본회는 조선체육협회(가칭)라 한다.
> 제2조 본회는 본부를 조선총독부 학무국 사회교육과 내에 둔다.
> 제3조 본회는 국방국가체제에 적응하도록 조선의 체육을 지도, 통제하고 국민체육의 건전한 보급, 발달을 도모해 황국신민으로서의 심신을 연성해 전력의 증강에 도움이 되는 것을 목적으로 한다.
> 제4조 본회는 외국의 체육단체에 대해 조선을 대표한다.
> 제5조 본회는 국내에서 조선 이외 지역의 체육단체에 대해 조선을 대표한다. 단 특별한 사정이 있을 경우에는 이에 한정하지 않는다(경성일보, 1941.2.28.).

　이 내용을 보면 전시체제하 체육의 역할이 확실히 제시되어 있으며 이 조직개편은 이합집산을 도모한 조직개편일 뿐이고 전체적인 국민체육의 국가기관이라고 할 수 없으며 전시체제하 국가의 체육단련은 반드시 강력한 단일 국가적 기구로 해야 한다고 하였다(경성일보, 1941.3.3.). 이것은 스포츠단체의 일원화를 비판한 것이 아니라 전시체제에서 보다 강력한 일원화를 기대한다는 내용이었다.

　이리하여 1941년 8월에는 각종 체육단체의 통제에 전념하고 해당 단체의 대표자들이 모여 간담회를 개최하였다(경성일보, 1941.8.2.). 이어서 11월 9일에는 조선총독의 결정에 따라 반도 체육의 통제 일원화 행정기관인 조선체육협회는 새로운 조직으로 발족을 보게 되었다(경성일보, 1941.10.10.).

　그러나 1941년 11월 19일 조선총독부의 기구개혁이 거행되어 새롭게 후생국이 탄생하자 조선체육협회는 조선총독부 학무국 사회교육과에서 후생국 보건과로 이관되었다(경성일보, 1941.11.20.). 이에 따라 전력증강에 매진하고 있는 반도의 체육행정은 확립, 강화되었지만(경성일보, 1941.11.29.), 조선체육협회의 발족은 이듬해로 넘어가게 되었다(경성일보, 1941.12.4.).

이러한 상황에서 1942년 예정되어 있던 조선체육협회의 조직개편 문제는 조선체육진흥회의 설립에 의해 없어지게 되고 지금까지 조선체육협회가 총괄해온 스포츠단체와 조선체육협회는 조선체육진흥회에 통합되어 버렸다.

2) 조선체육협회의 활동

조선체육협회는 본회의 목적을 달성하기 위해 조직 내에 야구부, 정구부, 기타 운동부를 조직하고, 또한 기관지를 발행하는 등의 활동을 하였다. 이러한 가운데 1925년 경성운동장이 개장되자 이를 기념하기 위해 조선에서 최초의 종합경기대회라고 할 수 있는 조선신궁경기대회를 개최하였다. 여기에서는 조선체육협회의 대표적인 활동인 조선신궁경기대회에 대해 알아보기로 한다(표 6-3 참조).

표 6-3. 조선체육협회 주최의 조선신궁경기대회

	개최연월일	종목	내용
1	1925.10.16-18	육상, 야구, 정구, 농구, 배구	첫날 입장료 무료 이튿날부터 소인 5전, 대인 10전
2	1926.10.15-18	축구 추가	
3	1927.10.14-17	마스게임, 마라톤, 탁구 추가	입장료 야구장 보통 10전, 특별 70전 육상경기장 20전, 정구장 20전 탁구장 20전, 공통권 70전
4	1928.10.13-18	궁술, 럭비 추가	
5	1929.10.9-15		
6	1930.10.12-19		
7	1931.10.10-17	스모 추가	일제의 전통스포츠 실시
8	1932.10.9-18		
9	1933.10.9-17		조선신궁봉찬체육대회로 개칭
10	1934.10.8-17	검도, 유도 추가	무도경기 실시
11	1935.10.12-20		
12	1936.10.9-18		
13	1937.10.4-17	역도 추가	
14	1938.10.6-18	권투, 자전거 추가	

15	1939.10.3-17		
16	1940.10.2-17	국방경기 추가	
17	1941.10.21-26	송구(핸드볼) 추가	

조선신궁경기대회는 1925년 10월 16일부터 18일까지 3일간 경성운동장에서 제1회 대회가 개최되었으며 육상, 야구, 정구, 농구, 배구의 5개 종목이 행해졌다. 참가선수는 전국 각지에서 모여 지금까지 볼 수 없었던 대규모 행사였다. 또한 성적이 우수한 선수는 일본에서 개최되는 메이지신궁체육대회에 조선대표로 참가하였다. 이러한 사실을 통해 조선신궁경기대회는 메이지신궁체육대회 예선대회로서의 성격을 지니고 있었으며 조선인 선수들이 국제경기대회에 참가할 수 있는 창구 역할을 했던 것으로 보인다.

그 일례가 1936년 베를린올림픽대회 마라톤에서 우승한 손기정이다. 손기정은 1934년 제10회 조선신궁봉찬체육대회 마라톤에서 우승을 하고 1935년 베를린올림픽대회 대표선발전을 겸해 열린 제8회 메이지신궁체육대회에 참가해서 세계신기록을 수립하며 올림픽대회의 출전권을 획득하였다.

조선신궁경기대회의 참가와 관련해 『대한체육회사』를 보면 "이 대회에 참가하는 선수와 단체는 추천제로 되어 있어 제1회 대회에는 우리선수들의 참가는 전혀 없었으며 제2회 대회부터 참가해 많은 선수가 좋은 성적을 냈다"고 되어있다(민관식, 1965: 203).

그러나 실제로 조선신궁경기대회는 참가선수와 단체선수의 추천제도는 없었으며, 또한 우리선수들은 제1회 대회부터 참가하였다. 이러한 사실은 당시 「경성일보」의 기사를 보면 농구경기와 배구경기에 이화여고보와 경성여고보, 육상경기에 휘문고보와 양정고보 등 우리선수들이 참가한 것을 통해 알 수 있다(경성일보, 1925. 10.17., 10.18.). 그리고 입장료는 개회식 당일에 한해 무료로 했으며 이튿날부터는 소인 5전, 대인 10전이었다(경성일보, 1925.10.14.).

1926년 제2회 대회에는 축구가 추가되었으며, 제3회 대회에는 마스게임, 마라톤, 탁구가 추가되었는데, 특히 마스게임은 집단경기, 연합체조, 체육댄스로서 남녀학생 7,000명의 연기는 종합예술의 진수를 보여주었다. 마라톤은 장거리경주로 조선에서 처음으로 시도되었으며 탁구는 1926년부터 메이지신궁체육대회에 추가된 종목으로 1927년 조선에도 실시되어 유일하게 실내스포츠로서 흥미를 끌기에 충분하였다. 또한 입장료는 제1회 대회보다 세분화해 야구장은 보통 50전, 특별 70전, 정구장은 20전, 육상경기장은 20전, 탁구장은 20전, 각 경기장 공통권은 70전으로 하였다.

1928년 제4회 대회는 궁술과 럭비가 새로운 종목으로 추가되었고 경성방송국에서는 지방의 팬을 위해 중계방송을 했으며 야구는 물론 축구, 농구, 육상경기 등 모든 경기의 결과를 발표하였다. 1931년 제7회 대회에는 일제의 전통스포츠인 스모가 추가되었다. 1933년 제9회 대회는 명칭을 기존 조선신궁경기대회에서 조선신궁봉찬체육대회로 변경했는데 그 이유는 조선의 민족정신을 말살하기 위해 남산에 세운 조선신궁의 2기둥을 찬양하기 위해서였다. 이에 대해서는 [그림 6-7]을 통해 엿볼 수 있다.

1934년 제10회 대회는 일제의 전통 무도인 검도와 유도를 추가했고 그 밖에도 제13회 대회에는 역도, 제14회 대회에는 권투와 자전거, 제17회 대회에는 송구(핸드볼)를 추가하였다. 특히 제16회 대회 때는 국방경기를 추가했는데 이것은 당시 전시체제라는 시대적인 상황을 반영했기 때문이다. 이처럼 조선신궁경기대회는 회를 거듭할수록 새로운 경기종목을 추가하고 경기 상황을 라디오로 중계방송하는 등 점차 규모를 확대하며 대회로서 체제를 갖추어 갔다.

이상과 같이 조선체육협회는 일제강점기 조선에서 스포츠 활동을 주도한 단체로 한국근대스포츠사에 많은 영향을 미쳤다. 특히 그중에서도 조선신궁경기대회는 조선인 선수가 국제경기대회(올림픽대회, 극동선수권대회 등)에 참가할 수 있는 창구역할을 하였다. 그리고 조선체육협회의 설립은 당시 조선인들의 스포츠 활동을 대표하는 조선체육회의 설립에도 직접적인 역할을 해 조선체육회가 일제강점기 스포츠의 보급, 발전에 많은 기여를 하는 계기를 마련해주었다. 그러나 실제로 조선체육협회의 활동은 식민지 조선의 스포츠를 통제하기 위한 장치로서 활용하는 데 그 의도가 있었다.

그림 6-7. 1928년 제4회 조선신궁경기대회 트로피 / 1933년 제9회 조선신궁봉찬체육대회 참가장
(출처: 손환 소장)

다. 조선체육진흥회의 설립과 활동

일제는 1937년 중일전쟁을 일으킨 후 민족말살 정책을 시행하면서 전시하 체력관리라는 명목으로 전쟁 수행을 위한 체력만을 중시하였다. 이러한 가운데 조선총독부는 1938년 조선체육회를 일제의 조선체육협회에 통합시키고, 또한 1942년에는 조선체육진흥회를 설립해 조선체육협회를 비롯한 대부분의 스포츠단체를 조선체육진흥회에 통합시켰다. 이렇게 해서 조선체육진흥회는 일

제말기 대부분의 스포츠 활동을 주도하고 총괄하게 되었다. 여기에서는 일제강점기 식민지 스포츠의 통제기관인 조선체육진흥회의 설립과 활동에 대해 알아보기로 한다.

1) 조선체육진흥회의 설립

전시체제하 총력으로 국민단련의 중요성을 내세운 조선총독부에서는 후생국의 신설을 계기로 전 조선의 스포츠단체를 통제하기 위해 조선체육진흥회를 설립하였다. 그리고 조선체육진흥회의 하부조직으로 도, 부, 군, 읍, 면에 각 체육진흥회를 조직하고 기구를 정비하며 전시하 국민체육에 만전을 기하였다.

여기서 조선체육진흥회의 설립 취지를 보면 "조선체육진흥회는 고도 국방국가의 건설, 대동아 공영권의 사명을 달성하기 위해 국민의 체력 향상, 특히 청소년의 체력을 향상시킬 수 있도록 기존의 조선체육협회를 조직 개편해 국가가 요구하는 전쟁 수행을 위한 국가적 체육지도기관으로서 설립하게 되었다"고 되어있다(경성일보, 1942.2.6., 조선총독부, 1943: 208). 이리하여 조선스포츠계는 조선체육진흥회의 설립으로 전면적인 통제 하에 두어져 조선 전국에 걸친 각종 스포츠대회나 체육훈련행사의 개최는 조선체육진흥회의 사업계획에 따르는 것을 원칙으로 하고 조선체육진흥회 소속 외 단체의 스포츠행사는 일체 인정하지 않았다.

조선체육진흥회는 설립하기 전 1942년 2월 7일 경성부민관에서 조선총독부 관리를 비롯해 전 조선의 체육관계자가 모여 결성준비위원회를 개최하였다. 이 자리에서 결성준비위원회는 대동아 전쟁 하 체력단련에 대한 원안과 사명을 설명하고 이어서 "조선에서 일반 국민체육의 진흥을 도모하고 황국신민의 심신을 단련하며 헌신봉공의 실천력을 배양해 전력증강을 기한다."는 일반 국민의 운용방침과 15개 항목의 체육지도요강을 발표하였다(경성일보. 1942.2.9.).

그리고 결성준비위원회에서는 조선체육의 진흥, 발달을 촉진하는데 필요한 시설, 체육운동회, 지도자 단련회, 강습회의 개최, 체육공로자와 우수자의 표창, 각종 조사연구회의 주재 등 조선체육진흥회의 개요에 관한 설명도 하였다(경성일보. 1942.2.6.). 이와 같이 조선체육진흥회는 심신을 단련해 헌신봉공의 실천력을 양성해서 전력증강을 도모한다는 방침을 세우고 전력증강을 달성할 수 있도록 구체적인 실천내용을 제시하였다. 이러한 사실은 전시하 국가의 요구에 부응하는 국민의 체력조성에 그 목표가 있었다고 할 수 있다.

이렇게 해서 조선체육진흥회는 1942년 2월 14일 전시체제하 조선총독부의 방침에 따라 조선에서 체육운동을 지도, 통제하고 국민체육의 건전한 보급을 통해 황국신민으로서 심신의 단련과 전력증강을 양성한다는 목적으로 설립되었다. 그리고 이러한 목적을 달성하기 위해 체육지도자 계획의 수립 및 국민체육운동의 통제강화, 체육의 진흥, 발달을 촉진하는데 필요한 시설, 각종 체육운동대회와 체육지도자의 수련회, 강습회, 강연회 개최, 체육운동 관계자의 파견과 초빙, 체육에 관한 조사와 연구, 체육공로자 및 우수자의 표창, 기타 필요한 사업 등을 하였다(조선총독부 학무과, 1945: 137-138). 이와 같이 조선체육진흥회는 조선총독부의 방침에 따라 각종 스포츠 활동을 통제해 전력증강에 도움이 되는 황국신민을 양성하기 위해 설립되었다.

조선체육진흥회의 임원은 총재, 회장, 고문, 이사장, 이사, 평의원, 참여, 부장, 단장, 간사, 위원 등으로 구성했는데 이들은 조선총독부의 관리, 군 및 학교관계자, 도지사, 국민총력연맹 간부, 신문사 대표, 체육관계자 등을 망라하였다. 그리고 실질적인 업무를 담당한 것은 총무부, 일반체육부, 경기훈련부, 국방훈련부였다. 이들 4부서의 업무를 보면 총무부는 회계와 인사, 각부와의 연락, 스포츠시설의 관리, 각종 운동의 보급과 선전 등의 활동을 했으며, 일반체육부는 각 경기의 보급과 장려, 체력장검정의 지도와 연구조사, 국민의 심신단련과 체육보급에 힘썼다. 경기훈련부와 국방훈련부는 각 경기와 국방훈련의 보급, 장려에 힘썼다.

조선체육진흥회의 운영은 회원을 정하지 않고 본회의 유지, 발전을 위해 후원하는 자를 중심으로 협찬회를 조직하였다. 협찬회의 회원은 통상회원, 협찬회원, 특별회원으로 되어 있으며 이들 회원은 총독부 관리, 대학 및 언론관계자, 재력가 등으로서 거액의 협찬금을 납부하였다.

2) 조선체육진흥회의 활동

조선체육진흥회는 설립 목적을 달성하기 위해 각종 활동을 했는데 그중에서 대표적인 활동으로 조선신궁봉찬체육대회와 체력장검정에 대해 알아보기로 한다.

(1) 조선신궁봉찬체육대회

조선신궁봉찬체육대회는 1925년 10월 조선체육협회의 주최로 제1회 대회가 개최되었다. 그러나 조선총독부는 1942년 전시 하 국민총력의 중요성을 생각해 스포츠단체를 통제하고 국민체육에 만전을 기하기 위해 조선체육진흥회를 설립하였다. 이리하여 그때까지 조선체육협회 주최로 개최된 조선신궁봉찬체육대회는 1942년 제18회 대회부터 조선체육진흥회의 주최로 바뀌게 되었다.

이 대회에 대해 조선총독부 보건과장은 "조선신궁봉찬체육대회는 국민의 사기진작을 위해 성대한 국가적인 행사로서 개최하고 싶다"고 했는데(경성일보. 1942.1.1.), 실제로 그 이면에는 전시하 전쟁수행을 위한 국민단련에 주된 목적이 있었다.

제18회 조선신궁봉찬체육대회는 1942년 9월 24일부터 27일까지 4일간 개최되었다(그림 6-8 참조). 이 대회의 모습을 보면 "조선신궁봉찬체육대회는 국가적인 요청에 따라 조선체육진흥회로 일원화되어 기존의 경기에서 체육으로 전환하고 집단적, 전시적인 색채가 강한 집단체조, 총검술, 직장체육 등의 경연을 통해 전시체제하 청년의 체력단련을 위한 국가적인 체육행사로 탈바꿈하게 되었다"고 하였다(경성일보, 1942.9.22.).

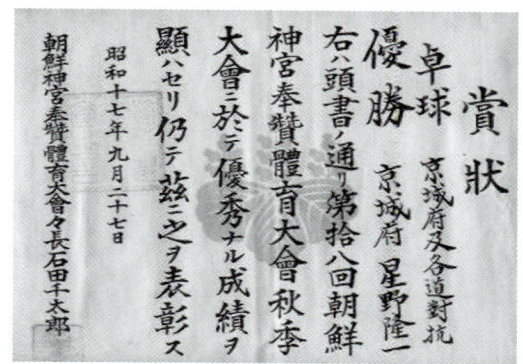
그림 6-8. 1942년 제18회 조선신궁봉찬체육대회 상장 (출처: 손환 소장)

그러나 이듬해인 1943년의 조선신궁봉찬체육대회는 조선총독부가 직접 개최하였는데 그 배경을 보면 "내년에 예정된 징병제에 대비해 체육의 진흥에 적극적으로 착수하기 위해 강력한 정책의 실천으로 조선신궁봉찬체육대회를 조선체육진흥회에서 접수, 운영하기로 하였다"고 되어있다(경성일보, 1943.2.5.). 이를 통해 조선신궁봉찬체육대회는 전시체제의 막바지에 돌입하자 이듬해에 시행할 징병제에 대비해 주최자가 조선체육협회→조선체육진흥회→조선총독부로 이관되어 오로지 국민의 체력단련을 위해 전쟁에서 활약할 수 있는 병사양성의 훈련대회로 그 성격이 바뀌게 되었다는 것을 알 수 있다. 이는 일제말기 전시 상황이 얼마나 긴박했는지를 여실히 보여준 것이라고 할 수 있겠다.

이렇게 해서 조선신궁봉찬체육대회는 민간단체인 조선체육협회가 운영해온 지 17년, 조선총독부의 체육행정 표리일체로서 조선체육진흥회의 탄생과 동시에 제18회 대회가 접수되고 제19회 대회는 조선총독부의 손으로 역사적인 전환을 보기에 이르렀다(경성일보, 1943.2.5.).

이후 조선신궁봉찬체육대회는 1944년 제20회 대회를 끝으로 막을 내렸는데 이 대회는 1942년에 시작되어 제3회째를 맞이한 경성신사봉납 국민연성경기도대회와 같이 개최되었다(경성일보, 1944.10.17.). 이 조선신궁봉찬체육대회에 대해 기존에는 1942년 제18회 대회까지 개최했다고 되어있으나(민관식, 1965: 212), 실제로 「경성일보」를 보면 1944년 제20회 대회까지 개최되었다는 것을 알 수 있다.

(2) 체력장검정

체력장검정은 국가의 체력관리 취지하에 1942년 8월 남녀체력장검정요강이 제정되었다. 그 목적은 청년남녀에게 현재 자신의 체력상태와 국민체육의 근본이 되는 취지에 관한 인식을 높이고 그와 동시에 체육운동에 대한 관심과 흥미를 환기시켜 스스로 이것을 생활화해 장래 체력증강을 도모하고 국력의 밑바탕을 배양하는 데 있었다. 또한 체력장검정 초급 이상(18세 이상~25세

이하), 급 외 갑 이상(15세 이상~17세 이하)의 합격자에게 조선신궁봉찬체육대회의 참가자격을 부여하였다(高宮太平, 1943: 540-542). 여기서 당시 발행된 체력장검정증을 보면 [그림 6-9]와 같다.

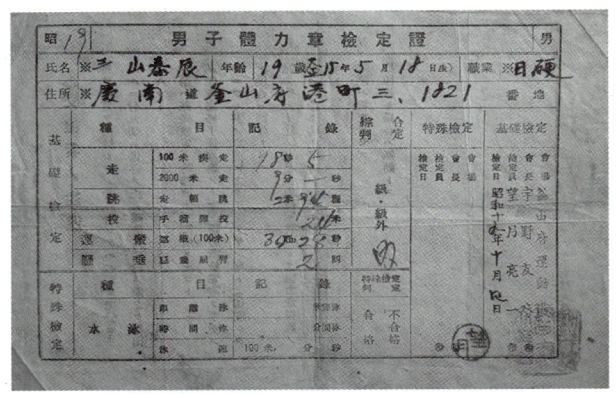

그림 6-9. 체력장검정증 (출처: 손환 소장)

체력장검정의 자격은 남자는 15세부터 25세까지(26세 이상의 경우 희망자)이며, 여자는 15세부터 21세까지(22세 이상의 경우 희망자)였다. 검정은 조선총독부, 도(道) 또는 본부(本府) 직할교장, 전문학교장 및 지정한 관공서장 등에 명하거나 위촉한 검정원에게 행하도록 하였다. 검정의 종류는 기초검정과 특수검정으로 되어 있으며 실시는 도시에서는 부, 읍, 도 감독하의 중등학교 또는 지정된 관공서, 회사, 공장 등을 단위로 그 대표가 검정을 주최하는 것으로 하였다. 본부의 직할학교, 전문학교는 각 학교를 단위로 그 대표가 주최하는 것으로 하였다.

기초검정은 남자의 경우 달리기(100m와 2,000m), 넓이뛰기, 수류탄던지기, 운반 100m(30kg과 40kg, 50m왕복), 턱걸이였고, 여자의 경우는 속행(100m), 도약, 단봉 던지기, 운반 100m(16kg, 50m 왕복), 체조, 턱걸이로 각각 6개 종목이었다. 장소는 경기장, 학교교정, 광장 등 적당한 곳에서 하였다. 등급은 상, 중, 초의 3가지 급으로 나누고 합격자에게는 합격급에 따라 남녀체력장을 수여하였다. 시기는 6월 1일부터 11월말까지 실시했는데 실제로는 특수검정보다 늦은 9월에서 11월에 실시하였다.

특수검정은 남자의 경우 수영과 행군, 여자의 경우는 수영과 행군 중 1개 종목 또는 2개 종목으로 했으며 남녀 모두 수시로 하였다. 장소는 수영장, 강, 바다, 호수, 도로, 그 밖에 적당한 곳에서 하였다. 등급은 구분이 없고 연내에 기초검정에 합격한 자로 특수검정에 합격한 자에게 특수남녀체력장을 수여하였다. 시기는 기초검정에 앞서 6월에서 8월에 실시하였다. 기초검정과 특수검정에 합격하기 위해서는 각 검정종목에 대해 정해진 검정표준에 도달해야 하였다.

이처럼 체력장검정은 체력증강을 도모해 국력의 근간을 배양한다는 목적을 가지고 15세에서

25세까지의 남자와 15세에서 21세까지의 여자를 대상으로 기초검정과 특수검정을 전국적인 단위로 장소만 확보되면 어느 곳에서나 실시하였다. 그러나 실제르는 태평양전쟁의 전시체제하에서 전쟁을 수행할 수 있는 인적 자원을 확보하기 위해 행해졌다.

이상과 같이 조선체육진흥회는 일제말기 식민지의 스포츠를 통제한 단체였으나 각종 스포츠 활동을 통해 한국근대스포츠사에 적지 않은 영향을 미쳤다. 특히 전시체제하에서 행해졌던 체력장검정은 역사의 연속으로서 광복이후 국민의 체력증진을 목적으로 1971년 부활되어 일반학생을 대상으로 실시되었다. 이것은 일제의 식민지 잔재로서 1994년 폐지되기까지 23년간 행해졌다.

2. 한국의 스포츠발전에 공헌한 인물

일제강점기 한국의 스포츠발전을 위해 노력을 한 인물은 수없이 많다. 그중에서도 1920년대에 체육학을 전공한 일본 유학출신자를 들 수 있다. 그들은 일본체육회 체조학교의 졸업생으로서 귀국 후 새로운 스포츠를 소개하고 스포츠단체를 설립하는 등 한국 근대스포츠의 발전을 위해 선구적인 역할을 하였다. 특히 스포츠단체를 설립한 의도는 종래 경기중심의 스포츠에서 벗어나 스포츠를 과학적이고 체계적으로 연구, 지도하기 위해서였다.

일본 유학출신자의 적극적인 활동에 힘입어 조선스포츠계는 학교에서 일반사회로, 경기중심에서 이론적 체계로 바뀌게 되었다. 그들은 학교와 일반사회에 스포츠의 활성화를 도모하기 위한 구체적인 방법으로 과학적인 근거에 입각해 스포츠의 이론을 확립하고 국민의 체력증진에 힘썼다. 그 대표적인 사례가 서상천, 이규현 등 일본체육회 체조학교 졸업생에 의해 1926년 설립된 조선체력증진법연구회(1930년 중앙체육연구소로 개칭)의 활동이다.

그 밖에 체육학을 전공하지 않았지만 독립운동가로서 운동선수는 물론 각종 스포츠단체의 회장을 맡은 여운형, 베를린올림픽대회에 출전해 금메달을 획득한 후 후진양성에 힘쓴 손기정, 스포츠행정가로서 한국의 올림픽운동에 앞장선 이상백 등을 들 수 있다. 그리고 조선체육회의 중심인물로서 많은 역할을 한 고원훈, 김성수, 장덕수, 유억겸 등도 들 수 있다. 여기에서는 대표적인 인물로 여운형과 손기정에 대해 알아보기로 한다.

가. 한국스포츠의 선구자, 여운형

여운형은 일제강점기에는 조국의 독립을 위해, 광복 후에는 조국의 건국을 위해 자신의 일생을 바치며 헌신한 독립운동가이자 정치가였다. 그러나 그동안 중도좌파라는 이유로 제대로 평가받지 못한 여운형은 사후(死後) 반세기가 지나 광복 60주년인 2005년 3·1절에 독립유공자로 서훈되며 건국훈장 대통령장, 이어서 2008년에는 건국훈장 대한민국장이 추서되면서 그 업적을 평가받았다.

그 밖에도 여운형은 다양한 활동을 했는데 그중에서도 빼놓을 수 없는 것이 스포츠 활동이다. 그러나 여운형의 스포츠 활동에 대해서는 제대로 알려진 적이 없었다. 왜냐하면 그동안 여운형은 민족지도자로서 주로 독립운동이나 정치활동에 초점이 맞추어져 왔기 때문이다.

실제로 여운형은 일제강점기 조선연무관 고문을 시작으로 각종 스포츠단체의 회장, 고문, 이사장, 이사 등을 역임했으며, 특히 조선중앙일보사 사장 시절에는 손기정 선수의 일장기 말소사건을 처음으로 보도해 조선중앙일보가 폐간되는 비운을 겪기도 하였다. 그리고 광복 후에는 조선체육회 회장으로서 각종 경기대회를 개최하고, 또한 초대 조선올림픽위원회(현 대한올림픽위원회) 위원장으로서 한국의 정체성 확립을 위한 자주국가로서 올림픽대회에 참가하는 데 주도적인 역할도 하였다. 이처럼 여운형은 한국 근현대스포츠의 발전에 중심적인 존재로서 많은 영향을 미쳤다고 할 수 있다.

1) 여운형의 성장과정

여운형은 1886년 경기도 양평군에서 3남 3녀 중 장남으로 태어났다(편집부, 1933: 9). 어린 시절 여운형은 신학문과 중국사, 유학(儒學) 등에 조예가 깊은 할아버지의 가르침을 받으며 성장했는데 이는 여운형의 청년시절 많은 영향을 주어 중국에 유학하는 계기가 되었다(여운형, 1932a: 17-18).

그 후 여운형은 신학문을 배우기 위해 서울에 와서 배재학당, 흥화학당, 우정학당, 전무학당에 들어가 교육을 받았으나 1905년 을사늑약으로 대부분이 문을 닫았다. 이렇게 시대적으로 어수선한 상황에서 여운형은 고향으로 돌아와 광동학교, 강릉의 초당의숙에서 후진양성에 힘썼으나 메이지 연호 사용문제로 강릉경찰서장과 충돌해 결국 폐교되고 말았다. 1914년 여운형은 가재를 팔아 학비를 만들어 중국에 유학을 떠났는데 그때 그의 나이 28세였다(여운형, 1932a: 18-19).

이처럼 여운형은 어린 시절 할아버지의 영향으로 신학문에 관심을 가지게 되어 서울로 유학 가서 각종학교를 다니며 새로운 문화를 접하며 많은 것을 배우게 되었다. 그러나 을사늑약으로 국운이 기울어져 풍전등화와 같은 시대적인 상황에서 다니던 학교는 폐교되었다. 이로 인해 학업을 도중에 그만두고 낙향해 후진양성을 위해 힘쓰다가 더 큰 세상을 경험하기 위해 중국으로 유학을 떠나게 되었다.

여운형은 우선 영어와 중국어를 배우기 위해 고심한 끝에 난징(南京)의 진링대학(金陵大學)에 입학하였다. 당시 학생들과 나이 차이가 있었지만 육상과 야구 등의 운동을 통해 잘 어울렸다. 진링대학을 졸업한 여운형은 상하이로 가서 미국행을 원하는 사람들을 알선해주는 협화서국에 취직하였다(여운형, 1932b: 20-21). 그 후에는 상하이 임시정부 외교부장, 의정의원, 상하이 민단장, 인성학교 교장 등의 활동을 하였으며 1929년에는 푸단대학(復旦大學) 교수로 임명되어 체육을 지도하고 중국체육회 종신회원으로 푸단대학 축구부를 이끌고 남양에 원정 갔다. 이때 필리핀에서 사람들의 요청으로 미국과 일제를 비판하는 연설이 문제가 되어 몰래 상하이로 돌아왔다(중외일보, 1929.7.13.).

이와 같이 여운형은 늦은 나이에 중국으로 유학 가서 조선에서 익힌 스포츠를 통해 원활한 학교생활을 하며 졸업 후에는 다양한 활동과 경험을 하였다. 이는 나중에 여운형이 귀국해 각종 스포츠 활동을 하는 데 많은 도움이 되었다. 특히 푸단대학의 교수가 되어 체육을 가르치고 외국에 원정시합을 갔다는 사실은 여운형의 체육에 대한 해박한 지식과 그의 리더십을 엿볼 수 있는 부분이라고 할 수 있겠다.

상하이로 돌아온 여운형은 결국 필리핀에서의 연설이 문제가 되어 야구경기를 보러 갔다가 일제의 경찰에 체포되고 말았다(동아일보, 1929.7.25). 1932년 7월 대전형무소에서 출감한 여운형은 반년 정도 집에서 쉬다가 1933년 봄 조선중앙일보사 사장에 취임하였다(편집국, 1933: 27). 여운형은 취임 후 각종 경기대회를 주최, 후원하였는데 그 자리도 오래가지 못하였다. 그 이유는 1936년 베를린올림픽대회에서 우승한 손기정의 가슴에 있는 일장기를 지워 1936년 9월 자체적으로 휴간을 했다가 1937년 11월 조선중앙일보는 폐간되고 말았기 때문이다(동아일보, 1937.11.9.).

이 내용을 통해 여운형은 약소국인 동양을 침략하는 일제와 미국의 행태에 대해 연설을 했다는 이유로 체포되어 3년의 감옥생활을 하였다. 그 후에는 언론사 사장에 취임해 각종 스포츠 활동을 하였으나 일장기 말소사건으로 신문이 폐간되어 그 자리에서 스스로 물러나면서 일제에 굽히지 않는 모습을 보였다.

1945년 광복이 되자 체육인들은 조선의 체육재건을 위해 조선체육동지회를 설립하고 그해 11월 총회를 열어 여운형을 조선체육회 회장으로 선출하였다. 그리고 이듬해에는 1948년 런던올림픽대회에 참가하기 위해 조선올림픽위원회를 조직했는데 위원장에 여운형이 선정되었다. 이러한 여운형의 다양한 활동과 경험은 광복 후 조선체육의 재건과 국제스포츠무대의 등장을 위한 스포츠단체의 장(長)으로 이어졌다. 그러나 여운형은 광복 후 좌우이념이 대립되는 혼란한 정세 속에서 괴한의 습격을 받아 1947년 7월 19일 61세의 나이로 안타깝게 생을 마감하고 말았다.

2) 여운형의 스포츠 활동

(1) 중국 유학시절의 활동

여운형은 28세 때인 1914년 중국의 난징 진링대학에 입학했으나 학생들과 나이 차이로 학교생활에 어려움이 있었다. 그러나 운동을 통해 이를 극복했는데 여운형은 조선에 있을 때 육상과 야구 등의 운동을 했기 때문에 각종 경기에 자신이 있었고 나중에 학교의 대표선수가 되었다(여운형, 1932b: 20-21). 이에 대해 여운형의 난징 진링대학 유학시절을 보면 "내가 운동선수여서 다른 대학에까지 내 존재가 알려졌고 운동을 잘해 육상경기와 야구에는 늘 선수로 뽑혀 다녔으며 월사금은 면제되었다"고 되어있다(여운형, 1940: 126-127). 이처럼 여운형은 조선에서 익혔던 운동실력을 발휘해 학교의 대표선수로 활동하며 교내외에 명성을 떨쳐 학비를 면제받았다는 사실에서 여운형의 운동실력은 상당한 수준이었다고 판단된다.

여운형의 운동실력은 재중동포들에게도 알려져 상하이한인체육회 설립에도 많은 역할을 하게 되었다. 상하이 우리 동포는 각종 스포츠 활동을 통해 그 명성을 떨치고 있으나 이를 총괄할 스포츠단체의 부재를 느껴 상하이한인체육회를 설립하고 위원으로 여운형을 선정하였다(동아일보, 1925.2.19.). 여운형은 여기에 그치지 않고 며칠 후에 열린 위원회에서 위원장으로 추대되었다(동아일보, 1925.2.23.).

이러한 경력을 인정받았던 것인지 1929년 푸단대학 교수로 임명되어 체육을 가르치고, 또한 중국체육회 종신회원이 되어 푸단대학 축구부를 이끌고 남양에 원정 가기도 하였다. 여운형이 남양에 원정 갔다가 미국령인 필리핀에서 그곳 사람들의 간청으로 연설을 했는 데 그것이 문제가 되어 미국관헌에게 여행권을 빼앗기고 일본영사관에서 체포하려고 하자 비밀리에 상하이로 돌아온 적이 있었다.

그런데 1929년 7월 10일 여운형은 상하이 대마로 경마장에서 열린 규슈제국대학과 상하이구락부의 야구경기를 구경하다가 일제의 경찰에 검거되었다(동아일보, 1929.7.13.). 이를 통해 여운형은 문제의 연설로 자신을 체포한다는 사실을 알면서도 야구경기를 보러 갔다는 점에서 평소 얼마나 스포츠를 좋아했는지를 알 수 있다.

(2) 각종 스포츠단체의 임원으로서 활동

여운형은 1933년 2월 16일 조선중앙일보사 사장에 취임하였다(동아일보, 1933.2.17.). 취임 후 여운형은 각종 스포츠단체의 임원에 추대되었는데 그 이유는 언론사 사장으로서의 사회적 위치도 있었지만 평소 스포츠에 많은 관심을 가지고 있었기 때문이라고 생각된다. 여기서 여운형이 추대된 각종 스포츠단체의 임원 현황을 보면 [표 6-4]와 같다.

여운형이 귀국 후 처음으로 스포츠단체의 임원이 된 것은 1933년 3월 조선연무관의 고문이었

표 6-4. 여운형의 각종 스포츠단체의 임원 현황

일시	단체	직위	출처
1933.3	조선연무관	고문	동아일보 1933년 3월 27일
1933.4	조선여자체육장려회	고문	동아일보 1933년 5월 14일
1933.5	경성축구단	이사장	동아일보 1933년 5월 13일
1933.5	조선체육회	이사	민관식(1965), 대한체육회사, 대한체육회, 85
1934.2	조선축구협회	회장	대한축구협회(1986), 한국축구백년사, 229
1934.3	조선농구협회	회장	동아일보 1934년 3월 3일
1934.4	서울육상경기연맹	회장	동아일보 1934년 4월 7일
1935.1	조선유도유단자회	고문	동아일보 1935년 1월 23일
1935.6	동양권투회	회장	동아일보 1935년 6월 22일
1935.11	스포츠여성구락부	고문	조선중앙일보 1935년 11월 30일
1936.1	고려탁구연맹	회장	동아일보 1936년 1월 13일
1945.11	조선체육회	회장	중앙신문 1945년 11월 14일
1947.5	조선올림픽위원회	위원장	동아일보 1947년 5월 57일

다. 조선연무관은 1932년 1월 17일 설립되었으나 1933년 관장인 이경상이 사정에 의해 사임하자 관장제를 없애고 고문으로 여운형이 취임하였다. 이를 통해 여운형은 고문이었으나 실질적으로는 조선연무관의 책임자 역할을 했던 것으로 보인다. 그리고 1933년 4월에는 조선여자체육장려회 임시총회에서 고문에 추대되었다. 그해 6월 9일 YMCA에서 제1회 여자체육강연회가 열렸을 때 여운형은 "여자체육에 대하여"라는 제목으로 강연을 하였다.

1933년 5월에는 경성축구단 이사장에 취임하였다. 경성축구단은 조선축구의 부흥을 위해 그해 3월 28일 유지의 찬성과 견실한 재정의 후원을 받아 창립준비회를 열고 5월 11일 축구경기의 장려, 부원간의 친목과 민중보건사상의 함양, 보급이라는 취지를 발표하고 임원과 선수를 선정하였다.

이어서 1933년 5월에는 조선스포츠계를 대표하는 조선체육회의 이사에 취임하였다. 당시 조선체육회는 윤치호가 회장을 맡고 있었으며 여운형은 조선체육회 창립 15주년 기념사업의 일환으로 개최된 제15회 전조선종합경기대회를 개최하는데 일익을 하면서 2년 임기의 이사를 연장하며 조선스포츠의 발전에 크게 기여하였다.

1934년 2월에는 조선축구협회 회장에 추대되었다. 그 경위를 보면 1933년 9월 19일 축구인들이 조선중앙일보사 회의실에 모여 조선축구협회를 창립했으나 임원진만 구성했을 뿐 회장의 사임으로 제대로 활동을 하지 못하고 유명무실한 존재가 되었다. 이듬해인 1934년 2월 조선축구협회는 집행부를 전면 개편하고 새롭게 임원을 구성하면서 여운형을 회장에 추대하였다. 여운형은 조국 광복을 위해 오랫동안 해외에서 독립운동을 해서 당시 젊은이들에게 우상과도 같은 존재였기 때문에 축구계는 큰 기대를 하고 있었다. 회장에 취임한 여운형은 대외경기의 주선, 경·평전과 전조선축구대회를 개최해 조선축구협회는 단체로서 체제를 갖추게 되었다.

1934년 3월 여운형은 조선농구협회 회장을 맡았다. 당시 조선농구계는 조선농구협회와 YMCA 운동부로 나누어져 애로사항이 많았는데 이러한 문제를 해결하기 위해 두 단체가 통합하고 여운형을 회장에 추대하였다. 1934년 4월에는 조선의 육상경기계가 약진하고 있는 상황에서 합리적 통일과 실질적 지도, 과학적 연구를 쌓아 육상 조선을 건설하기 위해 서울육상경기연맹을 설립하고 회장에 여운형을 추대하였다. 여운형은 그해 7월 14일 개성육상경기연맹의 초청을 받아 "체육"이라는 제목으로 강연을 하였다.

1935년 1월에는 조선유도계의 발전을 위해 기술을 연마하고 정신적으로 협조와 희생하는 마음을 수련하고자 조선유도유단자회가 설립되어 여운형은 고문으로 추대되었다. 조선유도유단자회는 첫 사업으로 1935년 7월 YMCA에서 춘추무도강연회를 개최했는데 여운형은 "내가 본 조선체육계"라는 제목으로 강연을 하였다.

1935년 6월에는 황을수가 힘 있는 권투 조선을 건설하고 아마추어권투의 무수한 능력 있는 역사(力士)를 지도, 양성하기 위해 동양권투회를 설립하였다. 동양권투회의 회장에 추대된 여운형은 도장 낙성 겸 발회식에서 개회사를 하였다. 또한 스포츠여성구락부는 1935년 11월에 설립하여 그해 11월 28일 여운형을 고문으로 추대하였다.

그리고 조선탁구계를 지도, 통일할 기관으로서 권위자들로 구성된 고려탁구연맹은 1936년 1월 11일 YMCA에서 창립총회를 열고 여운형을 회장으로 선출하였다. 고려탁구연맹은 탁구경기의 연구와 발표, 탁구 규칙의 연구와 발표, 탁구경기의 지도, 전조선남녀탁구선수권대회와 연맹전의 개최, 국제식 탁구의 보급 및 장려, 공로자 표창 등의 사업을 하였다. 이와 같이 여운형은 조선연무관의 고문을 시작으로 각종 스포츠단체의 회장, 고문, 이사장, 이사를 맡아 경기대회의 개최와 체육강연을 하며 조선의 스포츠발전을 위해 많은 공헌을 하였다.

제2차 세계대전의 종전과 함께 광복을 맞이한 한국은 즉시 조선체육회의 재건 운동을 위해 조선체육동지회를 설립하였다. 조선체육동지회는 1945년 9월 27일 조선의 운동가를 망라해서 이상백을 위원장으로 추대하고 건민운동을 전개하며 새로운 활동을 개시하기 위해 설립되었던 것이다. 그 후 조선체육동지회는 1947년 11월 12일 YMCA에서 총회를 개최해 취의서와 헌장을 심의하고 만장일치로 여운형을 조선체육회 회장으로 추대하였다.

조선체육회 회장에 취임한 여운형은 첫 사업으로 1946년 10월 16일 서울운동장에서 조선올림픽대회를 개최하였다. 이 대회에서 여운형은 1948년 런던올림픽대회를 앞두고 우리 조선의 젊은 선수가 모든 역량을 발휘하는 장(場)으로서 최선을 다해 좋은 기록을 남겨야 한다고 하였다.

한편 조선체육회는 대한민국 정부수립 직전인 1948년 런던올림픽대회에 반드시 참가하기 위해 대책 마련에 몰두했는데 그 이유는 런던올림픽대회가 신생 독립국인 한국을 국제사회에 알릴 수 있는 절호의 기회라고 생각했기 때문이다. 이에 따라 1947년 5월 9일 여운형을 비롯해 8명을 조선올림픽위원으로 선출하고 12일 제1차 위원회를 개최해 위원장과 부위원장은 조선체육회 회장과 부회장이 겸하기로 하였다. 이렇게 해서 조선체육회 회장이었던 여운형은 초대 조선올림픽위원회 위원장으로도 취임하게 되었다.

그러나 여운형은 한국이 KOREA라는 국호로 런던올림픽대회에 참가하는 것을 보지도 못하고 개최되기 약 1년 전에 괴한의 습격을 받아 생을 마감하고 말았다.

(3) 일장기 말소사건

1936년 8월 9일 베를린올림픽대회 마라톤에서 손기정은 2시간 29분 19초 2로 올림픽 신기록을 세우며 당당히 우승을 차지하였다. 손기정이 우승하자 조선중앙일보사 사장이었던 여운형은 라디오를 통해 소식을 듣고 감격해서 즉시 호외를 발행하라고 지시하였다.

그리고 나서 8월 13일자 조선중앙일보에는 시상대에 서 있는 손기정 가슴의 일장기를 지우고 보도하였는데 이것이 일장기 말소사건의 첫 보도였다. 이 기사를 보면 "머리에 빛나는 월계관, 손에 굳게 잡힌 견묘목 올림픽 최고 영예의 표창받은 손 선수"라고 되어있다(조선중앙일보, 1936.8.13.). 그런데 신문에 실려 있는 사진의 상태가 좋지 않아서인지 조선총독부의 검열에서 문제가 되지 않았다.

그리고 이어서 동아일보가 8월 25일자 신문에 손기정 가슴의 일장기를 지우고 보도했는데 이것이 우리가 알고 있는 그 유명한 일장기 말소사건이다. 동아일보의 보도로 경기도 경찰부가 일장기 말소사건의 수사에 착수하면서 조선중앙일보의 일장기 말소사건도 같이 수사하게 되었다.

이와 관련해 조선중앙일보 기자인 유해붕은 조선의 유사 이래 처음으로 세계를 제패한 손기정의 우승을 대내적으로 보도해서 우리 민족의 자부심과 민족의식을 고취시키기 위해 노력했으며 당시 사장인 여운형은 필자보고 붓대가 꺾어질 때까지 마음껏 민족의식을 주입할 것이며 그놈들의 주의를 들을 필요는 없다고 하였다. 그리고 일장기 말소에 대해 우월감을 가진 일은 없었으며 조선인이라면 누구나 일장기를 말소했을 것이라고 하였다(조선중앙일보, 1947.7.1.).

이렇게 해서 동아일보는 8월 27일 조선총독부에서 정간조치가 내려졌고 조선중앙일보는 9월 4

일 신문사 차원에서 근신하는 의미로 최고 간부회의를 열어 스스로 휴간을 하고 여운형은 이사회에 사표를 제출하였다. 그 후 조선중앙일보는 결국 폐간되고 말았다.

3) 여운형의 스포츠사상

여운형의 스포츠사상은 어린 시절 익혔던 운동소질을 바탕으로 중국에 유학하며 대내외적으로 활동하면서 싹이 텄고 조선중앙일보사 사장과 각종 스포츠단체의 임원으로 활동하면서 형성된 것으로 보인다. 그의 스포츠사상은 잡지나 신문에 게재한 내용을 통해 알 수 있는데 그 성격에 따라 체육관, 건강관, 국가관으로 나누어 살펴볼 수 있다.

(1) 체육관

여운형은 "체육 조선의 건설"에서 사회를 강하게 만드는 것은 구성원의 힘을 강하게 하는 것이며 그 방법은 교육인데 여러 교육의 기초는 체육이라고 하였다. 우리의 조상은 건전한 체질의 소유자였으나 조선시대를 거쳐 문약해져 지금에 이르게 되었다. 이에 체육적 갱생을 통해 건전한 체질을 찾아 억센 체육 조선의 건설이 필요하다고 강조하면서 구체적으로 첫 번째 체육의 보급, 두 번째 체육의 정화, 세 번째 체육의 과학적 지도 등 3가지를 제시하였다(여운형, 1935a: 8-9).

이 내용을 보면 여운형은 전문체육뿐만 아니라 생활체육의 보급, 그리고 전문체육의 편중과 승리지상주의에 따른 여러 문제점을 직시하고 그 해결을 모색하기 위해 몇 가지 방안을 제시하고 있다는 것을 알 수 있다. 여운형이 제시한 이들 체육계의 현안문제는 오늘날 다루어도 전혀 손색이 없는 내용이라고 판단된다.

그리고 여운형은 1935년 2월 16일 중국의 천진과 상하이로 원정경기를 가는 평양축구단의 송별회에서 심신일원론에 입각한 체육의 필요성을 강조하고 아울러 우생학, 위생, 장수를 위해서도 체육이 필요하다고 하였다(여운형, 1935b: 65-67). 또한 체육은 판단력, 책임감, 단결력을 양성해 주는 역할을 한다고 했으며 그밖에 여성체육의 필요성, 경기에서의 페어플레이 정신도 강조하였다(여운형, 1935b: 67-69).

(2) 건강관

여운형의 건강관은 평소 친구로 지내는 서상천의 부탁을 받아 작성한 『현대철봉운동법』(1934)의 서문을 통해 엿볼 수 있다. 그 내용을 보면 여운형은 어린 시절 몸이 허약해서 병이 많았으나 철봉운동을 통해 큰 효과를 보며 건강을 유지하게 되었다. 이에 국민에게 건강을 위해 철봉운동의 중요성을 강조하며 국민체육에 활용할 것을 주장하였다. 이러한 주장은 [그림 6-10]에 잘 나타나 있다.

이 그림은 여운형의 48세 때 모습으로서 허약했던 신체를 수년간 철봉운동으로 큰 효과를 보고 건강한 모습을 유지하고 있다는 사실을 알 수 있다.

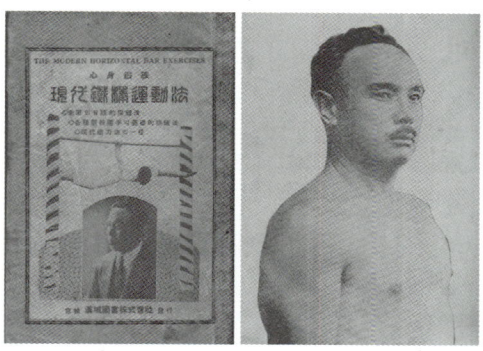

그림 6-10. 현대철봉운동법과 여운형의 단련된 모습
(출처: 손환 소장)

(3) 국가관

여운형은 세계적인 권투선수인 "서정권 환영의 밤" 행사에서 그동안의 노고를 치하하며 서정권 선수의 선전을 계기로 그 뒤를 이어 권투 조선의 기상을 세계무대에 알리는 훌륭한 후배들이 나오기를 기대하고 서정권 선수 또한 세계스포츠무대에서 챔피언이 되어 조선인의 기백을 전 세계에 떨칠 것을 부탁하였다(여운형, 1935c: 47-50). 이는 스포츠를 통해 잠재되어 있는 조선인의 저력을 전 세계에 보여주자는 의도가 있었다.

이러한 여운형의 국가관은 광복 후에도 변함없이 볼 수 있다. 1947년 서윤복 선수가 보스턴마라톤대회에서 우승하자 이번 위대한 승리를 전 민족적으로 환영한다고 하면서 외적을 물리친 우리 민족의 영웅과 조선인으로서 올림픽대회에 처음 출전한 선배 선수들의 정신을 이어받은 결과라고 하였다(중앙신문, 1947.6.24.). 그리고 이번 기회에 전 민족이 하나로 뭉쳐 조선인의 우수성을 발휘하자고 역설하였다.

이상과 같이 여운형은 일제에 억압받고 있는 조선인의 한을 풀기 위해 일장기 말소사건을 주도하였으며 각종 스포츠단체의 장(長)으로서 조선스포츠의 질적 향상을 도모하고자 하였다. 또한 당시 조선스포츠계가 안고 있는 현안문제의 해결 모색과 세계스포츠무대에서 조선인의 우수성을 과시하기 위한 노력도 아끼지 않았다. 그리고 광복 후에는 자주국가로서 신생 독립국인 조선을 전 세계에 알리기 위한 일환으로 올림픽대회의 참가를 주도하는 등 한국의 스포츠발전을 위해 평생을 바친 진정한 스포츠선구자였다.

끝으로 독립운동가가 다양한 스포츠 활동을 했다는 것은 지금까지 한국체육사에서 거의 찾아보기 어려운 일로서 그 의미는 매우 크다고 할 수 있으며 특기할만한 사실이라고 할 수 있다.

나. 한국의 스포츠영웅, 손기정

조국 없는 마라토너, 비운의 러너 등으로 우리에게 너무나 잘 알려진 한국마라톤계의 영웅이며, 한국스포츠계의 영웅, 손기정. 손기정은 1936년 베를린올림픽대회 마라톤에서 올림픽 신기록을 수립하며 당당히 우승을 차지하였다. 손기정의 우승은 당시 일제의 식민지통치를 받고 있던 우리 민족의 울분을 토로하고 민족의식을 일깨워주는 계기를 가져왔을 뿐만 아니라 한국인의 우수성과 저력을 전 세계에 과시하였다.

그리고 손기정의 우승은 한국마라톤 역사상 최초의 금메달이면서 한국인 최초의 올림픽 금메달이기도 하다. 또한 일본마라톤 역사상 최초의 금메달이기도 하다. 이처럼 손기정은 한국은 물론 일본마라톤계에도 뚜렷한 흔적을 남긴 인물로 평가를 받고 있다.

그로부터 75년이 지난 2011년 손기정은 한국스포츠의 발전에 많은 공헌을 한 체육인 중 모든 체육인의 귀감이 되고 국민의 존경을 받는 인물로 평가되어 대한체육회의 스포츠영웅에 선정되었다. 그리고 손기정 탄생 100주년을 맞이한 2012년에는 베를린올림픽대회 우승으로 받은 금메달, 우승 상장, 월계관은 체육사, 민족사적 가치가 크다고 평가를 받아 문화재청의 등록문화재로 등록되었다. 이를 통해 손기정의 한국스포츠발전을 위해 공헌한 생전의 업적은 사후(死後)에도 높이 평가를 받고 있다.

1) 손기정의 성장과정

손기정은 1912년 신의주에서 3남 1녀 중 막내로 태어났다. 그가 태어난 곳은 겨울이면 영하 20도를 오르내리는 추운 지방이어서 아이들은 축구나 스케이팅을 하며 놀았다. 그도 스케이트를 타고 싶었으나 가난한 집안 형편으로는 어림도 없는 일이었다. 그래서 비용이 들지 않는 달리기만 하였다. 달리기는 하면 할수록 재미가 있어 달리기에 흥미를 느꼈고 누구보다도 잘 달릴 수 있었다. 그는 당시 신의주의 약죽보통학교에 다녔는데 2km 정도의 자갈밭 길은 좋은 연습코스가 되었다(손기정, 1983: 36-39). 이처럼 손기정은 어린 시절 가정형편이 어려워 다른 아이들처럼 축구나 스케이트보다 돈이 안 드는 달리기에 흥미를 느끼게 되었다.

1928년 약죽보통학교를 졸업한 손기정은 선생님의 권유로 공부와 운동을 병행하기 위해 일본에 갔으나 아무런 성과 없이 돌아왔다. 그는 신의주로 돌아와 동익상회에 취직해 자신이 가장 잘할 수 있는 것은 달리기라는 사실을 잊지 않고 일이 끝나면 틈나는 대로 달리기 연습에 몰두하였다(손기정, 1983: 45-49).

그러던 중 손기정은 조선신궁경기대회 지역예선에 출전해 5,000m에서 우승을 하며 평안북도 대표선수로 뽑혔다. 그래서 1931년 10월 제7회 조선신궁경기대회 5,000m에 출전해 조선신기록으로 우승을 차지하였다. 이 여세를 몰아 그는 이듬해 봄 경영마라톤에서 2등을 하며 양정고등보통학교에 입학하였다(손기정, 1936a: 31-33).

그 후 손기정은 양정고등보통학교의 육상선수로서 조선신궁경기대회를 비롯한 각종 국내경기대회, 일본에서 개최된 메이지신궁체육대회, 전 일본마라톤대회에 출전해 비록 비공인이지만 3번의 세계신기록을 수립해서 마라톤계의 1인자로 군림하며 자신의 실력을 유감없이 발휘하였다.

이러한 활약에 힘입어 손기정은 마침내 1936년 베를린올림픽대회 마라톤에서 우승을 차지하였다. 손기정의 마라톤 우승 소식은 일본과 조선의 전국 방방곡곡에 퍼져나갔다. 그러나 우승의 기쁨도 잠시 동아일보의 이길용 기자에 의한 일장기 말소사건으로 결국 선수생활을 그만두게 되었다.

1937년 손기정은 양정고등보통학교를 졸업한 후 도쿄고등사범학교(현재 츠쿠바대학) 체육과에 응시했으나 낙방하고 김성수의 덕택으로 보성전문학교에 입학하였다. 그러나 그에 대한 일제의 감시로 그만두고 일본으로 건너가 정상희와 권태하의 주선으로 다시는 운동하지 않겠다는 조건으로 메이지대학에 입학하였다(고두현, 1997: 357-359).

1945년 광복을 맞이하자 우리 체육계는 제자리를 잡기 위해 바쁜 나날을 보냈다. 이러한 상황에서 손기정을 비롯한 육상인들은 9월 23일 조선육상경기연맹을 설립하였다. 그리고 이듬해 베를린올림픽대회 제패 10주년을 맞이해 손기정 등은 조선마라톤보급회를 조직하고 자신의 집에 마라톤 합숙소라는 현판을 걸고 마라톤 보급을 위해 노력하였다.

그 후 손기정은 1947년 보스턴마라톤대회 감독, 1948년 대한체육회 부회장, 1952년 헬싱키올림픽대회 코치, 1963년 대한육상경기연맹 회장, 1966년 방콕아시아경기대회 선수단장 등을 역임하며 한국마라톤, 나아가 한국스포츠의 발전에 많은 공헌을 하였다. 그 공로로 1957년 대한민국 체육상, 1970년 국민훈장 모란장을 받았다. 그리고 1972년 뮌헨올림픽대회, 1976년 몬트리올올림픽대회, 1984년 로스앤젤레스올림픽대회 때에는 조직위원회로부터 특별초청을 받기도 하였다. 또한 1988년 서울올림픽대회 때에는 성화 주자로 나서기도 하였다. 그리고 2002년 11월 90세의 나이로 타계하였다.

2) 손기정의 스포츠 활동

(1) 선수로서 활동

손기정이 처음으로 출전한 공식대회는 1931년 10월에 개최된 제7회 조선신궁경기대회였다. 이 대회에서 손기정은 평안북도 대표로 출전해 5,000m에서 우승을 차지하였다(경성일보, 1931.10.17.). 또한 손기정은 이 대회를 통해 김은배가 마라톤에서 세계신기록을 수립해 그 명성이 널리 알려져 있다는 것을 알게 되어 자신도 그렇게 되고자 결심하였다(손기정, 1936a: 32). 이처럼 손기정은 공식대회에서 우승과 더불어 마라톤을 알게 되었고 세계신기록에 도전해보겠다는 새로운 목표를 세우게 되었는데 이러한 그의 목표는 나중에 올림픽대회 마라톤 제패라는 결실을 맺게 되었다.

　1932년 3월 손기정은 마라톤 데뷔전을 치르기 위해 경영마라톤에 출전해 준우승을 차지하며 이를 계기로 육상 명문 양정고등보통학교에 입학하였다. 양정고등보통학교에 입학한 손기정은 1933년 권태하에게서 뜻밖의 편지를 받았는데 이 편지는 손기정이 정식 마라토너로 전환하는 직접적인 역할을 하였다. 그 내용을 보면 "손기정군 나는 올림픽에 출전했으나 실패했네. 나는 손 군과 함께 연습하면서 손 군이 가진 뛰어난 마라톤 소질을 보았네. 손 군이라면 틀림없이 세계마라톤을 제패할 수 있다고 생각하네. 지금부터라도 정식 마라톤을 시작하게. 그래서 꼭 세계마라톤을 제패해 저 일본사람들의 콧대를 눌러 주게" 라고 되어있다(손기정, 1983: 89).

　이에 대해 손기정은 권태하 선배의 편지는 내가 올림픽대회 마라톤을 인생 최대의 결전장으로 목표를 정하는데 결정적인 요인이 되었다. 그 편지가 없었다면 나는 마라톤을 그 정도로 열심히 하지는 않았을 것이다(鎌田忠良, 1988: 163-164). 이와 같이 권태하는 손기정의 타고난 마라톤 소질을 파악하고 올림픽대회 마라톤에서 우승을 차지해 일본인들의 기를 누르고 자신이 못다 한 꿈을 실현해주길 바란다고 했던 것이다. 이렇게 해서 손기정은 점차 마라토너로 준비를 하며 그의 인생 최대의 목표도 선배들이 도전했다가 실패한 올림픽대회 마라톤 우승으로 바뀌게 되었다.

　그 후 손기정은 국내외의 각종 경기대회에 출전해 좋은 성적을 거두었는데 그 주된 내용을 보면 [표 6-5]와 같다. 1933년 권태하에게 편지를 받기 전에는 주로 중·장거리에 출전했으나 편지를 받은 후에는 중·장거리 뿐만 아니라 계주, 마라톤에도 출전하였다. 그리고 1933년 10월 제9회 조선신궁봉찬체육대회와 1935년 제1회 전조선마라톤대회에서는 비공인 세계신기록으로 우승을 차지하기도 하였다. 특히 손기정은 1935년 11월 3일 베를린올림픽대회 대표선발전을 겸해 열린 제8회 메이지신궁체육대회에 출전해 2시간 26분 42초로 세계신기록을 수립하며 출전권을 획득하기도 하였다.

표 6-5. 손기정의 각종 경기대회 주된 기록

대회	연도	종목	성적
제7회 조선신궁경기대회	1931.10.17	5,000m	우승
제2회 경영마라톤대회	1932.3.21	마라톤	준우승
제10회 전조선중등학교육상대회	1932.9.23	1,500m	우승
제8회 조선신궁경기대회	1932.10.16	1만m	준우승
제9회 조선신궁봉찬체육대회	1933.10.19	마라톤	우승(세계신기록)
제3회 중등학교육상대회	1934.6.10	400m	우승

제10회 조선신궁봉찬체육대회	1934.10.16	마라톤	우승
제15회 전조선종합경기대회	1934.11.14	1,500m	우승
제1회 전일본마라톤대회	1935.3.21	마라톤	우승(세계신기록)
제1회 전조선마라톤대회	1935.4.28	마라톤	우승(세계신기록)
제21회 전 일본중등학교육상대회	1935.8.25	1,600m계주	우승
제11회 조선신궁봉찬체육대회	1935.10.21	마라톤	준우승
제8회 메이지신궁체육대회	1935.11.3	마라톤	우승(세계신기록)

1936년 8월 9일 베를린올림픽대회 마라톤이 시작되었다. 이때 손기정은 "몸과 마음의 모든 준비는 끝났다. 쾌적한 기분이었다. 이번 기회를 놓치면 마지막이다. 4년 후에 또 나올 수나 있을까? 반드시 이겨야 한다. 내 기록을 내고도 진다면 할 수 없는 일이라고 생각하며 마음의 여유를 찾았다. 결승 테이프를 끊은 시간은 2시간 29분 19초, 국제대회에서 처음 30분대의 벽이 무너지는 순간이었다."고 회고하였다(이병권, 1983: 211-213). 여기서 손기정의 우승한 후 시상대에 선 모습을 보면 [그림 6-11]과 같다.

그림 6-11. 우승 후 시상대에 선 손기정의 모습 (출처: 손환 소장)

손기정이 우승하자 「동아일보」와 「조선일보」는 손기정이 인류 최대의 영예인 올림픽대회 마라톤에서 각국의 선수를 물리치고 우승을 차지해서 민족의 영예와 자신감을 심어주었다고 대대적으로 보도하기 위해 호외를 발행하였다. 또한 손기정의 우승 소식이 전해지자 전국각지에서 학자금 보장, 기념탑 및 체육관 건립, 동상 건립, 구두 제공, 연극 공개 등이 행해졌는데(森田邦夫, 1936: 2-3), 이는 당시 국민의 성원이 어느 정도였는지 단적으로 보여주는 것이라고 할 수 있다.

한편 손기정은 우승 후 현지의 사람들에게 사인을 요청받아 국명을 "JAPAN"이 아니라 "KO-REA"로, 이름도 "孫基禎"이 아니라 한글로 "손긔졍"이라고 해주었다. 그리고 손기정은 베를린에 거주하고 있던 안봉근(안중근의 사촌 동생)의 집에서 우리의 국기인 태극기를 처음으로 보고 이를 통해 다시 한번 조국애와 민족의식을 느끼게 되었다(동아일보, 1976.1.24.).

또한 손기정의 우승은 당시 미국과 중국 등지에서 독립운동을 하고 있던 민족지도자들에게도 많은 영향을 주었다. 미국의 이승만은 한국을 알리는 계기가 되었다고 했으며 중국에서는 장제스가 2억 인구의 중국인이 못한 일을 2천만 인구의 조선인이 해냈다며 놀랐다고 하였다(이준승 면담, 2012.4.19).

그러나 기쁨도 잠시 1936년 8월 25일 동아일보 석간에 손기정의 가슴에 있는 일장기가 지워진 채 게재되었다. 이것이 그 유명한 동아일보 일장기 말소사건이다. 이 사건으로 인해 동아일보사는 정간 처분을 받았고 손기정은 마라톤을 그만두게 되었다.

(2) 지도자로서 활동

1945년 광복을 맞이하자 손기정을 비롯한 육상인들은 그해 9월 23일 권태하의 사무실에서 조선육상경기연맹을 설립하였다. 이듬해 8월 9일 베를린올림픽대회 제패 10주년을 기념하기 위해 동아일보사는 "회상의 저녁"이라는 행사를 개최하였다. 이 행사가 끝난 뒤 권태하의 집에서 김은배, 남승룡, 이길용, 손기정 등이 모여 2년 후 런던올림픽대회를 대비해 조선마라톤보급회를 조직하기로 뜻을 모았다. 권태하가 위원장, 김은배가 총무, 남승룡과 손기정이 지도원을 맡았다. 조선마라톤보급회는 안암동의 손기정 집에 마라톤 합숙소의 현판까지 걸고 4개의 방을 전국각지에서 모여든 신인 유망주들에게 내주고 훈련시켰다(고두현, 1997: 369-371).

조선마라톤보급회의 활동을 시작하면서 가장 뛰어난 인재는 서윤복이었다. 그는 원래 중거리 선수였으나 마라톤 연습을 통해 국내 선수권을 차지하면서 일약 최고의 마라토너로 발돋움하였다.

손기정이 지도자로서 거둔 첫 번째 성과는 1947년 보스턴마라톤대회였다. 이 대회에서 감독으로 선수를 인솔한 손기정은 서윤복의 우승으로 지도자로서 그의 진가를 발휘하였다. 또한 1950년 4월 19일에는 두 번째로 보스턴마라톤대회에 참가해 손기정은 코치로서 함기용, 송길윤, 최윤칠 등 3명의 선수를 인솔하였다. 이 대회에서는 공교롭게도 우리 선수가 1위부터 3위까지 차지하는 쾌거를 거두었다.

당시 서윤복은 "먹고 살기 어려웠던 시절 후배들을 돈암동 자택으로 불러 먹이고 재우며 훈련을 시켰고 훈련비를 마련하기 위해 은행을 돌아다니며 모금운동을 한 것은 선생님만이 할 수 있는 일이었다"고 하였고(중앙일보, 2002.11.16.), 함기용은 "선생님은 돈암동 자택에서 어린 선수들을 재우고 먹이며 손수 합숙훈련을 시켰고 여기저기 후원금을 받으러 다녔다"고 회고하였다(동아일보, 2002.11.16.). 이처럼 제자들의 회고를 통해 손기정은 자택에 합숙소를 마련하고 직접 훈련을 통해 후계자 양성에 심혈을 기울였으며, 특히 훈련비 마련을 위해 직접 뛰어다니며 한국마라톤의 발전을 위해 크게 노력을 하였다는 것을 알 수 있다.

1953년 전쟁이 끝나자 손기정은 전국을 돌아다니며 유망한 인재의 발굴에 나서 대구에서 마라톤에 뛰어난 자질을 가지고 있는 이창훈을 만나 양정중학교에 입학시켰다. 그는 기대했던 대로 점차 두각을 나타내더니 2학년 때인 1956년 멜버른올림픽대회의 대표로 선발되었고, 1958년 도쿄아시아경기대회에서 우승을 차지하기도 하였다(고두현, 2003: 89-92). 이처럼 손기정은 서윤복, 함기용, 이창훈 등 국제마라톤대회에서 좋은 성적으로 국위를 선양한 선수들을 양성했다는 공로로 1957년 대한민국 체육상(지도자상)을 받았다.

그리고 1979년 손기정을 비롯해 김은배, 서윤복, 최윤칠, 함기용 등은 한국마라톤의 장래를 생각해 마라톤후원회 준비위원회를 조직하고 손기정은 준비위원장을 맡았다. 이러한 노력의 결실로 현재는 대한육상연맹 내에 마라톤강화위원회가 조직되어 5,000m, 1만m, 마라톤 등 장거리선수의 지도를 맡고 있으며, 또한 별개의 단체로 재정을 담당할 한국마라톤후원회도 조직되었다. 이와 같이 손기정은 지도자로서 선수시절의 경험을 토대로 후계자 양성을 위해 전국을 돌아다니며 선수발굴에 힘쓴 결과 국제무대에서 한국마라톤의 위상을 알리는 데 많은 역할을 하였다.

3) 손기정의 스포츠사상

손기정의 스포츠사상은 자서전, 잡지, 신문에 게재한 내용을 통해 알 수 있는데 그 성격에 따라 교육관, 체육관, 국가관으로 나누어 살펴볼 수 있다.

(1) 교육관

손기정은 1936년 베를린올림픽대회 마라톤에서 올림픽 신기록을 수립하며 우승하였다. 그런데 동아일보 이길용 기자의 일장기 말소사건으로 어쩔 수 없이 선수생활을 그만두게 되었다. 이로 인해 손기정은 마라톤 육성을 위해 지도자의 길을 선택하였다. 그 계기는 1935년 제1회 전 일본마라톤대회에서 우승했을 때 손기정은 일본선수의 경우 훌륭한 지도자 밑에서 지도를 받아 가며 연습하고 있는 것에 비해 당시 지도자가 없는 조선스포츠계의 현실과 운동선수에 대한 조선사회의 무관심 속에서 자신뿐만 아니라 조선의 운동선수의 처지를 한탄하였다(손기정, 1936b: 178-179).

또한 손기정은 베를린올림픽대회를 앞두고 어려운 집안 사정과 일제의 식민지지배 하 조선에서 장래의 비전 없는 운동선수 생활에 비애와 환멸을 느껴 이번 올림픽대회가 자신의 마지막 무대가 될 것이고 중학교를 졸업하면 집안을 위해 마라톤을 그만두려고 하였다(손기정, 1936b: 180). 그래서 손기정은 1940년 조선저축은행에 입사해 지도자로 변신하였다. 그리고 후계자 양성을 위해 조선일보사 김동환 기자와의 면담에서 손기정은 올림픽대회 우승 후 자신과 스포츠에 대한 사회의 무관심을 지적하고 후계자 양성을 위해서는 그 분야의 뛰어난 경험자의 역할이 필요하다고 하였다. 또한 기회가 되면 학교에서 겸허한 자세로 최선을 다해 후계자를 양성할 것이라고 자신의 포부를 밝히는 한편 외국처럼 지역사회에 운동장 설치의 필요성에 대해서도 언급하였다(김동환, 1940: 63-64).

이러한 손기정의 결심은 계속되었는데 1976년 대한체육회 체육회관 강당에서 베를린올림픽대회 마라톤 제패 40주년 기념식이 열렸다. 이 자리에서 손기정은 "나라 없을 때도 이기던 우리 마라톤이 제 나라를 가진 지금은 왜 못 이깁니까? 후배들을 위해 한 일이 없다고 생각할 때 자신이 부끄럽기도 합니다. 여생이나마 마라톤 재건을 위해 바치겠습니다."라며 자신의 심정을 토로하였다(손기정, 1983: 276). 이처럼 손기정은 한국마라톤이 점점 쇠퇴해 세계 수준과 멀어지고 있는 현실을 직시하는 한편 1976년 몬트리올올림픽대회 마라톤에 출전한 선수가 없었다는 것을 알고 앞으로 한국마라톤의 재건을 위해 여생을 바치겠다고 다짐을 하였다.

그 후 손기정은 1979년 김은배, 서윤복, 최윤칠, 함기용 등과 함께 한국마라톤의 새로운 발전책을 강구하기 위해 마라톤후원회 준비위원회를 조직하였다. 이 준비위원회의 사명은 후배 선수를 과학적으로 지도하고 기금을 마련해 집중훈련을 시켜 한국 최고기록을 끌어올리는 데 있었다. 손기정은 마라톤에 대한 마지막 봉사의 기회로 알고 준비위원장을 맡았다(손기정, 1983: 289-290).

한편 손기정은 조선마라톤보급회를 조직해 후진 양성을 할 때 생활신조로 삼은 것이 도박근절이었다. 그래서 선수들에게 절대로 도박을 못하게 하였다. 그 이유는 선수들에게 승패가 빨리 결정 나고 지고 나면 패배에 익숙해져 포기를 빨리하는 것을 방지하기 위해 도박을 못하게 하였다(이준승 면담. 2012.4.19.).

이와 같이 손기정은 지도자 없는 조선스포츠계와 운동선수에 대한 사회의 무관심을 한탄하며 후계자 양성을 위해 조선마라톤보급회와 마라톤후원회 준비위원회를 조직하였다. 그리고 포기하지 않고 열심히 연습했을 때 반드시 결실을 맺을 수 있다는 철학을 통해 그의 투철한 교육관을 엿볼 수 있다.

(2) 체육관

손기정은 은퇴 후 지도자로서 활동을 하며 당시 조선스포츠계의 한계와 문제점을 지적하며 조선의 체육진흥을 위해 4가지를 제시하였다(손기정, 1941: 191-193). 그 내용을 보면 첫째, 일반체육의 보급과 지도자의 양성이 시급하다. 둘째, 일반종목을 구별해 선수를 배출하기 위해 대항전이 필요하다. 셋째, 일반체육 향상, 보급을 위해 각 회사, 공장 등에 운동지도자를 두어 일정한 시간에 국민체조를 시키도록 해야 한다. 넷째, 외국의 경우 선수는 학생은 물론 사회인 중에서 많이 배출되지만 조선은 그렇지 못하다. 이러한 원인은 첫째, 사회인에게 운동을 장려하지 않으며 운동을 위한 시설이나 시간을 주지 않아 선수가 배출되지 않는다. 둘째, 여자선수는 학교를 졸업하면 잊혀 진다. 셋째, 조선인이 세계를 제패할 수 있는 운동종목의 육성을 강조하였다.

한편 일제에 의한 태평양전쟁으로 전시체제가 되자 손기정은 운동의 중심이 개인에서 단체로, 흥미에서 민중보건으로, 다시 군사적인 것으로 비약하였다(손기정, 1943a: 161). 이러한 현상은 국가와 사회의 긴급한 요구에 따른 것이지만 운동 목표의 가장 근본은 민중보건에 있다고 하였다. 그리고 전시 하 청소년의 건강상태는 국가의 운명을 좌우하는데 실제로 국민학교를 졸업한 후 징병연령까지의 기간을 보면 주위의 무관심에 따른 조직적 훈련 기회의 상실, 어려운 가정형편에 따른 충분한 영양섭취 부족 등의 문제점도 지적하였다.

또한 청소년의 후생운동을 위해 지역에 보건광장을 만들어 간단한 운동기구를 설치하거나 교외에서 야외활동을 실시하는 것이 좋다고 하였다. 아울러 야외활동은 대자연을 대상으로 체력증진과 단체훈련, 상부상조의 정신을 함양할 수 있는 등산을 강조하였다. 특히 등산 시 여자는 옷차림, 남자는 담뱃불과 조리 후의 불 처리 등을 주의해야할 사항으로 제시하였으며 등산은 일상생활의 도피처가 아니라 도시생활의 연장이어야 한다고 하였다(손기정, 1943b: 59). 이것은 오늘날에도 통용될 수 있는, 즉 등산할 때 반드시 등산객이 지켜야 할 기본적인 예절이라고 할 수 있겠다.

손기정은 동서고금을 막론하고 발전한 민족이나 국민은 모두 바다로 진출하였는데 우리도 적극적으로 바다에 진출하기 위한 일환으로 수영의 필요성을 강조하였다(손기정, 1943c: 97). 그 내용을 보면 우리는 반도이면서 수영이 위험하다는 이유만으로 등한시 해 앞으로는 수영의 필요성을 인식하고 수영장 시설의 확충이 시급하다고 하였다. 이처럼 손기정은 전시체제하 대부분의 스포츠 활동이 제한되고 군사적인 것으로 변화하는 상황 속에서 장래 국가의 운명은 청소년의 건강에 있음을 알고 후생운동, 등산, 수영 등 야외활동을 중시하였다.

그리고 손기정은 평소에도 체육관련 내용의 스크랩을 통해 체육에 많은 관심을 가지고 있었는데, 특히 광복이후 한국을 국제사회에 알리기 위한 최선의 방법은 스포츠를 통한 국위선양밖에 없다고 인식하고 있었다.

(3) 국가관

손기정의 민족의식은 1935년 양정고등보통학교 4학년 여름방학 후 경성운동장에서 숙명여자고등보통학교와 제일고등여학교의 농구시합 응원사건에서 시작되었다.

이 응원사건은 숙명여자고등보통학교가 일본인 학교인 제일고등여학교를 이기고 있는 상황에서 양정고등보통학교 육상부가 열렬하게 응원하고 있었다. 그런데 심판이 시합을 일방적으로 중단시켰다. 이에 대해 손기정은 항의했으나 결국 시합은 중지되고 말았다. 이 일로 손기정은 불량한 조선학생이 되어 1주일간 정학처분을 받게 되었다(동아일보. 1976.1.10.). 이 사건은 손기정의 민족의식을 싹트게 하는 계기가 되었다. 당시의 상황에 대해 손기정은 "조선총독부는 일제에 반항적인 태도를 취한 불량 조선학생에게 정학처분을 내린 일로 만족의 웃음을 띠었는지 모르겠으나 조선청년의 민족의식을 불타오르게 하고 분기시킨 것은 알아채지 못했다."고 회고 하였다(鎌田忠良, 1988: 40).

그리고 손기정의 민족의식을 확인할 수 있고 조국애를 일깨워 준 것은 1935년 11월 올림픽대회 대표 선발전을 겸해 열린 제8회 메이지신궁체육대회였다. 이때 손기정은 지난여름 정학처분을 머릿속에 떠올리며 "좋아 오늘은 죽을 각오로 달린다. 일본인에게 백의민족의 저력을 보여줄 것이다"고 결심하였다(鎌田忠良, 1988: 38-40).

이 대회에서 손기정은 2시간 26분 42초라는 경이적인 세계신기록을 수립하며 우승하였다. 세계신기록을 축하하기 위해 시상대에 섰을 때 기미가요가 연주되자 손기정은 눈물을 흘리며 당시 인솔교사인 김연창에게 왜 우리나라는 국가가 없습니까. 왜 기미가요가 조선의 국가입니까 라며 분개하였다(鎌田忠良, 1988: 47).

손기정이 마라톤 세계신기록을 수립한 다음 일본의 국가 기미가요에 대한 의문을 가지고 그가 울면서 호소한 것은 일본에는 전혀 알려지지 않은 사실이다. 지금까지 알려진 것은 베를린올림픽대회에서 우승한 후 사인을 "JAPAN"이 아니라 "KOREA"라 하고 이름도 "손긔정"이라고 하였다. 이러한 국명과 한글 사인은 우승 후 갑자기 나온 것이 아니라 올림픽대회 전에 나왔었다는 것을 알 수 있다.

손기정의 조국애와 민족의식은 "올림픽 마라톤 우승은 나 개인에게는 경기인으로서 최고의 영광을 주었지만 24세의 조선 청년에게 조국에 대한 개념을 크게 일깨워주는 사건이었다."고 베를린올림픽대회에서 자신이 느낀 심정을 회고한 내용을 통해 알 수 있다(동아일보. 1976.1.24.). 이러한 손기정의 국가관은 1998년 IMF시절 삼성의 광고에 무료로 출연한 것을 통해서도 엿볼 수 있다. 손기정은 국민에게 할 수 있다는 믿음을 주기 위해 삼성의 공익광고 출연 섭외가 들어왔을 때 80세가 넘은 고령임에도 불구하고 실의에 빠져있는 국민에게 자신감을 심어주기 위해 무료로 출연하였는데 이를 통해 그의 투철한 국가관을 다시 한번 확인할 수 있다.

그리고 손기정은 1990년대 중반 자신의 인생을 돌이켜보며 본인의 삶은 치열한 극일(克日)이었지만 이제는 일본을 극복했다고 생각해 친일(親日), 즉 일본과 사이좋게 지내야 한다고 하였다.

Ⅶ부
광복 이후의 체육

제7부에서는 광복 이후의 체육을 살펴본다. 광복 이후 체육은 1장 체육행정조직 및 체육단체, 2장 생활체육, 3장 여성체육, 4장 남북체육교류로 나누었다.

1장 체육행정조직 및 체육단체는 광복이후 대한민국이 지금의 체육강국으로 성장하기까지의 체육행정조직과 민간 체육단체의 생성과 변천과정, 그리고 설립목적을 이해하는데 중점을 두었다. 국내 체육행정조직 및 체육단체 변천과정을 볼 때, 시대적인 요구에 따라 행정조직의 규모의 변화가 있었으며, 새로운 체육단체의 생성과 단체간의 통폐합도 진행되었다. 이러한 변천과정을 통해 향후 방향성을 가름할 수 있을 것이다.

2장 생활체육은 생활체육의 개념, 특성, 의의 등 현황을 중심으로 그동안의 우리나라 생활체육의 변화와 발전 등을 살펴보았다. 정부별 체육정책 중 생활체육 정책 역사를 비교 분석은 그동안의 생활체육에 대한 이해는 물론 미래 생활체육의 방향성을 설정할 수 있다.

3장 여성체육은 여성체육의 전개 과정을 알아보기 위하여 국내 여성체육의 태동과 발전, 여성생활체육의 참여양상, 여성전문체육의 국제무대 진출과 활약상을 중심으로 살펴보았다. 이를 통해서 여성체육사의 전반적인 이해를 돕고 미래의 여성체육이 추구해야 할 방향성을 가늠해보는 기회를 제공한다.

4장 남북체육교류에서는 남북체육교류・협력의 의의 및 기능을 알아보고, 남북체육교류・협력은 어떠한 법적・제도적 기반에 의해 이루어지고 있는지를 살펴본다. 이와 함께 남북 분단 이후 전개되었던 남북체육교류에 관해서 남북단일팀 구성과 남북 스포츠 친선교류 과정을 중심으로 살펴본다.

1장 체육행정조직 및 체육단체

하웅용

 학습목표

- 광복 이후 국가 체육행정조직의 변천사를 살펴본다.
- 대한민국 민간 체육 단체의 생성과 설립목적을 이해한다.
- 국가 체육행정조직과 민간 체육단체 간의 관계를 이해한다.

1. 국가 체육행정조직의 변천사

정부수립 직후 우리나라 정부는 체육을 통해 국민의 건강을 도모하고 국가와 사회발전에 선도적으로 이바지하기 위해 건민 체육사상을 바탕으로 다양한 체육 활동을 끌어내고 있다. 정부는 국가 차원에서 국민의 체육 증진, 건전한 정신 함양, 활력 있는 국민 생활, 국위 선양 등을 주된 체육진흥 정책 내용으로 학교체육, 생활체육, 전문체육으로 구분하여 정책을 수반하고 있다. 우리나라 정부는 이러한 체육의 목적을 바탕으로 국민체육진흥법을 제정하였고 시대적 필요에 따라 체육행정조직이 변천해왔다. 광복 직후 우리나라 국가 체육행정은 문교부(현 교육부) 체육과가 담당하였다. 당시 1개 체육과로서 국가 체육 정책을 수행하는 데 어려움이 컸다.

군부세력이 정권을 획득한 제3공화국은 근대화의 기치를 앞세워 사회구조 전반에 걸친 개혁에 착수하였다. 이러한 근대화의 바람은 체육 분야도 예외는 아니었다. 당시 정부는 '체력은 국력'이라는 모토를 내세워 국가주도 체육 정책을 체계화하기 시작하였다. 정부의 국가주의에 바탕을 둔 전문체육 진흥정책은 체육을 통한 국위 선양과 이를 지탱할 우수선수 육성 등의 다양한 정책과 법안이 이어졌다(하남길 외, 2007). 국가 차원에서 체육행정의 중요성이 인식되면서 체육을 담당하는 중앙부처도 문교부 체육과에서 체육국으로 확대 개편되었다. 체육국은 대한체육회를 통해 체육을 진흥하고, 시·도 교육위원회(현 교육청)를 통해 학교체육을 진흥시켰다. 이러한 정책의 하나로 정부는 초등학교부터 대학에 이르기까지 보건 체육 시간을 대폭 늘리고 입시전형에서도 체능검사를 부과하며 학교체육의 강화에 힘썼다. 이로써 문교부 체육국은 정부 차원으로 학교체육과 국민체육을 체계적으로 발전시켰다.

국내 정치적으로 불안했던 제5공화국이었지만, 이 시기를 걸치면서 한국은 체육 강국으로 올라서게 되었다. 중앙부처에 체육전담기구인 체육부를 설치하는 등 정부주도의 체육행정으로 서울올림픽대회와 서울아시아경기대회를 성공적으로 개최하였고, 프로스포츠의 새로운 개막을 선보이기도 하였다. 또한, 생활체육 진흥정책의 확대로 일반 대중들도 체육을 쉽게 접하게 되었다. 서울올림픽 이후 정부는 1990년 12월 체육부가 체육청소년부로 명칭이 변경되어 기존의 체육업무와 더불어 청소년업무를 함께 수반하게 되었다.

1993년 문민정부에 이르러서는 1993년 문화와 체육청소년부를 통합하여 문화체육부로 개편, 생활체육 정책을 중점적으로 추진하였다. 당시 문민정부는 '스포츠 공화국'이라 불리던 전문체육 위주의 국가주의적 체육 정책에 대한 비판을 인식하여 체육 정책의 중심을 전문체육에서 생활체육 위주로 급격히 이동시켜 정책적 균형이 상실되는 결과를 초래하였다. 국가 중심의 체육 정책은 소관 업무를 모두 문화관광부로 이관하였고 체육행정은 대폭 축소되었다(하웅용 외, 2018: 327).

이렇듯 중앙부처에서 체육업무가 축소됨에 따라 국가의 체육정책 중 특히 학교체육이 축소되었는데 이는 체육업무가 체육부에서 체육청소년부, 문화체육부, 문화관광부로 개편되면서 담당 부서 조차도 없어졌기 때문이었다. 이로 인해 중·고등학교 체육 시간의 대폭축소, 학생체력장 제도와 입시 체력검사제도 폐지 등으로 학교체육의 위기를 초래하였다. 이러한 학교체육의 부실은 학생들의 체력 저하는 물론, 학원 체육을 바탕으로 삼는 전문체육의 기반을 약화하는 결과를 낳았다. 즉 정부는 국가 체육의 3대 분야인 학교체육, 생활체육, 전문체육 등의 조화로운 발전을 추구하고, 이를 통해 국민의 건강과 삶의 질을 향상시키고자 하였다.

현재 체육업무를 담당하는 중앙부처는 문화체육관광부(Ministry of Culture, Sports and Tourism)로 2008년 2월 이명박 정부 출범과 함께 정부조직이 개편되었다. 문화체육관광부 조직 내에는 체육을 담당하는 체육국에 체육협력관과 체육정책과, 체육진흥과, 체육산업과, 국제체육과, 장애인체육과, 스포츠유산팀 등의 부서가 있다(문화체육관광부 홈페이지).

2. 대한민국의 민간 체육단체

현재 우리나라 국민체육진흥법에 의거 법적 지위를 받은 체육단체로는 대한체육회, 대한장애인체육회, 국민체육진흥공단, 한국도핑방지위원회 등이 있다. 대한체육회와 대한장애인체육회 산하에 각종목별 경기단체들과 시·도 체육회와 장애인체육회가 있어 한국의 체육을 이끌고 있다. 국민체육진흥공단은 체육 재정의 든든한 후원자이며, 한국도핑방지위원회는 약물로부터 선수를 보호하고 공정한 체육 환경을 조성하기 위해 조직된 민간 체육단체이다. 이외에도 2016년 3월 21일 대한체육회와 통합하면서 해체된 국내 생활체육을 총괄했던 국민생활체육회가 있었으며, 다양한 체육활동에서의 안전을 도모하기 위한 스포츠안전재단, 국내 대학과 초·중·고등학교 학원 스포츠 발전을 위한 한국대학스포츠협의회와 학교체육진흥회 등이 포진하고 있다.

가. 대한체육회

　대한체육회는 우리나라 체육단체의 역사이다. 대한체육회는 1920년 조선체육회로 설립되어 체육 경기단체를 통괄함은 물론 일제강점기에 있어 우리 민족의 얼과 건전한 신체를 육성하는 데 이바지해왔다. 조선체육회는 도쿄 유학생들과 국내 체육인들이 중심이 됐고 민족 지도자들이 찬동해 힘을 보탰다. 조선체육회는 단순한 경기단체가 아니라 체육을 통해 우리 겨레의 몸과 마음을 튼튼히 만들어 나라를 되찾는 원동력으로 삼고자 하였다.

　조선체육회는 전조선야구대회를 비롯해 축구, 정구, 육상 등 각 종목의 대회를 개최하였고, 1929년에는 종전과 달리 전조선야구대회, 전조선정구대회, 전조선육상경기대회를 하나로 묶어 개막하였다. 그러나 기록상으로는 각각 제10회 전조선야구대회, 제9회 전조선정구대회, 제6회 전조선육상경기대회 등으로 남아 있다. 1930년에는 수영과 전조선역도대회를 창설하였다. 1934년에는 4일에 걸쳐 전조선종합경기대회를 본격적으로 개최하였고, 1920년 단일 종목인 전국야구대회를 효시로 대회의 순회를 매기어 제15회로 하였다. 그러나 이도 잠시 1937년 일본은 중·일전쟁에 혈안이 되어 우리의 민간단체를 모두 일본인 기관에 흡수하였고, 조선체육회도 일본 체육기관인 조선체육협회에 강제 통합되었다(대한체육회, 2010: 158~161).

　조선체육회는 1948년 정부수립 후 대한체육회로 개칭하고, 지금까지 명실상부한 한국 체육진흥의 중심단체로 그 역할을 다하고 있다. 대한체육회는 1945년 10월 제26회 전국체육대회로서 '자유해방 경축 전국종합경기대회'를 개최하였고 1946년에는 '조선올림픽대회'라는 이름으로 서울운동장(동대문운동장)에서 제27회 전국체육대회를 개최하였다. 대회 명칭이 조선올림픽대회라고 한 이유는 전국체육대회라는 명칭이 정착되지 않았고, 1948년 런던올림픽 출전에 대한 열망으로 여겨진다.

　광복 후 극심한 이념적 갈등과 이로 인한 사회적 혼란은 결국 1950년 한국전쟁이란 동족 간의 비극으로 확대되었다. 체육계 역시도 한국전쟁으로 시련을 맞게 되었다. 그러나 대한체육회는 전쟁 중임에도 불구하고 1951년 10월 전남·광주에서 제32회 전국체육대회를 개최하였고, 15개 종목에서 2,239명의 선수가 참가하여 체육인들의 저력을 보여주었다. 종전 이듬해인 1954년 대한체육회는 사단법인 인가를 취득하여, 한국 아마추어 체육의 총본산으로서 운신의 폭을 넓혔다. 1954년 6월 정기총회에서 채택된 대한체육회 정관 제2장 목적에는 '본회는 대한민국의 아마추어 체육 운동단체를 통할 대표하여 국민체육의 향상과 운동 정신의 앙양을 기도하고 건강하고 유능한 국민을 배양함을 목적으로 한다'고 국민체육 진흥단체로서 성격을 뚜렷하게 밝히고 있다(대한체육회, 2010: 185).

1961년 5월 16일에 발발한 군사 정변으로 체육계도 잠시 혼란을 겪었으나, 1960년대는 한국 체육이 세계무대로 도약할 수 있는 발판을 마련한 시기였다. 대한체육회는 우수 신인 발굴 사업과 경기 지도자 자질 향상 사업이 본격적으로 시작하였고, 1966년 국가대표 선수들의 요람인 태릉선수촌이 문을 열었다. 1968년 정부의 주도로 학교체육회와 대한올림픽위원회를 대한체육회로 통합하였다. 이후 국민체육진흥법 제23조에 대한체육회의 목적을 "체육 운동의 범국민화, 학교체육 및 생활체육의 진흥, 우수선수 양성을 통한 국위 선양, 가맹 경기단체의 지원·육성, 올림픽 운동 확산 및 보급"에 있다고 명시하고 있어 전문체육, 학교체육, 생활체육 등을 총괄하는 명실상부한 대한민국 최고의 체육단체로 입지를 굳혔다. 이처럼 대한체육회가 올림픽과 아시아경기대회 등의 실질적인 국제 체육 업무를 총괄하였으나 대외적으로 산하 조직인 대한올림픽위원회와 혼돈되는 때가 있어 2009년에는 대한체육회와 대한올림픽위원회의 명칭 단일화를 시행하였다. 즉 한글로는 대한체육회로, 영문으로는 Korean Olympic Committee로 명시하게 되었다.

2015년 3월 27일에는 체육단체 통합 관련 국민체육진흥법이 개정, 공포됨에 따라 본격적인 통합과정이 시작되었다. 이에 문화체육관광부 훈령 제254호 '통합준비위원회 설치 및 운영에 관한 규정'에 근거하여 통합준비위원회가 구성되었으며, 2015년 6월 26일부터 20차례 회의를 거쳐 통합준비위원회에서 통합체육회의 국문 명칭을 대한체육회로 하고, 영문 명칭은 Korean Sport & Olympic Committee(약칭 KSOC)로 하기로 결정되었다. 통합 대한체육회 출범은 그동안 이원화된 체육 시스템으로 인해 단절되었던 학교체육, 생활체육, 전문체육의 벽을 허물어 체육으로 국민이 행복해지고, 사회가 건강해지는 체육 선진국으로의 도약을 목표로 하였다(대한체육회 홈페이지, 2022).

2022년 9월 현재 대한체육회 산하에는 62개의 정 가맹단체와 8개의 준가맹단체 그리고 12개의 인정단체가 있다. 광복 후 대한체육회 가맹 경기단체는 대한육상경기연맹과 대한축구협회 등 7개 경기단체로 시작하여 1940년대에 17개, 1950년대에 9개 단체가 가맹한 데 이어 1960년대에는 대한태권도협회를 비롯한 4개 단체가 대한체육회 산하로 들어왔다. 1990년대까지 대한체육회의 전체 가맹단체는 47개로 늘어났다. 이후 2009년 2월 멘탈 체육의 대표 주자인 대한바둑협회가 3년 동안의 준가맹단체를 거쳐 55번째로 정 가맹단체로 인정되었고, 2018년 10월 대한민국합기도총협회가 62번째 정 가맹단체로 인정되었다(대한체육회, 2022).

대한체육회는 전국 17개 시·도체육회, 228개 시, 군, 구 체육회가 산하단체로 가맹되어 있어 풀뿌리 체육을 담당하고 있다. 시·도체육회는 각종 경기대회는 물론 전국체육대회와 소년체육대회 등을 주최하며 각 지역 체육발전은 물론 한국체육의 미래를 위해 활발하게 움직이고 있다.

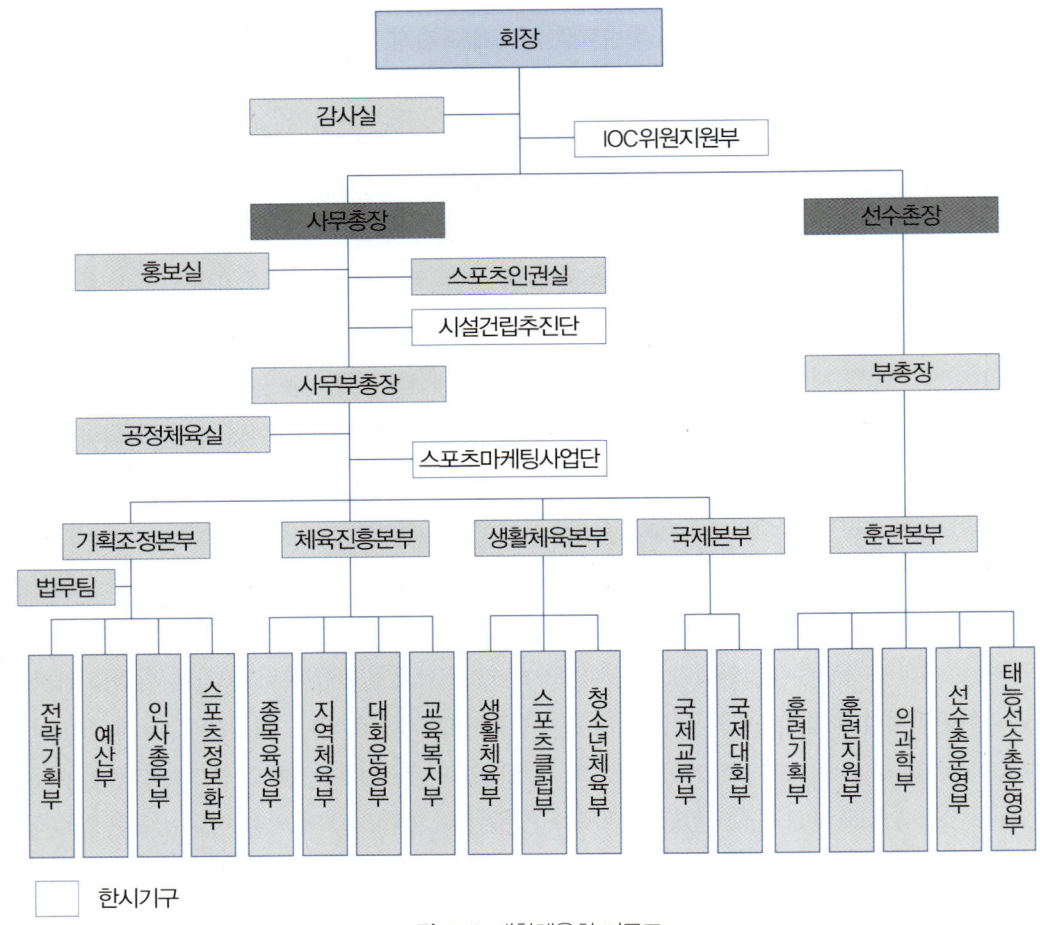

그림 7-1. 대한체육회 기구표

나. 대한올림픽위원회(Korea Olympic Committee)

대한올림픽위원회는 1948년 런던올림픽에 출전하기 위해 1947년에 발족하여 올림픽을 비롯한 국제 체육 관계 업무를 전담하였다. 대한체육회를 중심으로 각종 체육단체가 재건, 창립되는 과정 중에 국제스포츠계에 정통한 이상백과 전경무를 중심으로 '올림픽대책위원회'가 조직되었다. 올림픽대책위원회의 목적은 국제올림픽위원회(International Olympic Committee)로부터 대한민국을 대표하는 국가올림픽위원회(National Olympic Committee)를 승인받고, 1948년 런던올림픽에 참가하는 것이었다. 이러한 목적을 달성하기 위하여 올림픽대책위원회는 적극적으로 일을 추진하였고 마침내 1947년 스톡홀름에서 열린 제40차 IOC 총회에서 대한민국은 정식 IOC 회원 자격을 얻게 되었고 여운형을 초대 위원장으로 대한올림픽위원회를 발족하였다(대한체육회, 2010: 172).

이에 1948년 우리나라는 런던올림픽대회에 정식 출전국으로 참가할 수 있게 되었다. 런던올림픽은 미군정하에서 대한민국이 '꼬리아(KOREA)'라는 국명으로 태극기를 앞세워 처음 출전한 대회였다(하웅용, 2019: 10~11). 그러나 국가지원이 원활하지 못했던 때이기에 올림픽 출전에 드는 경비 조달을 위해 올림픽후원회를 결성하였고, 온 국민의 성금 모금과 '올림픽 후원권'을 발행하여 올림픽참가 경비를 마련하였다. 1948년 런던올림픽에서 우리나라 선수들은 역도에서 김성집과 권투의 한수안이 각각 동메달을 획득하여 신생 대한민국의 존재를 온 세계에 알렸다. 1952년 7월에는 정부수립 후 처음으로 헬싱키올림픽대회에 참가, 복싱의 강준호와 역도의 김성집이 각각 동메달을 차지하였다. 여기서 김성집은 선수 겸 감독으로 두 번째 올림픽에 출전한 것이었다. 그는 역도 75kg급에서 총계 382.5kg을 들어 올려 2연속, 즉 런던올림픽과 헬싱키 올림픽대회에서 연속 동메달을 획득하였다(하웅용외, 2018: 314~315).

대한올림픽위원회는 아시아경기연맹 창립과 아시아경기대회 창설을 위해 적극적으로 이바지하였으나, 1950년 제1회 뉴델리 아시아경기대회에서 우리나라는 한국전쟁으로 인하여 참가하지 못하였고, 마닐라에서 개최된 제2회 아시아경기대회에 참가하여 일본, 필리핀에 이어 3위를 차지함으로써 광복 후 10년 만에 아시아 스포츠강국으로 발돋움하였다. 이후에도 대한올림픽위원회는 올림픽대회와 아시아경기대회에 적극적인 참가와 활동을 유지하였고, 이러한 결과 1955년에는 이기붕 대한올림픽위원회 회장이 처음으로 IOC 위원으로 피선되었다.

그러나 1961년 군사정부는 유사 단체통합이라는 정부 시책에 따라 대한올림픽위원회를 대한체육회로 흡수 통합되었다. 즉 당시 민간 체육단체로는 대한체육회를 비롯하여 대한올림픽위원회, 대한학교체육회 등이 있었는데, 유사 단체 통합정책에 따라 사단법인 대한체육회로 통합시켰다. 이러한 체육단체 통폐합은 국제올림픽위원회 헌장 제24조 및 제25조에 의해 "각국 올림픽위원회의 독립과 자주성을 살려야 한다"는 조항에 맞지 않았기에 1964년 대한올림픽위원회는 다시 사단법인에 맞는 기구로 분리되었다. 이후 대한체육회와 대한올림픽위원회는 국제대회 파견에 따른 임원과 대표선수 선발에 있어 대립적 관계를 지속하였다. 이러한 대립은 결국 1966년 방콕 아시아경기대회에서 극에 다다랐다.

1966년 대한올림픽위원회와 대한체육회는 방콕아시안게임 파견 임원 선정과 대표선수 선발 문제로 대립하였고, 이러한 반목은 결국 손기정 단장이 대회 중 삭발을 하는 상황까지 벌어졌다. 이러한 반목의 결과 정부는 1968년 2월, 체육단체 일원화를 지시하였고, 대한올림픽위원회는 대한학교체육회와 함께 대한체육회로 재통합되면서 일단락이 이루어졌다. 그러나 이러한 두 체육단체의 통폐합은 IOC가 인정한 국내 유일의 국가올림픽위원회로서의 대한올림픽위원회의 독립성을 무시하는 조치로 비판을 받아왔다. IOC에 가입한 대부분의 회원국이 독립된 법인으로 국가올림픽위원회(National Olympic Committee)를 갖고 있지만, KOC는 아직도 그 독립성을 갖추지 못하고 있기에 그 문제가 제기되고 있었다.

다. 대한장애인체육회

대한장애인체육회는 2004년 장애인체육 업무가 보건복지부에서 문화관광부로 이관이 결정된 후, 2005년 7월 국민체육진흥법 개정을 통해 그 설립 근거가 마련되어 2005년 11월에 설립된 법적인 단체이다. 대한장애인체육회는 장애인의 건강 증진과 건전한 여가 생활 진작을 위한 생활체육의 활성화와 종목별 경기단체, 장애 유형별 체육단체 및 시·도 지부를 지원·육성하고 유형별 장애인체육의 균형적인 발전을 도모하며 우수한 선수와 지도자를 양성하여 국위 선양 및 국제 체육 교류 활동을 통한 국제 친선에 이바지함을 설립목적으로 하고 있다(대한장애인체육회 홈페이지).

이러한 대한장애인체육회의 설립은 국내에서 장애인체육이 단순한 복지 차원에서 벗어나 진정한 삶의 질과 건강 추구를 위한 체육으로 인정받은 것이다. 대한장애인체육회 설립 이전의 장애인체육 행정은 보건복지부의 장애인복지 사업의 업무에 불과하였다. 이에 장애인체육은 국민체육진흥법에 의한 체육진흥 사업에서 제외되었고 국가대표로 국제대회에 참가하는 장애 선수도 국가대표로서의 정당한 자격을 가질 수 없었다. 이에 장애인체육인들은 장애인체육이 국가 체육의 한 부분으로 인정받기 위해서 국민체육진흥법의 개정과 장애인체육 행정의 정부 소관 부처 이관을 추진하게 되었다. 정부는 2005년 7월 국민체육진흥법을 개정, 공포하여 대한장애인체육회 설립과 사업내용을 법으로 규정함으로써 대한장애인체육회는 대한체육회와 동등한 법적 지위를 갖게 되었다. 이에 따라 문화관광부(현 문화체육관광부)에 장애인체육을 전담하는 장애인체육과가 신설되었고, 문화관광부 산하단체로 장애인체육 행정을 전담하는 조직으로 대한장애인체육회가 출범하였다(문화체육관광부, 2008: 217-218). 또한, 2008년 4월에 장애인차별금지법이 시행됨으로써 장애인의 체육 참여와 장애인을 특별히 고려하고 정당한 편의를 제공하도록 규정하고 있다.

대한장애인체육회 정관 제36조에 따라 장애인체육 업무의 국내 업무와 국제업무를 구분하여 대한장애인올림픽위원회(Korea Paralympic Committee, KPC)를 2006년 설립하였다. 대한장애인올림픽위원회는 국제장애인체육조직과의 업무 협력을 통해 우리나라 장애인체육의 국제적 위상을 향상시키는 역할을 담당하고 있다. 2022년 2월 현재 대한장애인체육회는 32개 가맹경기단체, 한국농아인스포츠연맹, 한국시각장애인스포츠연맹 등 2개 장애유형별 체육단체 그리고 대한장애인e스포츠연맹, 대한장애인게이트볼연맹 등 2개의 준가맹단체, 그리고 12개의 인정단체가 가입되어있다. 또한, 서울, 경기, 인천 등 17개 시·도지부가 결성되어있다. 대한장애인체육회의 의사결정기구로는 대의원총회와 이사회가 있으며, 2실, 7부, 2센터 등의 실무조직을 두고 있다(대한장애인체육회, 2022).

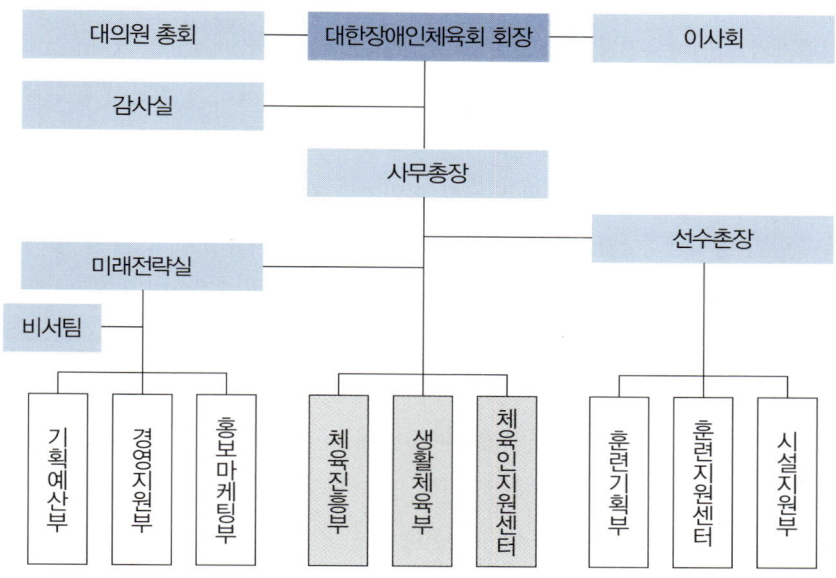

그림 7-2. 대한장애인체육회 조직도 (자료출처 : 대한장애인체육회 홈페이지)

장애인체육회가 설립된 후 장애인체육에 있어 눈에 띄는 변화는 바로 재정(財政)의 확대였다. 장애인체육 예산은 국고보조금 및 국민체육진흥기금으로 구성되어 매년 증가 추세를 보인다. 2005년도 장애인체육을 주관하던 한국장애인복지진흥회의 체육 예산은 50억 원이었으나, 2006년에는 대한장애인체육회의 사업예산은 107억으로 두 배 이상 증액되었고, 2007년 예산은 196억 원이 편성되었다. 이러한 재정 증액으로 장애인체육 종목별 경기단체와 전국 시·도지부의 설립을 활발히 추진할 수 있었다. 장애인체육회 2008년 예산은 387억으로 대폭 상향되었고, 2009년에는 451억, 2010년 225억으로 감소되었는데 이는 이천훈련원 완공으로 예산이 전년 대비 감액된 것이었다. 2011년도 장애인체육회 예산액은 337억으로 다시 상향되었으며, 2012년에는 449억, 2013년 443억, 2014년에는 496억 원이었다. 2019년도 대한장애인체육회 예산은 543억이었다. 이 예산은 장애인체육 가맹단체 지원, 장애인 생활체육 활동 지원, 장애인 선수 육성 지원, 전국장애인체육대회 개최, 장애인체육 은퇴선수 지원에 사용되었다. 이렇듯 대한장애인체육회는 장애인체육 경기력 향상 및 생활체육 활성화를 위한 요구와 정부 관심이 증가함에 따라 조직의 재정 규모는 해마다 증가하는 추세였다. 2020년 재정은 국민체육진흥기금 약 776억 원, 자체수입 약 55억 원, 기타 사업비 약 7억 3천만 원 등 총 838억 4,600만원이었다(문화체육관광부, 2022: 81).

라. 국민체육진흥공단

서울올림픽기념 국민체육진흥공단(KSPO, Korea Sports Promotion Foundation)은 제24회 서울올림픽대회를 기념하고 국민체육진흥을 위한 사업을 수행하기 위하여 문화체육관광부 장관의 인가를 받아 1989년 4월 공익법인으로 설립되었다. 국민체육진흥공단은 서울올림픽이 남긴 가장 큰 자산으로 대한민국 체육 재정의 든든한 후원자로 자리매김하고 있다. 국민체육진흥공단의 재원은 서울올림픽 잉여금 3,110억 원과 기존의 국민체육진흥기금 411억 원 등 총 3,521억 원을 기초 재원으로 출범하여 창립 20주년을 맞으며 2009년 2조원이 넘었으며 2020년에는 17조 288억 원, 2021년에는 21조 17억 원의 국민체육진흥기금이 조성되었다(국민체육진흥공단, 2022b).

국민체육진흥공단은 창립 첫해 98억 원의 기금 지원을 시작으로 1990년 7월 올림픽공원 내 경기장을 관리할 한국체육산업개발을 설립했으며 9월에는 올림픽파크텔 사업 그리고 1993년에는 국내 최초의 체육 전문 케이블 TV를 개국하며 사업을 확장했다. 공단은 안정적인 수익원 확보를 위해 1994년 경륜 사업을 시작했고 초창기 역점을 뒀던 전문체육 지원에서 생활체육 지원으로 눈을 돌려 분당과 평촌, 일산에 최신 시설의 올림픽 체육센터를 건립하였다. 2001년에는 스포츠토토 사업과 2002년에 개장된 경정으로 재정 확립에 중요한 축을 이루었다. 현재 국민체육진흥공단의 대표적인 기금조성사업으로는 경정, 경륜, 체육진흥 투표권 사업 등이다(국민체육진흥공단, 2019b: 31~35).

공단은 다양한 사업을 통해서 형성된 국민체육진흥기금으로 1989년부터 2021년까지 생활체육에 5조 6,653억 원, 전문체육에 4조 574억 원, 국제 체육 및 스포츠산업 육성사업에 4조 4,717억 원, 장애인체육에 7,398억 원 및 기타 청소년 육성·올림픽 기념사업에 1,045억 원 총 15조 387억 원을 지원하며 우리나라 체육진흥의 일익을 담당하고 있다(국민체육진흥공단, 2022b).

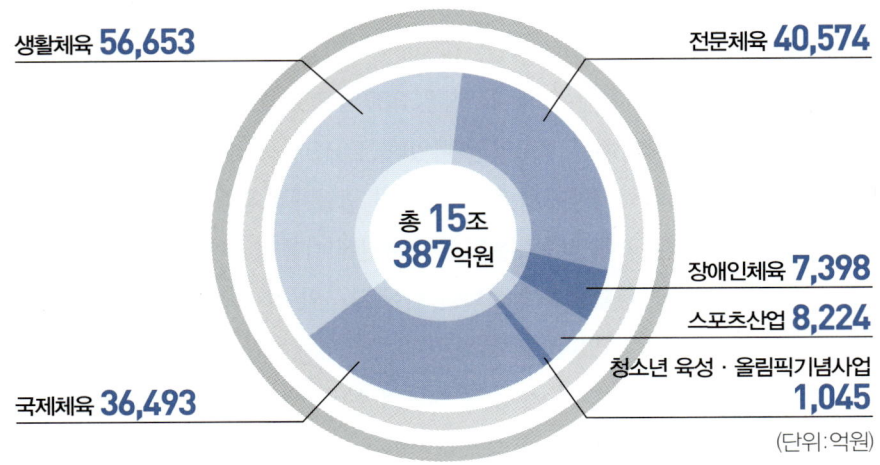

그림 7-3. KSPO 사업별 기금 지원 내역 (자료출처: 국민체육진흥공단, 2022b)

정부의 체육 부문 예산이 총예산에서 차지하는 비중은 0.05% 내외로 극히 미약한 수준이며 주 5일 근무제 시행, 국민 소득향상, 고령화 사회 도래, 소외 계층 체육 활동 요구 증가 등 체육 재정 수요가 급증하고 있는 상황에서도 그 규모는 점차 감소하고 있다. 국민체육진흥기금은 체육예산 확대가 어려운 국가 재정 현황을 고려하여 지속해서 지원 비중을 확대하고 있으며 2011년부터 현재까지 전체 체육 예산에서 기금이 차지하는 비중은 지속해서 90% 내외일 정도로 국가 체육 재정에서 중요한 임무를 수행하고 있다(국민체육진흥공단 홈페이지). 아래의 [표 7-1]은 국가 예산 중 체육 예산과 국민체육진흥기금 규모를 대비한 것이다.

표 7-1. 정부 체육 예산(국고) 대비 국민체육진흥기금 규모(단위:억원, ( ) 비중)

구분	2010	2011	2012	2013	2014	2015	2016	2017	2018	2019	2020	2021	2022
정부 체육 예산(국고)	1,529	1,559	1,514	1,715	1,486	1,342	1,355	1,337	1,286	2,572	2,700	2,164	2,108
	(22.4)	(19.2)	(17.3)	(16.3)	(14.2)	(10.4)	(9.4)	(9.4)	(11.6)	(17.6)	(15.9)	(12.3)	(10.9)
국민체육 진흥기금	5,295	6,568	7,251	8,799	8,951	11,605	13,000	12,950	9,815	12,074	14,261	15,430	17,195
	(77.6)	(80.8)	(82.7)	(83.7)	(85.8)	(89.6)	(90.6)	(90.6)	(88.4)	(82.4)	(84.1)	(87.7)	(89.1)
계	6,824	8,127	8,765	10,514	10,437	12,947	14,598	14,287	11,101	14,646	16,961	17,594	19,303

자료출처:국민체육진흥공단 홈페이지

이와 같이 공단은 국내 체육 재정의 90% 내외를 담당하고 있으며, '체육으로 건강하고 행복한 국민'이라는 미션과 '스포츠로 건강한 삶, 행복한 국민의 동반자'라는 기관 비전에 근거로 하여 근린 체육시설 확대, 국민체력100과 같은 운동프로그램 보급, 체육지도자를 포함한 체육인재 양성, 스포츠산업 육성 및 체육과학 연구 등을 통해 모든 국민이 체육으로 건강하고 행복한 삶을 누리는데 필요한 사회공헌을 지속해서 추진하고 있다(국민체육진흥공단 홈페이지).

공단의 기금 지원사업을 더욱 상세히 살펴보면 첫째, 생활체육 단체지원은 성과목표가 생애주기별 맞춤형 생활체육 프로그램을 보급하고 생활체육 참여의 질을 제고하여 국민건강 증진에 이바지하는 것이며, 성과지표는 체육활동 지속 참여율로 설정되어 있다.

둘째, 대한체육회 지원은 대한체육회 및 경기단체 지원을 통해 전문체육 기반을 조성하고, 우수선수의 체계적인 양성을 통해 경기력 향상과 국제경쟁력을 강화하는 것이며 성과지표는 후보선수의 국가대표 선발 비율, 우수선수 발굴지수, 경기력이다.

셋째, 국제 체육지원은 국제 체육 외교활동 강화, 체육도핑방지 확대, 태권도 해외 보급 확대로 종주국의 위상을 강화하는 것이다. 마지막으로 체육산업 육성융자 사업은 우수체육 용구 생산업체, 민간체육시설 체육서비스업 지원강화로 건실한 체육산업 경영기반 조성 및 산업 경쟁력을 강화 하는 것이다(이용식, 2014: 26~27).

2022년 분야별 지원계획을 보면 생활체육 분야에 총 6,585억 원이며 세부적으로 보면 체육시설 안전 및 인프라 구축에 3,303억 원, 생활체육 프로그램 및 종목보급에 1,546억 원, 체육문화예술사업에 733억 원, 학교체육 육성에 312억 원, 스포츠 강좌 이용권 319억 원과 국민체육인증사업에 172억 원이다. 전문체육 분야에는 총 4,019억 원이 투입되며 주요 지원사업에는 주최단체 지원 1,917억 원 우수선수 및 체육 인재 육성에 1,142억 원 등이다. 이외에도 장애인체육 분야에 899억 원, 국제 체육 분야에 884억 원 그리고 체육산업육성 분야에 3,434억 원 등 총 1조 4,318억 원 등을 투입할 예정이다(국민체육진흥공단, 2022a).

마. 한국도핑방지위원회(Korea Anti-Doping Agency)

한국도핑방지위원회는 세계도핑방지위원회(WADA)의 한국 대표기구로 약물로부터 선수를 보호하고 공정한 체육 환경을 조성하며, 국내 체육단체는 물론 세계 반도핑 기구 및 국제 체육단체와 도핑방지를 위해 협력하는 등 체육발전에 이바지하기 위하여 설립된 대한민국의 반도핑 전담기구이다. 2006년 한국도핑방지위원회 창립 이사회가 열렸고 그해 11월 13일에 재단법인 한국도핑방지위원회가 설립되었다. 2007년 4월 27일 한국은 세계도핑방지기구(WADA)에 가입했다. 개정 국민체육진흥법 제35조에 근거하여 법정법인으로 한국도핑방지위원회가 등록하였으며 12월 19일에 한국도핑방지규정이 제정되었다. 2013년 11월 5일, 세계도핑방지기구 아시아지역 이사국으로 진출하였고(2014~2016년), 2016년 11월 2일에는 2017년부터 2019년까지 세계도핑방지기구 아시아지역 이사국에 재선출되었다. 이사국 임기는 3년으로 2019년 진행된 선거에서 2022년까지 이사직을 수행할 수 있도록 3회 연속 선출됨으로써, 현재도 한국은 일본, 중국, 사우디아라비아와 함께 아시아 이사국으로 세계 도핑방지업무를 위한 주요 의사결정에 참여하고 있다(문화체육관광부, 2022: 90).

이 위원회는 문화체육관광부 산하의 특수법인으로 국민체육진흥법 제35조의 규정에 의거 도핑과 관련된 사업과 활동을 하기 위하여 문화체육관광부장관의 인가를 받아 설립되었는데 이 위원회가 하는 업무는 도핑방지를 위한 교육, 홍보, 정보수집 및 연구, 도핑 검사 계획의 수립과 집행, 도핑 검사 결과의 관리와 그 결과에 따른 제재, 도핑방지를 위한 국내외 교류와 협력, 치료 목적으로 약물이나 방법을 예외적으로 사용하는 것에 대한 허용 기준의 수립과 그 시행, 그 밖에 도핑방지를 위하여 필요한 사업과 활동 등이다(국민체육진흥법, 2022). 더욱 상세히 한국도핑방지위원회의 최근 업무를 분석해 보면, 이 위원회는 약물로부터 선수를 보호하고 공정한 체육 환경을 조성하는 것을 목표로 도핑관리, 교육홍보, 조사, 국제협력 등의 도핑방지 활동을 활발히 전개하면서 다음의 업무에 집중하고 있다.

첫째, 의무도핑검사 대상을 전문체육 선수뿐만 아니라 학생선수 및 프로체육 선수까지 확대하였다. 또한, 도핑검사관의 전문성을 높이기 위해 체계적인 교육을 시행하고 최적의 환경에서 검사할 수 있도록 여건을 개선하고 있다.

둘째, 선수뿐 아니라 지도자, 학부모 등 선수지원 요원을 위한 맞춤 온·오프라인 도핑방지 교육 교재와 프로그램을 개발하고 있다. 또한, 도핑방지 교육홍보 전문강사의 역량 강화를 위한 교육을 시행함과 동시에, 더 많은 선수와 선수지원 요원의 인식 제고를 위해 찾아가는 도핑방지 교육과 현장 홍보를 확대해 시행하고 있다.

셋째, 정보수집 및 조사활동을 통해 도핑방지규정 위반을 미연에 방지하고, 투명하고 공정한 결과관리를 진행하고 있다(한국도핑방지위원회 홈페이지).

한국도핑방지위원회는 위원장 1명과 사무총장 1명을 포함한 11명 이내의 위원과 1명의 감사로 구성하고 있으며, 자료 목적 사용면책위원회, 제재위원회 등 2개 특별위원회와 선수위원회, 조사위원회, 국제위원회 등 3개의 자문위원회가 있으며, 사무국에는 사무총장 산하 경영본부장과 사업본부장의 2명과 기획조정부, 운영지원부, 국제협력부, 교육홍보부, 도핑검사부, 과학연구부, 법제조사부로 구성되었다.

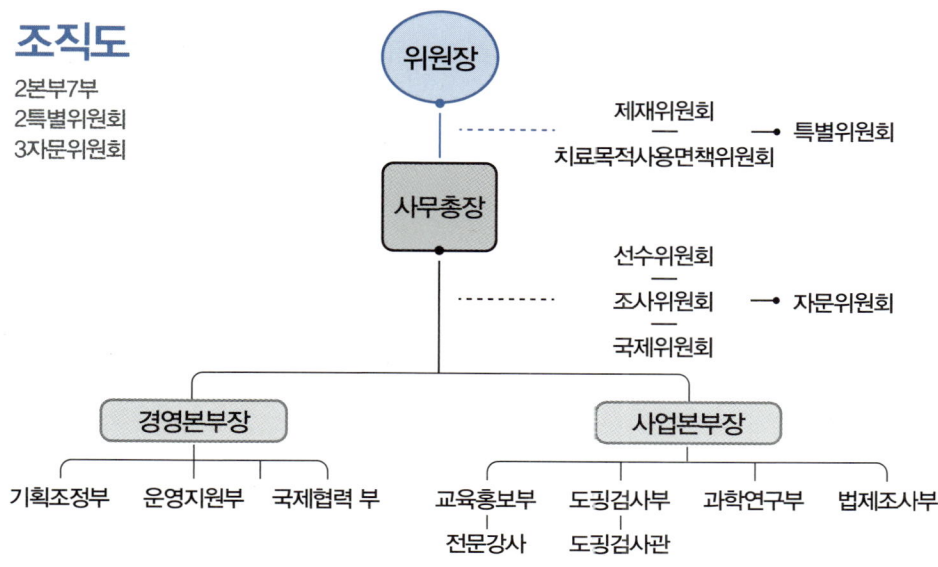

그림 7-4. 한국도핑방지위원회 조직도 (자료출처: 2021 한국도핑방지위원회 연간보고서)

한국도핑방지위원회는 국가대표선수를 비롯해 후보, 프로선수들은 연 1회 의무적으로 도핑방지 교육을 통해 도핑에 대한 경각심을 일깨우고 금지약물에 대한 정보를 전달하는 등 선수에게 꼭 필요한 필수내용을 전달하고 있다. 도핑 검사대상자는 다음과 같다.

첫째, 국내 경기단체의 회원 또는 등록 선수, 또는 국내 경기단체의 가입단체(클럽, 팀, 협회 또는 리그 포함)의 회원인 모든 선수,

둘째, 국내 경기단체 또는 그 가입단체(클럽, 팀, 협회 또는 리그 포함)에서 주관, 소집, 승인 또는 인정하는 대회 또는 경기 및 기타 활동에 참여하는 모든 선수,

셋째, 등록카드 또는 자격증 소지 또는 기타 계약으로 인하여 국내 경기단체 또는 그 산하 기관의 회원이거나 관할의 영향을 받는 모든 기타 선수 또는 기타 관계자,

넷째, 국내 경기단체가 주관하지 않는 국내 경기대회 또는 국내리그에서 개최, 주관, 소집 또는 승인된 모든 선수,

다섯째, 국제대회 또는 국내대회에 참가하기를 희망하는 모든 선수들(해당 선수들은 본 도핑방지규정에 따라 대회 6개월 전부터 검사에 응할 준비가 되어 있어야 한다)도 포함한다. 2019년 4월 17일부터는, 국민체육진흥공단에 등록된 경륜, 경정 선수도 도핑 검사 대상에 추가되었다(경륜·경정법, 2022).

3. 기타 체육단체

국내에는 법정 체육단체 이외에도 대한체육회와 통합되었지만, 국내 생활체육 진흥과 확산을 위해 창립되었던 국민생활체육회가 있었으며, 세부적인 체육발전을 위해 조직된 스포츠안전재단, 한국대학스포츠협의회, 학교체육진흥회 등의 체육단체가 국내의 체육을 선도하고 있다.

가. 국민생활체육회

국민생활체육회는 민간 차원에서 범국민 체육활동을 확산하고 다양한 생활체육 동호인 활동을 체계적으로 지원·육성할 목적으로 국민생활체육협의회라는 명칭으로 1991년 2월 6일 민법 제32조에 의해 비영리 사단법인으로 창립되었다. 국민생활체육회는 생활체육 진흥을 통한 국민건강과 체력증진, 국민의 건강한 여가 선용과 선진 체육문화 창달, 세계 한민족의 동질성과 조국애 함양을 통한 통일 기반 조성을 목적으로 하였다.

1988년 서울올림픽의 성공적 개최 이후 정부는 국가의 체육정책 방향을 전문체육에서 생활체육으로 전환하고자 호돌이 계획을 수립하였다. 1990년 3월에 입안되어 추진된 호돌이 계획은 국민생활체육진흥 3개년 종합계획으로 구체화되어 생활체육 발전의 제도적 기반 구축을 모색하였

다. 즉 국민의 생활체육을 전담할 수 있는 단체의 구성이 시급해짐에 따라 설립된 것이 국민생활체육협의회이다. 국민생활체육협의회 설립을 위하여 1990년 7월 전국에 시·군·구에서 지방조직 결성을 시작하여 12월에 15개 시·도 생활체육협의회장 발기인 대회를 개최하였고, 1991년 1월에는 사단법인 국민생활체육협의회 창립총회를 거쳐 2월 사단법인 설립 허가를 받아 정식 출범하였다. 정관 제2조에 따르면 국민생활체육협의회는 "전국 각지에서 활동하고 있는 생활체육 동호인 조직을 근간으로 생활체육 진흥을 위한 각종 사업을 시행함으로써 국민의 건전한 심신발달 및 여가 생활을 보장하고, 나아가 명랑하고 밝은 사회 건설에 이바지"하기 위한 조직의 목적임을 밝혔다(이학래, 2000). 2009년 6월에는 국민생활체육협의회에서 법정 법인화 추진을 위해 우선 국민생활체육회로 개칭하였으나 결국 2016년 대한체육회로 흡수, 통합되었다.

국민생활체육회가 대한체육회로 통합되기 전까지 협회는 전국 17개 시·도 협의회를 두었고 67개 경기종목별 시·도 연합회를 두기도 하였다. 과거 국민생활체육회 자료에 의하면 조직 산하 생활체육 동호인 클럽 수가 97,503이며, 동호인은 4,376,139명으로 명실공히 국내 생활체육을 총괄하는 체육단체이다.

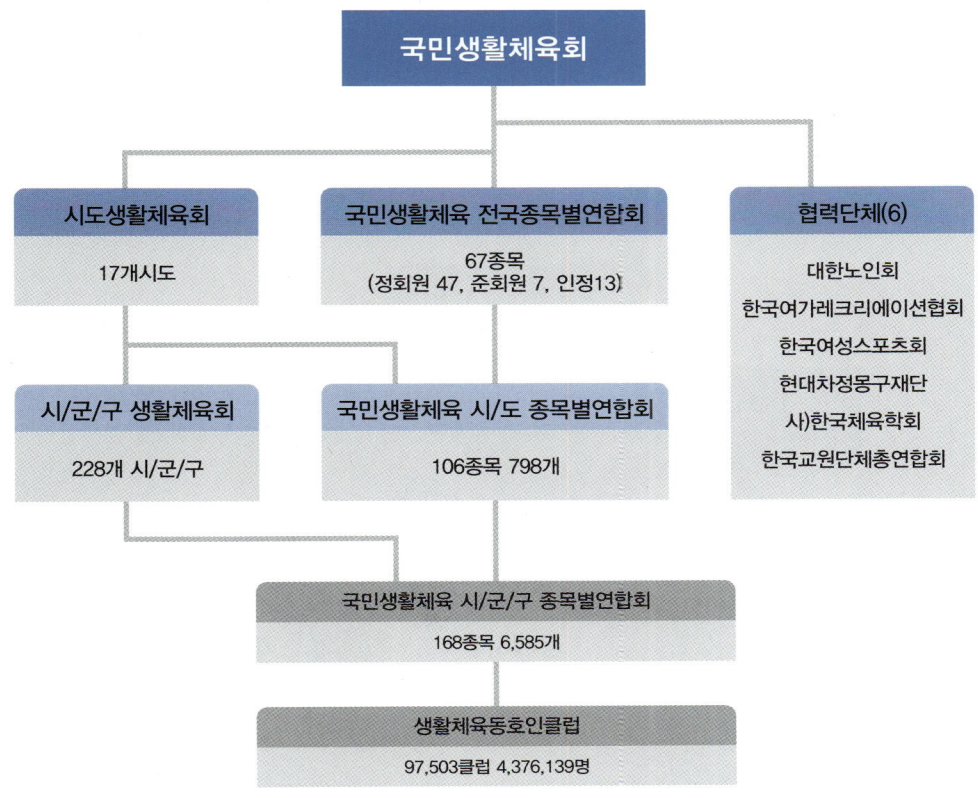

그림 7-5. 국민생활체육회 조직도 (자료출처: 국민생활체육회 홈페이지)

나. 스포츠안전재단

우리에게 '스포츠안전'이라는 용어의 의미는 다소 생소할 수 있다. 먼저 스포츠안전이란 각종 체육 활동에 대한 위험요인을 제거하기 위해 인적, 물적 자원을 활용하여 위험성의 예측, 대응, 점검 관리, 제도개선을 하는 총체적인 안전망 시스템을 마련하는 것이다. 이러한 체육안전을 총괄적으로 관리하고 운영하기 위해 세워진 단체가 스포츠안전재단이다. 스포츠안전재단(Korea Sports Safety Foundation, KSSF)은 민법 제32조 및 「문화체육관광부 및 문화재청 소관 비영리법인의 감독에 관한 규칙」에 따라 체육 활동(「국민체육진흥법」 제2조 제2호의 전문체육 및 제2조 제3호의 생활체육을 포괄한다)에 따른 안전사고를 예방하고 각종 체육 관련 사고에 대한 공제사업 및 위로·구호사업을 추진하여 안전한 체육 환경 조성에 이바지함을 목적으로 2010년 7월에 설립되었다(스포츠안전재단 정관, 2019).

스포츠안전재단은 이사장 1명과 사무총장 1명을 포함한 이사회로 구성되어 있으며, 경영지원부, 안전사업부 의 2개 부와 이를 지원하는 경영지원팀, 그리고 공개사업팀, 교육사업팀, 안전연구팀으로 구성되어 있다. 스포츠안전재단은 점차 사업 영역을 확대하고 있다. 크게 영역은 세 가지로 나눌 수 있다. 안전교육과 안전공제 그리고 안전연구다. 스포츠 안전교육의 경우 2016년 통합체육회 출범으로 사업 분야를 생활체육 중심에서 전문체육, 학교체육까지 확대하고 있다. 누구나 쉽게 정보를 알 수 있도록 현재 총 25개의 메뉴얼을 개발, 지속하여 추진하고 있다(문화체육관광부, 2022: 98).

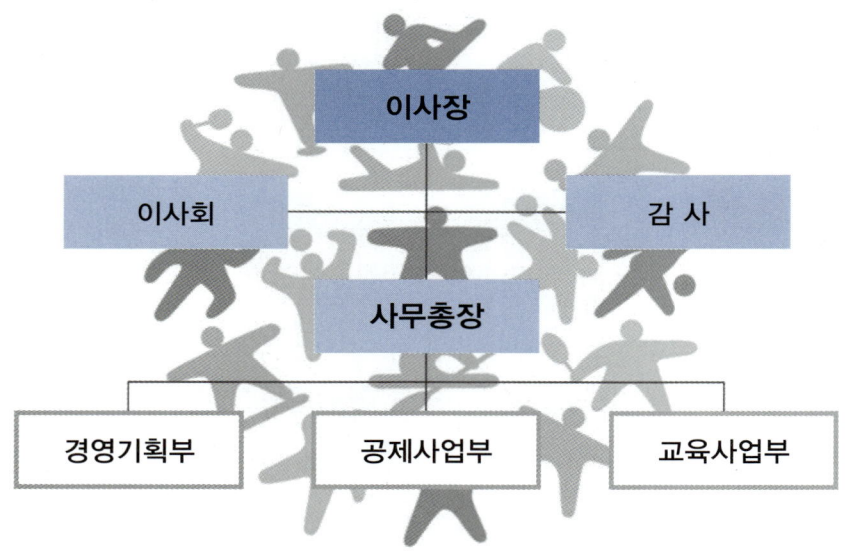

그림 7-6. 스포츠안전재단 조직도 (자료출처: 스포츠안전재단 홈페이지)

스포츠안전공제는 국민의 건강과 체력증진, 여가선용 및 복지향상에 이바지하며, 재단의 목적에 따라 국민의 체육 활동 시 안전사고를 예방하고 체육활동 중 발생한 상해를 보상하는 서비스이다. 2019 스포츠행사 안전사고 통계연보에 따르면, 2019년도 한 해 동안 주최자배상책임공제에 가입한 7,467건의 스포츠 대회 및 행사 중 1,059건의 대회에서 총 3,064건(41.0%)의 사고 통지가 있었다(문화체육관광부, 2022: 100). 또한, 최근 대형사고의 발생으로 인해 안전에 관한 관심이 높아지면서 관련법에 따라 체육 분야의 보험가입도 의무화되었다. 예를 들어 생활체육진흥법 제12조에는 생활체육대회를 개최하거나 생활체육 강습을 하려는 생활체육 단체 등은 대통령령으로 정하는 바에 따라 보험 또는 공제에 가입하여야 한다고 규정되어 있으며, 체육시설의 설치·이용에 관한 법률 제26조에는 체육시설업자는 체육시설의 설치·운영과 관련되거나 그 체육시설 안에서 발생한 피해를 보상하기 위하여 문화체육관광부령으로 정하는 바에 따라 보험에 가입하여야 한다고 규정되어 있다. 이에 재단은 체육 분야의 특수성을 고려하고 변화하는 체육 환경에 따라 다양한 서비스를 제공하고 있다. 예를 들어 전문체육인 상해공제, 체육여행자 공제 등이 있다.

재단은 체육안전분야 체계구축을 위한 연구 및 조사 활동을 활발히 진행하고 있다. 체육 부상 경험자의 세부 특성 파악을 위한 '체육안전사고 실태조사'를 시행하였으며, 공제서비스 보상사례집을 제작하였다. 안전재단은 이러한 조사 및 연구를 통해 체육안전과 관련한 데이터를 축적하여 교육 및 공제사업을 위한 기반으로 활용하고 있다.

스포츠안전재단이 앞으로 해야 할 역할과 범위는 더욱 커질 가능성이 크다. 그런 측면에서 스포츠안전재단은 법정 법인화를 통해 재단 위상을 정립할 필요가 있다. 그래야만 좀 더 탄탄한 재정적 뒷받침 속에서 체육에 안전을 더하는 일련의 작업이 더 체계적으로 진행될 수 있다. 영국, 미국, 일본 등 체육 선진국들은 정부 주도 비영리단체를 중심으로 체육 안전교육 및 정보를 제공하고 있으며, 프로그램 개발 및 보급, 안전 자격제도를 운영하고 있다.

영국의 'SGSA(Sports Grounds Safety Authority)'는 정부산하기관으로 축구협회에서 시작해 대상 종목을 확대, 영국과 웨일스에서 열리는 모든 체육 경기장에서 관중이 안전하게 경기를 즐길 수 있도록 교육하고 정보를 제공하고 있다. 해당 단체는 체육행사를 관리하는 지자체를 감사하는 역할까지도 한다. 미국엔 'NCSS(National Center for Sports Safety)'가 있다. 체육에서 발생하는 부상 방지와 안전의 중요성에 대해 홍보를 주된 목적으로 하는 비영리기관이다. 기금과 기부금 그리고 체육 안전 프로그램 판매 수익으로 운영된다. 주요 사업은 지도자를 대상으로 체육 안전교육을 진행하는 것으로 부상 예방, 부상인지 등의 분야에 초점을 맞춰 체육 관련 조직들에 체육 안전과 관련된 정보 자료를 제공하고 있다.

일본에선 'Sports Safety Japan'이 있는 데, 2007년 12월 특정 비영리활동 추진법에 의거해 설립된 특정 비영리활동 법인으로 체육지도자, 선수, 보호자, 시설관리자 대상으로 학습 프로그램을 제공하고, 체육안전 자격제도 운영, 조사 및 연구 활동을 진행하고 있다. 독일에도 체육클럽 활동 시 보험가입이 필수다. 국가 차원에서 체육 공제에 관한 연구 및 개발이 이뤄져 있다. 또 민간보험 그룹사와 체육협회가 단체보험 협약이 이뤄져 있다. 따라서 독일에선 체육클럽 회원비에 보험료가 포함돼 있어 체육클럽 활동 시 자동으로 보험에 가입된다.

다. 한국대학스포츠협의회

한국대학스포츠협의회(Korea University Sport Federation)는 2010년 7월 16일 설립된 대한민국 문화체육관광부 소관의 사단법인이며, 대학체육의 건전한 육성과 발전을 도모하고, 대학체육의 본질을 회복하여 체육의 선진화를 달성하고자 대학체육에 관한 학사, 재정, 시설 등 주요 관심사에 대한 자율적인 협의와 연구, 조정을 통하여 상호협력하며, 학생선수들이 체육 활동과 교육을 통해 정신적, 육체적, 사회적으로 건전한 리더십을 갖추도록 하고, 체육 발전에 필요한 정책을 정부에 건의하여 우수한 경기자의 양성과 국민 통합 및 국가 이미지 제고에 이바지함을 목적으로 한다. 협의회는 2010년 출범 이래 2022년 현재 115개 대학을 회원으로 두고 각 대학의 운동부 지원, U-리그 대회와 클럽 대회 개최, 학생선수 선발과 학사관리 정상화 및 학생선수 미래가치 창출 등의 각종 사업을 추진하고 있다(한국대학스포츠협의회 홈페이지).

협의회는 대학운동부 운영 평가를 통한 대학체육 정상화 자정 노력을 강화하고, 이에 대학운동부 운영 지원을 통한 대학운동부 육성 지원, 대학체육의 경쟁력을 높이고 있다. 2014년 이후 각 대학운동부 지원현황을 보면 다음의 그림 7-7과 같으며 2019년에는 100개 대학 68억을 운동부에 지원하였다. 각 대학의 운동부는 협의회로부터 받은 예산을 전지훈련비, 유류비 등 운영 실비로 활용하고 있다. 협의회는 단순히 운동부를 지원하는 것이 아니라, 평가 후 지원을 통해 운동부가 나아가야 할 방향을 제시하여, 결국 운동부의 자율적 개선을 선도하고 있다.

협의회는 학생선수의 선발과 그 절차에 있어 공정성과 투명성을 보장하기 위해 체육특기자 대입정보정책설명회 개최, 체육특기자 대입 포털 구축 및 대입 전형 요강 발간을 통해 대입정보의 접근성을 높이고 있다. 협의회가 추진한 대표적인 사업으로는 체육특기자 지원서 폐지, 체육특기자 대입제도개선 적극적 의견 개진, 체육특기자 입시 비리 제재 강화, 체육특기자 경기실적증명서 개선, 체육특기자 대입정보 공개 확대이며, 이중 체육특기자 지원서의 폐지는 체육특기자 대입지원에 획기적인 변화를 가져왔다. 과거에는 대한체육회에서 체육특기자로 지원할 수 있는 서류를 1인에게 한 장만 발부하였고, 사전 스카우트를 한 대학 이외에는 다른 대학을 지원할 기회도 없었다. 이러한 폐단을 없애고자 2012년에 협의회에서 '대학체육 정상화를 위한 성명서'를 통해 지원서 1인 1매 발급 관행을 중단하고 수시를 6번 지원할 기회가 체육특기자들에게도 공평하게 돌아가게 된 것이다.

2014	65개 대학 151개 운동부 **32억 3천만 원**	**2015**	74개 대학 339개 운동부 **40억 원**
2016	82개 대학 380개 운동부 **40억원**	**2017**	80개 대학 373개 운동부 **42억 2천만 원**
2018	93개 대학 426개 운동부 **68억원**	**2019**	100개 대학 436개 운동부 **68억원**

그림 7-7. 대학운동부 지원현황 (자료출처: 한국대학스포츠협의회 홈페이지)

협의회는 대학체육 학사관리와 경기운영의 정상화 및 선진화를 통한 대학체육의 건전한 육성과 발전을 도모하고 있으며, 세부적인 추진 사업은 체육 도박, 체벌, 폭행, 성폭력 및 성희롱 행위, 승부 조작, 금지 약물 복용 등의 비윤리적 행위 금지, 학생선수 선발의 공정성을 해하는 모든 위반 행위 금지, 학사관리의 공정성을 해하는 모든 위반 행위 금지 등이다. 또한, 학생선수의 학습권 보장과 학사관리를 위하여 C0 룰을 추진하고 있다. 이는 학생선수가 협의회 주최·주관·승인하는 대회에 참가하기 위해서는 직전 2개 학기 평균 C0 학점 이상 취득해야 한다는 규칙이다.

협의회는 현재 농구, 배구, 축구, 야구, 아이스하키, 정구 종목에서 대학리그(이하 U리그)가 운영되고 있다. 협의회가 리그를 운영하는 이유는 학생선수들의 학습권을 보장하기 위한 것이다. 많은 대학이 운영하는 단체 종목을 위주로 Home&Away 리그를 시작했으며, 협의회 리그(KUSF U리그)에 참여하게 되면 학습권 보장을 위해 학기 중에 U리그 이외의 대회에 출전하지 않고, C 제로 룰을 준수해야만 한다. 학습권 보장을 이유로 주말 리그로 운영되었던 대학야구 U리그의 경우, 수도권으로부터 너무 먼 구장(광주, 기장, 보은, 순천, 여수)과 선수들의 휴식권 침해가 문제가 되기도 했으나, 주중 1일을 대회 일로 정하는 등 점차 안정된 운영을 선보이고 있다.

한국대학스포츠협의회 회원은 대학 자체가 될 수 없고, 운동부를 운영하는 전국의 대학교 총장으로서 협의회 등록 절차를 거친 자로 하고 있다. 또한, 협의회의 최고 의사결정기구는 대학 총장으로 구성된 이사회이며 이사회는 회장 1인, 부회장 7인 이내, 이사 25인 이내, 감사 2인을 두며 모든 임원은 비상근이다. 협의회는 이사회를 보조하고 사무처와의 원활한 협의를 위해 집행위원회를 두고 있다. 이 집행위원회는 교수, 대학경기연맹 회장, 체육 전문기자, 체육행정 유경험자 중 15인 이내로 회장이 선임하고 있다. 이외에도 협의회는 학사운영위원회, 경기지원위원회, 재정마케팅위원회, 분쟁조정위원회, 상벌위원회, 2021년에 신설될 대학스포츠인권위원회 등 6개 분과위원회를 조직하여 운영하고 있다. 사무처에는 사무처장이 관리하며 운영지원팀, 기획총괄팀, 홍보마케팅팀 등이 있다(한국대학스포츠협의회 홈페이지).

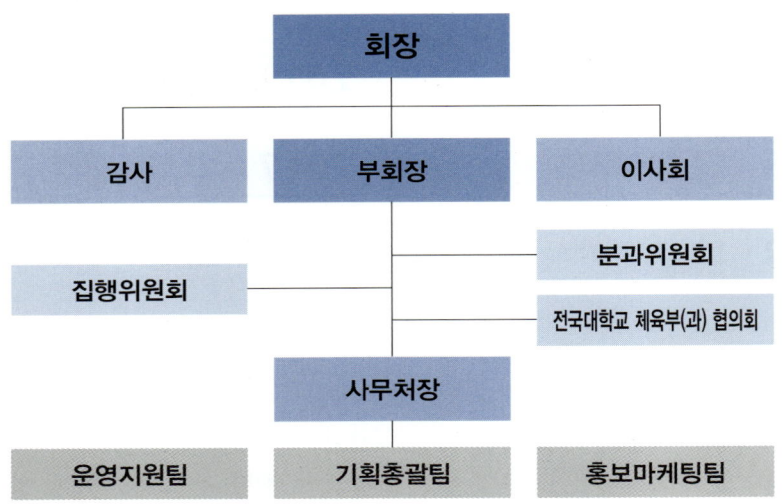

그림 7-8. 한국대학스포츠협의회 조직도 (자료출처: 한국대학스포츠협의회 홈페이지)

라. 학교체육진흥회

학교체육진흥회는 초·중·고등학교 학교체육 정책을 지원하는 전담기구로써, 17개 시도교육청이 동의하여 비영리법인으로 2018년 10월 학교체육 활성화를 통해 초등학교, 중학교, 고등학교 학생들의 전인적 발달을 도모하고, 바람직한 민주시민으로 성장할 수 있도록 건강하고 활기찬 학교체육 문화조성을 목적으로 설립되었다(학교체육진흥회 홈페이지). 학교체육진흥회는 국내 학교체육 활성화를 추진하는 체육단체이다.

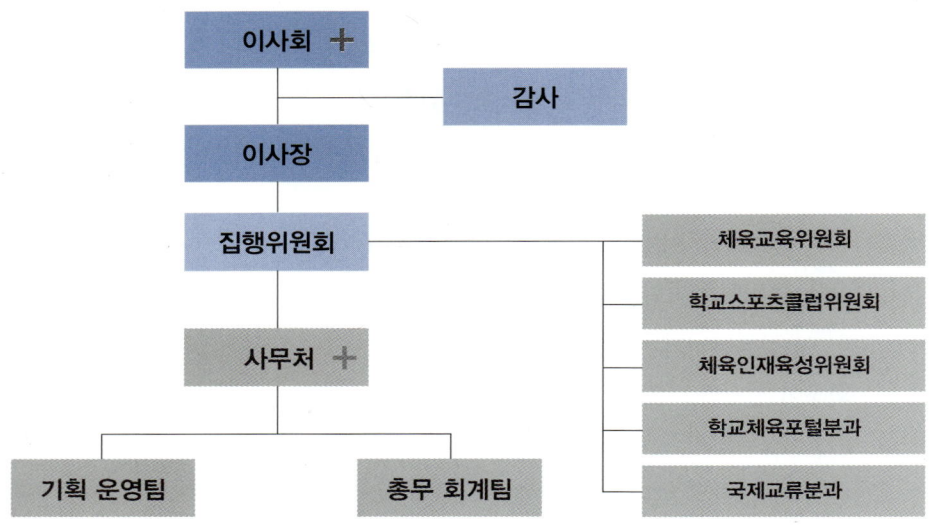

그림 7-9. 학교체육진흥회 조직도 (자료출처: 학교체육진흥회 홈페이지)

진흥회는 학교체육 활성화를 위해 학교체육 정책개발 및 연구에 관한 사업, 체육교육과정 운영 및 체육수업의 질 제고를 위한 사업, 학교 및 교사의 학교체육 활동에 관한 사업, 학교체육 클럽활동 및 운영에 관한 사업, 학교체육 지도자 역량 강화에 관한 사업, 국내외 학교체육 교류협력에 관한 사업 등의 목적사업을 추진하고 있다. 이러한 사업을 보다 효율적으로 운영하기 위하여 진흥회는 이사장 1명과 교육부 추천 2명, 시·도교육청 추천 3명, 문체부(대한체육회 포함) 추천 3명, 외부 2명으로 구성된 11명의 이사진이 단체 의사 결정권을 갖는다. 사무처는 기획운영팀과 총무회계팀으로 운영하고 있다. 이외에도 체육교육위원회, 학교체육클럽위원회, 체육인재육성위원회 등의 3개 위원회와 학교체육포털분과위원회, 국제교류분과위원회 등의 2개 분과위원회가 있다.

학교체육진흥회는 초·중·고등학교 체육에 있어 상당히 중요한 역할을 담당하고 있는 기구로서 학교체육 발전을 위해 설립되고 그 취지를 달성하기 위한 사업을 수행한다. 학교체육을 담당하고 있는 조직이 있다고 해서 학교체육 활성화가 이루어지지는 않는다. 지금까지 학교체육 활성화를 위한 큰 노력이 있었던 역사를 고려해보면 학교체육진흥회가 그 역할을 제대로 수행하기 위해서는 많은 부분을 고려해야 한다. 현재 학교체육에 대한 요구가 증가되고 있음에도 입시 중심의 학교교육 체제 하에서 체육은 존폐의 갈림길에 있으며, 학생들은 컴퓨터, 핸드폰의 장시간 이용, 입시 중심의 교육으로 건강 및 육체 기능 저하 상태에 있다. 이를 증명하듯이 우리나라 아동, 청소년의 신체적, 심리적, 사회적 건강 수준은 OECD 국가 중 최하위권에 속해져 있다. 즉 학교체육은 학생들의 건강한 몸과 체력증진을 위한 실질적인 서비스 기관이 필요하며 진흥회는 이러한 기관으로 그 역할을 충실히 해야 할 것이다.

2장 생활체육

김미숙

> **학습목표**
> - 생활체육의 개념, 특성, 의의를 알아본다.
> - 우리나라 생활체육의 흐름을 살펴본다.
> - 우리나라 정부의 생활체육의 역사를 비교 분석한다.

1. 생활체육의 역사와 개요

가. 생활체육의 성장 배경

1975년 3월 브뤼셀에서 개최된 유럽 체육부장관 회의에서 'Sports for All(모든 이를 위한 스포츠)' 선언이 채택되면서 스포츠참여는 인간권리 즉 건강추구나 행복추구라는 기본적 권리를 인정하게 되었다(문화체육관광부, 2013: 116). 또한 1978년 유네스코(UNESCO)가 국제교육스포츠성격(International Chartacter of Education and Sport)에서 "어느 누구건 체육과 스포츠에 참여할 수 있는 기본권이 있으며 이는 개인의 인격 고양에 필수적인 것"이라고 선언한 것도 인류의 건강한 삶을 도모하기 위함이라 하며 스포츠의 중요성을 강조하고 있다(문화관광부, 2007: 2). 구서독의 트리밍 130(Trimming 130), 노르웨이의 트림(Trimm), 호주의 라이프, 비인 잇(Life, Be in it), 캐나다의 파티십액션(ParticipAction), 체코의 스파르타키아드(Spartakiade), 구소련의 더 퍼터 디벨로프 투 매스 스포츠 1+2 무브먼트(The Further Development to Mass Sport 1+2 Movement) 등의 구호로 서구에서는 생활체육을 장려하였다(문화관광부, 2006: 117). 현대 사회에 있어 생활체육은 일찍이 선진국가를 중심으로 복지정책의 일환으로서 국민 운동의 하나로 자리매김하게 되었다(한국체육과학연구원, 1997: 7, 정병구, 1998: 84).

우리나라는 1962년 「국민체육진흥법」이 제정되면서 생활체육에 대한 관심이 점진적으로 조성되었다. 이후 1986년 서울아시아경기대회와 1988년 서울하계올림픽대회의 성공적인 개최로 국민의 삶의 질 향상과 사회적 발전에 기여하는 체육과 스포츠에 대한 인식이 확산되었다. 이것은 소수를 위한 체육정책에서 다수를 위한 체육정책으로 전환을 의미하는데 정부가 발간한 1986년 「국민체육진흥장기계획」, 1990년 「국민생활체육진흥종합계획」, 1993년 「국민체육진흥 5개년계획」 그리고 1996년 「생활체육활성화계획(안)(1997~2001)」 등이 대표적인 예이다. 그중에서도 1996

년 「생활체육활성화계획(안)」은 기존 「국민체육진흥5개년계획」을 보완하기 위한 별도의 보고서로 생활체육 활성화를 위한 정부의 적극적인 노력이라 할 수 있다.

그리고 정부는 생활체육을 체계적으로 육성시키기 위하여 1991년 1월, '국민생활체육협의회'를 창설하였다. 국민생활체육협의회는 생활체육진흥을 통한 국민건강과 체력증진, 국민의 건전한 여가선용과 선진 체육문화 창달, 세계한민족의 동질성과 조국애 함양을 통한 통일 기반 조성이 설립 목적이었다(국민생활체육회, 2008: 20). 그리고 체육시설 및 프로그램, 전문 인력 양성 관련 사업들을 운영하고, 시도생활체육회를 결성하는 등 생활체육과 관련된 전반적인 사업들을 운영하였다(문화체육관광부, 2020: 168). 같은 해 7월에는 재단법인 세계한민족체전위원회와 통합하였다가 2009년 6월 국민생활체육회로 기관명이 변경되었다. 그러던 중 2016년 3월 국민생활체육회는 대한체육회와 통합하여 현재 대한체육회가 되었다.

나. 생활체육의 개념

1993년 문화체육부는 「국민체육진흥5개년계획」에서 생활체육을 다음과 같이 정의하였다. "생활체육"이란 건강 및 체력증진과 여가선용을 위하여 행하는 체육활동이다. 그리고 1994년 1월 국민체육진흥법 시행령 제2조3항에 "생활체육이라 함은 건강 및 체력증진을 위하여 행하는 자발적이고 일상적인 체육활동을 말한다"고 정의하고 있다. 이때 생활체육과 전문체육 그리고 대상에 대해 아래와 같이 정의하고 있다.

표 7-2. 국민체육진흥법 제2조 정의[시행 1994.1.1.] [법률 제4689호, 1993.12.31.]

구분	내용
체육	운동경기·야외운동 등 신체활동을 통하여 건전한 신체와 정신을 기르고 여가를 선용하는 것을 말한다.
전문체육	제4호에 규정된 선수들이 행하는 운동경기활동을 말한다.
생활체육	건강 및 체력증진을 위하여 행하는 자발적이고 일상적인 체육활동을 말한다.
선수	제10호의 규정에 의한 경기단체에 선수로 등록된 자를 말한다.
학교	교육법 제81조의 규정에 의한 학교를 말한다.
체육지도자	학교·직장·지역사회 또는 체육단체 등에서 체육을 지도하는 자로서 학교체육교사·생활체육지도자·경기지도자 등을 말한다.
체육동호인조직	생활체육활동에 지속적으로 참여하는 자의 모임을 말한다.
운동경기부	제4호의 규정에 의한 선수로 구성된 학교 또는 직장 등의 운동부를 말한다.
체육단체	체육에 관한 활동 또는 사업을 목적으로 설립된 법인 또는 단체를 말한다.
경기단체	특정 경기종목에 관한 활동과 사업을 목적으로 설립되고 대한체육회에 가맹된 법인 또는 단체를 말한다.

출처: 국가법령정보센터(2022년 12월 18일 검색, https://www.law.go.kr/main.html)

1960년대 해외에서는 모든 사람을 위한 체육(Sport for all) 또는 평생체육(Sport for Life-time)으로 불리었다. 소수 엘리트스포츠가 독점하는 현상에 대한 반발로 일반대중이 운동에 직접 참여하여 그 혜택을 균등하게 누릴 권리를 요구하는 체육의 민주화 운동으로 규정 지울 수 있고, 생활체육은 범세계적으로 파급되어 세계 각국은 삶의 질(quality of life)을 향상시키기 위한 국민복지차원에서 그 진흥시책을 추진하고 있다(문화체육부, 1993: 23). 2015년 3월, 생활체육 진흥을 위해 「생활체육진흥법」을 제정한 바 있다. 이렇듯 생활체육이란 여가시간을 활용하여 일상생활에서 개인의 자발적 참여에 의한 건강 및 체력을 증진하기 위해 행하는 신체활동이라 할 수 있다.

한편 생활체육이라는 용어는 사회체육과 함께 혼용하여 사용하기도 했다. 사회체육(社會體育)이란 국민의 건강, 후생, 복지 향상을 목적으로 학교교육 활동 이외의 체육·스포오츠·레크리에이션 등에 의하여 이루어지는 비영리적인 체육활동이다(대한체육회, 1972: 135). 따라서 그 활동은 조직적이고 교육적인 의도에서 이루어져야 하며 특히 청소년과 성인에 대하여 조직적인 체육활동을 장려함에 필요한 조직이나 시설을 정비하고, 지도자를 갖추어야 한다. 그럼으로써, 모든 국민이 어떠한 기회에도 모든 장소를 이용하여 스스로 실제 생활에 상응하는 문화적 교양을 높일 수 있는 환경을 조성하고 참여할 수 있게 한다.

한편 학계에서 정의한 사회체육이란 사회성원인 일반 국민이 일상생활 가운데 각자의 직무에 종사하지 않는 여가시간에 각 개인의 자발적인 참가의지에 의하여 창출되는 운동 수요를 충족시키기 위한 사회적 노력의 총체를 의미하고, 실제 체육현장이나 행정당국에서는 생활체육 또는 "Sport for All"이란 용어를 사용하고 있다(임번장, 2000: 10~12). 당시 민간체육단체인 대한체육회에는 사회체육위원회(대한체육회, 1972: 79)가 있고, 사회체육 범위 안에 군체육(軍體育) 및 제외국(諸外國), 시설 및 용기구를 포함하고 있다(대한체육회, 1972: 520). 그리고 현재 「국민생활체육조사」의 모태인 「전국 사회체육 실태조사 보고서」가 1986년부터 발행되었다. 이때 만해도 '사회체육'이라는 용어는 현재의 생활체육을 대체하는 통용어로 사용된 것으로 이해된다.

다. 생활체육의 특성

문화체육관광부는 체육활동을 생활체육, 학교체육, 전문체육으로 구분하였는데(문화체육관광부, 2011: 42) 목적, 대상, 내용, 시간 및 장소에 따라 생활체육, 학교체육, 전문체육으로 각각 특성과 차별성을 띠고 있다.

우선 학교체육은 학생, 전문체육은 적정 연령층이 그 참여 대상이 되나 생활체육은 모든 사람을 대상으로 하고 있다. 그리고 학교체육과 전문체육은 의무적인 데 반해 생활체육은 자발적이고, 학교체육은 게임과 체력운동, 무용, 스포츠 등을 그리고 전문체육은 공식적인 스포츠만을 포함하고 있다. 반면 생활체육은 다양한 여가스포츠는 물론 스포츠화 되어 있지 않은 수많은 형태의 놀이 및 게임 활동을 형식에 얽매이지 않고 자유롭게 실천하는 특성이 있다(문화체육관광부, 2011: 42). 또한 생활체육은 각자 자신의 선호에 맞게 시간과 장소에 구애받지 않고 참여한다는 데에 학교체육과 전문체육에 가장 큰 차별성을 갖고 있다. 이를 정리하면 아래 [표 7-3]과 같다.

표 7-3. 생활체육, 학교체육, 전문체육 특성 비교(문화체육관광부, 2011: 42~43)

구분	생활체육	학교체육	전문체육
목적	여가, 욕구 충족	교육	승리, 직업
대상	모든 사람	학생	선수(최적 연령기)
의도성	자발적, 즐거움	의무적	반강제적
내용	놀이, 게임, 스포츠, 체력운동, 무용 등	게임, 스포츠, 체력운동, 무용 등	정규 스포츠
시간	자유 시간	수업 시간	훈련과 시합시간
장소	모든 시설	학교체육 시설	정규 대회 및 시설

라. 생활체육의 의의

「국민체육진흥법」 제2조 3항에 의하면, 생활체육은 건강과 체력 증진을 위하여 행하는 자발적이고, 일상적인 체육활동이라 하였다. 생활체육은 개인의 건강은 물론 건강한 사회와 경제적 효과까지 긍정적인 효과가 크다. 이때 개인의 건강이란 신체 기량은 물론 심리적 즐거움과 만족감 그리고 복잡한 현대 생활 속에서 자신의 몸과 마음을 스스로 치유할 수 있는 계기가 된다. 곧 생활체육을 통해 자율적이고 자발적인 참여는 민주적 생활 태도는 물론 올바른 세계관과 인생관을 확립하는 데 기여한다.

그러므로 생활체육은 신체적·정신적 건강, 의료비 절감, 일자리 창출까지 개인 및 국가에 끼치는 영향의 범위가 넓고, 깊다. 이렇게 생활체육은 인간의 기본적 욕구 즉, 성장과 발달, 건강, 자기실현 및 행복추구를 도모하고, 전국민을 대상으로 모든 계층에게 스포츠권을 균등하게 배분할 수 있다는 데에 큰 의미가 있다.

2. 우리나라 생활체육의 역사

우리나라 생활체육의 역사는 정부의 체육정책을 통해 살펴볼 수 있다. 정부 및 지방자치단체는 생활체육은 물론 전반적인 체육정책을 입안하고 수행할 의무가 있기 때문이다. 국민의식 개선, 소득수준 및 여가시간 증대 등 삶의 질 향상과 건강 증진에 대한 관심이 높아지면서 정부는 과거 학교체육과 전문체육 중심의 체육정책에서 생활체육 정책을 강화시키는 데에 노력을 기울였다. 정권별 생활체육 정책을 통해서 우리나라의 생활체육의 역사 및 현황은 아래와 같다.

가. 1980년대 이전 생활체육 정책사

1962년 제정된 「국민체육진흥법」은 체육정책을 전개하는 데 기본 틀을 확립하였다. "국민체육진흥법 제1조 본법은 국민체육을 진흥하여 국민의 체력을 증진하고 건전한 정신을 함양하여 명랑한 국민생활을 영위하게 함을 목적으로 한다(국민체육진흥법 제1조1항)". 체육의 날과 체육주간 행사 개최, 지방체육진흥, 학교 및 직장체육진흥, 지도자 양성, 시설 정비, 국립종합경기장 설치, 학교 및 직장 체육시설 이용, 선수 보호, 지방자치단체 및 체육단체에 대한 보조 등 국민체육을 진흥하기 위한 조치들이 반영되어 있었다. 법적 기반을 발판삼아 제3공화국은 "체력은 국력"이라는 구호를 일반화하여 국민체육의 개념을 심화시켰고(이학래·김종희, 1999: 30), 스포츠재정을 적극적으로 확대하고, 국민체육진흥기금을 조성하고 지원하는 등 제3공화국은 국가적 차원에서 실질적인 현장중심의 정책을 시행하였고, 민간체육단체의 기능 강화에도 주력했다(임식·허진석, 2009: 123).

한편, 체육계를 대표했던 대한체육회는 1968년 대한올림픽위원회와 대한학교체육회와 통합을 하였고(김미숙, 2020: 805), 주로 전문체육, 국제체육교류 사업을 담당하였다. 전국체육대회 및 전국소년체육대회, 동계·하계아시아경기대회 및 동계·하계올림픽경기대회 등 참가를 위해 선수 육성 및 국제교류와 관련된 사업들을 운영하였다. 생활체육과 관련하여 대한체육회 산하 사회체육위원회에서 지역사회체육과 직장체육 활성화를 위해 '사회체육진흥5개년계획'을 발표한 바 있다(문화체육관광부, 2018: 151).

제5공화국 시기 새마을운동과 연계하여 '새마을체육사업'을 전개하였다. 중앙정부 체육담당 부처로 '과'단위에서 '부'단위로 승격된 체육부가 신설되었으며, '체육을 통한 건전한 시민육성'을 통해 체육을 통한 국가발전을 강조하였다. 민간단체기구로 한국사회체육진흥회가 1985년 설립되었으나, 당시에는 국위선양에 기여하는 엘리트체육정책을 중심으로 삼았기 때문에 생활체육 지원은 미미하였다(문화체육관광부, 2018: 151). 이는 단기간에 세계인의 이목과 국민적 관심을 모을 수 있는 국제스포츠행사로 국가는 86 서울하계아시아경기대회와 88 서울하계올림픽대회의 성공적 개최에 총력전을 기울였기 때문이다(이종원, 2006: 9).

제6공화국은 1986년 '서울하계아시아경기대회와 1988 '서울 하계올림픽대회를 성공적으로 개최함으로써 대한민국을 국제적으로 진출하는 계기가 되었다. 다만, 양 대회 준비에 행정력을 우선적으로 투입함에 따라 국민의 건강과 여가활동을 증진시키는 시책을 추진하는 데는 다소 소홀한

면이 없지 않았다(문화체육관광부, 2010: 50). 반면, 두 대회 개최 이후 스포츠 활동에 대한 국민 의식 개선, 소득수준 향상, 국민 모두가 참여하는 생활체육에 대한 국가의 행정조직 및 기구가 활발하게 정비되기 시작했다.

나. 1990년대 생활체육 정책사

국민생활체육진흥종합계획(호돌이 계획)과 국민생활체육협회 창설은 우리나라 생활체육의 진흥을 도모하는 기반이다. 국민생활체육진흥종합계획은 정부, 지방자치단체, 민간단체가 공동으로 생활체육 진흥을 위해 추진하고자 하는 종합 계획으로 구체적인 내용은 아래 [표 7-4]와 같다(문화체육관광부, 2010: 19). 그리고 전국에 생활체육 프로그램 및 건강생활체조를 보급하고, 국민체력 기준치를 만들었으며, 1989년 이후 3년마다 국민생활체육 참여 실태조사를 실시하여 국민체육진흥정책 수립을 위한 기초 자료로 활용하였다.

1993년 출범한 문민정부는 '제1차 국민체육진흥5개년계획'을 수립하였고, 체육청소년부에서 '문화체육부'로 개칭하였다. 생활체육의 범국민적 확산이란 정책 아래 국민의 체육활동 참여의식 고취, 체육활동공간 확충 및 생활체육지도자 양성, 국민체육활동의 체계적 육성 및 지원, 국민 건전여가 기회 확대의 주요사업을 추진하였다. 특히 여가 선용을 통한 국민체력 증진에 지원을 강화하였고, 시군 단위 지역을 중심으로 운동장과 체육관 등 체육시설을 확충하였으며 처음으로 1급 생활체육지도자를 양성하였다. 1996년 5월, 문화체육부는 문화복지 기본구상에 따른 생활체육 부문 추진계획에 의해 "「삶의 질」 세계화를 위한 생활체육활성화계획(안) (1997~2001)"을 마련하

표 7-4. 국민생활체육진흥종합계획 내용 (출처: 문화관광부, 2004: 38)

	시설	프로그램	지도자
주요 사업	● 생활체육시설 확충 - 서울올림픽기념 생활관 건립 - 소규모 근린생활체육시설 건립 - 국공립학교 내 테니스장 설치 - 광역권별 수영장 건립 - 레포츠공원 조성 ● 기존 체육시설 활용도 제고 - 공공체육시설 활용도 제고 - 학교체육시설 개방이용확대 - 올림픽시설 개방	● 생활체육 프로그램 개발 및 보급 - 국민경기 종목 개발 및 보급 - 계층별 생활체육 프로그램 보급 - 건강생활체조 개발 및 보급 ● 1990 전국 스포츠교실 운영 ● 직장체육프로그램 개발 ● 1990 전국씨름왕선발대회 개최 ● 국민체력평가대회 개최	● 생활체육지도자 양성 제도 개선

였다. 「삶의 질」 세계화를 위한 문화복지 기본구상에 따른 생활체육 부문의 구체적인 실천 방안을 마련하고, 「국민체육진흥5개년계획」의 보완 및 연계 추진을 위한 생활체육의 청사진 제시를 위해 별도로 마련하였다. 이전까지 대부분 국민체육진흥계획에서 생활체육 활성화를 위한 시책 및 실행계획안을 작성하였다. 하지만 세계적으로 삶의 질 향상에 대한 관심이 증대되고, 부의 공평한 분배와 다양화되는 생활체육 및 문화 등이 삶의 질의 주된 요소로 꼽히면서 정부 차원에서 생활체육에 대한 관심이 높아지게 된 것이다.

1998년 출범한 국민의 정부는 '제2차 국민체육진흥5개년계획'을 수립하였으며, 중앙정부 체육담당부처는 문화체육부에서 '문화관광부'로 명칭이 변경되면서 '부' 단위의 체육행정이 '국' 단위로 축소되었다(문화체육관광부, 2018: 151). "사회건강은 생활체육에서"라 하여 국민의 체육활동 참여 기회 확대, 체육지도자 양성, 여가생활을 위한 복합체육시설 확충, 경기단체 재정자립기금 지원 및 법인화, 체육용기구 품질 향상 지원, 국제대회의 성공적 개최에 초점을 두었다(문화체육관광부, 2018: 151).

다. 2000년대 생활체육 정책사

2003년 출범한 참여정부는 정부 주무 부처를 국민의 정부와 같이 '문화관광부'를 그대로 이어갔고, 「참여정부 국민체육진흥5개년계획」을 통해 생활체육 정책을 수립하였다. 생활체육 참여율 50% 제고를 통한 국민 건강 증진 및 삶의 질을 향상시키는 데에 목적을 두었다. 생활체육 활성화를 위해서 주민친화형 생활체육 공간 확충, 스포츠클럽의 체계적 육성, 체육활동 참여 확대를 위한 다양한 프로그램 운영, 과학적 국민체력관리시스템 구축, 레저스포츠 발전방안 마련, 생활체육지도 인력의 양성 및 활용, 생활체육 인식제고 및 추진체제 강화를 주요 사업으로 추진하였다(문화체육관광부, 2018: 153).

2008년 출범한 이명박 정부는 '문화비전 2008~2012' 계획을 수립하였으며, 중앙정부 체육담당부처를 기존 문화관광부에서 '문화체육관광부'로 개칭하였다. 이명박 정부는 체육활동 참여여건 개선 정책 아래 지역스포츠클럽 정착 및 활성화, 체육인력 활용제고 및 국민체력향상, 맞춤형 체육복지 구현, 전통무예 지정 및 육성보급 강화, 생활체육시설의 확충 및 활용제고, 레저스포츠시설, 공간 확충을 주요사업으로 추진하였다(문화체육관광부, 2018: 153~154).

라. 2010년대 이후 생활체육 정책사

2013년 출범한 박근혜 정부는 '스포츠비전 2018'과 '국민생활체육진흥종합계획(스마일100 : 스포츠를 마음껏 일상적으로 100세까지)' 두 개의 체육 종합계획안을 발표하였다.

우선, '스포츠비전 2018'은 생활체육참여율은 점점 증가하고 있지만 운동에 전혀 참여하지 않는 국민이 절반 이상인 점을 감안하여, '손에 닿는 스포츠'를 만들어 국민 모두가 습관처럼 스포츠에 참여하는 환경을 조성하고, 43%인 생활체육 참여율을 60%까지 끌어올리는 것을 목표로 하였다(문화체육관광부, 2018: 154). 이를 위해 생애주기별 맞춤형 프로그램 보급, 전 국민 스포츠체력 인증제 도입, 종합형 스포츠클럽, 체육관 조성, 공공체육시설 장애인 편의 개보수, 저소득계층 대상 행복나눔 스포츠교실 확대 사업 등이 있다. 그리고 국민생활체육진흥종합계획으로 '스마일 100(스포츠를 마음껏 일상적으로 100세까지)'을 수립하여 생활체육참여율을 '13년 43.3%에서 '17년 60%까지 목표를 설정하고, 생애주기별 생활체육 정책 지원을 발표하였다.

2018년 문재인 정부의 체육정책은 "사람을 위한 스포츠, 건강한 삶을 위하여 모든 국민이 스포츠를 즐기며 건강한 삶을 누리고, 스포츠 가치의 사회적 확산으로 행복한 공동체 형성"을 기조로 삼았다. 그리고 국민생활체육진흥기본계획인 '2030 스포츠비전'을 통해서 스포츠가 있는 일상과 모두가 누리는 행복을 목표로 8대 핵심과제에 따른 47개의 세부과제를 제시하고 있다(문화체육관광부, 2018: 154). '2030 스포츠비전'을 구체적으로 살펴보면, 스포츠를 모든 국민이 누려야 할 보편적 복지로 규정하고, 국민이 스포츠를 통해 건강한 삶을 누릴 수 있도록 운동하기 좋은 환경을 강조하고 있다. 이러한 환경을 마련하기 위해 스포츠시설의 생활권 10분 내 확충 및 지역주민을 위한 소규모 실내 시설 보급, 지역 공동체를 위해 스포츠클럽을 제도적으로 지원하며, 유아동을 위해 국·공립 어린이집, 유치원에 체육지도자 파견 확대 등이 있다. 무엇보다 체육이 보편적 복지로서 그 역할과 임무를 강화시키기 위해 스포츠 기본법 제정 노력을 기울였다. 위의 상술한 정부별 생활체육 관련 정책 현황에 대한 내용은 아래 [표 7-5]와 같다.

표 7-5. 정권별 체육정책 및 생활체육 사업 비교

구분	시책명	정부기관명	정책과제 및 부문별 목표 (민간단체기구)	주요 사업
제3공화국	사회체육진흥 5개년계획	문교부 문화국 체육과	"체력은 국력" (대한체육회 산하 사회체육위원회)	· 국민체육진흥법(1962) 제정 · 지역사회체육과 직장체육
제5공화국	새마을운동 (새마을체육)	체육부	"체육을 통한 건전한 시민 육성" 체육입국 (한국사회체육진흥회)	· 체육부 신설(1982.3.) · 86/88대회 대회 준비 및 엘리트체육 집중 육성

정부	계획	주관부처	목표	주요내용
제6공화국	국민생활체육진흥 종합계획 (호돌이계획)	체육 청소년부	시설, 프로그램, 지도자 등 환경 조성 국민생활체육협의회 (91.1)신설	· 생활체육시설 확충 · 생활체육(직장체육) 프로그램 개발 및 보급 · 생활체육지도자 양성제도 개선
문민정부	제1차국민체육진흥5개년계획	문화체육부	생활체육의 범국민적 확산	· 체육활동 참여의식 고취 · 체육활동공간확충 및 지도자 양성 · 체육활동 체계적 육성 · 여가 기회 확대
국민의 정부	제2차국민체육진흥5개년계획	문화관광부	생활체육참여 환경 구축 지역공동체 중심 체육활동 여건 조성	· 지역공동체 주민활동을 위한 체육시설 확충 · 미참여 인구 생활체육프로그램 참여 확대 · 지도인력 육성 및 활용 · 국민체력관리 과학적 지원 · 민간주도 생활체육 확산
참여정부	제3차국민체육진흥5개년계획	문화관광부	생활체육 활성화를 통한 국민의 삶의 질 향상	· 주민친화형 생활체육공간 확충 · 스포츠클럽의 체계적 육성 · 다양한 프로그램 운영 · 레저스포츠 발전방안 마련 · 지도인력 양성 및 활용 · 생활체육 인식 제고 및 추진체제 강화
이명박 정부	문화비전 2008~2012	문화체육 관광부	'15분 프로젝트 체육활동 참여여건 개선 (국민생활체육협의회→국민생활체육회)	· 지역스포츠클럽 정착 및 활성화 · 체육인력 활용제고 및 국민체력향상 · 맞춤형 체육복지 구현 · 전통무예지정 및 육성 보급 강화 · 생활체육시설 확충 및 활용 제고 · 레저스포츠시설 확충
박근혜 정부	스포츠비전2018 2013~2017	문화체육 관광부	손에 닿는 스포츠 '스포츠로 사회를 바꾸다' 통합체육회 출범 ('16.3)	· 종합형스포츠클럽 확대 · 국민체력인증제 참여수 증대 · 생활체육지도자 인력 확대 · 장애인지도자 확대 · 작은체육관조성 · 저소득층 등 행복나눔스포츠교실 확대

박근혜 정부	국민생활체육 진흥종합계획	문화체육 관광부	스마일 100 '스포츠를 마음껏 일상적으로 100세까지'	· 유소년기(유아기관 및 스포츠활동 우수 학교 인증제 도입 등) · 청소년기(학교스포츠클럽 정착 및 지역 · 스포츠클럽과 연계시스템 구축 등) · 성인기(국민체력100 정착 및 종합형 · 스포츠클럽 육성 등) · 은퇴기이후(찾아가는 체력관리 및 생활 체육교실 확대 등)
문재인 정부	국민생활체육진흥 기본계획	문화체육 관광부	스포츠가 있는 일상, 모두가 누리는 행복	· 생애주기별 맞춤형 스포츠 지원 강화 · 생활 속 스포츠의 일상화 · 스포츠격차 해소를 위한 환경 조성 · 스포츠가치 확산으로 건강한 공동체 형성 · 스포츠클럽 육성 및 지원체계 구축 · 스포츠클럽 간 연계 및 리그 확산 · 전문적 체육지도자 양성과 지원 · 수요자 중심 스포츠시설 및 정보 제공

출처: 국민생활체육진흥종합계획. 2013, 문화체육관광부. 2016, 문화체육관광부. 2018, 국민생활체육진흥기본계획. 2018에서 발췌 및 정리

3장 여성체육

곽애영

학습목표

- 여성체육의 태동과 발전과정을 살펴본다.
- 여성 생활체육의 참여양상을 살펴본다.
- 여성 전문체육의 국제무대 진출과 활약상을 살펴본다.

1. 여성체육의 태동과 발전

우리나라는 1945년 해방 이후 한국전쟁의 발발로 인해 불안정한 정치·경제·사회·문화적 격변기를 맞이하였다. 이념적 갈등과 정치적 혼란이 가중되고 여성들의 인권이 존중받지 못했던 무질서한 사회 속에서도 민간 여성체육 및 사회단체들은 여성들의 권익을 찾고 생활체육 참여를 시도하는 활동에 지속적으로 앞장섰다. 그 결과 1950년대부터 여성들의 생활체육 참여 기회가 주어지기 시작했고, 여학교 운동부를 중심으로 육성된 여성 스포츠인들은 1948년 런던 하계올림픽대회의 첫 참가를 계기로 1950년대까지 더 많은 세계무대에 진출하게 되었다.

1960년대부터 1970년대까지는 급속히 전개된 산업화로 한국경제가 빠르게 성장하고 여성들의 사회진출과 경제활동이 증가하면서 현대적 의미의 생활체육이 전개될 수 있는 환경이 조성되었다. 또한 국가 주도의 전문 체육 정책 수립과 지원에 힘입어 각종 국제대회에서 여성 스포츠인들의 활약이 두드러지게 나타났다.

국민체육진흥법이 제정(1982)되고 '86 서울 아시아경기대회와 '88 서울 하계올림픽대회의 성공적인 개최로 국가경쟁력이 강화되었던 1980년대는 여성 생활체육과 전문체육 분야가 더불어 발전하였다. 1990년대부터는 선진 복지국가가 실현되고 여성의 권익과 지위가 향상되는 시대적 흐름에 따라 여성 생활체육의 대중화를 이루었으며, 전문체육 영역에서도 비약적인 경기력 성장을 보이며 세계정상급을 탈환하기 시작했다.

2000년부터 2010년대까지는 국민 복지를 위한 생활체육 정책이 실용적으로 구체화 되는 국가정책의 영향으로 여성들의 생활체육 참여가 안정적인 제도적 지원 하에 체계적으로 이루어졌다. 전문스포츠 영역에서도 정부의 적극적인 전문스포츠 육성정책을 기반으로 국제스포츠 경쟁에서 뛰어난 업적을 이루며 개인의 영예와 국가의 위상을 드높이는 데 기여했다.

2. 여성과 생활체육

가. 1945년~1950년대의 여성 생활체육

1945년부터 1950년대까지의 여성 생활체육은 한국전쟁으로 비롯된 체육시설의 파괴와 사회적 혼란의 가중, 여성 지위와 권익이 보호받지 못하는 사회적 상황임에도 불구하고 여성체육과 사회단체들의 굳건한 의지와 지속적인 노력으로 여성들의 생활체육 참여를 돕는 시도가 이루어졌다.

1946년 애국부인회, 대한소녀단의 조직과 1952년 대한체육회 산하 여성체육진흥위원회의 창립을 기반으로 여성들의 생활체육과 사회참여를 돕는 체육지도자 양성, 어머니체육대회, 공장근로 여성을 위한 스포츠·레크리에이션 등의 사업들이 전개되었다(경향신문, 1956. 05. 10). 1953년에는 YMCA가 재건되어 무용, 체조, 포크댄스 등의 여성 생활체육 보급이 가능해졌고, YWCA는 체육계의 교수 등 뜻있는 인사들이 모여 영·지·체 조화라는 목표를 바탕으로 보건체육부위원회(1959)를 구성함으로써 여성 생활체육의 보급에 앞장섰다. 한편 1954년 창립된 대한여성체육학회(현 한국체육학회)는 여성체육의 저변확대를 위해 무용, 건강교육, 여자직장체육지도자 및 여성직장근로자의 레크리에이션지도, 중·고등학교 여자체육지도자 강습회 개최에 앞장섬으로써 올바른 학교체육 및 생활체육의 보급에 선도적 역할을 담당했다.

이와 같은 여성체육 관련 기관의 창립과 활동은 정치·사회적으로 혼란한 시기에도 여성 생활체육이 보급되는데 기여하였으며, 이후 1960년대부터 현대적 의미의 생활체육이 전개될 수 있는 밑거름이 되었다.

나. 1960년대~1980년대의 여성 생활체육

경제개발계획의 추진으로 고도의 성장을 이룬 한국은 국민체육진흥법의 제정(1962), 체육 행정담당부서의 개편(1968), 체육진흥정책의 수립(1977) 등을 통해 체육진흥의 기틀을 마련하였다. 세계적으로 여성해방 및 여권신장운동이 활발히 전개되는 사회적 상황에 따라 한국 여성들의 생활체육 참여 기회가 더욱 확대되었고, 여성의 체육활동 참여에 대한 긍정적인 인식, 즉 체육활동을 통한 자유로움과 즐거움, 심미적·감각적 경험 등을 점진적으로 구축하게 되면서 여성 생활체육 참여인구가 급속도로 증가하게 되었다.

1960년대 국내 여성 생활체육의 보급과 확대에 앞장선 단체는 YMCA(Young Man's Christian Association)와 YWCA(Young Women's Christian Association)이다. 1967년 건립된 서울YMCA 회관 내에 국내 최고의 종합시설을 갖춘 실내체육관이 개관하게 되면서 여성들의 건강증진을 위한 숙녀미용체조, 초보자 수영강습, 사회체육지도자강습이 처음 시작되었다(김재우, 2009: 252). 1968년에는 YMCA와 대한체육회가 공동 주최한 미국의 체력측정학자 전문가 토머스 큐리턴 박사(Tomas·K·Kuriton) 초청 강습회(1968)를 열어 올바른 생활체육의 보급에 앞장섰다(중앙일보, 1968. 08. 13). YMCA의 개관은 전문선수의 육성이 아닌 진정한 국민 건강교육에 바탕을 둔 생활체육의 장이 되었다는 데 의미가 있다.

YWCA는 학교체육을 기반으로 한 여성 생활체육의 활성화를 돕기 위해 체육·무용 지도자 강습회 개최사업에도 주력하였다. 1960년 민속춤, 레크리에이션 강습회를 시작으로 한국무용, 스케이팅, 보건, 미용체조, 사교춤 등의 특별강습회로 점차 확장해 나갔다. 이 외에도 전국 각지에 소재한 YWCA기관의 생활체육 무료강좌 개설사업을 추진함으로써 여성 생활체육의 확산에도 개척자적 소임을 다했다.

1970년대 정부는 민족의 주체성 확립, 국력의 배양과 조직 강화, 사회복지를 추구하는 정책을 지향하기 시작했고, 이에 따라 체육 분야에서도 생활체육에 대한 범국민적 관심을 증대시키기 위한 체육진흥정책들을 펼쳐 나갔다. 가장 먼저 국민체육과 학교체육시설의 체육기금 조성과 구체적인 운용계획 등의 국민체육진흥법 항목들을 심의·의결하는 국민체육심의위원회(1970)를 발족하였으며(대한체육회, 1972: 71), 이후 대한체육회 산하 사회체육위원회를 신설하여 사회체육진흥 5개년 계획(1977)의 수립, 사회체육시설의 확대, 지도자 양성, 관련 단체 간의 협의체를 조직함으로써 사회체육 저변확대를 도모하는 발전의 이정표를 제시하였다.

1970년대 생활체육의 실제적인 보급과 교육에 기여한 단체는 한국여가레크리에이션협회, YMCA, YWCA, 한국보이스카웃연맹, 한국걸스카웃연맹 등이 있다(대한체육회, 1972: 144~145). 이 중 YWCA는 1974년 2월 대한체육회와 공동으로 개최한 신체적성운동 강습회(New Aerobic Workshop)를 통해서 서구의 선진화된 생활체육 프로그램을 국내로 보급하는 선도적 역할을 담당했다(YMCA, 1974: 4). 과학적으로 검증된 미국의 에어로빅운동을 범국민적 운동으로 발전시키기 위해 초청한 미국 심장병 전문의 캐네스 쿠퍼(K. H. Cooper)는 연령별, 성별에 따라 단계적으로 실시할 수 있는 예방 의료적 유산소운동(Aerobic Exercise)을 국내 체육지도자들에게 처음 소개하였다(이현정·곽애영, 2021: 78). 이후 쿠퍼 박사가 창안한 에어로빅운동의 이론적 개념에 유희성을 가미하여 고안된 미국 제키소렌슨(Jacki Sorenson)의 에어로빅댄스(Aerobics)가 1975년 8월 한국여성체육학회 주최로 열린 체육·무용 지도자 강습회에서 처음 소개되었고, 이후 전국의 초·중·고·대학과 전국의 생활체육 단체로 빠르게 보급되었다(이영숙, 2009: 21). 이는 학생과 가정주부들이 운동에 적극 참여하는 동기유발이 되어 여성 생활체육의 활성화에 크게 기여하였다.

1980년대는 체육부의 신설(1982), 국민체육진흥법 제정(1982), 한국사회체육진흥회 발족(1985), 국민체육활동 참여 실태 조사(1986), 국민체육진흥계획(1989), 국민체육진흥공단 설립(1989) 등이 이루어지며 여성 생활체육의 황금기를 맞이하였다. 특히 1986년 서울 아시아경기대회와 1988년 서울 하계올림픽대회의 성공적인 유치는 생활체육 참여에 대한 관심의 도화선이 되어 여성 생활체육 참여가 활기를 띠는데 기여했다(이학래, 2000: 456~462).

1980년대 여성체육의 활성화에 기여한 대표적인 체육 기관은 각 지역의 사회체육센터와 사회단체였다. 'Sports For all' 정신에 입각하여 지역 생활체육의 흐름을 주도한 사회체육센터들은 수영, 에어로빅, 헬스 등의 프로그램을 강화하여 전국 여성들의 운동욕구를 충족시키며 참여도를 높였다. YMCA는 줄넘기 강습회, 여성을 위한 에어로빅댄스 특별강습회, 요가, 수중운동, 미용체조, 임산부체조, 포크댄스, 스트레칭, 여성호신술을 가르쳤고, YWCA는 생활체조, 포크댄스, 건강체조 위주의 프로그램 확산에 힘썼다. 또한 국가 주도로 덩더꿍체조(1984), 청소년체조(1987), 민속놀이 및 체조(1989) 등을 개발, 보급함으로써 여성 생활체육 프로그램의 다양화에 기여했다.

다. 1990년대~2010년대의 여성 생활체육

1990년대에 들어서면서 여성 생활체육의 패러다임이 변화하기 시작했다. 새로운 여성 생활체육 종목으로 급부상하며 전국으로 보급·확산되기 시작한 것은 레저스포츠였다. 1990년대부터 설립되기 시작한 전문 레저단체들을 중심으로 당구(포켓볼), 볼링, 오리엔티어링, 패러글라이딩, 윈드서핑, 승마, 암벽등반, 골프(게이트볼), 래프팅 등의 다양한 레저스포츠 종목들이 전국으로 보급되기 시작했고, 이는 여성 생활체육 종목이 보다 더 폭넓게 확대되는 결과를 가져왔다(동아일보, 1993. 04. 28).

2000년대부터는 세계화된 국외 경제·사회·정치적 패러다임의 변화 속에서 스포츠를 통해 건강한 삶을 구현하기 위한 선진 생활체육 정책들이 수립되었다. 대표적으로 생활체육지도자 양성 및 배치(2000), 정부 지원 생활체육프로그램의 제작 및 보급(2004), 스포츠7330 캠페인(2005), 장애인 체육진흥체육회 설립(2005), 공공체육시설 확충(2006), 소외계층지원(2006), 노인생활체육대회 개최(2007), 다문화가족 생활체육 지원(2003) 및 어르신전담 생활체육지도자 배치 사업(2009), 국민생활체육시설 확충 중장기계획(2014), 종합형 스포츠클럽사업(2013) 등이 추진되어 보다 더 체계적이고 전문적인 생활체육문화가 정착할 수 있는 여건이 형성되었다.

이러한 국가체육정책에 따라 여성 생활체육 정책은 안정적인 제도적 지원 아래 더욱 구체화 되었고 여러 계층의 여성들이 생활체육에 참여하는 결과를 이끌며 참여인구의 확대에 크게 기여하였다. 특히 일반여성들 이외에도 소외계층 여성과 여성어르신의 생활체육 참여 기회 확대를 이루었으며, 각 지역 공원에 생활체육 광장을 확충하고 생활체육교실, 노인대학, 여성 생활체육교실 등을 본격 운영하여 범국민적인 생활체육 참여를 장려하였다.

2000년대 이후 여성생활체육의 발전 노력은 다음의 세 가지로 요약할 수 있다. 첫째, 전국생활체육대회의 개최이다. 1999년 제1회 회장배 전국생활체육경연대회 및 제1회 문화관광부장관기 전국생활체조경연대회 개최를 기점으로 2000년대부터는 국민체육진흥공단 이사장배 새천년건강체조축제(2000), 전국어머니종합생활체육대회(2001), 국민생활체육 전국한마당축전(2001), 시니어건강에어로빅스축제(2002), 전국어르신생활체조대회(2007) 등을 다양하게 개최함으로써 전 연령의 생활체육 참여율을 높이는 데 크게 이바지하였다.

둘째, 생활체조 프로그램의 제작 및 보급이다. 국민체육진흥공단은 국민 건강증진에 기여하기 위해 새천년건강체조(2000)를 개발하여 학교와 사회복지시설, 공공기관에 보급하였으며, 문화체육관광부에서는 치매예방을 위한 운동(2004) 및 치매예방운동 지도자 교육지침서(2006) 발간사업을 진행하였다. 이 외에도 직장인을 위한 양생체조(2001), 3세대를 위한 건강가정운동(2005), 태권에어로빅스(2006), 국민생활체조(2010), 튼튼생활체조(2013), 시니어 건강을 위한 사계절운동(2016) 등의 지원 사업을 펼쳐 생애주기별 여성 생활체육의 활성화에 기여했다.

셋째, 여성체육 기관들의 적극적인 활동이다. YMCA는 전국 지도자 실기강습회를 열어 여성생활체육 지도자 양성과 배출에 앞장섰고, 일반 여성들의 건강증진을 위한 요가, 아쿠아로빅, 뉴스포츠의 보급에도 힘썼다. YWCA는 여성들의 대표 생활체육 종목인 수영에서 실버반, 임산부 수영 및 아쿠아로빅 등의 특화된 프로그램을 제공하였고, 그 외에 필라테스와 요가 프로그램 등을 적극 운영하였다(김재우, 2009: 377~379). 이 두 단체는 현재까지도 여성 생활체육의 활성화에 앞장서고 있다.

국민생활체육회도 다양한 종목을 운영하여 여성 생활체육 참여를 확대해 갔다. 2000년대까지는 전국에 소재한 문화체육 및 주민자치센터의 생활체육교실에서 배드민턴, 볼링, 에어로빅스, 요가 등의 프로그램을 운영하였고, 2010년부터는 여성들의 관심사를 반영하여 남성 위주로 했던 레슬링, 복싱, 철인 3종 경기, 이종격투기 등을 운영함으로써 여성들이 다양한 생활체육활동에 참여할 수 있는 기회를 제공하였다. 특히 여성스포츠클럽에서는 생활체조와 볼링이 큰 인기를 끌었고, 축구, 야구, 테니스, 족구, 배구, 볼링, 에어로빅체조, 농구, 씨름, 핸드볼 등의 종목에 수많은 여성체육동호인들이 참여하고 있는 것으로 나타났다(국민생활체육회, 2010: 10).

3. 여성과 전문체육

1945년 해방 직후 여학교 운동부를 중심으로 육성된 한국 여성스포츠인들은 각종 국제대회에 참가하기 시작했다. 여성스포츠계는 여성에 대한 사회적 인식의 변화와 정부 주도의 여성체육 정책의 수립 및 지원에 힘입어 점진적인 발전을 이루었고, 점차 국제대회에서 남성을 앞서는 눈부신 활약을 펼치며 한국 스포츠의 위상을 높이는 데 기여했다. 특히 여성스포츠 단체들의 연이은 창단과 활동은 여성 프로스포츠의 발족을 앞당기고 전 세계로 여성스포츠의 면모를 보여주는 계기가 되었다.

가. 1945년~1950년대의 여성 전문체육

한국 여성스포츠인들은 1945년 해방 이후 조선체육회의 재건(1945), 대한올림픽위원회(KOC)의 국제올림픽위원회(IOC) 가입(1947), 국가올림픽위원회(NOC)의 발족(1948)을 기반으로 국제경기대회에 참가하기 시작했다. 1948년 제14회 런던 하계올림픽대회에 참가한 육상 투원반의 이화여중 박봉식은 올림픽에 출전한 한국 최초의 여성선수로 기록되었다(동아일보, 1948. 07. 30).

이후 여성스포츠인들은 한국전쟁으로 야기된 불안정한 사회·정치적 국면 속에서도 대한체육회와 민간체육단체들의 지원에 힘입어 각종 국제대회에 참가하였다. 1952년 헬싱키 하계올림픽대회에서는 육상 투포환 경기에 출전한 최명숙이 예선 20위를 차지하였으며, 1956년 코르티나담페초 동계올림픽대회에서는 스피드 스케이팅 종목에 최초의 여성선수가 출전하였다. 같은 해 세계탁구선수권대회에서는 위쌍숙이 개인 단식 5위를, 1959년 세계탁구선수권대회 단체전에서는 준우승을 달성하였다. 1957년 마닐라 아시아농구선수권대회에서는 숙명여고 박신자가 포함된 한국팀이 우승을 거머쥐었고, 1958년 동경 아시아경기대회에서는 탁구 단체 2위, 복식 3위의 성적을 거두면서 학교체육을 기반으로 한 여성스포츠가 점차 세계무대로 진출하기 시작했다.

나. 1960년대~1980년대의 여성 전문체육

1960년대 이전의 여성스포츠는 학교 운동부를 중심으로 육성된 특정 선수들이 국제대회에 참가하는 수준에 머물렀다. 그러나 1961년 5·16 군사정변 직후 정부가 제정한 국민체육진흥법이 시행된 이후부터는 학교 운동부와 스포츠 단체들을 적극 지원하기 시작했고, 국유화된 시중은행들과 국영기업체의 구기 종목 실업팀 창단을 통해서 한국 여성선수들이 국제무대로 본격 진출하며 국제스포츠 경쟁력을 강화하기 시작했다.

1960년대부터 대거 창단된 금융계 실업팀의 중심에는 여자농구가 있었다. 1950년대 후반 상업은행과 조흥은행 농구팀 창단을 시작으로, 1960년대는 제일은행, 한일은행, 국민은행 팀이 1970년대에는 서울신탁은행, 한국화장품, 외환은행, 선경직물 등이 연이어 창단되어 여자농구의 활성화를 도모했다(조선일보, 1975. 03. 02).

한국 농구사상 최초로 출전한 1964년 페루 리마 세계여자농구선수권대회에서는 8위에 머물렀으나, 1967년 체코 세계여자농구선수권대회에서는 준우승을 차지하는 쾌거를 이루었다. 당시 한국 여자 대표 팀은 평균 20cm나 작은 신장의 열세를 극복하며 국제 스포츠무대에서 한국 여성스포츠의 저력을 알리는 견인차 역할을 하였다(동아일보, 1967. 04. 22). 농구팀 주장이었던 박신자는 최고의 선수(MVP)로 선정되어 한국 여자선수의 위상을 전 세계에 알렸다(정찬모 외, 1999: 87).

한국 여자배구도 1960년대부터 창단된 산업은행, 제일은행, 동일방직 등의 실업팀을 중심으로 발전하였다. 1968년에 정식 출범한 국세청 실업팀은 제3회 세계여자배구선수권대회(1967)에서 3위에 입상하였고, 제4회부터 제6회 아시아경기대회에서는 3년 연속 준우승을 차지하였다.

1970년대부터 한국 여성스포츠인들은 국제대회에 출전한 다수의 경기종목에서 두각을 나타내기 시작했다. 한국 여자육상이 아시아에서 일본에게 전패를 당할 때 유일하게 금메달을 획득하여 여자육상 투척 분야의 새로운 가능성을 보여준 선수는 아시아의 마녀 백옥자였다. 백옥자는 1970년 방콕 아시아경기대회의 투포환 종목에 출전하여 15m 50cm의 기록으로 금메달을 차지하였고, 1974년 테헤란 아시아경기대회에서는 16m 28cm의 아시아 신기록을 세우며 육상 사상 최초로 2연패라는 쾌거를 이루었다(동아일보, 1979. 12. 24).

한국 구기 종목 사상 최초의 세계대회 우승 타이틀을 획득한 종목은 여자탁구이다. 1972년 스칸디나비아 오픈 탁구선수권대회에서 여자단식과 복식에서 우승을 차지한 정현숙, 이에리사, 박미라는 1973년 사라예보세계탁구선수권대회에 출전하여 여자단체전을 석권하는 쾌거를 이루며 세계 정상에 올랐다. 이는 한국 스포츠 단체전, 여자경기에서의 첫 세계제패라는 점에서 특별한 의미가 있다. 결승전에서 3승을 거둔 10대 소녀 이에리사는 세계 최고의 탁구스타로 떠오르며 매스컴의 찬사를 받았다(정찬모 외, 1999: 92).

1974년 테헤란 아시아경기대회에 출전한 한국 테니스 여자 복식팀은 종목 사상 최초의 금메달을 획득하였고 1978년 방콕 아시아경기대회에 출전한 이덕희, 양정순이 또다시 여자 복식에서 금메달을 차지하여 값진 2연패를 달성하였다. 이덕희는 단식경기에서도 금메달을 획득하여 테니스 종목 2관왕에 등극했다(매일경제, 1974. 09. 12).

1976년 한국 여자배구팀은 몬트리올 하계올림픽대회에서 올림픽 출전 구기 종목 사상 최초의 동메달을 획득하였다. 이는 남녀 통산 단체경기, 구기 종목에서 거둔 첫 번째 올림픽 메달로서 신체적 열세를 딛고 한국 특유의 민첩함으로 세계 강팀들과 맞서 획득한 메달이었다는 점에서 역사적인 위업으로 자리매김했다. '날으는 작은 새'라는 별칭의 최단신 조혜정은 남다른 점프력과 파괴력 있는 강타로 올림픽 첫 동메달의 신화를 주도한 선수가 되었다(김운용, 1996: 181).

한국의 효자종목 양궁의 세계제패 역사는 1979년 서베를린 세계선수권대회에 출전한 여고생 김진호로부터 시작되었다. 김진호는 기록경기 사상 처음으로 싱글 60m에서 세계신기록을 수립하였으며, 개인 및 단체종합에서도 양궁 종목 5관왕을 차지하며 세계양궁계의 샛별로 떠올랐다(조선일보, 1984. 08. 13).

1980년대 여성스포츠는 한국 정부의 강력한 스포츠 진흥정책으로 새로운 도약과 변화를 맞이하게 되었다. 1982년 체육부 신설, 우수선수의 조기 발굴, 스포츠과학연구원의 기능 강화, 대학부설 스포츠과학연구소의 설치, 국제교류를 통한 선진기술 도입, 국군체육부대의 창설, 각종 국제대회의 유치 등을 기반으로 한국 여성스포츠는 비약적인 발전을 이루었다(하남길 외, 2016: 396). 특히 1986년 아시아경기대회와 1988년 하계올림픽대회의 한국 유치는 엘리트스포츠 발전의 촉진제가 되어 다수의 종목에서 여성 스타선수들을 탄생시켰다.

한국 여자농구는 1982년 도쿄 아시아선수권대회의 우승을 기반으로, 1984년 LA 하계올림픽대회에서 여자농구 사상 최초의 은메달을 거머쥐었다. 같은 대회에 출전한 여자 핸드볼 팀도 종목 사상 최초의 올림픽 은메달 획득에 이어 1988년 서울 하계올림픽대회에서 세계 최강국인 소련을 제압하고 금메달을 차지하는 신기원을 달성했다(경향신문, 1984. 08. 10). 1981년 국제무대에 진출한 여자하키는 1982년 뉴델리 아시아경기대회 은메달, 1986년 서울 아시아경기대회 금메달, 1988년 서울 하계올림픽대회 은메달을 획득하여 한국 여자스포츠의 위상을 높이는 데 큰 몫을 하였다.

수영에서는 아시아의 인어자매라고 불리운 최윤정과 최윤희가 1982년 뉴델리 아시아경기대회에서 값진 메달을 획득했다. 여자 배영 100m, 200m, 개인혼영에 출전한 동생 최윤희는 3관왕의 신기원을 이룩했고, 언니 최윤정은 은메달 3개를 차지했다. 아시아권 여자수영 사상 최초의 금메달이자 3관왕의 업적 달성은 한국 수영계의 초유의 경사였다(동아일보, 1982. 11. 24). 1986년에 출전한 서울 아시아경기대회에서도 최윤희가 여자배영 100m와 200m를 또다시 제패하며 명성을 떨쳤다.

불모지나 다름없던 한국 여자육상에서 혜성처럼 떠오른 별은 임춘애이다. 어린 나이에 출전한 1986년 서울 아시아경기대회의 800m, 1,500m, 3,000m 경기를 모두 석권하였고, 3,000m에서는 9분 11초 92의 아시아신기록을 세우며 아시아 여자중거리경기의 판도를 바꾸어 놓았다(동아일보, 1986. 12. 13).

양궁은 1979년부터 새로운 양궁 신예로 주목된 김진호가 1983년 로스엔젤레스 세계양궁선수권대회에서 5관왕을 차지하며 세계정상에 올랐다. 1984년 LA 하계올림픽경기대회에서는 서향순이 금메달, 김진호가 동메달을 획득하였으며, 1988년 서울 하계올림픽경기대회에서는 한국의 양궁 차세대 선수로 선발된 김수녕, 왕희경, 윤영숙이 개인종합 부문을 모두 석권하였고, 단체종합에서도 금메달을 획득하였다. 특히 올림픽 신기록을 수립하며 양궁 2관왕에 오른 김수녕은 이어서 출전한 1989년 로잔 세계양궁선수권대회에서도 6개 부문의 전관왕과 4개의 세계신기록을 달성하며 한국 양궁의 위상을 드높였다(정찬모 외, 1999: 70; 한겨레, 1989. 07. 08).

1988년 서울 하계올림픽대회에 출전한 한국 여자 핸드볼팀은 1976년 몬트리올 하계올림픽대회, 1980년 모스크바 하계올림픽대회, 1986년 세계선수권대회를 모두 석권한 독립국가연합(CIS)

을 격파하며 우승했다. 탁구는 환상의 콤비로 불린 양영자, 현정화의 활약으로 1986년 서울 아시아경기대회와 1988년 서울 하계올림픽대회 여자복식에서 모두 금메달을 획득하였다. 양영자는 1979년 세계탁구선수권대회의 최연소 선수로 선발되어 1983년 세계탁구선수권대회 단식 2위, 1986년 서울 아시아경기대회 단체 1위, 1987년 세계탁구선수권대회 복식 1위, 1988년 서울올림픽경기대회에서 여자복식 1위의 수훈을 세웠다.

다. 1990년대~2010년대의 여성 전문체육

한국 여성스포츠는 1990년대부터 급속한 경기력 성장을 보이며 하계, 동계 올림픽대회를 포함한 각종 국제대회에서 크게 활약하기 시작했다. 그동안 남성의 전유물이었던 역도, 유도, 태권도, 복싱 등의 투기종목에서 여성스포츠 스타가 배출되었으며, 프로스포츠인 골프와 쇼트트랙, 피겨스케이팅, 스피드스케이팅의 동계스포츠 종목에서 여성스포츠인들의 세계정상급 탈환이 시작되었다.

1992년 바르셀로나 하계올림픽대회에 출전한 한국 여성스포츠인들은 역대급 활약을 나타냈다. 사격 공기소총 여갑순 금메달, 유도 72kg급 김미정 금메달, 양궁 조윤정 2관왕, 배드민턴 여자복식 금메달, 여자핸드볼 올림픽 2연패의 위업을 달성함으로써 한국이 획득한 금메달의 절반을 여성 선수들이 차지하는 성과를 거두었다(김운용, 1996: 198~199). 특히 1992년 바르셀로나 하계올림픽대회에서 첫 정식종목으로 채택된 유도에서는 김미정이 여자 유도 올림픽 원년 챔피언에 오르는 영광을 차지하였다.

1993년은 한국 탁구사에 신기원이 수립된 날이다. 제42회 외테보리 세계탁구선수권대회에 출전한 현정화는 한국인 최초로 여자 단식을 제패하며 세계 정상에 올랐다. 현정화는 고등학생 시절 국가대표로 선발되어 1987년 세계탁구선수권대회 여자복식에서 양영자 선수와 함께 처음 세계를 재패하였고, 1988년 서울하계올림픽경기대회 여자탁구복식 우승, 1989년 세계탁구선수권대회 남녀혼합복식 우승, 1991년 세계탁구선수권대회 남북단일팀 우승을 거머쥐며 여자 탁구계의 그랜드슬램의 위업을 이룩하였다(동아일보, 1993. 12. 07).

한편 1994년 릴레함메르 동계올림픽대회에서는 세계정상급 여성스포츠인들이 대거 출현하였다. 쇼트트랙 경기에 출전한 전이경은 1,000m와 3,000m 계주에서 2관왕에 올랐고 1998년 나가노 동계올림픽대회에서 1,000m와 3,000m 계주를 또다시 제패하여 올림픽 2관왕, 2연패라는 신화를 창조하였다. 1995년부터 1997년까지 출전한 세계쇼트트랙선수권대회 1,500m 경기에서도 3연패를 독점한 전이경은 통산 올림픽 금메달 4개, 동메달 1개를 획득하며 한국이 배출한 가장 위대한 경력을 소유한 동계스포츠선수가 되었다(경향신문, 1997. 03. 31).

1998년은 한국여성프로골프가 세계무대로 발돋움한 해이다. 골프의 여제 박세리는 1998년 4

대 메이저대회 중 하나인 맥도널드 LPGA 챔피언십(McDonald's LPGA Championship)에서 최연소의 나이로 우승을 차지하였다. 동양인 첫 LPGA 챔피언으로 데뷔한 박세리는 U.S 여자오픈(United States Women's Open Championship), 제이미 파 크로거 클래식(Jamie Farr Kroger Classic), 자이언트 이글 클래식(Giant Eagle Classic) 등의 대회를 최단기간에 연달아 석권하는 4승의 대기록을 세우며 세계 골프계의 영웅이 되었다(조선일보, 1998. 07. 08). 2007년까지 총 24승의 성과를 기록한 박세리는 미국 LPGA 진출 10년 만에 명예의 전당에 이름을 올렸다.

여성스포츠의 황금기는 2000년대부터 시작되었다. 2000년 시드니 하계올림픽대회에서는 태권도 금메달 2개, 양궁 개인전 및 단체전 2관왕을 획득했고, 사격과 양궁에서 은메달 2개를, 유도, 양궁, 여자탁구 복식에서 동메달을 획득하는 우수한 성적을 거두었다. 특히 남성 전유 종목이었던 유도에서 여성선수들의 활약이 돋보였으며, 한국 국기인 태권도가 올림픽 정식종목으로 채택된 해에 금메달 2개를 차지하는 쾌거를 이루었다. 태권도의 올림픽 정식종목 채택은 한국이 국제스포츠계에 진출한 이후 달성한 가장 큰 결실이자 한국 스포츠의 위상이 국제무대에서 크게 향상되었다는 것을 의미한다(동아일보, 1994. 09. 04; 김운용, 1996: 71).

2004년 아테네 하계올림픽대회에서는 태권도 금메달, 양궁 개인전 및 단체전 2관왕으로 올림픽 2연패를 달성하였고, 사격, 양궁, 탁구 여자복식, 역도, 여자핸드볼에서 은메달 5개를, 여자사격, 배드민턴 남녀복식, 여자탁구, 태권도에서 동메달 4개의 성적을 거두었다.

이 대회에서 주목한 한국여성 스포츠 스타는 단연 역도의 장미란이다. 은메달을 획득하여 세계의 이목을 집중시킨 장미란은 2005년 도하 아시아경기대회, 2006년 산토도밍고 세계역도선수권대회, 2007년 치앙마이 세계역도선수권대회에서 +75kg급 세계신기록을 세우며 3연패의 위업을 달성하였고, 2008년 베이징 하계올림픽대회의 여자 역도 최중량급 경기에서는 올림픽 신기록을 세우며 값진 금메달을 획득하였다. 선수활동 기간 동안 총 5개의 세계신기록을 갱신하며 한국 여자 역도선수로서 세계 정상의 자리를 지키는 위업을 달성했다(스포츠동아, 2012. 08. 06).

2008년 베이징 올림픽경기대회에서는 전체 금 12개, 은 10개, 동 8개 중 양궁 여자단체전, 배드민턴 혼합복식, 역도, 태권도에서 금메달 4개를, 배드민턴 복식, 역도, 펜싱에서 은메달 4개를, 양궁, 여자핸드볼, 유도, 탁구 단체전에서 동메달 4개를 여성선수들이 획득하였다.

2010년대부터 한국여성스포츠는 동계올림픽대회에서 크게 활약하기 시작하였다. 쇼트트랙 강국이었던 한국은 2010년 밴쿠버 동계올림픽경기대회에서 스피드스케이팅과 피겨스케이팅 종목 사상 첫 올림픽 금메달을 획득하는 쾌거를 이루며 한국 동계올림픽 역사의 새로운 장을 열었다.

피겨스케이팅의 김연아는 쇼트와 프리경기 두 종목에서 세계신기록을 세우고 세계 정상에 오른 동양 최초의 피겨스타가 되었다. 아시아를 넘어 전 세계 피겨 역사에 한 획을 그은 김연아는 미국의 시사매체인 Exammer에서 금세기 최고의 5대 스포츠스타로 선정되었고, 이후 아시아 선수 최초로 미국 여성스포츠재단에서 수여하는 '올해의 스포츠 우먼상'을 수상하였다(국민일보, 2010. 10. 13). 여자 스피드스케이팅 500m 종목에서 세계신기록을 달성하며 금메달을 획득한 이상화는 2014년 소치 동계올림픽대회 500m에서 또 다시 우승을 거머쥐며 스피드스케이팅 올림픽 2연패를 기록한 최초의 아시아 선수가 되었다.

2012년 런던 하계올림픽대회에서는 1992년 바르셀로나 하계올림픽대회의 여갑순 선수 이후로 20년 만에 탄생한 여자사격 김장미의 금메달 획득을 시작으로, 양궁 2관왕, 태권도 -67kg급 황경선, 펜싱 사브르 김지연이 금메달을 차지하였다. 펜싱 에페 여자단체에서는 종목 사상 최초의 은메달을 획득하였으며, 역도와 펜싱 여자 플러레 단체에서도 각각 동메달을 획득하였다.

특별히 사격의 김장미는 2010년 싱가포르 청소년 하계올림픽대회와 2012년 런던 하계올림픽대회에서 모두 금메달을 차지함으로써 청소년올림픽과 성인올림픽을 모두 재패한 세계 최초의 선수로 기록되었다. 한편 펜싱 에페 여자단체의 첫 올림픽 메달 획득은 올림픽 사상 최초로 펜싱 남녀 세부종목에서 메달을 획득하는 진귀한 기록이 되었다.

2016년 리우데자네이루 하계올림픽대회에서는 골프 박인비, 양궁 장혜진 2관왕, 태권도 김소희, 오혜리가 금메달을, 유도 정보경이 은메달을, 배드민턴 여자복식, 양궁 여자 개인, 역도에서 3개의 동메달을 차지하였다. 1900년 파리 하계올림픽대회 이후 112년 만에 올림픽 정식종목이 된 골프에서 금메달을 획득한 박인비는 남녀 골프 역사상 최초의 '커리어 골든 그랜드슬램(커리어 그랜드 슬램, 올림픽 금메달)'을 달성하며 여자 골프의 역사를 새롭게 기록했다(한국일보, 2016. 08. 21).

4장 남북체육교류

김재우

학습목표
- 남북체육교류의 의의와 기능을 살펴본다.
- 남북체육교류의 과정을 살펴본다.
- 남북체육교류의 역사적 의미를 살펴본다.

1. 남북체육교류·협력의 이해

가. 남북체육교류·협력의 의의

체육은 이념과 체제의 장벽을 뛰어넘어 교류·협력을 가능케 함으로써 이해와 타협을 이끌어 낼 수 있는 가장 효율적인 수단이다. 한 예로, 미국과 중국 간의 핑퐁외교는 체육교류의 힘을 상징한다. 체육교류의 힘은 적대적 정치 상황을 뚫어낸 스포츠의 힘에서 나온다. 적대감이 커져서 거의 모든 영역에서 대화나 교류가 단절되었을 때마저 유일하게 교류를 가능케 하는 것은 체육교류이다. 이러한 점에서 남북한 간의 체육교류·협력은 오랜 기간 분단으로 인해 형성되어온 상호 이질성을 극복하고 민족공동체 형성이라는 장기적 목표에 기여할 수 있을 것이다. 그리고 남북체육교류·협력은 국제체육기구가 존재하고, 국제체육 외교의 장에서 남북관계자가 접촉할 수 있는 환경 때문에 다른 분야의 교류보다 쉽고 빨리 이루어질 수 있다. 따라서 남북체육교류·협력은 평화·화해 분위기를 조성하기에 수월하며 국제적 이목도 끌 수 있는 효과적인 교류 분야라 할 수 있다 (문화체육관광부, 2013: 516).

나. 남북체육교류·협력의 특징과 기능

체육교류는 다른 분야의 교류와 비교했을 때 여러 가지 특징을 가지고 있다. 특히, 남북 간의 체육교류는 이데올로기로 대치하고 있고 군사적으로 긴장되어 있다는 측면, 그리고 동일 민족이라는 특수한 측면을 가지고 있기에 다른 국가와의 체육교류와는 또 다른 특징을 가지고 있다. 첫째, 남북체육교류는 역사성을 갖는 문화 행사로서의 전통을 갖는 사실이다. 둘째, 남북체육교류는 체육 자체가 갖는 대중성 때문에 민족공동체 구성원에게 미치는 영향력이 다른 분야보다 훨씬 크다. 셋째, 남북한 체육은 다른 분야와 비교해서 대회나 훈련, 용품 교환 등 다각도에서의 교류협력이 가능하기에 국제사회 제재 속에서도 충분히 외교적 효과를 거둘 수 있다. 넷째, 체육교류는 국제단체(IOC, FIFA, UNESCO 등)를 통한 중재와 도움이 가능하다. 즉, 동일한 경기 규칙 및 규정 등에 의해 진행되는 스포츠 경기 특성으로 인해 남북의 이데올로기적 차이로 인한 대립이 불거질 확률이 거의 없다는 점에서 그 유용성이 있다는 의미다.

이와 같은 특징을 가지고 있는 남북체육교류는 다양한 차원에서 중요한 기능을 하는데, 크게 세 가지로 구분될 수 있다. 첫째, 남북체육교류는 화해와 협력의 기반을 조성하는 정치적 기능을 한다는 점이다. 스포츠는 페어플레이 정신을 중요시하며 경기에 들어서면 오직 선수의 기량만을 대결하기에 선수단과 임원단의 상호 이해를 증진시키고 불신을 해소하는 역할을 할 수 있다. 둘째, 남북체육교류는 남과 북의 민족의식을 고양시키는데 기여한다는 점이다. 셋째, 남북체육교류는 한반도 화해와 정치적 평화 분위기 조성에 일조하여 우리나라의 국제적 투자 안정국 인지도를 상승시킴으로서 외자유치의 활성화에 기여하는 등 경제적 기능도 발휘한다(문화체육관광부, 2022: 567).

그러나 남북체육교류는 위에서 언급한 바와 같이 순기능만을 하는 것이 아니라 남북 관계에 부정적 영향을 미치는 역기능도 가지고 온다. 그 대표적인 사례로 남북체육교류가 정치적 계산에 의해 봉쇄되는 경우이다. 북한은 1977년 4월 국제탁구연맹으로부터 제35회 대회 유치권을 따냈다. 그때 북한은 국제탁구연맹, 즉 ITTF 헌장을 지키고 전체 회원국들의 참가를 보장한다고 공약했으나, 이를 지키지 않고 대회 개최 2개월 전에 단일팀 구성을 남한에 제의하였고, 의도적으로 회담을 결렬시킴으로써 남한의 대회 참가를 봉쇄한 것이다. 두 번째로 남북체육교류의 역기능으로서 빼놓을 수 없는 대목은 경기에 참가하는 선수나 관전하는 청중을 통한 정치적 선전 공세이다. 순수한 스포츠인들은 남북한 이데올로기 대결의 행동요원으로 둔갑시키는 데서 오는 역기능이 그것이다. 남북체육교류가 정치적 선전 매개체로 이용당한다면 그것은 도리어 남북한 교류 그 자체마저 불신하는 부작용을 빚어낸다(박수정, 2000: 11).

다. 남북체육교류 · 협력의 법적 기반

우리나라 정부는 시대 흐름에 맞는 법령을 통해 대북정책을 시행하고 지속적인 남북교류가 가능한 제도적 기반, 특히 '법'을 제공해왔다. 현재 우리나라에는 남북교류를 위한 현행 법령이 세 가지가 있다. '남북교류협력에 관한 법률', '남북협력기금법', '남북관계 발전에 관한 법률'이 그것이다.

1990년 공포된 '남북교류협력에 관한 법률'은 남북체육교류 · 협력의 최초 법적 근거가 됐다. 동법 제1조는 남한과 북한의 상호교류와 협력을 촉진하기 위하여 필요한 사항을 규정함으로써 한반도의 평화와 통일에 이바지하는 것을 법 제정의 목적으로 밝히고 있다. 그리고 동법 제2조를 통해 정부는 남북교류 · 협력을 증진시키기 위하여 필요하다고 인정되는 사업에 한하여 보조금을 지급할 수 있다고 명시함으로써 물적 및 인적 자원의 교류를 가능케 하였다.

'남북교류협력에 관한 법률'과 같은 시기인 1990년 공포된 '남북협력기금법'은 남북 간의 상호교류와 협력을 지원하기 위하여 남북협력기금을 설치하고 남북협력기금의 운용과 관리에 필요한 사항을 정하는 목적으로 남북교류협력의 법적 근거를 제공하였다. 이와 함께 '남북관계 발전에 관한 법률'은 2006년 공포되어 평화적 통일을 구현하기 위하여 남한과 북한의 기본적인 관계와 남북관계의 발전에 관하여 필요한 사항을 규정하는 목적을 갖는 법이다(문화체육관광부, 2022: 569).

남북체육교류·협력 활성화 정책은 정부조직과 유관기관에서 이루어지고 있다. 정부 조직으로는 문화체육관광부와 통일부가 협력 하에 정책을 주도하고 있다. 주무부서는 문화체육관광부 체육협력과(국제체육과)와 통일부의 교류협력국 사회문화교류과이다. 정부협의체로서 남북교류협력추진협의회(위원장 통일부 장관)가 있다(문화체육관광부, 2013: 522). 한편, 유관기관으로는 대한체육회 남북체육교류위원회, 서울특별시 남북교류협력위원회, 통일부 한반도통일미래센터 등이 있다. 특히, 대한체육회의 남북체육교류위원회는 스포츠를 통한 남북 간의 동질성 회복 기반을 마련하고 화해 분위기 조성에 이바지하려는 목적으로 설립되었는데, 이 위원회는 대한체육회 남북체육교류 방향과 실행계획을 검토하고 심의하는 일을 담당하고 있다(문화체육관광부, 2022: 572).

2. 남북체육교류

가. 남북단일팀 구성

1990년 10월 11일, 평양 능라도 5·1경기장에서 제1차 남북통일축구대회가, 그리고 10월 28일 남북통일축구대회 2차전이 서울 잠실주경기장에서 개최되었다. 남북 체육장관들은 남한에서 개최된 제2차 남북통일축구대회 기간 중인 1990년 10월 24일 워커힐호텔에서 회담을 갖고 남북체육회담 재개 등을 논의하여 공동합의문을 채택하였다(김재우, 2015a: 39~40).

남한과 북한은 공동합의문에 의거하여 남북체육회담을 개최하였다. 그 결과, 1991년 2월 28일 개최된 제4차 남북체육회담을 통해 남한과 북한은 제41회 세계탁구선수권대회와 제6회 세계청소년축구선수권대회에 단일팀을 구성하여 참가하기로 최종 합의하였다. 이로써 1963년 1월 스위스 로잔에서 남한과 북한이 동경 올림픽경기대회(1964) 단일팀 구성을 위해 첫 회담을 가진 후 30여 년 만에 최초로 역사적인 남북 스포츠 단일팀의 꿈이 실현되었다. 이후 남한과 북한은 아시아경기대회, 동계올림픽경기대회 등에서도 단일팀을 구성하여 국제경기대회에 참가하였다.

1) 제41회 지바 세계탁구선수권대회(1991) 남북단일팀

제41회 지바 세계탁구선수권대회는 1991년 4월 24일부터 5월 6일까지 일본 지바시 마쿠하리 체육관에서 개최되었다. 이 대회에는 사상 최대 규모인 105개 협회(회의 대표 포함) 1,141명의 선수와 임원이 출전, 남·녀 단체, 남·녀 개인 단·복식과 혼합복식 등 7개 종목의 우승을 놓고 열전을 벌였다(한겨레신문, 1991년 4월 24일).

이 대회에 흰색 바탕에 하늘색 한반도 지도를 가슴에 새기고 남북단일팀으로 참가한 코리아팀은 여자단체전 결승에서 9연패에 도전하는 중국을 3시간 40여 분의 접전 끝에 3 대 2로 꺾고 우승을 차지했다. 남북이 우승한 것은 지난 1973년 사라예보(유고)에서 한국여자팀이 우승한 이래 18년 만이었다(동아일보, 1991년. 4월 30일).

코리아 탁구 단일팀의 우승 장면이 텔레비전을 통해 남북한에 중계됨으로써 7천만 겨레에게 우리가 진정 한민족이라는 엄연한 사실과 우리에게 왜 통일이 필요한 것인가를 가슴 깊이 느끼게 해 주었다. 그리고 남과 북이 하나가 되면 세계를 제패할 수 있을 만큼 위대한 민족임을 세계만방에 보여주었고, 코리아 탁구 단일팀의 세계제패라는 '신화' 창조는 한민족의 잠재력을 통일과 연계시킨 의지의 산물이 되었다. 또한 재일본대한민국민단과 재일본조선인총연합회의 공동응원은 이념으로 인해 불신의 골이 깊었던 재일교포 사회의 벽을 허무는 데 큰 역할을 하였다. 이라바기시 조총련계 조선초·중·고급 학교에서 영어를 가르치는 재일교포 윤태조는 "전에도 조총련과 민단계 동포 사이에 장사 등을 하며 교류가 없었던 것은 아니나 너무 밀착되면 눈총을 받았다", "이번 '코리아'가 일본에 오면서 나가노 민단·조총련 동포들이 함께 꽃놀이를 가는 등 이젠 모든 것을 드러내놓고 친하게 지낼 수 있게 됐다"고 말할 정도로 공동응원은 재일교포 사회에 남다른 의미를 부여하였다(김재우, 2015b: 7).

이처럼 남과 북이 하나 되어 세계의 정상을 정복한 탁구 단일팀의 세계제패는 남북이 하나가 될 때의 저력을 실감할 수 있게 하여 체제와 이념의 장벽으로 가로막혀 있던 민족적 잠재력에 대한 새로운 기대와 확신을 깨우쳤으며, 이런 남북 화해의 계기 마련을 통해 한민족 공동체 형성의 지름길을 개척할 수 있게 되었다.

2) 제6회 포르투갈 세계청소년축구선수권대회(1991) 남북단일팀

1991년 4월 지바 세계탁구선수권대회의 남북단일팀 구성·참가에 이어 1991년 6월 14일부터 보름간 포르투갈의 수도 리스본에서 개최된 제6회 세계청소년축구선수권대회에도 남과 북은 단일팀을 구성하여 참가하게 되었다.

남과 북은 어려운 과정을 겪으면서 서울·평양 평가전을 실시하였고, 이를 토대로 청소년축구선수권대회에 참가할 18명의 코리아 단일팀 선수들을 선발하였다. 선수 선발 후, 남북 선수들은 평양과 서울에서 각각 3박 4일씩 합동훈련과 평가전을 통하여 공격과 수비 조직력을 점검하였다. 3박 4일간에 걸친 서울 합동훈련을 마친 코리아 단일팀은 서울 워커힐호텔에서 결단식을 가졌고, 제6회 세계청소년축구선수권대회가 개최되는 포르투갈로 출발하였다.

남북 31명씩 62명으로 구성된 코리아 단일팀은 프랑스 틀롱에서의 전지훈련과 틀롱 국제청소년축구대회 참가를 계획하였다. 그러나 틀롱 국제청소년축구대회 조직위원회가 대규모 인원으로 구성된 코리아 단일팀의 참가를 거부함으로써 훈련지를 포르투갈로 바꿀 수밖에 없었다. 포르투갈에서의 전지훈련 중, 코리아 단일팀은 포르투갈 3부 프로팀들과 연습경기를 가졌고, 연습경기를 통해 노출된 수비력 강화를 위하여 남한의 올림픽대표팀으로부터 수비수를 보충함으로써 최종 엔트리를 결정하였다. 그리고 코리아 단일팀은 아르헨티나, 아일랜드, 포르투갈과 함께 예선전을 펼쳤고, 객관적인 전력 부족에도 불구하고 1승 1무 1패를 기록하면서 세계 8강 진입에 성공하였다.

제6회 세계청소년축구선수권대회 코리아 단일팀 참가는 남북체육교류가 한반도 평화 분위기 조성에 상당한 영향을 미친다는 사실을 확인시켜 주었고, 남북을 왕복하면서 가진 평가전과 합동훈련은 폐쇄되었던 북한의 문호를 개방시킴으로써 북한의 실상을 적으나마 알 수 있는 기회가 되었다. 또한 코리아 단일팀의 8강 진출은 남북이 하나로 뭉친 저력과 자긍심을 세계무대에 유감없이 발휘하였다. 그러나 세계청소년축구선수권대회 단일팀 참가는 선수단 구성과 참가 과정에서 북한 측에 대한 일방적인 양보, 선수단 임원 선출, 과다 비용 사용 등 문제점이 발생하면서 금후 이루어질 남북체육교류에 시사점을 제공하기도 하였다(김재우, 2016: 91).

3) 평창 동계올림픽경기대회(2018) 여자아이스하키 남북단일팀

제23회 평창 동계올림픽경기대회는 2018년 2월 9일부터 2월 25일까지 강원도 평창에서 개최되었다. 대한민국이 1988년 서울 하계올림픽경기대회를 개최한 지 30년 만에 두 번째로 개최한 올림픽대회로, 아시아에서는 일본의 삿포로와 나가노에 이은 세 번째 동계올림픽대회이다. 이 대회에 남한과 북한은 여자아이스하키에서 단일팀을 구성하여 참가하여 남북은 물론, 전 세계의 관심과 이목을 받았다.

2017년 5월 10일 출범한 문재인 정부는 출범 초기부터 북한과의 관계 개선을 천명하였다. 대북정책에 있어 강경노선을 취했던 이전 정부와 달리 유화적인 노선을 추구한 문재인 정부는 한반도 평화 정착을 위한 실천적인 계기를 스포츠 교류를 통해 마련하고자 하였다. 문재인 대통령은 더불어민주당의 대통령 시절부터 평창 동계올림픽경기대회에 북한의 참가를 유도해야 한다고 주장하였다. 그는 2018 평창 동계올림픽경기대회를 성공적으로 개최하기 위해서는 북한의 협조가 필수적이라며 북한의 참가를 유도해 평화올림픽을 실현하는 방안을 제시하였다.

남한이 유화적인 대북정책을 전개함에 따라 북한도 변화를 보였다. 2018년 1월 1일, 북한의 김정은 국무위원장은 신년사를 통해 남한과 북한의 '군사적 긴장 완화와 평화적 환경 마련'을 위한 공동 노력을 강조하였다. 이어서 신년사의 내용 중에 평창 동계올림픽경기대회에 대한 북한의 참가를 긍정적으로 검토할 수 있는 메시지도 함께 전달되었다.

김정은 국무위원장의 신년사에 문재인 정부가 화답하며 남북고위급회담을 제안했고, 2018년 1월 9일 평창 동계올림픽경기대회 참가 문제 등을 논의하기 위한 남북고위급회담이 개최되었다. 그 결과, 북한은 평창 동계올림픽경기대회에 참가할 것을 약속하였고, 남한은 평창 동계올림픽경기대회에 파견될 북한의 고위급대표단과 선수단, 응원단, 예술단, 참관단, 태권도시범단, 기자단의 편의 제공을 약속하였다(배재윤, 2022: 204~205). 그리고 2018년 1월 20일과 21일, 국제올림픽위원회(IOC)와 관련 국제연맹 및 남북한 관계자가 참가한 로잔 회담에서 북한 참가와 남북한 단일팀 및 공동입장 등의 현안이 일괄 합의되었다. 이에 따라 북한의 평창 동계올림픽경기대회 참가 선수단은 5개 종목에서 선수 22명 및 임원 24명 등 총 46명의 역대 동계올림픽대회 최대 선수단 파견이 결정되었다. 특히, 대내외적으로 지대한 관심사였던 여자아이스하키 남북단일팀 구성 및 참가가 결정되어 12명의 북한 선수들이 합류하게 되었다(이계영·김홍태, 2018: 156).

여자아이스하키 남북단일팀 결성이 확정되었지만, 단일팀 결성이 논의되는 과정에서 반대와 우려의 목소리도 나왔다. 기존의 남북체육교류 과정에서는 거의 볼 수 없는 광경이 벌어졌다. 가장 큰 우려의 목소리는 남북단일팀 결성으로 인해 지금까지 고생했던 한국 선수들에게 돌아갈 수 있는 피해의 문제였다. 이 문제는 사회문제로 대두되어 커뮤니티에서는 '올림픽 하나 바라보고 운동한 선수들이 출전하지 못하게 되는게 싫다', '오랜 기간 준비한 우리 선수들에 대한 배신행위다' 등의 반대 의견이 도출되었으며(중앙일보, 2018. 1. 16), 2014년 9월 부임해 한국 여자아이스하키의 고속 성장을 이끈 세라 머리(Sarah Murray) 감독도 "단일팀을 꾸려야 한다면 3명 정도는 괜찮을 수 있지만 현실적으로는 어려운 일이다. 개인적으로 조직력을 가장 중시하는데 (단일팀이 만들어지면) 문제가 생길 수 있다. 늦게 합류하는 북한 선수들에게 자리를 뺏기는 선수들은 박탈감으로 사기가 꺾일 것"(노컷뉴스, 2018년 1월 16일)이라고 우려하였다.

우여곡절 끝에 결성된 여자아이스하키 남북단일팀은 2월 10일 스위스와의 예선 첫 경기에서 0대 8이라는 큰 점수 차이로 패하였다. 단일팀은 올림픽이 개막되기 이전인 2월 4일 스웨덴과 가진 평가전에서 예상보다 좋은 조직력을 보이며 선전했으므로 좋은 경기를 기대했으나 실력 차이를 극복하지는 못했다(스포츠조선, 2018년 2월 10일). 그러나 남북단일팀의 첫 경기는 6,000석 좌석이 모두 판매되었으며, 150여 명이 넘는 각국 취재기자가 미디어센터와 기자석을 가득 메울 정도로 대내외적으로 많은 관심을 받았다(중앙일보, 2018년 2월 10일).

남북단일팀은 두 번째 예선경기를 세계 5위인 스웨덴과 치렀다. 이 경기에서도 남북단일팀은 0대 8로 패하면서 남은 일본과의 경기와는 상관없이 예선탈락의 고배를 마셨다(국민일보, 2018년

2월 12일). 일본과의 마지막 예선경기에서도 단일팀은 1 대 4로 졌다. 그러나 일본과의 경기에서 단일팀의 귀화 선수 랜디 희수 그리핀이 0 대 2로 뒤진 2피리어드 9분 31초에 일본 골문에 퍽을 넣으면서 올림픽대회 첫 골이라는 염원을 이루었다(중앙일보, 2018년 2월 14일). 이후 순위결정전에서도 남북단일팀은 스위스와 스웨덴에 다시 패해 참가 8개국 중 8위를 기록하였다.

이상과 같이 어려운 과정을 겪으면서 결성된 여자아이스하키 남북단일팀은 경기에서도 만족할 만한 성적을 남기지 못하였다. 그러나 1991년 세계청소년축구선수권대회 이후 27년 만에 결성된 여자아이스하키 남북단일팀 결성은 올림픽이라는 종합스포츠대회에서 결성된 첫 남북단일팀으로서 역사적 의의가 매우 크며, 이후 전개되는 남북단일팀 구성의 시발점으로서 역할을 했다는 점에서 그 의미를 찾아볼 수 있다.

4) 할름스타드 세계탁구선수권대회(2018) 남북단일팀

2018년 세계탁구선수권대회는 2018년 4월 29일부터 5월 6일까지 스웨덴 할름스타드에서 개최되었다. 이 대회에 남한과 북한은 각자 자신들의 국가를 대표해서 출전하였다. 남한의 여자탁구는 D조 조별 리그에서 귀화 선수인 에이스 전지희와 서효원, 양하은의 활약으로 홍콩, 독일, 태국, 브라질, 룩셈부르크를 모두 꺾고 5전 전승으로 조 1위로 8강에 선착했다. 그리고 북한의 여자탁구도 16강에서 러시아를 3 대 0으로 완파하면서 8강에 합류했다. 이로써 남한과 북한은 여자단체전 8강에서 남북대결을 벌이게 됐다(세계일보, 2018년 5월 3일).

여자단체전 8강에서 격돌하게 된 남북 탁구는 8강전을 치르지 않고 곧장 4강으로 직행할 수 있었다. 이는 8강이 이루어지기 직전 남한과 북한, 그리고 국제탁구연맹(ITTF)의 합의로 남북단일팀이 전격적으로 결성되었기 때문이다. 따라서 단체전 4강부터는 남북의 여자탁구가 하나 되어 참가하게 되었다. 대회 도중에 남북단일팀이 결성되는 것 자체가 처음이라 남북 당사자와 ITTF는 물론, 세계선수권대회에 참가한 나라들의 동의를 얻어야만 했으나 참가국들은 남한과 북한의 뜻을 존중해 주었다.

양측 대표 선수와 코치의 동의를 얻어 선수 피해를 막기 위해 남북은 남측 5명, 북측 4명 등 9명 모두를 엔트리에 넣었다. 팀 명칭은 2018 평창 동계올림픽대회 여자아이스하키처럼 'KOREA, 약칭 COR'로 표기하고, 입상 시에는 선수 모두에게 메달을 목에 걸기로 했다. 전격적으로 단일팀이 구성되었기 때문에 아쉽지만, 국기는 태극기와 인공기를 공동으로 게양하고, 유니폼은 현재 착용하는 양측의 복장으로 임하였다(중앙일보, 2018년 5월 3일).

극적으로 구성된 남북단일팀의 4강 상대는 세계 2위인 일본이었다. 남북단일팀은 전력으로는 일본에 뒤졌으나 하나가 되어 1991년 지바 세계탁구선수권대회처럼 '녹색 테이블 반란'을 일으키고자 했다. 그러나 아쉽게도 남북단일팀은 일본에 0 대 3으로 완패하면서 결승 진출에 실패했다.

할름스타드 세계탁구선수권대회에서의 남북단일팀 구성은 극적으로 이루었다. 이러한 남북단일팀 구성은 남북 정상이 판문점에서 만나 '평화와 번영, 통일'로 가자고 선언한 뒤 처음 열린 국제 대회에서 사전 협의도 없이 현장 선수단끼리 협의해 성사됐다는 점에서 더욱 의미 있는 일이었다(한겨레신문, 2018년 5월 4일).

5) 자카르타-팔렘방 아시아경기대회(2018) 남북단일팀

자카르타-팔렘방 아시아경기대회는 2018년 8월 18일부터 9월 2일까지 개최되었다. 이 대회에 남과 북은 별도의 단일팀을 구성하여 참가했다. 남북단일팀은 아시아의 46번째 국가올림픽위원회(NOC)로 조정, 카누 용선(드래곤보트), 여자농구 등 3종목(9개 세부 경기)에 참가하여 금메달 1개, 은메달 1개, 동메달 2개 등 총 4개의 메달을 획득하면서 종합 28위를 차지했다.

남과 북은 탁구 등 단일종목 대회, 그리고 2018년 2월 평창 동계올림픽경기대회에서는 국제 종합대회 최초로 여자아이스하키 단일팀을 구성해 감동을 선사하였다. 그리고 마침내 남북단일팀은 마침내 국제 종합대회 최초로 금메달을 획득하였다.

2018년 7월 29일 북한의 조정, 카누, 여자농구 선수들이 남한으로 와서 남한 선수들과 호흡을 맞췄다. 북한의 34명(코치 8, 선수 26명)과 남한의 38명(코치 5, 선수 33명) 등 72명으로 구성된 단일팀은 충북 진천선수촌과 충주 국제조정경기장에서 한 달도 되지 않는 짧은 기간 동안 고강도의 합동훈련을 펼쳤다. 남북은 문화가 다르고 종목 기술·용어가 달라 서로 익숙하지 않았지만, 한민족이라는 동질감으로 쉽게 하나가 되었다. 경기 용어는 북한의 용어로 통일하였다. 외래어가 많은 남한에 비해 북한은 순우리말을 사용해 따로 설명이 필요 없었다. 기술적인 부분은 남한이 앞섰다. 아무래도 조정, 카누 등은 남한보다는 북한에 더 생소한 종목이기 때문이다.

남북단일팀은 자신감도 필요하였다. 아무래도 훈련기간이 짧다 보니 안팎으로 결과에 대한 의구심이 있었다. 김광철 카누 용선 북한 감독은 "처음 올 때는 메달을 딸 수 있겠는가 하는 우려감이 있었다"며 "40도가 넘는 뜨거운 열풍 속에서 북과 남의 사기가 대단히 높았다. 민족의 단합된 힘을 얻겠구나 하는 신심이 생겼다"고 말했다.

남북단일팀이 고대하던 종합대회 첫 번째 메달이 기대하지 않았던 카누 용선 여자 200m에서 나왔다. 남북단일팀은 동메달을 목에 걸며 시상대에 처음 등장해 가슴 뭉클한 감동을 줬다. 하루 뒤엔 용선 여자 500m 결선에서 마침내 금메달을 따 시상대 가장 높은 곳에 섰다. 한반도기가 게양되고 아리랑이 국가로 연주되는 역사의 한 페이지가 완성되며 한반도에 울림을 전했다. 폐막 하루 전인 9월 1일에는 여자농구 단일팀이 아시아 최강 중국을 상대로 대등한 경기를 펼치는 투혼을 보였다. 경기가 끝난 뒤 남과 북 선수들은 만리장성을 넘지 못한 억울함과 헤어짐의 아쉬움을 쏟았다(한겨레신문, 2018년 9월 3일).

6) 남자 세계핸드볼선수권대회(2019) 남북단일팀

2019년 남자 세계핸드볼선수권대회는 2019년 1월 10일부터 독일-덴마크에서 개최되었다. 이 대회에 남과 북은 단일팀을 구성하여 참가하기로 했고, 남북단일팀은 평창올림픽대회와 자카르타-팔렘방 아시아경기대회와 마찬가지로 '코리아'라는 이름으로 출전하였다. 영문 약어는 'COR'이었다.

남자 핸드볼 남북단일팀은 2018년 5월 하산 무스타파(이집트) 국제핸드볼연맹(IHF) 회장의 제안에 따라 11월 전격 결성되었다. 전체 엔트리 20명 중 남한 선수가 16명, 북한 선수가 4명이었다. 북한은 이성진을 비롯해 이경송, 이영명, 박종권 등 상위권 팀의 최우수선수 위주로 선발되었다. 국군체육부대 감독인 조명신 남북단일팀 감독은 "우리는 단일팀이다. 훈련할 때 소리도 함께 크게 지르자"며 선수들을 독려했다. 그리고 훈련 시간은 물론 식사 및 휴식 시간에도 가능하면 남북 선수들이 함께 어울리도록 했다. 남북의 용어가 다르기도 했지만, 선수들은 금방 가까워졌다. 휴식 시간에 족구 게임을 하면서 꿀밤 내기도 했다.

남북단일팀의 조별리그 예선은 쉽지 않을 것으로 예상되었다. 세계 최강 독일을 개막전에서 만난 뒤 러시아(세계 4위), 프랑스(세계 5위), 세르비아(세계 6위), 브라질(세계 27위) 등과 대결하기 때문이다. 당시 북한은 세계 랭킹 자체가 없었고, 한국은 19위였다(중앙일보, 2019년 1월 10일).

남북단일팀의 경기는 예상대로 어려웠다. 남북단일팀은 독일 등과 함께 한 조별 리그에서 전패를 하면서 순위결정전으로 밀려났다. 그러나 다행히도 일본과의 순위결정전에서 비장의 각오로 나선 남북단일팀은 27 대 25로 역전승을 거두면서 고대했던 대회 첫 승리를 거두었다(중앙일보, 2019년 1월 20일).

나. 남북 스포츠 친선교류

1) 남북통일축구대회

1990년 10월 11일, 평양 능라도 5·1경기장에서 제1차 남북통일축구대회가, 그리고 10월 23일 남북통일축구대회 2차전이 서울 잠실주경기장에서 개최되었다. 분단 45년 만에 처음 이루어진 남북통일축구 평양전에서 북한의 김유순 국가체육위원장은 평양 축구 경기가 민족의 단합을 도모하고 통일을 앞당겨나가는 데 이바지할 민족 화해의 경기, 단합의 경기, 통일의 경기가 될 것임을 강조했고, 남한의 정동성 체육부 장관은 참된 스포츠 정신을 통해 남북의 동포들이 화합하고 단합하는 모습을 본 남북통일축구경기가 통일의 그 날로 이어질 수 있게 하자고 역설하였다. 경기는 북한이 남한에 2 대 1로 이겼으나 누구도 승패를 중요시하지 않았다.

한편, 남북통일축구대회 2차전은 10월 23일 서울 잠실주경기장에서 열렸다. 분단 45년 만에 처음 서울을 방문한 북측 선수단은 김유순 북한 국가체육위원장을 인솔 단장으로 총 78명으로 구성되었다. 서울 경기는 1 대 0으로 남측이 승리한 가운데 끝났으며, 게임이 끝난 후 양측 선수들은 손에 손을 잡고 운동장을 돌며 관람객의 환호와 격려에 보답하였다. 잠실벌에서 개최된 남북통일축구 2차전은 한 겨레 한 핏줄이 동포애를 다시 확인한 한마당 축제였다. 그리고 남북통일축구대회는 서울과 평양에서 각각 4박 5일 동안의 짧은 일정에도 불구하고 남북 정치 관련 행사와는 달리 진정한 의미의 민족적 잔치 분위기를 이끌어내며 남북 주민에게 통일의 열기를 피부로 느끼게 하였다(이학래, 2000: 615~616).

한편, 남북통일축구는 12년 만인 2002년 9월 7일 남한의 상암동 서울월드컵경기장에서 다시 개최되었다. 월드컵 대회가 열렸던 경기장에서 '통~일 조국' 함성이 메아리치고 흰색 바탕의 하늘색 한반도기가 물결쳤다. 승자도 패자도 없이 남북통일축구대회 0 대 0으로 마쳤고, 경기가 끝나자 남북의 선수들은 서로 격려의 악수와 포옹을 나누고 경기장을 함께 돌며 동포애를 과시하기도 했다. 북한선수단은 9월 8일 오전 경복궁 관광과 오후 신라호텔에서 열린 답례 오찬으로 3박 4일의 공식 일정을 끝마치고 인천-평양 간 직항로를 이용해 귀국했다(국제신문, 2002년 9월 9일). 그리고 2005년 8월 14일부터 17일까지 광복 60주년을 맞아 개최된 '자유평화통일을 위한 8·15 민족대축전'의 일환으로 남북통일축구대회가 개최되기도 했다. 이 경기에서는 북한의 남녀 선수들이 남한 선수들과 대결했는데, 남자는 남한이, 여자는 북한이 승리를 거두었다(강원일보, 2005년 8월 17일).

2) 남북통일농구대회

1999년 9월 21일, 현대그룹의 대(對) 북한 창구인 ㈜현대아산은 현대 농구단과 북한이 통일농구 교환경기를 9월 28일과 29일 이틀간에 걸쳐 평양에서 개최하고, 이번 행사의 명칭을 '통일농구대회'로 하기로 북한 측과 합의했다고 발표했다. 현대아산이 발표한 이번 통일농구대회는 많은 관심을 끌었다. 북한의 미사일 발사 유보선언으로 한반도 긴장이 완화될 조짐을 보이는 상황에서 열리기 때문이었다.

북한에서의 통일농구대회는 9월 28일과 29일 이틀간에 걸쳐 개최되었다. 9월 28일 오후 4시 평양체육관에서 역사적인 첫 경기의 막이 올랐다. 첫날 경기에서는 남과 북의 코치들과 선수를 반반 섞어, 즉 남북혼합 팀을 만들어 각각 '단합'과 '단결'로 팀 이름을 짓고 경기를 치렀다. 남과 북이 섞여 팀을 이뤄 펼쳐진 경기는 승부보다는 화합에 중점을 두고 진행되었다. 양 팀 선수들은 수비보다는 공격, 팀플레이보다는 개인기 위주로 일관해 남녀 경기 합계 493점을 기록하는 기현상을 낳기도 했다. 그리고 이틀째 경기는 평양농구관으로 장소를 옮겨 남과 북 맞대결로 펼쳐졌다. 손에 땀을 쥐게 하는 치열한 접전 끝에 승부는 모두 북한에 돌아갔다.

남과 북은 평양대회의 답방 형식으로 1999년 12월 23일과 24일 잠실 실내체육관에서 통일농구대회를 개최했다. 북한선수단은 조선 아시아·태평양평화위원회 송호경 부위원장을 단장으로 같은 기관의 관계자 8명, 남녀 농구단 38명 등 총 62명으로 구성되어 있었다. 이번 서울에서의 통일농구대회에는 평양대회에서 참가하지 못했던 세계 최장신(235cm) 농구선수였던 리명훈 선수가 참석하여 한국 농구 팬들의 많은 관심을 끌었다.

평양에서의 통일농구대회와 같이 남과 북은 첫날에는 남북혼합 팀을 구성하여 경기를 치렀고, 둘째 날에는 남북 맞대결로 경기가 이루어졌다. 둘째 날 남북 맞대결에서 남자는 리명훈이 이끄는 북한의 우레팀이 86 대 71로 승리하였고, 여자는 현대가 86대 84로 승리하면서 남북 오누이가 사이좋게 1승씩 가져갔다(문화체육관광부, 한국체육학회: 2016: 139~143).

통일농구대회는 한층 더 진전된 남북 정세에 따라 2003년 10월에도 개최되었다. 정주영체육관 건립을 기념하여 평양에서 열린 이 대회는 남한의 공연단과 평양 취주악단의 연주로 시작되었으며, 1만 2,000여 명의 관중이 관람하였다. 4년 만에 다시 열린 남북통일농구대회에서는 남북이 사이좋게 1승을 나눠 가졌다. 북측 대표팀 '아태'는 남자부에서 남측 대표팀 '아산'을 86 대 57로 대파했고, 여자부에서는 여자프로농구 현대를 중심으로 한 남측의 '아산'은 북측의 '아태'를 88 대 84로 이겼다(문화일보, 2003년 10월 8일).

3) 통일염원 남북노동자축구대회

1999년 8월 12일과 13일 이틀간에 걸쳐 남한과 북한 노동자들은 통일을 염원하는 남북노동자축구대회를 평양 양각도 축구경기장에서 개최하였다. 이 축구대회는 남한의 전국민주노동조합총연맹(민주노총)과 북한의 조선직업총동맹(직총)의 합의로 개최되었는데, 남과 북의 노동자가 한자리에 모인 사상 초유의 사건이었다.

이갑용 위원장을 포함한 37명의 남측 선수들은 중국을 통해 8월 10일 오후 북한에 도착하였다. 그리고 남북노동자축구대회는 8월 12일 오후 3만여 명의 관중이 스탠드를 가득 메운 가운데 열렸다. 경기 결과는 북측이 5 대 4로 승리하였다. 점수만으로는 박빙의 경기였지만, 실제 경기내용에서는 직업선수 수준의 북한 팀이 '조기축구회' 수준인 남측을 압도하였다. 민주노총의 선축으로 시작된 경기는 불과 4분 만에 북한 팀이 골을 넣으며 일방적으로 전개되었다. 전반전이 4 대 0으로 종료되자 북한 팀은 후반 들어 경기 템포를 느슨하게 진행하였고, 민주노총이 연달아 골을 성공시켰다. 8월 13일에는 남북의 노동자 축구선수들이 '백두'와 '한라'로 섞여 같은 장소에서 2차전을 가졌다(한국일보, 1999년 8월 13일).

1999년 이후 남북노동자축구대회는 두 차례에 걸쳐 더 개최되었다. 2007년 4월 경남 창원에서 두 번째 대회가, 2015년 10월 29일 평양 능라도 5·1경기장에서 세 번째 대회가 개최된 것이다(세계일보, 2015년 10월 30일). 특히, 평양에서 개최된 세 번째 대회에는 남한의 한국노총과 민주노총이 함께 팀을 꾸려 참가하였고, 162명이 참가하는 양대 노총의 방북은 천안함 피격사건을 계기로 2010년 5월 취해진 5·24 대북 제재조치 이후 역대 최대 규모였다(경향신문, 2015년 10월 27일).

4) 남북통일탁구대회

2000년 7월 28일, 축구, 농구에 이어 탁구에서도 남북 간의 친선경기가 평양실내체육관에서 개최되었다. 이 대회는 평양 현지 공장 설립을 앞두고 삼성전자가 평양실내체육관에 전광판을 기증한 것을 기념으로 열렸다. 삼성과 조선아시아태평양평화위원회 공동 주최로 개최된 이 대회는 남한의 삼성생명 탁구단과 북한의 모란봉 탁구단 간의 친선경기로 열렸다(이홍기, 2007: 48~49).

경기장을 찾은 1만 2천여 명의 북측 동포들은 남측 선수들에게도 뜨거운 응원을 보내 한 핏줄임을 느끼게 했고, 같은 시각 TV에 삼삼오오 모여앉은 남측 탁구인들은 코리아 깃발 아래 하나로 뭉쳐 세계를 제패했던 9년 전 기억을 되살리며 눈시울이 뜨거워졌다. 이날 대회는 애초 약속대로 남자 단식, 여자 단식, 남자복식, 여자복식, 혼합복식 순으로 모두 5게임이 열렸고, 시간이 갈수록 하나라는 일체감이 커져 갔다. 1991년 지바 세계탁구선수권대회 단일팀 멤버였던 남측 박해정과 북측 김성희는 9년 전으로 돌아온 듯한 착각에 빠질 정도였고, 지바의 영광을 말로만 들었던 후배들도 하나가 된 느낌은 마찬가지였다. 그러나 선수들은 경기에서는 한 치의 양보도 없었다. 박해정의 날카로운 눈매는 테이블 좌, 우측을 번갈아 찌르는 스매싱으로 이어졌고, 김현희의 악다문 입술은 볼 하나하나에 대한 강한 집착력을 나타냈다.

남과 북으로 나뉘어 열린 4게임에서는 북의 모란봉이 모두 승리했지만, 승자도, 패자도 굳이 승패에 의미를 부여하지 않았다. 다만 2001년 오사카에서 열리는 세계탁구선수권대회에서 다시 하나의 깃발 아래 '지바의 영광'을 재현할 수 있다는 자신감만이 넘쳤다(중부일보, 2000년 7월 29일).

5) 남북 태권도 교류

남북 간 첫 태권도 교류는 민간 차원에서 시작되었다. '2000년 연길 중국 조선족 민속관광박람회'에서 충청대학 태권도시범단과 북한 국가대표 시범단이 만나 남북통일 기원을 위한 태권도 공동 시범을 벌이면서 남북 태권도 간의 교류가 시작된 것이다(중부매일신문, 2000년 8월 29일). 이후 2000년도 초반부터 남북 태권도 교류가 활성화되기 시작하였다. 그 이유는 2000년 남북정상회담 중 태권도 통합 문제가 제기되었고 장관급회담에서 합의한 내용에 따라 국제단체 교류와 국제기구 통합논의가 진행되었기 때문이었다(문화체육관광부, 2022: 587).

제7차 장관급회담을 통해 합의한 바와 같이 2002년 9월 15일 남한의 태권도시범단이 북한에서 첫 공연을 하였다. 평양의 태권도전당에서 열린 1차 공연에서 남한의 시범단은 세계 속에 한민족의 위상을 높인 남한 태권도의 절제된 힘과 부드러움을 보여줬고, 2천400여 평양 시민들은 아낌없는 박수를 보냈다. 공연이 갑작스럽게 결정되는 바람에 시범단의 준비 기간이 짧았던 관계로 약간의 실수는 있었지만 1시간에 걸쳐 정신수련 과정과 품새, 역속 겨루기, 격파, 호신술, 태권에

어로빅, 창작 태권도, 경기 방법 등 남한 태권도의 모든 것을 보여주었다(강원도민일보, 2002년 9월 16일).

한편, 북한 태권도의 시범 공연은 답방 형식으로 2002년 10월 24일 올림픽공원 역도경기장에서 개최되었다. 절도 있는 품새(북한 용어 틀)는 남측과 별로 다르지 않았으나 겨루기(맞서기)에서는 실전을 방불케 하는 주먹과 발차기 등이 공중을 갈라 관중의 탄성을 이끌어냈다. 1시간여 동안 펼쳐진 북한 태권도 시범의 큰 특징은 '격렬함'과 '전투성'이었다. "한국의 태권도가 스포츠화되면서 정교해진 반면 북한은 과거 태권도의 무도적 측면을 그대로 보존해 실전적이었다"는 김세혁 삼성 에스원 감독의 지적처럼 북한은 단순하면서도 과감한 동작을 보여주었다(중앙일보, 2002년 10월 25일).

이후 남북 태권도 교류는 다른 어떠한 종목보다 활발하게 이루어졌는데, 구체적인 남북 태권도 교류의 연혁은 [표 7-6]과 같다.

표 7-6. 남북 태권도 교류 주요 연혁

일시	내용
2000.8.28	중국 연변에서 충청대학 시범단과 북한 태권도 시범단 교류
2002.9.14~17	남측 태권도시범단, 평양 공연(태권도전당). 시범단 35명, 임원 모두 50명, 전세기 이용
2002.10.24~25	북측 태권도시범단, 서울 공연(올림픽공원 역도경기장). 선수 21명, 임원 20명 총 41명
2003.10.23~27	북측 태권도시범단, 제주도 평화체육문화축전 공연(한라체육관). 25명의 시범단을 포함한 총 184명 축전 참가
2007.4.6	북측 태권도시범단, 남한 방문. 남한 내 국제태권도연맹(ITF) 태권도협회의 사단법인 등록을 축하하기 위해 방한. 춘천 및 서울에서 시범. 총 49명 전세기편으로 입국
2014.7.23~8.5	남북 태권도시범단, 러시아팀과 함께 사할린주 '태권도 축제' 참가. 남한 태권도 외교재단 시범단과 북한 태권도시범단 각각 16명씩 공연
2015.5.9~18	ITF 시범단, 러시아 첼랴빈스크에서 개최된 세계태권도연맹(WTF) 주관 대회에서 사상 처음으로 시범 공연
2017.6.25~7.2	ITF시범단, 무주에서 시범 공연. 리용선 ITF 총재 등 36명 참가
2018.4.1	남북평화협력기원 남북 태권도 시범단 합동 공연(평양대극장)
2018.9.19	**ITF 임원 및 시범단 방북**
2019.4.5	태권도 올림픽종목 채택 25주년 기념 WTF-ITF 유럽 합동시범 공연

출처 : 문화체육관광부(2022). 2020 체육백서. 587-588 참조.

6) 남북유소년축구 교류

남북유소년축구의 교류는 2007년부터 활발하게 진행되었다. 먼저 남북체육교류협회(남한)와 체육단(북한)이 남북유소년축구 상호 교환경기 개최에 합의하였다. 양 단체는 2007년부터 2011년까지 향후 5년간 매년 상·하반기 각각 1회씩 남북 교환경기를 개최하기로 합의하고, 교류 첫 행사로 2007년 3월 20일부터 4월 20일까지 북한 청소년 축구팀 23명(15~17세)이 방한하여 제주와 수원, 전남 순천과 광양, 서울 등지에서 2007 FIFA 청소년월드컵 대비 전지훈련을 실시하였다. 15세 이하 북한 청소년 팀 34명도 2007년 6월 1일부터 14일까지 방한하여 강진에서 한국, 중국, 강진중학교와 친선경기를 가졌다. 남한 청소년 팀의 방북도 이어져 2007년 6월 23일부터 7월 3일까지 12세 이하 유소년팀 26명이, 그리고 11월 3일부터 14일까지 22명이 평양에서 친선경기를 가졌다(문화체육관광부, 2013: 531~534). 이후 2008년 남북체육교류협회 주도로 두 차례에 걸쳐 유소년 축구단이 평양을 방문하여 북한 유소년 팀들과 친선경기를 가지기도 했다. 이러한 남북유소년의 축구 교류는 자라나는 청소년들에게 통일에 대한 희망과 꿈을 키울 수 있는 기회를 줬다는 점에서 의의가 있다고 할 수 있다.

7) 기타 남북체육교류

남북단일팀 구성과 스포츠 친선교류 이외에도 다양한 남북체육교류가 이루어졌다.

첫 번째로 남한과 북한의 국제스포츠 행사 참여이다. 이전 북한은 남한에서 개최되는 모든 스포츠대회에 일절 참여하지 않았다. 그러나 2000년대에 들어와 남북 정치적 관계가 개선되면서 남한에서 개최되는 국제 스포츠대회에 참가하기 시작했다. 2002년 부산 아시아경기대회의 참가를 시작으로 2003년 대구 유니버시아드대회, 2007년 청소년(U-17) 월드컵축구대회, 2008년 아시아 시니어레슬링선수권대회와 아시아 유도선수권대회, 2014년 인천 하계아시아경기대회, 2018년 대전 코리아오픈국제탁구대회 등 남한에서 개최된 많은 국제스포츠 행사에 선수를 파견하였다. 반면, 남한도 북한에서 개최되는 국제 스포츠대회에 참가했다. 2013년 평양에서 개최된 아시아컵 및 아시아클럽역도선수권대회에 남한 선수단 41명이 방북하여 3위를 차지한 것을 필두로, 2019년에는 아시아 주니어 카뎃 탁구선수권대회(동아시아 지역 예선전)과 아시아 유소년주니어역도선수권대회 등에 참가하여 남북체육교류에 일조하였다(문화체육관광부, 2022: 580~584).

두 번째로는 각종 국제 스포츠대회에서의 남북 공동입장이다. 남과 북이 하나가 되어 개회식과 폐회식에 처음 등장한 국제 스포츠대회는 새천년 첫 올림픽인 제27회 시드니 하계올림픽경기대회(2000)였다. 2000년 9월 15일 막을 올린 시드니 하계올림픽경기대회 입장식에서 남한과 북한은 하나가 되어 96번째로 한반도기를 앞세우고 아리랑 선율에 맞춰 입장했다. 선수나 감독, 임원 할 것 없이 "역사적인 올림픽 동시입장이 스포츠 교류의 활성화는 물론 남북 통일의 교량이 되기를 기원한다"(국민일보, 2000. 9. 16)며 벅찬 감동을 가누지 못했다. 이후 남한과 북한은 2002년 부산 하계아시아경기대회, 2004년 아테네 하계올림픽경기대회, 2005년 제4회 마카오 동아시아경기대회, 2006년 도하 하계아시아경기대회, 2018년 평창 동계올림픽경기대회, 2018 자카르타·팔렘방 하계아시아경기대회 등 많은 스포츠대회에서 공동으로 입장했다.

세 번째로 남북 체육학자들의 학술교류이다. 남과 북의 체육학자들이 처음 학술교류를 가진 것은 2005년의 일이었다. 남한의 민족통일체육연구원이 추진한 '코리아 민족의 체육발전을 위한 학술토론회'가 중국 북경에서 개최되었는데, 이 학술토론회에는 북측 조선체육대학교 교수 5명, 체육과학연구소 연구원 3명, 조선족 학자 1인이 참가하여 17편의 논문을 발표했다(문화체육관광부, 2013: 534).

이상과 같은 단일팀 구성이나 스포츠 친선교류 등을 포함한 남북체육교류는 남한과 북한의 정치적, 군사적 정세에 따라 중단되거나 재개되는 어려움을 겪으면서 진행되고 있다. 2008년 금강산에서 발생한 남한 관광객 피살사건과 2010년 천안함사건 등으로 남북 관계가 더욱더 악화되면서 일시적으로 중단되는 상황을 겪기도 했다. 그리고 남북 관계가 개선되면서 2013년 북한 여자축구단 26명이 남한에서 개최되는 동아시아컵대회에 참가하면서 다시 남북체육교류가 재개되었다. 그러나 2022년 10월 현재, 북한의 탄도미사일 발사, 남한과 미국과의 공동 군사훈련 등으로 남한과 북한의 관계가 다시 경색되어 스포츠를 포함한 모든 교류가 중단되고 있는 상황이다.

Ⅷ부
광복 이후의 스포츠

제8부에서는 광복 이후의 스포츠를 살펴본다. 광복 이후의 스포츠는 1장 현대 스포츠와 정치, 2장 하계올림픽경기대회, 3장 동계올림픽경기대회, 4장 아시아경기대회 및 각종 국제대회로 구성하였다.

1장 현대 스포츠와 정치는 광복 이후 우리나라의 스포츠와 정치가 밀접하게 영향을 주고받는 관계임을 설명하였다. 이를 위해 한국의 제3, 4, 5공화국의 스포츠 문화와 정책을 알아보고, 특히 한국프로야구의 출범 및 발전과정을 중점적으로 다룸으로써 스포츠와 정치의 관계를 체육사적인 관점에서 이해하고자 하였다.

2장 하계올림픽경기대회는 우리 민족의 우수성을 알리는 척도였다. 조국광복과 함께 폭발한 자유와 애국심의 기저 위에 등장한 범국민적 스포츠 열풍은 1948년 런던올림픽 참가로부터 시작되었다. 이어 1988년 서울올림픽의 성공적 개최는 마침내 스포츠 선진국인 대한민국을 완성해냈다. 그들의 스토리는 놀라웠고 이에 관한 우리의 보답은 기록하여 기억하는 것이다.

3장 동계올림픽경기대회는 하계올림픽경기대회와 함께 전 세계의 동계스포츠 제전으로 발전하고 있다. 광복을 이룬 한국은 동계올림픽경기대회에 첫 도전장을 내민 이후 다양한 역경을 이겨내며 높은 성과를 거두고 있다. 한국 동계스포츠의 발전을 위해서는 동계올림픽경기대회의 발전 과정 속에서 한국의 참가 역사를 면밀하게 살펴보고 그 의미를 이해하는 것이 중요하다.

4장 아시아경기대회 및 각종 국제대회에서 한국은 명실상부한 스포츠선진국으로 자리매김했다. 광복을 통해 국권을 회복한 한국은 아시아경기대회 각종 스포츠경기대회를 통해 세계무대에 다시 복귀한다. 한국은 서울과 부산, 인천에서 각각 아시아경기대회를 성공적으로 개최하였고, 이와 같이 한국 스포츠 발전의 장이 된 국제스포츠대회 참가 역사를 살펴보는 것은 한국체육의 골든 타임을 되짚어보는 매우 의미 있는 일이다.

1장 현대 스포츠와 정치

김방출

 학습목표

- 제3, 4, 5공화국의 스포츠 문화와 정책을 살펴본다.
- 한국프로야구의 출범 및 발전과정을 알아본다.
- 스포츠와 정치의 관계를 체육사적인 관점에서 이해한다.

20세기 한국에서는 높은 수준의 경제 선진화와 민주화가 빠른 속도로 이루어졌다. 1945년의 광복과 1953년의 휴전 이후 황폐했던 상황은 얼마 후 세계로부터 '한강의 기적'이라는 평가를 받았다. 이러한 고속성장 및 급변하는 사회의 중심에는 스포츠가 있었는데, 스포츠의 영향력과 파급력은 제3, 4공화국의 박정희 정권의 '체력은 국력'이라는 슬로건, 제5공화국 전두환 정권의 '3S'라는 정책에서 엿볼 수 있다.

그렇다면 스포츠 정책을 살펴보는 데 있어 체육사적 접근이 필요한 이유는 무엇일까? 현재의 한국체육이 처해 있는 실정을 이해하기 위해서는 과거의 축적 결과인 역사의 상식에 근거해야 한다. 정치와 체육의 상호 관련성에 관한 이론은 이미 외국에서는 일반화되고 있는데, 이를 한국의 체육 전개에도 적용시켜 볼 필요가 있을 것이다(이종원, 1997: 4~5). 한국의 경우, 광복 이후 1988년 서울올림픽대회까지 스포츠는 정치적 동기에 의하여 비약적인 발전을 거두었으며, 스포츠 또한 정치에 상당한 영향력을 끼쳤다. 즉, 한국의 스포츠와 정치, 정부는 밀접하게 연결된 관계로 존재한 것이다.

한국 스포츠는 엘리트 스포츠 발전을 토대로 대중 스포츠가 발달하는 순서를 보였다. 광복 이후 스포츠 문화의 큰 흐름은 다음과 같다. 먼저, 1945년 이후부터는 대한체육회를 중심으로 스포츠가 보급되고 스포츠진흥 운동이 전개되었다. 이어 1960년대 초부터 1980년대 말까지 약 30년 동안 한국 스포츠는 급진적으로 발달하였다. 박정희 정권인 1960년대부터 스포츠는 급속한 발달을 하였고, 1980년대 후반 스포츠 문화가 대중적으로 확산되는 모습을 보였다. 20세기 후반에는 우수 선수를 육성하는 정책이 시행되었다.

광복 이후의 한국에서는 국가의 정책을 통해 스포츠가 발전하였고, 스포츠를 통해 정권이 뒷받침되는 상호작용이 반복되었다. 이렇듯 스포츠가 가장 정치적으로 이용된 시기라고 볼 수 있는 박정희, 전두환 정권으로 대표되는 제3, 4, 5공화국에서 스포츠와 정치의 상호작용 관계를 알아보기 위하여, 이 장에서는 이 시기의 스포츠와 정치를 체육사적 관점에서 살펴보고자 한다.

1. 제3, 4공화국

광복 후 미군정기였던 1945년, 대한체육회의 전신인 조선체육회가 재건되었으며, 제 11대 회장으로 여운형이 선출되었다. 조선체육회 재건을 배경으로 경기단체들이 설립되었으며, 전국체육대회로는 전조선종합경기대회를 부활시킨 조선체육동지회 주최 종합경기대회가 이루어졌다. 국제활동으로는 1947년 대한올림픽위원회(KOC)가 국제올림픽위원회(IOC)에 가입하였으며, 1947년 서윤복 선수가 제51회 보스턴마라톤 대회에서 우승이라는 성적을 거두었다. 1948년, 한국은 런던올림픽에 공식적으로 참가하였다.

이러한 성과와는 별개로, 1945에서 1960년(미군정기~이승만 정권)까지 한국은 대중 스포츠 운동이 조직적으로 전개될 수 있는 정치·사회적 토대가 형성되지 못한 상황이었다. 미군정 당국은 교육부의 행정조직에 체육과를 두고 학교 및 사회 스포츠 정책을 담당하도록 했다. 체육을 실제로 담당한 기구가 체육과 하나뿐이었다는 것은 당시 체육과 스포츠에 정부가 무관심했음을 보여준다. 이처럼 제3공화국 이전까지는 정부 주도의 본격적인 스포츠 정책이 나타나기 힘든 상황이었고, 60년대 들어서야 체육진흥을 위한 정부의 노력을 찾아볼 수 있다. 이 시기에 이루어진 체육진흥정책의 방향은 현재까지도 정부의 체육정책에 꾸준히 영향을 미치고 있다.

> **한강의 기적**
> 대한민국에서 한국전쟁 이후부터 아시아 금융 위기 사이에 이루어진 급격한 경제 성장을 나타내는 상징적인 용어이다. '제2차 세계 대전에서 패전한 서독이 선진국으로 빠르게 도약한 일을 '라인 강의 기적'이라 부르던 것을 장면 내각 시기 한강에 빗대어 '대한민국도 독일처럼 되어야 한다'고 역설했던 것에서 유래하였다.
> 세계은행은 1965년~1980년대까지 주요국들의 경제성과를 분석한 동아시아의 기적(The East Asian Miracle)이라는 보고서에서, 세계 경제권을 통틀어 동아시아는 최대의 성과를 보였으며 그 중 한국이 높은 경제성장을 달성함으로써, 동아시아 국가 중 최상의 성과를 내었다고 발표한 바 있다.(World Bank, 1993).

제3, 4공화국 시기의 스포츠를 온전히 이해하기 위해서는 사회, 정치, 경제 문맥에 대한 이해가 우선 필요하다. 박정희 정권 시기 국민의 삶은 위로부터의 경제적 동력으로 움직였다고 할 수 있다. 박정희의 독재적인 정치 시스템은 많은 국민의 지지를 기반으로 효율적으로 작동하였고 곧 이를 통해 경제 성장이 이루어지게 되었다. 이 시기를 '경제적 파시즘(economic fascism)'으로 표현하기도 한다. 이는 정부 차원에서 다양한 기술이 성공적으로 고안되고 시행된 시기이기도 하다(김방출, 2001: 18).

제3공화국과 제4공화국
1961년 5·16 군사정변 이후 군정기간을 거쳐 박정희가 대통령에 선출되면서, 1963년 12월 17일 제3공화국이 시작되었다. 제3공화국은 1963년 12월 17일부터 1972년 10월 17일 유신체제로 전환되기까지 지속되었으며, 10월 유신으로 수립된 제4공화국은 한국의 네 번째 공화헌정체제로서, 1981년 3월까지 지속되었다.

가. 박정희 정권의 정치이념

박정희 정권에서 추진한 체육 및 스포츠진흥 운동의 바탕에는 건민사상(健民思想)이 담겨져 있다. 이때 건민이란 건전한 국민을 뜻하며, 건민사상이란 부강한 국가를 위해서는 건전하고 강인한 국민성이 필요하다는 박정희 정권의 신념체계이다(하남길, 2007: 340). 즉 '국가발전의 열쇠는 강건한 국민성'이라는 것이다. 이러한 신념체계 속에서 박정희 정권은 국가 내부적으로는 통합을, 외부적으로는 국위선양을 하기 위해 스포츠를 이용하였다. 내부 통합을 위해서는 국민의 단결이 필요했고, 국민 개개인의 체력증진 및 정신력 함양이 중시되었다. 즉, 박정희 정권의 스포츠진흥 정책의 두 가지 목적은 '우수선수 육성을 통한 국위선양'과 '스포츠의 대중화를 통한 국민의 건전한 정신과 강인한 체력 함양'으로 요약할 수 있겠다. 두 가지 목적 모두 궁극적으로는 국가의 발전 및 정권의 정당화와 깊은 관련이 있었다. 건민사상을 바탕으로 박정희 정권은 국민체육진흥운동을 전개하며 약 18년 동안 국가 주도의 스포츠 진흥 운동을 진행하였다.

국민체력을 중시한 박정희 정권의 정책기조는 5.16 군사정변 직후부터 추진한 '재건국민운동'의 슬로건에서 확인할 수 있다. 재건국민운동본부는 재건체조를 제정·보급하였고, 학교에서는 1961년 8월부터 체능검사를 시행하였으며, 1962년에는 국민체육진흥법을 제정하는 등 집권 초기부터 국민체력 향상을 위한 다양한 정책을 추진하였다. 이 중 '체력은 곧 국력'이라는 정책 기조는 박정희 정권 동안 전국체육대회 연설 등을 통해 꾸준히 강조되었다.

박정희는 운동선수가 국제경기대회에서의 성취를 통해 만들어내는 '국위선양의 효과'를 스포츠 정책의 대외적 목표로 하였다. 선수들의 국제경기대회 성취는 곧 국위선양으로 등치되었고, 이는 국가적으로 엘리트 스포츠를 지원해야 하는 근거로 활용되었다. 선수들의 메달 획득은 단순히 국가의 이름을 널리 알리는 것을 넘어 '국력의 신장'으로 간주되었다(한승백, 2018: 149).

체육사적인 관점에서 박정희 정권의 이념은 크게 스포츠진흥 운동, 스포츠 애호주의, 건민사상으로 요약할 수 있을 것이다. 이렇듯 광복 후 체육 및 스포츠진흥 운동은 강한 국가주의(Nationalism)와 민족주의 사상을 토대로 진행되었으며, 이러한 운동의 결과는 엘리트주의(Elitism) 스포츠 정책으로 이어지게 된다. 스포츠 선수의 우수한 성적은 곧 국위선양으로 여겨졌으며, 엘리트 선수 육성을 위한 다양한 정책과 법안이 등장했다. 이러한 정책 및 사상은 이후 제5공화국에서 더욱 심화되었고, 한국의 스포츠는 엘리트 스포츠의 발달을 토대로 대중 스포츠가 발달하는 순서로 진행되었다(하남길, 2007: 341~343).

나. 박정희 정권의 사회문화적 배경과 스포츠 정책

1960년대, 군사정부에 의해 국가 차원의 진흥정책이 본격적으로 시도되었다. 5·16 군사정변을 통해 수립된 정권의 정당성을 인정받고, 북한보다 우월한 체제를 과시하며, 국민과 문화적 공감대를 형성하고자 한 것이다. 박정희의 제3공화국은 선거의 절차를 거치긴 했으나 군사 쿠데타를 통한 권력 장악이라는 점에서 정권의 정통성을 인정받지 못하였다. 따라서 박정희 정권의 최대 현안은 민생을 최대한 빨리 안정시키는 것이었다. 자립경제 구축을 통한 조국의 근대화 달성과 그로 인한 정권의 안정을 찾는 것이 방안으로 제시되었다. 즉, 박정희 정권은 정권의 정통성을 보완하기 위해 근대화 및 경제건설을 국가의 핵심 목표로 지정, 산업화 정책을 적극적으로 펼쳤다고 볼 수 있다. 이때 등장한 것이 민족주의적 이데올로기를 가지고 경제개발, 안보협력, 권력 강화의 근간이 되는 개혁 정책을 추진한 '스포츠 국가주의' 형태의 정치이다. 당시의 개혁 정책은 국가재건최고회의를 중심으로 추진되었는데, 재건국민운동본부는 국민의 정신개조를 통한 경제, 사회, 교육의 개혁을 주요 과제로 삼았다. 이후 진행된 교육개혁을 보면, 당시 체육 교육은 국민체위 향상, 보건 측면에 국한되는 것이 아니라 과거의 지식에 편중한 사상에서 벗어나, 자립적 체육활동을 통해 인간성을 개혁하려는 목표를 가지고 있었다고 볼 수 있다(정영환 외, 2009: 67-68).

박정희 정권의 스포츠 정책 중 가장 많이 회자되는, 1962년 제정된 국민체육진흥법은 국가적 차원에서 체육을 지원하고 장려하는 긍정적인 전환점으로 여겨진다(이종원, 1997: 2~3). 국민체육진흥법은 국민의 자발적인 참여를 촉구하였으며, 주요 내용으로는 체육의 날과 체육주간 설정, 학교 및 직장체육 진흥, 지방체육 진흥, 국립종합경기장 설치, 체육시설 정비 등이 있다. 전국체전의 장소를 서울 이외의 지역들로 확장함으로써 지방에 경기장이 설립되고 경제가 활성화되었다. 또한 아시아축구대회, 동남아여자농구대회 등 대통령의 이름을 딴 다양한 종목의 스포츠대회가 개최되었다. 이러한 사건들은 스포츠와 국민 간 거리를 점차 좁히는 역할을 하였다.

박정희 정권 스포츠 정책의 두 번째 목표는 스포츠의 대중화를 통해 전 국민이 건전한 정신과 강인한 체력을 길러 국가발전에 기여하도록 만드는 것이었다. 박정희 정권은 출범과 동시에 '스포츠 혁명'으로 불릴 정도의 혁신적인 스포츠 문화 변화를 일으켰다. 1960년대부터 정부 차원에서 스포츠 단체를 강력히 지원하여 학교 및 사회체육의 발전을 위한 기반을 조성하였다. '체력은 국력'이라는 슬로건 채택, 국민재건체조 제정, 국민체육진흥법 공포, 10월 15일 '체육의 날' 지정 등도 대표적인 스포츠 정책이라고 할 수 있다. 1963년에는 장충체육관이 개관하였으며 각 시·도청 소재지에 체육관이 건립되어 국민체육의 기반이 마련되었다.

박정희 정권은 우수 선수, 일명 엘리트 선수의 발굴과 양성에도 노력을 기울였다. 시·도청 소재지의 체육관과 더불어 1966년에는 태릉선수촌이 완공되었다. 제3공화국은 대한체육회(KASA) 회장을 직접 임명하는 등 대한체육회 및 그 산하 체육단체의 관계자를 선발함으로써 스포츠 경영의 통제권을 쥐고자 하였다. 정부의 영향력은 조직들이 순응적으로 정부의 정책을 수용하도록 하였는데, 연간 체육 예산 또한 전 국민의 체육진흥보다는 국가의 위신을 높이기 위한 엘리트 선수들의 훈련에 집중하여 배정되었다. 이는 1960년대부터 정부 차원에서 운동선수들을 국제 대회에 적극적으로 보내는 모습, 국위선양을 한 선수들에게 스포츠영웅이라는 타이틀을 붙였던 당시 상황에서도 확인할 수 있다.

1970년대부터 한국 스포츠의 발전 기반이 조성되어갔는데, 가장 두드러진 변화를 보인 것은 직장체육의 활성화였다. 1970년 국민체육심의위원회가 구성되었으며, 대한체육회 산하에 사회체육위원회가 설치되었다. 1976년에는 사회체육진흥 5개년 계획이 발표되기도 하였다. 학교체육 진흥 정책 또한 본격적으로 펼쳐졌는데, 학교 체육 정책의 기조는 크게 두 가지 방향으로 정리할 수 있다. 하나는 일반 청소년들의 체력 강화를 위한 '체육 정책'이었고, 다른 하나는 우수선수를 육성하기 위한 '엘리트 스포츠' 정책이었으며, 엘리트 스포츠 정책으로 도입된 대표적인 제도는 '교기육성제도'와 '전국소년체육대회'의 신설이었다. 초·중·고등학교는 지리적 환경이나 사회적 상황에 적합한 종목의 스포츠를 채택하여 우수선수 발굴 및 육성을 하였으며, 우수한 선수는 장학금을 지급받고 지역사회와 학교지원체제를 구축하는 것이 교기육성제도의 주요 내용이라 할 수 있다. 소년체전은 "몸도 튼튼, 마음도 튼튼, 나라도 튼튼"의 슬로건을 가지고 건전한 청소년 육성과 우수선수 조기발굴에 목적을 두었으며, 학교스포츠 진흥운동의 출발점으로 평가받는다. 이 두 가지 제도적 장치는 후대에 많은 문제점을 야기함과 동시에 20세기 후반 한국 엘리트 스포츠 발달과 성장의 초석이 되었다.

1968년, 정권에서는 체육조직을 일원화하기 위해 대한체육회, 대한올림픽위원회(KOC), 대한학교체육회를 대한체육회로 통합하였으며, 1976년에는 한국체육대학교가 건립되었다. 학교 스포츠진흥 운동을 토대로 시작된 체육진흥 운동은 제4공화국 시대에 절정에 달했으며, 박정희 정권에서 펼쳤던 각종 스포츠진흥 운동 정책은 제5공화국의 전두환 정권과 제6공화국 노태우 정권으로 계승되었다(하남길, 2007: 324~327). 대부분의 스포츠정책 연구에서는 박정희 정권의 스포츠 정책을 제5·6공화국의 전두환, 노태우 정권과 마찬가지로 엘리트 스포츠에 치중하였다고 기술하지만 실제로는 국민체육을 전반적으로 진흥하여 엘리트 스포츠를 육성하고자 하는 선진국형 스포츠 정책의 형태를 보였다는 관점들도 존재한다. 즉 정권의 정통성 부여와 같은 정치적 과제 해결과 국위선양을 위한 엘리트 스포츠가 정책의 목적이었으나, 그러한 과정이 학교체육과 생활체육 등의 국민체육을 육성함으로써 발전시키려는 이상적인 스포츠 정책의 형태로 추진되었다는 것이다(정영환 외, 2009: 72). 이로써 박정희가 집권하였던 제3·4공화국의 스포츠 정책에 대한 평가는 당시의 경제정책 등 다른 분야와 마찬가지로 양면적인 해석이 존재한다고 볼 수 있다.

2. 제5공화국

20세기 후반, 한국은 아직 전쟁으로 인한 경제난에서 완전히 벗어나지 못하고 있었다. 이러한 조건 하에서 체계적인 운동 훈련 프로그램, 프로 리그, 산업 및 상업 장비 기반 또는 학교와 일반 대중이 참여하는 스포츠 시설의 발전은 기대하기 어려운 수준이었다. 그러나 그 후 몇 년 동안 스포츠 시스템은 점차 완비되었다. 작은 규모의 나라임에도 불구하고 국제스포츠에서 평균 10위를 차지하는 나라로 성장한 것이다. 이를 가능케 한 스포츠 시스템의 비결은 무엇이고, 여기에 투자되거나 희생된 것들은 무엇이며, 당시 국가와 국민의 상황은 어떠하였을까? 스포츠는 단순한 경기 이상의 영향력과 의미를 지니고 있기에, 이러한 사실관계를 확인하는 것은 체육사적으로 의미 있는 작업이라고 할 수 있다.

1980년대 국가발전에서 일반 대중은 중요하게 여겨지지 못했다. 참여형 대중 스포츠는 수년간의 정치적 요구 및 투쟁을 거쳐 1988년 이후에야 모습을 드러낼 수 있었다. 사실 대중 스포츠 정책을 시행하려는 계획은 있었으나, 정책의 실효성에 대해서는 면밀한 평가가 이루어질 필요가 있을 것이다. 5공화국 정부 또한 국가의 발전을 세계적으로 인정받음으로써 정권의 정당성을 주장하고자 하였다. 그렇기에 국제적인 명성을 가진 스포츠 프로그램 혹은 국제경기를 유치하거나 이에 입상하는 것에 야망을 키웠다. 또한 정치인들은 스포츠의 전국적인 성공을 통해 국민의 환심을 사는 방식으로 국민을 통제하고자 하였다. 공공 정책을 통해 활성화된 스포츠 종목은, 결과적으로 대중의 정치적 관심을 돌리기 위한 장치로서 기능하였다. 이러한 스포츠 이벤트로 인해, 대중이 독재정권의 끔찍한 인권문제에 관심을 두는 것은 지속적으로 방해를 받았다. 스포츠는 국민의 체력 강화가 아닌, 정치적인 주의 환기 수단으로 이용된 것이다.

1980년대 한국 스포츠의 또 다른 특징은 엘리트 스포츠 및 스포츠의 상업화이다. 이 시기 본격적으로 프로스포츠가 탄생하였고, 올림픽 등 국제 엘리트 스포츠에서의 성과를 대중들이 기대하기 시작했다. 정부는 이러한 대중의 욕구를 정치적인 목적으로 활용하고자 하였으며, 이는 국가독점자본주의라는 정치-경제 시스템에 기반하여 현실화되었다. 한국의 국가독점자본주의는 스포츠를 전 세계의 경제 혹은 문화적인 흐름으로 여기고 지지하였는데, 근대화 시기 한국의 국가독점자본주의에는 정치와 경제의 구분이 없었다. 다시 말해, 한국 정치는 일종의 계급에 기초한 착취 경제 질서를 구축하였다고 할 수 있다. 이러한 국가독점자본주의는 독립적으로 발생하거나 발전한 것이 아니라, 한국의 이데올로기적 후원자였던 미국 또는 식민통치하였던 일본과 같이 생활수준이 높고 부유한 해외 국가에 대한 정치적, 경제적, 문화적 의존으로 인해 가능했다. 한국의 근대 스포츠는 미국과 일본을 일부 모방하는 모습을 보였는데, 결국 스포츠를 한국의 토착 문화를 외국 문화로 대체한 문화적인 폭력으로, 한국의 정치인들을 신식민지(neo-colonial) 제국의 협조자로 보는 시각(김방출, 2008: 370~371)까지 존재하게 되었다.

가. 80년대의 사회문화적 배경과 스포츠 정책

1960년대와 1970년대의 박정희 정권은 제5공화국의 전두환 정권으로 이어졌다. 1979년 10·26 사태로 박정희 대통령이 서거하고 유신정권이 붕괴되었다. 국민은 민주화를 열망하였으나 전두환의 군부 독재정권이 등장함으로써 희망은 물거품이 되었다. 전두환 정권은 박정희 정권과 마찬가지로 정권의 정당성을 인정받지 못하고 국민의 지지를 받지 못했다. 이에 전두환 정권은 스포츠뿐만 아니라 정치, 경제, 사회 등 많은 분야에서 박정희 정권의 정책 기조를 계승하였다. 이를 바탕으로 1980년대부터 한국의 스포츠는 큰 변화를 맞게 된다. 그 도약은 엘리트 스포츠의 수준이 올림픽 게임 유치와 함께 비약적으로 향상되었다는 것을 의미하며, 큰 변화란 사회 스포츠 진흥 운동이 '엘리트 스포츠' 중심에서 '대중 스포츠' 중심으로 전환되었다는 것을 뜻한다(하남길, 2007: 328).

1982년 체육부가 신설되었고 올림픽 준비에 엄청난 인력과 재정이 투입되었다. 전두환 정권은 권력을 공고히 하기 위해 계획적인 행보를 보였는데, 첫째로 구정권을 지지했던 군대 장성들이 해임되었다. 여기에는 육군 참모총장과 그를 따르는 인원들이 포함되어 있었다. 이후 전두환 정권은 비판 세력을 침묵시키고 대통령 가능성이 있는 후보들을 무자비하게 제거하는 일명 테러 정치를 시작했다. 계엄령 10호가 선포되어 정치활동과 파업이 금지되었고, 대학이 폐쇄되었으며, 언론과 TV 검열이 시작되었다. 박정희 정권의 관련인사들이 부패 혐의로 구속되기도 하였다. 야당 지도자 김대중 또한 정부에 대한 음모 혐의로 체포되었고, 또 다른 야당 지도자인 김영삼은 가택 연금되었다. 이어 국회까지 폐쇄되자 1980년 봄, 학생 시위대가 자유를 외치며 전두환 대통령의 축출을 요구했다. 광주에서는 김대중의 체포에 항의하는 폭력 시위가 일어났다. 육군들의 진압으로 수백 명의 사상자가 발생하게 되었다.

전두환 정권은 이러한 대중 탄압과 동시에 대중을 달래는 정책들을 실시하였다. 구시대적이거나 번거로운 규제들이 폐지되거나 간소화된 것이다. 36년간의 통행금지가 해제되고, 국제 여행에 대한 규제가 완화되었다. 연간 물가상승률은 5% 미만으로 떨어졌는데 이는 당시 상황을 고려하면 큰 성과였다. 1982년부터 1986년까지의 5개년 경제개발계획이 이루어졌으며 프로야구의 도입 또한 이 시기에 이루어졌다. 전두환 정권은 스포츠에 대한 대중의 흥미를 정치에 대한 충성심으로 발전시키고자 했다.(김방출, 2008: 374~375).

이종원(2002)은 제5공화국의 스포츠 정책의 형성을 다음과 같이 설명하였다. 첫째, 제5공화국은 그 집권 과정과 정권의 유지 과정을 통해 바라볼 때 '관료적 권위주의체제'에 해당하고, 이전의 군사정부에 비해 보다 민중 배제적이었으며, 국정 운영 방식은 대통령 1인 중심의 권위주의적인 하향식 정책 체제를 선호하였다. 제5공화국의 정치적 과제는 취약한 집권의 정당성과 체제 유지의 지배력을 강화하는 것이었다. 이러한 정치적 과제의 해결을 위한 수단의 하나로, 국민을 권위주의 체제에 순응시키고 집권 체제의 능력을 정당화하기 위해 제5공화국은 스포츠 분야에 대해 총력적인 관심을 갖고 지원함으로써 스포츠 정책의 위상이 격상되었다.

둘째, 제5공화국은 정치적 과제의 해결을 극대화시키기 위하여 단기간에 세계인의 이목과 국민적 관심을 끌어모을 수 있는 국제적인 스포츠 행사로 86·88의 두 대회를 설정하였다. 즉, 두 대회가 갖는 정치적 선전 효과인 국위선양과 국민통합을 바탕으로 제5공화국의 정권 유지와 체제의 안정성을 기하였고 이에 걸맞은 상위 입상에 관심을 기울였다. 이 과정에서 국민 다수의 행복과 건강한 삶에 기여하는 '국리민복'을 위한 스포츠와는 거리가 먼 방향으로 스포츠 정책이 결정되었다. 80년대 스포츠정책은 민중의 희생과 더불어 "대중의, 대중에 의한, 대중의 스포츠"를 쇠퇴하게 만들었다. 스포츠의 국가주의라고 부를 수 있을 만큼 국가 주도의 엘리트 스포츠 부문에만 모든 인적·물적 자원이 동원되어왔기 때문이다. 따라서 대중이 직접 참여하는, 즉 유아나 노인, 여성, 사회적 약자 등의 사람들이 각자의 삶 속에서 체육활동을 통해 질적으로 향상된 삶을 누릴 수 있도록 도움을 주는 대중스포츠는 정체되었다(고광헌, 1988: 119).

그러나 한편으로 전두환 정권은 대중 스포츠 운동(Sport for All Movement)이라고 할 수 있는 생활체육의 확산에도 관심을 가졌다. 대중 스포츠 운동은 박정희 시대부터 추진되어왔으나 스포츠 시설이나 국민의 인식 부족 등으로 인하여 큰 성과를 거두지 못해온 상황이었다. 그러나 1980년대 후반부터 경제 성장과 함께 스포츠 인구가 점차 증가함으로써 정부는 대중 스포츠에도 적극적인 관심을 쏟았다. 또한 1980년 이전까지 프로스포츠는 복싱, 골프뿐이었으나 1980년대 후반부터 경제 성장과 함께 프로야구(1982), 프로축구(1983), 프로씨름(1983)이 등장하였고, 이들은 급속한 경제성장과 더불어 성공을 거두게 되었다(하남길, 2007: 328). 이러한 대중 스포츠 운동(Sports for All Movement)의 흐름은 90년대까지 이어져 사회체육의 발전을 이끌었다.

전두환 정권의 대표적인 특징으로 3S정책, 우민화정책을 빼놓을 수 없겠다. 수많은 국가에서 대중의 우민화를 위해 3S정책을 실시해왔으며 그중에서도 가장 영향력이 큰 매체는 스포츠다. 스포츠를 바라보는 대표적인 입장에는 스포츠가 사회의 질서유지와 발전을 돕는다는 기능론과 스포츠가 지배집단의 권력을 유지하고 재생산하는 수단이라는 갈등론이 있다. 우민화정책의 경우 후자와 관련된다고 할 수 있다. 텔레비전, 뉴스와 같은 매체를 통해 지배집단의 문화나 정치적 의도, 이데올로기가 대중에게 주입되는 현상의 중심에 스포츠가 있었다는 것이다. 이렇게 정치적 의도가 내포된 스포츠 국가주의 속에는 국내 혹은 국외 정책에 대한 정치적 선전, 국가 통합, 사회갈등의 희석화 등의 깊은 정치적 목적이 자리잡고 있었다고 할 수 있다(고광헌, 1988: 145~148).

나. 한국프로야구의 출범과 성장

1980년, 전두환 대통령의 선출과 함께 새로운 헌법이 제5공화국을 이끌었다. 1981년 1월에는 정치 상황이 안정화되어 정부는 계엄령을 해제할 수 있었다. 정부는 더 친절하고 온화하게 국민에게 다가왔다. 한국 가요제인 '국풍81'과 같은 국가 문화 행사가 조직되었다. 전통적인 감성 자극은 대중을 비정치적 순응으로 이끌었다. 정부의 프로그램은 과거 식민지 지배국인 일본의 예를 본뜬 것이다. 일본은 한국에서의 야만적인 식민 통치를 순화하기 위해 야구를 홍보한 바 있다. 한국의 독재자들은 일본과 똑같은 방식을 사용하여 국민의 눈을 게임으로 돌렸다. 그들은 대중의 생각과 정신을 마비시킬 만한 게임을 미국에서 찾아냈다. 야구는 이미 건립되어있는 경기장을 활용할 수 있어 매우 경제적인 종목이었다. 1981년 12월 한국야구위원회(KBO)가 결성되었다. 정부는 반정부 에너지를 호의로 돌리기 위하여 기업가들과 협력하였다. 결국 국내 프로야구의 시작은 대중의 관심을 정치에서 스포츠로 돌리는 데 많은 역할을 하게 되었다(김방출, 2008: 375~377).

프로야구의 출범과 성장 과정은 1980년대 한국 스포츠와 정치의 긴밀한 유착을 보여준다. 이 시기 공무원들과 예비 야구 지도자들이 자주 만났다는 점, 초대 야구 커미셔너가 전두환 정권 수립에 기여한 전 4성 장군 출신 서종철이었다는 점 등의 증거를 종합하면, 프로야구리그의 창설이 전두환 정권에 밀접한 관련이 있다는 것을 알 수 있다. 6개의 설립 팀은 각각 MBC, 두산, 롯데, 삼미, 삼성, 해태와 같이 정부와 긴밀하게 연결된 대기업이 소유하였다. 야구 리그 후원에는 정부의 압박도 있었으나 야구팀의 팬은 곧 잠재 고객을 의미했기에 기업들은 팬들의 만족도를 높이기 위해 치어리더 등의 전략을 도입했다.

> **전두환 정권의 3S 정책**
> 3S 정책은 "3S"는 스포츠(Sports), 섹스(Sex), 스크린(Screen)의 앞 글자를 딴 것으로, 제2차 세계대전 이후 일본 및 대한민국에서 정부에 대한 불만을 다른 곳으로 돌리기 위해 시행된 우민화정책을 의미한다. 정식 명칭은 '자유화 정책'이다. 대한민국에서는 쿠데타, 민주화 운동 진압 등을 거친 제5공화국 정부가 국민의 관심을 돌려서 반정부적인 움직임 또는 정치·사회적 반발을 무력화시킬 목적으로 시행되었다. 3S 정책의 기원은 포르투갈의 독재자였던 안토니우 살라자르 총리가 시행한 3F 정책이다. 3S 중에서 스포츠 정책의 주요 사항은 다음과 같다.
> - 1981년: 서울에 1988년 하계올림픽 및 1986년 아시아경기대회 유치
> - 1982년: 프로야구 출범
> - 1983년: 프로축구, 프로씨름, 농구대잔치 출범
> - 1984년: 한국배구슈퍼리그 출범

프로야구의 출범은 군사정부의 권위주의 통치의 완화에 맞춰 시작되었다. 1982년 3월, 정부는 정치범에 대한 대대적인 사면을 실행하고 야당 지도자였던 김대중의 형량을 줄였다. 당시 신문들은 야구를 사회 가치와 연결지어 홍보하며 구단의 프로필을 게재하기 시작했다. 예로, 삼성은 '삼성이 국민 단합을 촉진하기 위해 조직한 팀'이라는 신문 헤드라인과 함께 라이온스를 출범시켰다.

출범 당시의 프로야구에는 한국의 유교문화와 지역주의가 강하게 배어있다. 1982년 개막일에 전두환 대통령은 서울 경기장에서 직접 시구를 하였고, 선수들은 팬들 앞에서 유교적 가치와 태도를 지킨다는 책임감을 가지고 게임에 임하였다. 두산의 OB 베어스가 첫 한국 프로 야구 타이틀을 거머쥘 때까지 전국의 야구팬 158만 명이 7개월 동안 지불한 입장료는 23억 9천만 원에 달했다. 그러나 폭발적인 인기에도 불구하고 한국 야구는 일본, 미국, 대만보다 게임의 수준이 낮고, 국내 고등야구 토너먼트에 비해서도 매력이 부족하다는 비판적인 평가도 존재한다(김방출, 2008: 377~380).

한국의 지역주의는 매우 뿌리 깊게 박혀 있어, 많은 국민들이 지역에 기반한 정치성향을 띠기도 한다. 프로야구는 이 점을 효과적으로 활용하였다. 경기에 선수들을 공급하는 유일한 방식이 고등학교 야구팀인데, 구단들은 인근 지역의 고등학교의 졸업생들만을 스카우트하였다. 이로 인해 고등학교 선수권 대회는 지역끼리의 전쟁이나 마찬가지였다. KBO는 이러한 지역적인 특성을 살리고자 고등학교 선수권과 똑같은 선발방식을 채택하였고, 지역연고제가 실시됨에 따라 지역감정이 심화되고 야구 열풍은 거세졌다. 고등학교의 야구 선수들은 졸업 후 은퇴하지 않고 프로야구에서 활동을 이어가게 되었다. 따라서 선수들이 고등학교를 졸업한 후에도 지역사회에서는 고향의 영웅들이 지속적으로 관중들을 사로잡을 수 있었다. 하지만 선수들 입장에서 계약의 연장은 월급이 동결된다는 점에서 착취적인 시스템이었다. 당시의 선수들은 그들의 능력에 상응하는 금전적 보상을 주장할 권리가 없었다. 결국 최대 수혜자는 구단주였고, 최고의 인재들은 한국을 떠나 일본, 미국에 진출하여 더 나은 보상을 받았다.

프로야구가 크게 유행하면서 국민의 사회적 관계도 변화하기 시작했다. 초등학교와 중학교 학생들은 야구복을 입고 학교에 갔고, 학생들은 경기에 대한 관심을 공유할 수 있는 친구들과만 어울리기도 하였다. 정장과 넥타이를 맨 젊은이들이 점심시간 동안 야구 연습장에서 스윙 연습을 하는 모습도 종종 보였다. 이렇게 프로야구는 2년째에 접어들면서 국민 취미로 부상하였고, 1983년에는 226만 명 이상의 관중이 야구 경기를 후원하였다.

1980년대 프로야구가 꽃피우기 시작할 무렵 대학생들 사이에서는 프로야구에 대한 적대감이 조성되기도 하였다. 대표적으로 반미감정이 있는데, 미군은 북한과의 평화통일을 방해하는 존재이며 프로야구는 서구 제국주의의 문화적 침략이라는 것이다. 그럼에도 불구하고 야구의 인기는 더욱 높아져서 국민들의 관심은 인권보다는 야구로 기울어져 갔다. 이는 정부가 프로야구를 통해 얻고자 했던 의도와 정확히 일치하였다. 결국 정부는 국내에서는 국민의 눈을 돌리고, 국외에는 한국의 근대성을 입증하면서 국내외 모두에서 성공을 거둔 것이다(김방출, 2008: 380~382).

3. 현대 스포츠와 정치: 엇갈리는 평가와 앞으로의 과제

세계 각국의 스포츠 운동(sports movement) 역사를 보면 크게 두 가지 발달 유형으로 분류할 수 있다. 하나는 정치·경제적으로 안정된 사회를 기반으로 대중 스포츠가 발달하고, 대중 스포츠를 토대로 엘리트 스포츠(elite sport)나 프로스포츠(professional sport)가 발달한 경우이다. 다른 하나는 정치적, 사회적 이데올로기(ideology)를 바탕으로 특정한 단체나 정권이 스포츠 운동을 주도함으로써 엘리트 스포츠(elite sport)를 중심으로 스포츠 문화가 확산된 이후에 대중 사회에도 스포츠가 확산되는 경우이다. 이 두 가지 측면에서 보면 20세기 후반 한국 스포츠 운동의 발달 유형은 후자이었고, 그것은 엘리트 스포츠를 지향한 것이었으며, 강한 국가주의적 성향을 띤 스포츠 내셔널리즘 정책의 결과였다(하남길, 2007: 322).

박정희 정권과 전두환 정권은 스포츠를 통해 외부적으로는 국위선양, 내부적으로는 정권에 정당성을 부여하였다. 이들에 대해서는 국가의 급속한 발전과 근대화를 위한 최선이었다는 긍정적인 평가와 함께 당시 희생된 가치를 안타까워하는 비판적인 평가가 함께 존재한다. 이처럼 평가는 엇갈리지만, 광복 후 한국의 스포츠가 정치적 목적을 동력으로 이용되며 발전하였고 스포츠와 정치가 계획적으로 엮여 서로 영향을 주고받았던 관계였음은 자명한 사실이다.

박정희 정권은 사회의 모든 분야를 전반적으로 발전시키고자 하였으나 국민 통제를 바탕으로 하는 독재적인 전략을 채택했다. 체육 정책 또한 일반 시민을 위한 개혁을 지향하면서도, 결과적으로는 엘리트 운동선수 육성에 초점을 두는 모순적인 모습을 보이기도 했다. 결국 국가의 위신을 널리 알리려는 우선적인 목표 하에 일반 시민들을 위한 체육 교육의 발전은 비교적 미뤄지게 되었다. 전두환 정권의 집권기인 1980년대는 엘리트 스포츠에서 대중 스포츠로 중심점이 크게 변화하였다. 그러나 1982년 12월 개정·공포된 체육진흥법의 목적에 "스포츠를 통한 국위선양"이라는 목표개념이 추가된 부분에서, 광복 후 스포츠진흥 운동은 강한 국가주의 사상을 토대로 엘리트 중심의 스포츠 발달을 지속적으로 추구한 것을 알 수 있다.

엘리트 중심의 스포츠 발달은 학교체육과 학생선수에 대한 문제점도 야기하였다. 학교체육의 일환으로 학생선수가 강조되고 육성되어왔는데, 86·88대회 유치 이후에는 더욱더 소수의 엘리트선수 육성에 학교체육이 치중되어 왔다. 일부 학교에서는 체육 경기에서의 입상을 위해 학교의 명예를 높이고 대학 특기자 입학을 하기 위하여 연중무휴로 체육실기만을 훈련시키는 경우도 있었다. 당시 운동선수들에 대한 특혜는 상급학교 입학이나 연금 지급 뿐만이 아니라 병역특혜, 주택 제공 등 다양하였다. 스포츠 국가주의적인 정책을 추진하는 국가들의 가장 큰 특징은 선수들의 성공을 곧 국위선양으로 바라보고, 이에 대해 물질적인 보상을 해주는 것이다. 특히 종신연금 혜택은 국가주의 스포츠의 본질을 극명하게 보여주는 부분이라고 할 수 있다. 이처럼 학생선수를 발굴하고 양성하여 국위선양을 하도록 만든 뒤 혜택을 주는 것은 분명히 의미 있는 과정이고 보상일 것이나, 이 과정에서 간과되어선 안 될 교육의 가치에 주목해보자. 81년 교과과정의 개정과 함께 개편된 체육교과서에는 '중학생들의 체력향상과 스포츠 활동의 기본기능을 닦아 86아시안게임이나 88올림픽경기에 주역을 담당하게 하는 데 의의를 둔다'라는 대목을 발견할 수 있다. 이러한 인식은 곧 학교체육 자체가 학생 전반의 체육이 아닌 일부 극소수 엘리트 스포츠라고 생각하는 것에서 기인한다고 볼 수 있다. 또한 학생선수들이 엘리트 스포츠 교육을 받는 동안 습득하지 못한 지적인 가치, 정서적인 가치는 단순히 물질적인 보상으로 해결될 수 있는 것이 아니다. 대다수의 경우 이들은 선수출신 교사가 되는데, 이들은 자신이 전공한 실기종목만을 오랜 기간 훈련해왔기 때문에 폭넓은 체육 교육의 자질이나 전문성 등의 결여를 보이는 경우가 많다. 따라서 현역 운동선수는 물론, 은퇴 이후 스포츠를 교육하는 지도자들도 결국 체육의 구조적 희생자라고 볼 수 있다(고광헌, 1988: 271~285). 이러한 학생선수(student athlete)의 학습권과 인격, 국위선양을 한 선수에 대한 보상제도의 당위성 등은 현재까지도 뜨거운 논쟁이 되고 있기에 스포츠 역사를 공부한다면 한 번쯤 고민해볼 만한 문제이다.

　대중 스포츠나 국민의 건강 외에, 근대화의 시기 동안 한국이 놓친 가치에는 한국의 전통 스포츠 또한 해당된다. 한국은 근대화 과정에서 서구화를 겪으며 많은 전통 스포츠를 잃어버렸다. 국가의 발전이라는 명목 하에 한국의 전통 스포츠가 지닌 문화적 가치가 손실된 것이다. 서구화의 커다란 폭풍이 휩쓸고 지나간 후, 1980년대에 이르러서는 본격적인 스포츠의 정치화로 인해 한국의 문화적 정체성은 크게 타격을 입었다.

　이론적으로 스포츠는 국가 정체성을 홍보함으로써 국가발전에 기여하는 역할을 해왔다. 선수들은 스포츠 외에는 이길 방법이 없는 해외 국가들과의 경쟁에서, 국가를 대표한다는 생각으로 필사적으로 신체적 기량을 발휘하곤 한다. 일제강점기에 국가를 대표하여 최선을 다한 운동선수들은 저항의 역사 그 자체였다. 이 시기의 한국은 비록 정치적으로 독립된 주체는 아니었지만, 한국인들은 전통 스포츠를 통해 한국인들의 정체성, 소속감, 단결을 느낄 수 있었다. 그러나 현대 스포츠에서는 문화적 정체성이 오히려 훼손되고 만 것이다.

　1945년 일본으로부터의 해방 이후, 한국전쟁 및 국가 건설 시기의 스포츠는 조국 근대화라고 불리는 새로운 시대상을 반영하였다. 한국의 근대 스포츠는 더 이상 세계 질서에 대한 저항이 아니라, 세계 질서에 끼어들기 위한 분야가 되었다. 그러나 1960년대부터 1970년대까지 근대화를 이루는 과정에서 한국의 전통적인 질서와 규범, 사회관계, 관습은 급속하게 악화되었고 심지어는 버려야 할 전근대적인 낡은 가치로 여겨지게 되었다. 한국에서 전통 스포츠와 게임은 쇠퇴의 위기에 직면했다. 스포츠의 서구화는 한국인을 역사·문화적으로 스포츠를 받아들이는 국민과 그렇지 못하는 국민으로 나누었다. 이는 과거에 국민이 나뉘어 야구를 응원하던 모습과 비슷한 현상이었다. 당시 고교 야구의 인기는 야구 경기 자체가 아니라 사람들의 모교에 대한 소속감 혹은 정체성 때문에 더 강했다. 그렇기에 해당 학교를 졸업하지 않은 사람들은 경기에 거의 관심을 보이지 않기도 했다. 이는 지역적인 현상에서 전국 단위의 현상으로 번졌다. 서구의 근대 스포츠와 엘리트 스포츠를 강조하던 국가 정책은 이와 비슷한 방식으로 국민을 나누고 단합시키기를 반복하였다.

현대의 스포츠와 정치를 살펴보면, 많은 정치인과 기업인이 엘리트 스포츠뿐만 아니라 참여 스포츠 단체의 회장 직위를 희망하고 있다. 이는 적은 돈으로 정치적 성공 가능성을 높일 수 있는 방법이기 때문이다. 지지 기반을 구축하기 위해 스포츠 단체의 지위를 획득하려는 정치인들이 과연 진정성 있게 지역의 참여 스포츠를 발전시킬 수 있을까? 이러한 스포츠의 정치화 현상이 계속 심화된다면, 미래에 대중을 위한 참여 스포츠가 발전하기를 기대하기는 어려울 것이다. 스포츠는 정권이나 기업의 이익 아닌, 세금을 내는 국민의 삶을 위해 활용되어야 한다.

다행스럽게도 1990년 이후 한국의 스포츠 정책은 엘리트 중심에서 대중에게 가까워지는 모습을 보이고 있다. 국민의 소득 수준이 높아지면서 여가와 건강에 대한 관심이 증가하였고, 국가 또한 이에 부응하기 시작하였다. 제6공화국 시대부터 대중 스포츠 운동에 더욱 많은 관심을 기울였고, 대표적인 예가 "호돌이 계획"으로 불리는 "국민생활체육진흥 3개년 종합계획(1990)"이었다. 이러한 정부의 계획을 추진하기 위해 전국적인 조직을 갖춘 사단법인 "국민생활체육협의회"가 창설되었다. 정부의 적극적인 지원을 받은 대중 스포츠 운동은 급속한 경제 발전을 배경 삼아 성공을 거두게 되었다(하남길, 2007: 325~339). 1991년이 되어서는 현재 국민생활체육회의 전신인 국민생활체육협의회가 창설되었다.

이러한 역사의 발자취를 종합하여 김방출(2001: 26)은 한국 스포츠와 정치의 새 국면을 위한 방향 3가지를 제시한다. 첫째, 학교 스포츠를 중시하는 것이다. 학교의 체육 교사들은 교육에 대한 전문적인 지식을 습득할 필요가 있다. 또한 체육에 있어 일본이나 미국의 시스템을 모방하고 한국의 전통을 무시할 필요는 없다. 둘째, 참여형 스포츠를 활성화하기 위해서는 재정적 지원이 시급하며, 체육시설과 프로그램을 개선하고 국민을 위한 스포츠 프로그램을 효과적으로 운영할 수 있는 스포츠 감독을 양성할 필요가 있다. 특히 많은 스포츠 감독들에게서 전문적 지식의 부족이 발생하고 있다. 마지막으로, 엘리트 선수들의 선발 과정에서 가장 뛰어난 실력을 가진 사람들이 정당한 위치를 차지할 수 있도록 부패가 사라져야 한다. 스포츠와 정치는 앞으로도 뗄 수 없는 관계로 존재할 것이다. 앞으로는 국가와 국민 중 어느 한쪽이 희생되지 않도록, 서로를 위해 공존하는 한국 스포츠와 정치가 되기를 희망한다.

2장 하계올림픽경기대회

조준호

 학습목표

- 대한민국의 하계올림픽경기대회 출전과정을 학습한다.
- 대한민국의 하계올림픽경기대회 출전과정을 통해 체육의 발전과정을 학습한다.
- 대한민국의 하계올림픽경기대회 출전역사의 체육사적 의미를 이해한다.

1. 시대와 올림픽대회

고대올림픽은 환경적 재앙과 인간의 욕망 등으로부터 스스로 인류를 지키고 싶다는 염원이 스포츠를 통해 승화된 평화의 축제였다(조준호, 2021: 203). 그 역사를 계승하여 근대올림픽을 부활시킨 주인공이 바로 쿠베르탱(Pierre de Coubertin)이다. 그는 올림픽을 통해 '스포츠를 통한 세계평화'와 '젊은이들의 신체단련' 등을 강조하였다. 무엇보다 그의 업적은 바로 스포츠의 세계화(Globalization)일 것이다. 스포츠가 세계화될 무렵 전 세계는 제국주의 열풍으로 식민지 개척에 열을 올리고 있었다. 세계는 이러한 혼란 속에서도 평화의 상징으로 올림픽을 선택했고 올림픽을 통해 세계는 올림픽 정신, 즉 올림피즘(Olympism)이 빠르게 퍼져나갔다.

올림피즘의 확산으로 인해 인간의 권리, 존엄성, 평화 등이 대두되기 시작했으나 제국주의는 이를 무력화시켰다. 우리나라도 결국, 일제에 의해 강제 점거당하며 시대적 아픔을 겪었다. 암울한 고통의 시대 속에서도 간간이 들려오는 스포츠계의 소식은 조선인의 피를 들끓게 했다. 그 중심에는 마라톤의 김은배, 권태하, 손기정, 남승룡 등과 복싱의 황을수, 이규환, 농구의 이성구, 장리진, 염은현, 축구의 김용식, 육상의 박봉식 등이 있었다. 또한, 독립운동가인 여운형, 신국권, 현창운, 이상백 등이 체육계에서도 활약을 펼치며 이는 모두 조선인을 하나로 뭉치게 하는 계기가 되었다(김병중, 조준호, 2022: 163). 그들로 인해 스포츠는 애국심의 정점에 올랐고 이미 조선에서는 올림픽이 선망의 대상이 되었다. 이제 올림픽은 조선인의 우수성을 과시하는 바로미터, 그 자체였다.

이처럼 올림픽에 관한 조선인의 높은 관심은 조국광복과 함께 폭발했다. 즉 조국광복으로 일제강점기에 누릴 수 없었던 자유와 태극기의 의미에 관해 조선인은 다시 한번 스포츠를 주목하게 되었다. 바로 스포츠에 대한 욕구, 즉 올림픽 출전에 관한 기대감 때문이었다. 미군정기 임에도 불구하고 온 국민의 기대감은 곧 조선체육회의 재건과 런던올림픽의 참가로 귀결되었다. 이윽고 1946

년 7월 15일, 조선체육회 내에 런던올림픽 출전을 위한 대책위원회가 결성되었고 1947년 6월 19일에는 국제올림픽위원회(IOC: International Olympic Committee)가 조선올림픽위원회(KOC: Korean Olympic Committee)를 정식 회원국으로 승인하였다(조준호, 2013b: 13).

차근차근 진행되던 런던올림픽 출전에 관한 온 국민의 열망은 곧 전국체육대회의 명칭마저 바꿔놓게 되었다. 바로 1946년과 1947년 열린 조선의 종합 체육대회, 이 대회를 '조선올림픽대회'라 칭했다(이학래, 2000: 334). 결국, 이 대회는 1948년 런던올림픽대회와 이름이 혼용되자 대한체육회가 해당 명칭을 다시 '전국체육대회'로 통일(김창문, 1957: 473)하였다. 이는 당시에 올림픽이란 단어가 온 국민에게 얼마나 큰 이슈였는지를 단적으로 증명했다. 그만큼 광복 후 조선 사회에 녹아든 올림픽은 먼 세상 속의 이야기가 아니라 주변에서 흔히 접할 수 있는 가슴 설레는 단어였다. 결국, 올림픽은 독립된 한국의 이름을 세계에 알리고 전쟁 속에서도 건재함을 과시한 우리 민족의 놀라운 스포츠 스토리의 모음집이었다.

> **조선올림픽대회**
> 1946년 10월 16일부터 개최된 제27회 전국체육대회는 제1회 '조선올림픽대회'라는 이름으로 서울운동장에서 개최하였다. 당시 대회에는 이승만 박사와 러-취(Archer L. Lerch)군정 장관 등도 참관하였다. 1947년 10월 13일에 개최된 제28회 전국체육대회의 명칭도 제2차 '조선올림픽대회'였다(김창문, 1957: 556, 510; 이학래, 2000: 334; 동아일보 1947.10.14).

2. 대한민국의 하계올림픽대회 참가사

본 장에서는 광복 후 한국의 하계올림픽 참가사를 총 4장으로 정리하였다. 우선 한국이 최초로 올림픽에 도전한 시기, 즉 1948년 런던올림픽을 시작으로 1972년 뮌헨올림픽까지의 시기를 '대한민국의 하계올림픽대회 도전기'로 정의하였다. 다음으로 한국이 올림픽대회 사상 최초로 금메달을 획득한 1976년 몬트리올올림픽을 시작으로 1984년 LA 올림픽까지의 시기를 '대한민국의 하계올림픽대회 성장기'로 정의하였다. 다음으로 스포츠발전의 핵인 서울올림픽을 하나의 장으로 정리, 그 시기를 '대한민국의 하계올림픽대회 개최기'로 정의하였다. 마지막으로 1992년 바르셀로나올림픽부터 최근 열린 2020년 도쿄올림픽까지의 시기를 '대한민국의 하계올림픽대회 세계화기'로 정의하였다.

가. 대한민국의 하계올림픽대회 도전기(1948년 런던올림픽 ~ 1972년 뮌헨올림픽)

대한민국의 하계올림픽대회 도전기의 전반적 현황을 표로 나타내면 다음과 같다(표 8-1 참조).

표 8-1. 한국의 하계올림픽대회 도전기 현황 (체육백서, 2012: 286; 대한체육회 홈페이지)

회수	개최 년. 월. 일	개최지	경기 종목	참가 인원	한국참가현황 인원 (임원/선수)	한국메달 금	한국메달 은	한국메달 동	한국 순위/총 참가국
14	1948. 7.29~8.14	영국 런던	18	4,104	67(17/50)	0	0	2	24/59
15	1952. 7.19~8. 3	핀란드 헬싱키	18	4,955	43(23/20)	0	0	2	37/69
16	1956.11.22~12. 8	호주 멜버른	18	3,314	57(22/35)	0	1	1	29/72
17	1960. 8.25~9.11	이탈리아 로마	17	5,338	67(31/36)	0	0	0	83
18	1964.10.10~10.24	일본 도쿄	19	5,151	224(59/165)	0	2	1	27/93
19	1968.10.12~10.27	멕시코 멕시코시티	20	5,516	76(21/55)	0	1	1	36/112
20	1972. 8.26~9.11	서독 뮌헨	22	7,134	68(22/46)	0	1	0	33/121

(1) 1948년 런던올림픽대회

제14회 올림픽은 영국 런던에서 열렸다. 한국의 런던올림픽 참가과정은 기적과도 같다. 온 국민의 전폭적인 지지와 체육인의 열정이 있었으나 그것만으로 올림픽에 참가할 수는 없었다. KOC는 우선 IOC 총회의 승인을 받아야 했다. 이를 위해 KOC 부위원장인 전경무가 출국했으나 총회에 가던 도중 비행기 사고로 요절하였다. 곧 KOC는 미국에서 거주 중인 이원순에게 급히 IOC 총회에 참석할 것을 요구, 그의 활약으로 한국은 IOC의 가입승인을 받았다(손환, 2010: 20). 이렇듯 어렵게 일은 성사되었으나 관문은 또 있었다. 당시 한국은 미군정의 시기였기에 그들의 허락도 필요했다. 이에 미군정은 한국의 올림픽 참가를 적극 지지하였고 이때가 1947년 6월 19일이었다. 이제 선수들을 파견하기 위해 조선체육회는 각종 위원회를 설치, 선수 파견 비용 등을 선결해야 했다. 이는 올림픽 후원회가 맡았다(조준호, 2013a: 94). 이처럼 한국의 첫 올림픽 출전과정은 이상백, 이병학 등 스포츠선구자들의 헌신과 온 민족이 하나 되어 이룩한 쾌거였다.

그렇게 한국선수단은 'KOREA'라는 이름을 가슴에 달고 런던올림픽에 출전할 수 있었다. 선수단은 7월 8일 육상과 농구 등으로 편성된 선발대로 단장인 장항범이 27명 인솔, 11일에는 부단장 신국권(신기준)의 인솔하에 40명이 런던 도착을 완료하였다(조선일보, 1948.7.9). 런던에 늦게 도착할 것을 걱정한 선수단의 염려와는 달리 가장 먼저 선수단은 입촌하였다. 이로 인해 선수단은 빠르게 입촌식을 거행하였고 국기 게양대의 정중앙에 태극기를 올렸다(나영일, 2013: 64). 가슴 뭉클한 순간이었다. 곧 런던올림픽의 화려한 개막식이 열렸다.

런던 가는 길 (총 21일의 여정)
서울(6월 21일 출발) → 부산 → 일본 후쿠오카 → 일본 요코하마 → 중국 상해 → 홍콩(홍콩에서 두 그룹으로 나눠 항공기로 이동) → 태국 방콕 → 인도 콜카타 → 인도 봄베이(뭄바이) → 이라크 바그다드→ 이집트 카이로 → 이탈리아 로마 → 네덜란드 암스테르담 → 영국 런던에 1진 27명은 7월 8일, 2진 40명은 7월 11일 런던에 도착함(나영일, 2013: 50; 김재우, 박종인, 2012: 19; 동아일보, 1948.7.9.).

1948년 런던올림픽대회 개막식
7월 29일 오후 2시 35분. 엠파이어 스타디움에는 올림픽기가 의젓하게 걸려 있고 입구로 손기정 군이 태극기를 높이 들고 입장했다. 이어서 우리의 선수들이 늠름한 기상으로 들어섰다. 우리 선수단은 영국 황제 앞에서 한 동작으로 모자를 벗고 예를 갖추니 관중석에서 우레와 같은 박수가 쏟아졌다(민재호, 1949: 131~149). 한국의 첫 올림픽대회는 그렇게 시작되었다.

위의 내용은 런던올림픽에서 기자로 유일하게 참가하여 당시의 상황을 그대로 기록한 민재호의 『런든오림픽 紀行』의 일부 내용이다. 런던에서 펼쳐진 제14회 하계올림픽대회의 개막식은 한국인에게는 감격 그 자체였다. 이는 35년의 일제강점기를 마치고 'KOREA'라는 이름으로 한국이 세계무대에 처음 등장한 순간이었기 때문이다. 대회의 입장식에선 우리 선수단이 태극기를 들고 자메이카 다음인 29번째로 입장하였다. 드디어 태극기가 만천하에 공개되었다. 그렇게 한국선수단은 스타디움에 입장하였고 임원들은 모두 감격스러움에 눈물을 흘리고 있었다.

런던올림픽대회의 개막식을 성대하게 치른 후 한국 선수의 경기가 본격화되었다. 선수단의 첫 출전은 67명의 선수단에서 홍일점인 이화여중의 박봉식이 맡았다. 1948년 7월 30일, 그녀는 여자 투포환 종목에 출전하여 33M 80의 기록으로 경기를 마쳤다(조준호, 하웅용, 2020: 92). 광복 후 첫 여성 올림피언인 그녀의 활약은 일천오백만 여성의 위상을 드높였고 국위선양과 여성 스포츠 성장의 기틀을 마련하였다(조준호외2, 2022: 378). 또한, 우리 선수단에서 가장 강력한 메달 후보로 거론된 종목은 단언컨대 마라톤이었다. 특히 서윤복은 작년 4월 19일, 보스턴마라톤대회에서 우승한 저력이 있기에 국민적 기대는 엄청났다. 하지만 그는 27위를 기록했고 35km 지점까지 1위를 차지했던 최윤칠도 탈수로 기권, 홍종오가 25위를 기록했다(경향신문, 1948.8.18.). 선수단은 의외의 곳에서 메달획득 소식이 들려왔다. 바로 역도의 김성집과 복싱의 한수안이 동메달을 획득한 것이었다. 이로써 런던에서 한국선수단의 총 득점은 13점과 ¾을 기록, 종합순위 24위를 기록하였다(조준호, 2013b: 22, 26). 등수 외 기록은 역도에서 56kg급 이규혁이 4위, 60kg급 남수일이 4위(이덕주, 1983: 329), 67.5kg급 김창희가 6위, 레슬링의 웰터급 황병관이 5위, 라이트급 김석영이 6위, 축구 7위, 농구 8위 등의 순서였다.

런던올림픽대회가 끝나고 조선의, 아니 대한의 체육인들은 놀라운 힘과 범국민적 지지로 독자적인 체육문화를 형성해가고 있었다. 이때 한국전쟁이 발발하였다. 많은 체육인은 군인으로 차출되는 등 체육의 존립 기반은 완전히 무너졌다(하웅용, 2002: 45). 이번 전쟁으로 인해 한국은 제1

회 아시아경기대회 불참, 1950년 전국체육대회도 무산되었다. 하지만 전쟁 중에도 체육인은 불굴의 의지로 다시 일어나 새로운 경기를 펼칠 준비를 하였다.

(2) 1952년 헬싱키올림픽대회

제15회 올림픽은 핀란드 헬싱키에서 열렸다. 한국은 한국전쟁 중으로 올림픽 출전이 어려웠다. 우선 대한체육회는 1951년 6월 17일 총회에서 올림픽 참가를 논의하였다. 논의 끝에 대한체육회는 '민족적 역량과 자긍심을 선보이고 더 나아가 국제 외교에 일조한다'라는 목적으로 참가를 긍정적으로 검토하였다. 한국전쟁 중 임에도 헬싱키올림픽에 참가하겠다는 한국의 열정에 감동한 브런디지(Brundage, Avery) IOC 위원장은 이를 독려했고 더불어 헬싱키올림픽조직위원회도 빠르게 초청장을 한국에 보내왔다. 여기에 국회도 체육계에 힘을 실어주자는 결의안을 채택, 정부가 이에 호응하며 한국의 올림픽 참가는 빠르게 결정되었다. 곧 대한체육회는 참가경비 조달을 위해 올림픽 후원회를 결성하였고 외국인, 한국인, 재외동포 등의 지원이 있었다(김재우, 2013: 24~25; 장재이, 2009: 68).

이러한 과정을 통해 한국선수단은 헬싱키올림픽에 참가할 수 있었다. 대회에서 한국선수단은 1948년 런던대회와 비슷한 대회 결과를 제시하였다. 런던올림픽대회에서 이미 동메달을 획득한 바 있는 김성집이 역도에서 또다시 동메달을 획득하였고 강준호는 복싱에서 동메달을 추가하였다. 또한, 마라톤의 최윤칠이 2시간 26분 30초로 올림픽 신기록을 세웠으나 아깝게 4위를 차지, 메달 획득에는 실패하였다(경향신문, 1952.7.29). 여기에 기대감 속에 출전한 레슬링의 예선탈락, 장비의 정비 미흡 등으로 인한 사이클 선수들의 예선 탈락 등의 아쉬움을 남겼다(김재우, 2013: 25). 하지만 헬싱키대회는 올림픽에 대한 선수단의 열정을 극명하게 보여준 감동의 대회였다. 전쟁 중에도 나라 전체가 하나 되어 선수단을 파견한 헬싱키올림픽은 한국의 올림픽 참가사에 매우 의미 있는 발자취를 남겼다.

(3) 1956년 멜버른올림픽대회

제16회 올림픽은 호주 멜버른에서 열렸다. 멜버른올림픽은 올림픽 역사상 지구의 남반부에서 개최된 최초의 대회다. 하지만 멜버른은 대회 개최 2년을 앞두고 호주법상 말(馬)의 반입 시 6개월이라는 검역 기간이 필요하다는 이유로 승마경기만 6월 10일부터 17일까지 스웨덴의 스톡홀름에서 개최되었다. 또한, 멜버른대회는 헝가리와 소련과의 충돌, 수에즈 운하를 두고 이스라엘과 영국, 프랑스, 이집트와 이라크, 레바논 등의 마찰로 인해 국제분쟁이 고조되어 최초의 보이콧이 발생했다(방광일, 2005: 248~253). 하지만 한편으론 냉전의 첨예한 대립을 해오던 동독과 서독이 단일팀을 구성하여 서로의 국가(國歌) 대신 베토벤 교향곡 9번을 연주하고 국기도 구독일 국기를 함께 들고 동시 입장하는 등 멜버른올림픽은 올림피즘이 실현된 대회이기도 하였다(하웅용 외7, 2018: 130).

이 대회에서 한국은 과거 2개의 동메달을 획득했던 역도의 김성집에게 많은 기대를 했으나 5위에 그쳤고 라이트급의 김창희가 동메달을 획득했다. 또한, 복싱에서 성북고 3학년 송순천이 승승장구하며 결승에 진출, 결승전에서 서독 선수인 볼프강 베렌트와 결전을 벌여 우세한 경기를 벌였으나 아쉬운 판정패를 기록하며 은메달을 획득하였다(세계일보, 2019.10.16). 당시 송순천의 은메달은 우리나라의 올림픽 출전 사상 최초의 은메달이었다. 또한 '손가락 없는 레슬러'로 잘 알려진 이상균은 불리한 신체적 조건을 극복하고 4위를 차지하는 인간승리의 드라마를 썼다(장재이, 2009: 71). 그뿐만 아니라 멜버른에서는 북한 문제에 대한 특별한 결정도 내려졌다. 대회 기간 중 북한의 IOC 승인 문제가 논의되었으나 결국 25대 15, 기권 4로 북한의 가입승인은 무기한 연기되었다. 그리고 올림픽 폐회식 이후 헝가리 선수단 중 40명이 멜버른에 집단망명을 하는 등의 사건도 있었다. 이처럼 우여곡절이 있었으나 멜버른대회는 호주 국민의 열띤 응원으로 나름 성공적 대회로 평가받고 있었다.

(4) 1960년 로마올림픽대회

제17회 올림픽은 이탈리아 로마에서 열렸다. 과거 고대올림픽은 이교도의 종교행사라며 철폐한 곳이 바로 로마였다. 아이러니하게도 이곳에서 드디어 로마올림픽이 열렸다(동아일보, 1988.8.3). 대회에서 주목받은 선수는 에티오피아의 아베베(Abebe Bikila), 그리고 미국의 캐시어스 마셀러스 클레이 주니어(Cassius Marcellus Clay Jr), 바로 무하마드 알리(Muhammad Ali)였다. "맨발의 아베베"로 유명한 아베베는 놀라운 스피드로 마라톤에서 우승(조선일보, 1960.9.11)하였고, 무하마드 알리는 복싱 라이트헤비급에서 금메달을 획득한 후 곧 프로로 전향하였다(한국일보, 2016.6.6). 또한, 대만은 'China'라는 국호를 잃고 'Taiwan'이란 이름으로 대회에 참가했다.

대회에서는 선수가 경기 중 사망하는 최악의 사고가 처음으로 발생하였다. 즉 덴마크의 사이클 선수가 경기 도중 넘어져 병원에서 치료를 받던 중 사망한 것이었다. 그의 사인을 규명하다 보니 약물복용이 사망의 직접적 원인이었다. 오늘날 약물복용을 철저히 검사하는 이유는 바로 이 사고 때문이었다(방광일, 2005: 275~278). 그뿐만 아니라 로마대회는 올림픽 역사상 최초로 개회식을 비롯한 주요 경기 모습을 인공위성을 통해 전 세계의 시청자에게 중계하며 올림픽 중계의 일대 전환점이 되었다(나영일, 2013: 116; 하웅용 외7, 2018: 131).

로마올림픽은 한국의 올림픽대회 참가 역사상 가장 안타까운 대회였다. 그 이유는 한국이 올림픽대회에 참가한 이래 처음으로 노메달을 기록하였기 때문이다. 한국은 4·19 사태로 체육계의 공백이 있었고 선수단의 선수선발 문제와 사회 분위기상 선수가 충분한 훈련을 못 했다는 등 여러 이유가 있었다. 그나마 희망을 걸었던 마라톤에선 이창훈만이 20위를 기록(동아일보, 1960.9.12)하였다. 또한, 매번 역도에서는 메달을 획득해왔으나 페더급의 김해남이 4위에 입선한 것이 전부였다. 굳이 로마올림픽대회에서의 한국선수단의 의미를 찾는다면 선수단이 체조와 다이빙 등의 종목에서 처음으로 출전하여 참가 종목의 폭을 넓혔다는 데 있을 것이다.

(5) 1964년 도쿄올림픽대회

제18회 올림픽은 일본 도쿄에서 열렸다. 올림픽이 사상 최초로 아시아에서 열린 것이었다. 그동안 유럽과 미국이 독점해온 올림픽 무대를 아시아로 옮겨왔다는 자체가 도쿄올림픽은 의미 있는 대회로 올림픽의 세계화가 실현된 첫 무대였다. 이번 대회를 통해 일본은 제2차 세계대전의 실수를 만회하고 세계열강들과 어깨를 나란히 하는 계기로 삼고자 했다. 이를 위해 일본은 대규모 선수촌, 공항확장, 모노레일, 상하수도 시설 등을 보수했다. 올림픽은 도쿄를 새롭게 탈바꿈(하웅용 외 7, 2018: 132)시켰다. 그리고 이번 대회부터 유도가 올림픽에 추가되었다.

일본에서 올림픽이 열리자 한국은 적은 금액으로 세계정상급 선수들과 겨룰 수 있다는 기회, 1960년 로마올림픽의 악몽을 극복하고 재일동포의 사기를 진작, 북한과의 남북대결에서 반드시 승리하겠다는 등의 이유로 사상 최대 규모의 선수단을 파견했다(방광일, 2005: 305). 16개 종목 224명(선수 165명, 임원 59명)의 대규모 선수단을 파견했으나 한국은 은 2, 동 1개를 획득하는데 그쳤다(나영일, 2013: 117). 은메달은 레슬링의 장창선과 복싱의 정신조가 획득했다. 장창선은 일본 요시다에게 결승전에서 패했고, 정신조도 결승전에서 사쿠라이 다카오(櫻井孝雄)에게 패했다. 유도에서는 재일동포 김의태가 3경기 연속 한판승으로 승승장구했으나 준결승에서 해당 체급 우승자인 오카노 이사오(岡野 功)에게 판정패하며 동메달을 획득하였다(조선일보, 1964.10.22).

한국선수단은 도쿄올림픽에서 은메달 2개를 획득하였으나 당시 세계가 더 주목한 것은 남북한의 실상을 그대로 보여주는 신씨 부녀의 재회였다. 북한 최고의 스프린터 신금단과 한국의 신문준 부녀가 올림픽을 통해 상봉한다는 것은 그야말로 올림피즘의 실천이었다. 하지만 부녀상봉도 잠시, 곧 북한은 10분 만에 도쿄에서 철수하였다. 물론 그 내막엔 북한의 가네포(GANEFO)대회 참가가 원인이 되었으나 표면적으로는 자신들의 호칭에 문제가 있다며 철수한 것이었다. 결국, 세계의 주목을 받던 부녀상봉은 허무했고 오히려 남, 북 간의 이질감만 높아진 계기가 되었다.

동경올림픽 이후 가장 큰 변화는 한국선수단의 현실을 파악했다는 점이었다. 곧 스포츠행정가 민관식은 이를 타개하기 위해 대한체육회관과 태릉선수촌의 건설 등 스포츠 인프라를 구축하였다(손환, 2022: 38). 이는 한국스포츠가 세계로 도약하는 계기가 되었으며 오늘날 다수의 올림픽에서 메달을 획득하는데 많은 공헌을 하게 되었다.

가네포(Games of the New Emerging Forces, GANEFO)대회
1963년 11월 10일, 자카르타에서 개최된 신생국 경기대회를 말한다(심승구, 김미숙, 2008: 142).

1966년 6월 30일(대한체육회관 & 태릉선수촌)
오전 11시, 대한체육회관 개관식. 한국체육의 전당 지상 10층의 체육회관(서울 무교동)이 6월 30일 개관되었다. 이 자리에서 박대통령은 '국위선양과 민족단합에 큰 힘이 되는 스포츠의 향상을 위해 본 회관을 쓰는 체육인의 사명이 크다' 라며 치하(致賀)했다. 오후 1시, 태릉선수촌 개소식. 태릉에 건립된 총건평 5백 30평, 4동의 우수선수 합숙소 개소식이 있었다(조선일보, 1966.7.1).

(6) 1968년 멕시코시티올림픽대회

제19회 올림픽은 멕시코시티에서 열렸다. 멕시코시티는 해발 2,240m의 고지에 있는 도시로 공기가 희박하여 정상적인 경기가 진행되기 어려웠다. 더 큰 문제는 멕시코 정부가 독재정권 유지를 위한 내외 선전용으로 올림픽을 개최했다는 사실이었다. 멕시코시티에서는 연일 대학생들의 시위가 끊이질 않았고 정부는 이를 무력으로 진압하였다. 이러한 상황 속에서 세계는 베트남 전쟁, 미국의 킹(Martin Luther King) 목사 암살 사건, 남아프리카의 인종 문제 등으로 논란이 가중되고 있었다. 이렇듯 불안한 세계정세 속에서 멕시코시티올림픽은 시작되었다.

이번 대회에 출전하는 한국선수단의 각오는 남달랐다. 국내에서는 도쿄올림픽 이후 1966년 태릉선수촌이 준공되었고 정부는 학교체육회와 KOC를 대한체육회로 통합시켰다(하웅용 외7, 2018: 319). 또한, 서울 무교동에는 경기단체들을 위한 체육회관도 건립되었다(나영일, 2013: 119). 결국, 대회에선 복싱 라이트급의 지용주가 결승전에서 베네수엘라의 로드리게스(Francisco Rodriguez)에게 판정패하며 은메달을 획득하였다. 같은 종목의 밴텀급에 출전한 장순길도 준결승에서 우간다의 무쾅가(Eridari Mukwanga)에게 패하며 동메달을 획득하였다(방광일, 2005: 326). 이때 복싱은 한국이 출전한 종목 가운데 유일하게 메달을 획득한 효자 종목으로 평가되었다.

(7) 1972년 뮌헨올림픽대회

제20회 올림픽은 독일 뮌헨에서 열렸다. 1936년 베를린 올림픽 이후 36년 만에 독일이 다시 올림픽대회를 개최한 것이었다. 독일 뮌헨의 완벽한 대회 준비와는 달리 대회는 개막전부터 인종 갈등 문제로 심상치 않았다. 하지만 뮌헨올림픽은 시작되었고 곧 올림픽 역사상 최악의 사건이 발생하였다. 바로 팔레스타인의 테러단체인 '검은 9월단(Black September)'이 올림픽 선수촌을 급습하여 이스라엘 선수 11명이 사망한 사건이 터졌다(경향신문, 1988.8.13). 이로 인해 노르웨이와 네덜란드 등은 선수촌을 떠났고 경기는 조기가 계양 된 채 시작되었다.

이번 대회에서는 북한이 최초로 올림픽에 출전하였고 한국은 잡음이 컸다. 원래 한국은 소수정예 주의를 원칙으로 39명의 선수를 선발했다. 이는 헬싱키올림픽 때보다 4명이나 적은 역대 최소규모였다. 그러나 대만과 북한을 아시아지역 예선에서 격파한 남자배구팀, 서독에서 전지훈련을 하던 육상의 박상수와 백옥자, 수영의 조오련과 사격팀 등이 추가되면서 인원이 급격히 불어났다. 최종 68명의 선수단이 대회에 출전했다(경향신문, 1972.9.6.; 동아일보, 1972.9.11). 일부 원칙 없이 선수단이 구성되며 잡음이 커졌던 것이었다. 잡음 속에 한국선수단은 은메달 1개를 획득했다. 그나마 1968년 멕시코시티올림픽에서 제외되었던 유도 종목이 1972년 채택되며 은메달이 여기서 나왔다. 바로 재일동포 오승립(吳勝立)이 유도에서 은메달을 획득하였다(동아일보, 1975.1.27). 1970년대 한국스포츠의 목표는 북한과의 경쟁에서 이기는 반공(反共)이 핵심이었다. 하지만 북한은 금1, 은1, 동 3을 획득하며 22위를 기록하였다. 뮌헨에서의 남북대결은 한국의 참패였다. 하지만 이번 대회를 통해 한국은 반면교사(反面敎師)의 장이 되며 마음을 다잡는 계기가 되었다.

나. 대한민국의 하계올림픽대회 성장기
(1976년 몬트리올올림픽대회 ~ 1984년 LA올림픽대회)

대한민국의 하계올림픽대회 성장기의 전반적 현황을 표로 나타내면 다음과 같다(표 8-2 참조).

표 8-2. 한국의 하계올림픽대회 성장기 현황 (체육백서, 2012: 286; 대한체육회 홈페이지)

회수	개최 년, 월, 일	개최지	경기 종목	참가 인원	한국참가현황				한국 순위/총 참가국
					인원 (임원/선수)	한국메달			
						금	은	동	
21	1976.7.17~8.1	캐나다 몬트리올	21	6,084	72(22/50)	1	1	4	19/92
22	1980.7.19~8.3	소련 모스크바	21	5,179	불참				
23	1984.7.28~8.12	미국 로스앤젤레스	21	6,829	288(78/210)	6	6	7	10/140

(1) 1976년 몬트리올올림픽대회

제21회 올림픽은 캐나다 몬트리올에서 열렸다. 몬트리올올림픽은 광복 후 한국이 최초로 올림픽 금메달을 획득하는 의미 있는 대회였다. 금메달을 획득하기까지 한국은 이전 올림픽에서 북한에 밀렸다는 자존심의 상처로 인해 스포츠에 사활을 거는 분위기였다. 이미 태릉선수촌이 건립된 지 10년째였고 사회는 프로레슬링에 열광할 때였다. 71년도에는 태권도가 '국기 태권도'로 자리매김했으며 73년엔 유고 사라예보에서 열린 세계탁구선수권대회에서 이에리사, 정현숙, 박미라 등이 단체전 우승을 차지했다. 74년엔 투포환의 백옥자가 아시아신기록을 수립하였고, 75년엔 유제두가 복싱에서 챔피언이 되는 등 스포츠는 온 국민의 희망이었다(조준호, 2013c: 144~160).

몬트리올올림픽은 최초로 남녀가 함께 성화 점화자로 등장해 성화를 점화했다. 이 대회에서 한국 여자배구는 헝가리를 3대 1로 격파하며 구기 종목 사상 첫 동메달을 획득하였다. 또한, 남자유도에서 라이트급 장은경이 은메달, 미들급의 박영철이 동메달, 무제한급의 조재기가 동메달을 획득하였다. 레슬링에서는 플라이급의 전해섭이 동메달을 따냈고 드디어 자유형 페더급에서 양정모가 금메달을 획득하였다(매일경제, 1976.8.2). 양정모는 예선에서 캐나다의 베일러, 동독의 헬무트 스트룸프, 터키의 아크다그, 서독의 키레이 등에게 연승하며 동메달을 확보하였다. 마침내 결승 리그에 진출한 양정모는 미국의 데이비스에게 승리하였고, 몽골의 오이도프에게는 패했으나 당시에는 벌점이 적은 선수가 승리하는 관계로 금메달을 획득할 수 있었다(조준호, 2019: 18).

이처럼 한국은 금1, 은1, 동4을 획득하며 종합순위 19위를 차지하였다. 한국은 금1, 은1을 획득한 북한을 앞서며 뮌헨의 아쉬움을 달랬다. 선수 양정모와 코치 정동구는 귀국 후 박정희 대통령과 면담을 했다. 그 자리에서 대통령은 4년 후 올림픽 대비를 위해 직접 체육대학의 설립을 지시, 제2 제3의 양정모 양성을 위한 기틀을 다졌다. 이로 인해 1976년 12월 30일, 대통령령 제8322호에 의해 최초의 체육대학인 국립 한국체육대학교가 설립(하웅용 외, 2018: 322)되었다.

> **광복 후 첫 올림픽 금메달의 주인공 '양정모'**
> 1976년 7월 31일, 리차드 모리스 체육관에서 자유형 페더급 결승 리그가 시작되었다. 결승 리그는 몽골의 오이도프, 미국의 데이비스, 한국의 양정모가 교차로 한 경기씩 펼쳤다. 우선 양정모는 미국의 데이비스를 폴로 꺾었다. 곧이어 몽골의 오이도프는 데이비스에게 패했다. 이제 오이도프가 양정모를 반드시 이겨야 하는 상황이었고 양정모는 큰 점수 차이로만 패하지 않으면 되는 상황이었다. 경기는 10대 8, 양정모가 패했다. 하지만 벌점 1점 차이로 양정모가 극적으로 금메달을 차지하였다(조준호, 2019: 13).

(2) 1980년 모스크바올림픽대회 ~ 1984년 로스앤젤레스올림픽대회

제22회 올림픽은 공산권 최초로 소련 모스크바에서 열렸다. 공산권 국가의 맹주임을 자처하는 소련의 올림픽개최는 어쩌면 당연한 수순이었다(방광일, 2005: 379). 소련은 많은 자본을 투자하여 올림픽을 준비했으나 논란도 키웠다. 첫 논란은 소련 내 반체제 인사인 유태인의 재판문제였다. 그리고 결정적 논란은 1979년 12월, 소련의 아프가니스탄 침공이었다. 이에 관한 제재로 미국의 카터(Jimmy Carter)는 모스크바올림픽을 보이콧 했다. 우리나라의 경우 1980년 2월 처음 언론을 통해 보이콧 관련 소식이 등장했고 마침내 5월 17일, 최종 출전 불가 방침이 세워졌다(조준호, 2018: 19). 이와 함께 자유 진영 67개국도 대회불참을 선언했다(동아일보, 1987.9.17).

제23회 올림픽은 로스앤젤레스에서 열렸다. 로스앤젤레스 올림픽은 '수입의 극대화'와 '경비의 최소화'를 외쳤다. 대회는 기존의 시설을 최대한 활용하였으며 꼭 건립해야 할 시설은 기업의 후원을 받아 건립했고 선수촌은 대학교 기숙사를 활용했다. 대회는 민간자본 올림픽이라는 새로운 운영 방식을 제시했다(경향신문, 1984.8.15). '국민의 세금을 한 푼도 사용하지 않는다'라는 원칙은 LA올림픽을 흑자 올림픽으로 전환 시켰다(동아일보, 1984.8.14). 여기서 소련은 대회 2개월 전에 "선수 안전에 문제가 있을 수 있다"라며 출전을 보이콧 했다. 이에 불가리아, 동독, 체코슬로바키아 등 동구권 국가들도 동참했다. 예외로 중국과 루마니아는 출전하였다. 여기서 중국의 복귀는 올림픽사에 있어 의미가 컸다. 즉 아시아 최대 인구를 보유한 중국이 실질적으로 올림픽 운동에 첫발을 디디며 올림픽 가족이 되었기 때문이다. 하지만 그런데도 반쪽 올림픽이라는 오명은 벗을 수 없었다.

이번 대회에서 한국은 레슬링의 김원기, 유인탁의 금메달을 시작으로 김종규 은메달, 동메달은 방대두, 손갑도, 이정근, 김의곤 등이 획득하였다. 유도에서는 안병근과 하형주가 금메달, 김재엽과 황정오가 은메달, 조용철이 동메달을 획득하였다. 드한, 복싱 미들급에서는 신준섭이 금메달을 획득했으며 웰터급에서 안영수 은메달, 전칠성이 동메달을 획득하였다. 양궁에서는 서향순이 금메달을 획득하였으며 동메달을 획득한 김진호와 함께 2개의 태극기가 동시에 게양되는 감격적 장면이 연출되기도 하였다. 이때 서향순의 금메달은 우리나라 여자선수의 올림픽 첫 금메달이었다(한겨레신문, 2012.8.9). 그뿐만 아니라 여자농구팀과 여자핸드볼팀도 은메달을 획득하였다. 결국, 우리나라는 올림픽대회 출전 역사상 최고의 성과를 냈다(매일경제, 1984.8.13). 비록 동유럽 선수들이 대회에 불참했으나 한국은 차기 올림픽대회의 개최국으로서 위상을 유감없이 발휘하였다.

다. 대한민국의 하계올림픽대회 개최기(1988년 서울올림픽대회)

제24회 올림픽은 대한민국 서울에서 개최되었다. 이 대회는 지금도 세계로부터 올림픽 역사상 최고의 대회로 평가받는다. 그 이유는 이전의 올림픽대회가 모두 반쪽짜리 대회였기 때문이다. 즉 1980년 모스크바올림픽과 1984년 LA올림픽은 미국과 소련, 서로 간의 보이콧으로 얼룩진 올림픽대회였다. 하지만 서울올림픽에서는 12년 만에 동서가 화합한 대회였다. 한마디로 서울올림픽대회는 올림픽 정신이 되살아난 세계평화의 장이었다. 그야말로 대회 슬로건인 '화합과 전진(Harmony and Progress)'이 딱 들어맞는 대회였다. 그리고 우리의 기억에는 '세계는 서울로, 서울은 세계로'의 문구가 더 크게 와 닿았다. 한국의 하계올림픽대회 개최기의 전반적 현황을 표로 나타내면 다음과 같다(표 8-3 참조).

표 8-3. 한국의 하계올림픽대회 개최기 현황 (체육백서, 2012: 286; 대한체육회 홈페이지)

회수	개최 년, 월, 일	개최지	경기 종목	참가 인원	한국참가현황 인원 (임원/선수)	한국메달 금	한국메달 은	한국메달 동	한국 순위/총 참가국
24	1988.9.17~10.2	한국 서울	23	9,391	602(125/477)	12	10	11	4/159

　서울올림픽대회의 유치과정은 다음과 같다. 한국은 박종규의 주도로 1978년 제42회 세계사격선수권대회를 성공적으로 개최하며 국제 대회 개최에 관한 자신감을 가졌다. 결국, 1979년 9월 21일 박정희 대통령의 재가를 받아 정부는 같은 해 10월 8일, 하계올림픽의 서울 유치 의사를 공식 발표하였다. 하지만 불과 한 달여 만에 박정희 대통령이 서거하며 올림픽 유치는 요원해졌다. 하지만 새롭게 집권한 전두환 정부가 이를 재추진하였다(손환, 2010: 23; 박경호, 옥광, 박장규, 2011: 50). 한국은 제24회 올림픽 유치 의향서를 1980년 11월 30일 IOC에 제출하였다. 그리고 1981년 9월 30일 서독 바덴바덴에서 열린 제84차 IOC 총회에서 대한민국의 서울은 일본의 나고야를 52대 27로 꺾고 제24회 하계올림픽의 유치도시로 최종 선정되었다(정찬모, 2001: 1). 서울올림픽은 개발도상국이었던 한국의 위상을 세계만방에 과시했다.

　이 대회에서 한국선수단은 전 종목에 걸쳐 선수를 출전시켰다. 한국은 레슬링 그레코로만형 74kg급 김영남의 금메달을 시작으로 유도의 김재엽과 이경근, 구기 종목인 여자핸드볼팀이 금메달을 획득하였고 여자양궁 개인전에서 김수녕의 금메달, 여자단체전과 남자 단체전, 레슬링의 한명우, 여자탁구 복식의 양영자, 현정화, 남자단식의 유남규, 복싱의 김광선과 박시헌 등이 금메달, 총 12개를 추가했다. 이와 함께 역도 전병관, 사격 차영철, 레슬링 김성문, 레슬링 박장순, 양궁여자 개인전의 왕희경, 남자개인전의 박성수, 여자 하키팀, 복싱 헤비급 백현만, 남자핸드볼팀, 탁구 남자단식의 김기택 등이 은메달 10개를 획득하였다. 동메달은 레슬링 안대현, 이재석, 김상규, 김태우, 노경선, 체조 남자 뜀틀 박종훈, 역도 이형근, 복싱 이재혁, 탁구 남자 복식, 양궁 여자 개인 윤영숙, 유도 조용철 등이 획득하였다(경향신문, 1988.10.5; 조선일보, 1988.10.3; 한겨레신문, 1988.10.3). 이로써 한국은 종합 4위를 기록, 최대의 성과를 달성했다.

라. 대한민국의 하계올림픽대회 세계화기
(1992년 바르셀로나올림픽대회 ~ 2020년 도쿄올림픽대회)

　대한민국의 하계올림픽대회 세계화기의 전반적 현황을 표로 나타내면 다음과 같다(표 8-4 참조).

표 8-4. 한국의 하계올림픽대회 세계화기 현황(체육백서, 2012: 286; 체육백서, 2020: 461, 463; 대한체육회 홈페이지(2022), IOC홈페이지)

회수	개최 년, 월, 일	개최지	경기 종목	참가 인원	한국참가현황 인원 (임원/선수)	한국메달 금	한국메달 은	한국메달 동	한국 순위/총 참가국
25	1992.7.25~8.9	스페인 바르셀로나	25	9,356	344(97/247)	12	5	7	7/169
26	1996.7.19~8.4	미국 애틀랜타	26	10,318	428(116/312)	7	15	5	10/197
27	2000.9.15~10.1	호주 시드니	28	10,651	398(114/284)	8	10	10	12/199
28	2004.8.13~8.29	그리스 아테네	28	10,625	376(109/267)	9	12	9	9/201
29	2008.8.8~8.24	중국 베이징	28	10,942	389(122/267)	13	10	8	7/204
30	2012.7.27~8.12	영국 런던	26	10,500	377(129/248)	13	8	7	5/205
31	2016.8.5.~8.21	브라질 리우데자네이루	28	10,903	333(129/204)	9	3	9	8/206
32	2021.7.23.~8.8	일본 도쿄	33	11,420	359(122/237)	6	4	10	16/206

(1) 1992년 바르셀로나올림픽대회

제25회 올림픽은 스페인 바르셀로나에서 열렸다. '영원한 친구들(Amigos para siempre)'이라는 슬로건으로 시작된 바르셀로나올림픽은 한때 "바르셀로나가 개최지가 된 것은 사마란치 IOC 위원장의 고향이기 때문"이라는 소문도 돌았다. 이런 풍문 속에서도 바르셀로나올림픽은 많은 신생국이 참가한 최대 축제였다. 서울올림픽대회 이후 남아프리카는 인종차별정책이 폐지되었고 베를린의 장벽은 무너졌으며 남북예멘도 통일되었다. 심지어 공산주의의 자존심이라는 소련이 붕괴하며 15개국으로 분리되었고 북한도 12년 만에 올림픽에 참가하였다(방광일, 2005: 431~439). 이렇듯 바르셀로나올림픽은 많은 국가가 올림픽에 참가했으나 올림픽의 원칙인 아마추어리즘도 함께 무너진 대회로 기록되었다. 즉 이번 대회부터 프로선수가 올림픽에 참가했기 때문이다. 더불어 이번 대회에서 중국은 금16, 은22, 동16 개를 획득하며 아시아 최강을 과시했다. 곧 한국도 서울올림픽의 종합 4위가 우연이 아님을 증명해야 했다.

한국선수단의 첫 금메달 주인공은 사격의 여갑순이었다. 역도에서는 전병관이 과거 김성집의 동메달 이후 44년 만에 첫 금메달을 들어 올렸다. 이번 대회를 통해 첫 정식종목이 된 여자유도에서 김미정, 사격에서 이은철. 레슬링에서 안한봉과 박장순. 양궁에서 조윤정, 양궁 여자단체인 조윤정, 김수녕, 이은경 등이 금메달을 획득하였다. 이번 대회부터 정식종목이 된 배드민턴에서도 남자복식 박주봉, 김문수 조와 여자복식 황혜영, 정소영 조 등이 금메달을 획득하였다. 더불어 여자핸드볼팀은 결승에서 노르웨이를 꺾으며 구기 사상 최초로 올림픽 2연패를 차지하였다. 그리고 마지막 대한민국의 금메달은 마라톤의 황영조가 획득하였다.

한국선수단의 은메달은 유도의 윤현, 양궁의 김수녕, 남자양궁의 정재헌, 배드민턴 여자단식의 방수현, 레슬링의 김종신 등이 획득하였다. 한국선수단의 동메달은 유도의 김병주, 정훈, 레슬링의 민병갑, 배드민턴 여자복식조인 길영아, 심은정, 체조의 유옥열, 탁구 여자복식의 현정화, 홍차옥, 남자복식의 김택수, 유남규, 남자복식의 강희찬, 이철승, 남자단식의 김택수, 여자단식의 현정화, 복싱의 홍성식, 이승배 등이었다. 결국, 한국은 금12, 은5, 동 12로 종합 7위를 달성하였으며 올림픽에서 3차례 연속 10위권 안에 드는 저력을 대내외에 과시하였다.

(2) 1996년 애틀랜타올림픽대회

제26회 올림픽은 미국 애틀랜타에서 열렸다. 근대올림픽 부활 100주년을 축복하며 시작된 올림픽은 '100년을 축복하자(The Celebration of the Century)'라는 슬로건으로 거행되었다. 하지만 이 대회를 축복하기에는 초반부터 많은 문제가 드러났다. 구체적으로는 교통 대란과 과도한 상업화 등의 오명을 썼다. 개막식에서는 권총을 소지한 사람이 아무 제지 없이 주경기장에 입장했다가 검거되더니 결국 올림픽공원 폭탄 테러 사건까지 발생하여 시민 1명이 사망하고 1백여 명이 부상하는 사고가 있었다. 더욱이 IBM의 최첨단 컴퓨터시스템은 잦은 고장으로 대회진행을 어렵게 했고 지하철은 잦은 고장과 테러 협박에 시달려야 했다(하웅용외 7, 2018: 141~142).

해당 올림픽에서 한국선수단의 금메달은 여자양궁의 김경욱을 시작으로 여자단체인 김경욱, 김조순, 윤혜영 조가 획득하였다. 남자유도에서는 전기영, 여자유도에서 조민선, 배드민턴 여자개인전에서 방수현, 혼합복식에서 김동문, 길영아, 레슬링에서 심권호가 금메달을 획득하였다. 특히 심권호는 이미 세계선수권, 아시아경기대회, 아시아선수권을 제패한 데 이어 올림픽에서도 금메달을 획득하며 '그랜드슬램'을 달성하였다(조준호, 2015: 26). 은메달은 유도의 곽대성, 김민수, 여자유도의 현숙희, 정선용, 레슬링의 장재성, 박장순, 양현모, 배드민턴에서는 혼합복식의 박주봉, 나경민, 여자복식의 길영아, 장혜옥, 남자 뜀틀의 여홍철, 복싱의 이승배, 양궁 남자단체팀이 은메달을 획득하였다. 또한, 경기의 마지막 하이라이트인 마라톤에서는 이봉주가 은메달을 획득하였다. 그리고 여자하키 팀과 올림픽을 2연패 한 여자핸드볼팀도 은메달을 획득하였다. 유도에서 조인철, 여자유도의 정성숙, 양궁의 오교문, 탁구 남자복식의 유남규, 이철승 조, 탁구 여자복식의 박혜정, 류지혜 조가 동메달을 획득하였다.

(3) 2000년 시드니올림픽대회

제27회 올림픽은 호주 시드니에서 열렸다. '정신을 함께하자, 꿈에 도전하자(Share the Spirit, Dare to Dream)'라는 슬로건으로 시작된 시드니올림픽은 중국 베이징과 경합 끝에 개최권을 획득한 것이었다. 대회는 1956년 멜버른올림픽 이후 44년 만에 남반구에서 열렸다. 대회는 뉴 밀

레니엄의 첫 올림픽에 걸맞게 남·북한 동시 입장과 동티모르 출전 등 스포츠를 통한 올림픽 정신이 세계만방에 과시되었다. 환경 올림픽을 표방한 시드니대회는 시설과 운영 면에서 비교적 성공적이었다. 4년 전 애틀랜타 대회가 오명으로 얼룩진 것에 비하면 철저한 검색과 보안으로 이렇다 할 사고 없이 마무리되었다(하웅용 외7, 2018: 142). 특히 주경기장인 올림픽 스타디움이 있는 홈부시만(Homebush Bay)의 올림픽공원은 쓰레기를 메워 공원으로 탈바꿈시킨 것으로 친환경적이었다(방광일, 2005: 478). 또한, 시드니대회는 선수 선서 때 "약물의 힘을 빌리지 않겠다!"라는 문구를 외침으로써 약물은 대회 최대의 화두였다.

이번 대회 개막식에선 한국이 북한과 동시에 입장하며 세계의 주목을 받았다. 한반도기를 앞세우고 180명의 남·북한 선수와 임원들이 입장하자 11만 관중이 그들을 기립박수로 맞이했다(나영일, 2013: 131). 남·북한 선수단은 이어 대회 기간 동안 각 경기장에서 서로 응원하며 과거와는 다른 모습을 보여줬다. 여자양궁의 북한 최옥실은 결승전에서 한국 선수들을 응원했고 레슬링에서도 북한 강영균이 한국의 심권호에게 결승전 상대인 쿠바 선수의 전략을 귀띔해 주기도 했다. 남북은 폐막식에도 손을 맞잡고 함께 입장하였다. 이번 대회는 남북체육 교류의 활성화에 크게 이바지했다. 더불어 이번 대회에선 태권도가 올림픽 정식종목으로 채택되었다.

> **올림픽 정식종목 태권도**
> 1994년 9월 4일, 1994년 IOC 총회에서는 우리의 국기 태권도를 2000년 시드니올림픽 정식종목으로 채택하였다(대한올림픽위원회, 1996: 57). 태권도 정식종목 채택에 있어 산파역을 맡은 김운용 IOC 부위원장은 '태권도계의 지속적인 단합과 노력을 강조하였다(하웅용, 최광근, 조준호, 2012: 180~188). 그리고 2007년 11월 22일, 태권도법이 국회를 통과하며 태권도공원의 건립과 태권도발전 도모, 태권도 국제화 그리고 태권도의 날인 9월 4일을 법정기념일로 지정, 운영토록 하였다(한국일보, 2022.11.16; 조선일보, 2007.11.23).

한국선수단의 금메달은 태권도에서 김경훈, 여자선수 정재은, 이선희가 획득하였다. 양궁에서는 윤미진, 여자단체팀인 윤미진, 김남순, 김수녕, 남자단체 오교문, 장용호, 김정태, 펜싱의 김영호가 금메달을 획득하였다. 레슬링의 심권호는 애틀랜타 올림픽에 이어 2회 연속 올림픽 금메달을 획득하였다. 특히 그는 애틀랜타 올림픽 48kg에서 금메달을 획득했으나 시드니올림픽에서 해당 체급이 없어지자 6kg을 늘려 54kg에서도 금메달을 획득하며 두 체급을 제패한 대한민국 최초의 레슬러로 기록되었다(조준호, 2015: 26). 은메달은 사격의 강초현, 유도의 정부경, 조인철, 양궁의 김남순, 배드민턴 남자복식의 이동수, 유용성, 체조 평형봉의 이주형, 레슬링의 김인섭, 문의제, 태권도의 신준식, 하키 남자단체팀이 획득하였다. 동메달은 펜싱의 이상기, 양궁의 김수녕, 여자유도의 정성숙, 조민선, 김선영, 배드민턴 남자복식의 김동문, 하태권, 탁구 여자복식의 김무교,

류지혜, 체조 철봉의 이주형, 레슬링 자유형의 장재성, 그리고 야구팀이 획득하였다. 다소 아쉬운 것은 선수단이 태권도에서 대거 금메달을 획득하였음에도 불구하고 종합 12위에 머물렀다는 사실이었다. 이제 한국은 다양한 종목에서 메달획득이 필요한 갈림길에 서 있었다.

(4) 2004년 아테네올림픽대회

제28회 올림픽은 그리스 아테네에서 열렸다. '귀환을 환영한다(Welcome home)'라는 모토로 시작된 아테네올림픽의 슬로건은 'From Athens to Athens'이었다. 원래 아테네는 근대올림픽 100주년이 되는 1996년 개최를 희망하였으나 미국의 애틀랜타가 개최권을 획득하며 8년 후인 2004년에 개최하게 되었다. 아테네올림픽은 고대올림픽이 탄생한 곳이며 근대올림픽이 부활한 곳이었다. 올림픽의 성지에서 시작된 올림픽은 그 어느 대회보다 숭고했으며 올림픽즘(Olympism)과 역사, 문화, 평화 등이 크게 강조되었다. 또한, 미국, 중국, 러시아 등의 메달획득이 줄어들고 다양한 국가에서 메달을 획득하고 있어 각국 선수의 수준도 평준화되는 분위기였다(문화체육관광부, 2004: 645~652). 이번 대회는 중국육상의 도약과 일본의 선전이 두드러졌다. 중국은 110M 허들 금메달 류시앙, 일본은 유도 전 종목 석권 등을 이뤘다.

그런 가운데 한국 양궁은 다시 한번 세계최강임을 재확인하였다. 남자양궁의 임동혁이 687점, 여자양궁의 박성현도 682점, 양궁 여자단체팀도 2,030점으로 세계기록을 경신했다. 보다 구체적으로 한국선수단의 메달 현황을 살펴보면 우선 금메달은 유도의 이원희, 양궁 여자개인전의 박성현, 여자단체 박성현, 윤미진, 이성진, 남자단체 박경모, 장용호, 임동현, 배드민턴 남자복식의 김동문, 하태권, 탁구 남자단식의 유승민, 레슬링의 정지현, 태권도 여자 57kg급에서 장지원, 태권도 남자 80kg급에서 문대성이 획득하였다. 은메달은 사격의 진종오, 이보나, 이성진, 역도의 이배영, 체조 개인종합의 김대은, 유도의 장성호, 탁구 여자복식의 이은실, 석은미, 배드민턴 남자복식의 이동수, 유용성, 배드민턴 남자단식의 손승모, 역도 장미란, 레슬링 문의제, 핸드볼 여자단체팀이 획득하였다. 동메달은 유도 최민호, 사격 이보나, 체조 개인종합의 양태영, 배드민턴 여자복식의 라경민, 이경원, 탁구 김경아, 복싱 조석환, 김정주, 태권도 송명섭, 황경선이 획득하였다. 이번 대회에서 한국선수단은 종합 9위를 차지하였다.

(5) 2008년 베이징올림픽대회

제29회 올림픽은 중국 베이징에서 열렸다. '하나의 꿈, 하나의 세상(同一個世界, 同一個夢想)'이란 슬로건으로 시작된 베이징올림픽은 중국의 성장세를 그대로 보여준 대회였다(하웅용외2, 2011: 195). 중국은 과거 애틀랜타올림픽대회에서 4위를 차지하였고 대회 때마다 순위를 한 단계씩 줄여나가더니 결국 자국에서 개최된 베이징올림픽에서 종합 1위를 차지하였다. 여기서 한국은 종합순위 7위를 기록하였다(문화체육관광부, 2008: 476).

한국선수단의 금메달은 유도 최민호, 수영 자유형 400m 탁태환, 양궁 여자단체인 박성현, 윤옥희, 주현정, 남자단체인 임동현, 박경모, 이창환, 사격 진종오, 역도 사재혁, 역도 장미란, 배드민턴 혼합복식의 이용대, 이효정, 태권도 임수정, 손태진, 황경선, 차동민, 야구 단체팀 등이 획득하였다. 은메달은 사격의 진종오, 역도 윤진희, 유도 왕기춘, 펜싱 남현희, 수영 자유형 200m 박태환, 유도 김재범, 양궁 박성현, 박경모, 배드민턴 여자복식의 이경원, 이효정, 체조 평행봉 유원철이 획득하였다. 동메달은 레슬링 박은철, 유도 정경미, 양궁 윤옥희, 배드민턴 남자복식의 이재진, 황지만, 여자탁구 단체인 김경아, 박미영, 당예서, 남자 탁구 단체 유승민, 오상은, 윤재영, 복싱 김정주, 여자핸드볼팀이 획득하였다. 한국선수단은 올림픽 사상 2번째로 31개의 메달을 획득하였다. 특히 한국은 역도와 수영에서 금메달을 획득하였고 구기 종목 야구에서 9전 전승으로 금메달을 획득하는 등 메달획득 종목의 저변이 확대되었다는 점에서 매우 의미가 크다고 하겠다.

(6) 2012년 런던올림픽대회

제30회 올림픽은 영국 런던에서 열렸다. 런던올림픽의 공식 슬로건은 '하나의 삶(Live As One)'을 내세우며 모든 나라가 차별 없이 평화로운 삶을 영위하자는 의미가 강조된 대회였다(한국경제, 2012.4.17). 런던올림픽에서 획득한 한국의 메달획득 현황을 살펴보면 우선 양궁에서 금3, 유도에서 금2, 동1개, 사격에서 금3, 은2 개를 획득하였다. 이번 대회의 괄목할만한 성장세를 이룬 종목으로는 펜싱이었다. 펜싱은 금2, 은1, 동3 개의 메달을 획득하였다. 또한, 한국은 체조에서 첫 금메달을 획득하였다. 그뿐만 아니라 한국은 축구에서 종주국이자 개최국인 영국을 8강에서 꺾고 준결승에선 일본을 물리치며 동메달을 획득하였다. 또한, 수영에서도 한국은 은2, 배드민턴에서 동1, 탁구에서 은1, 태권도에서도 금1, 은1 개를 획득하였다.

구체적으로 금메달은 레슬링의 김현우, 사격 2관왕 진종오, 김장미, 양궁의 오진혁, 기보배, 여자단체 기보배, 이성진, 최현주, 유도의 김재범, 송대남, 체조의 양학선, 태권도의 황경선, 펜싱 사브르 남자단체팀 구본길, 김정환, 오은석, 원우영 그리고 여자펜싱 김지연 등이었다. 특히 남자펜싱 사브르 단체팀의 금메달은 동·하계올림픽 통산 한국의 100호 금메달이었다(조선일보, 2012.8.6). 은메달은 사격의 김종현, 최영래, 수영의 박태환, 탁구 남자단체 오상은, 유승민, 주세혁, 태권도의 이대훈, 펜싱 여자단체인 신아람, 정효정, 최은숙, 최인정, 복싱의 한순철 등이다. 동메달은 배드민턴의 남자 복식 이용대, 정재성, 양궁의 남자단체 김법민, 오진혁, 임동혁, 유도의 조준호, 펜싱의 정진선, 최병철, 여자단체 남현희, 오하나, 전희숙, 정길옥, 그리고 축구가 획득하였다.

(7) 2016년 리우데자네이루올림픽대회

제31회 올림픽은 브라질 리우데자네이루에서 열렸다. '새로운 세상(New world)'이라는 슬로건으로 시작된 리우올림픽(조선일보, 2016.7.5)에서 한국은 25개 종목에 출전하여 금9, 은3, 동9개로 총 21개의 메달을 획득하였다. 한국의 최종 순위는 출전국 206개국 중에서 8위를 차지하였다. 종목별 메달은 양궁 4개, 펜싱 1개, 골프 1개, 사격 1개, 태권도에서 2개의 금메달을 획득하였으며 특히 태권도와 양궁은 각각 금메달 2개, 금메달 4개를 획득하며 강국으로서의 면모를 확실하게 각인시켰다. 반면에 그동안 한국이 강했던 종목이라 할 수 있는 유도, 레슬링 등과 구기 종목 등에서는 기대에 미치지 못하는 성적을 거두었다. 또한, 기초 종목도 미국과 중국, 러시아와 일본 등의 성적에 미치지 못하는 아쉬움을 남겼다(문화체육관광부, 2020: 464~465).

구체적으로 한국의 금메달은 양궁 남자 단체전에 출전한 김우진, 구본찬, 이승윤, 그리고 양궁 여자단체전에 출전한 장혜진, 최미선, 기보배가 주도했다. 특히 양궁 여자단체팀의 금메달은 올림픽 8연패의 대기록이었다(조선일보, 2016.8.9). 양궁 여자 개인의 장혜진, 남자 개인의 구본찬도 금메달을 획득하며 양궁 사상 전 종목을 석권하는 금자탑(조선일보, 2016.8.15)을 쌓았다. 뒤이어 펜싱의 남자 에페 개인전에서 박상영, 골프 여자개인전에 출전한 박인비도 금메달을 획득하였다. 박상영은 결승전에서 10대 14로 뒤지다가 '할 수 있다'를 되뇌며 마침내 역전승, 온 국민을 감동케 했다. 그리고 박인비의 금메달도 골프 역사상 첫 '골든 커리어 그랜드슬램'이었다(조선일보, 2016.8.27). 사격 남자 50M 권총에서는 진종오가 올림픽 3연패를 달성하였다. 이는 우리나라 최초의 올림픽 3연패이자 세계사격 최초의 올림픽 개인종목 3연패의 대기록이었다(조선일보, 2016.8.11). 태권도는 종주국의 명성에 걸맞게 여자 -49kg급 김소희, 여자 -67kg급 오혜리가 금메달을 획득하였다.

이번 리우올림픽에서는 은메달이 귀했다. 은메달은 유도 여자 -48kg급에서 정보경, 유도 남자 -66kg급 안바울, 사격 남자 50M 소총복사에서 김종현이 차지하였다. 특히 정보경의 은메달은 우리나라가 20년 만에 거둔 여자유도 역사상 최고의 성적이었다. 동메달은 역도 여자 53kg급 윤진희, 유도 남자 -90kg급 곽동한, 펜싱 남자 사브르 개인 김정환, 양궁 여자 개인 기보배, 레슬링 남자 그레코로만형 -75kg 김현우, 태권도 남자 -58kg급 김태훈, 태권도 남자 -68kg급 이대훈, 태권도 남자 +80kg급 차동민, 배드민턴 여자 복식 정경은, 신승찬 조가 획득하였다. 리우올림픽을 통해 한국은 2004년 아테네올림픽부터 4개 대회 상위 10위에 오르며 놀라운 성과를 제시하였다.

(8) 2020년 도쿄올림픽대회

제32회 올림픽은 일본 도쿄에서 열렸다. '감동으로 하나 되다(United by Emotion)'란 슬로건으로 시작된 도쿄올림픽(서울신문, 2021.7.15)은 56년 만에 반복된 영광이었다. IOC로부터

1940년, 1964년에 이어 세 번째로 올림픽개최권을 획득한 도시, 도쿄는 하계올림픽을 2회 이상 개최한 아시아 최초의 도시가 되었다. 도시 재생을 명분으로 올림픽개최에 도전한 도쿄는 2016년 '남미에서의 첫 올림픽'이라는 명분을 내세운 브라질 리우에 개최권을 넘겨줬으나 2020년에는 터키를 누르고 개최권을 획득하였다(조준호, 2021: 231~245). 하지만 도쿄올림픽은 시작부터 어려움이 컸다. 바로 욱일기, 뇌물 의혹, 두 개의 중국, 방사능 등의 문제가 그것이었다. 결정적으로 코로나바이러스감염증-19(이하 코로나19)라는 재앙은 올림픽의 개최연도를 다음 해인 2021년으로 미루게 했다. 마침내 개최를 더는 미룰 수 없던 IOC와 도쿄는 대회를 무관중(無觀衆)으로 강행하였다(조선일보, 2021.7.24). 그리고 도쿄올림픽의 분명한 변화도 있었다. 바로 IOC가 Agenda 2020에 담긴 '여성의 권리 신장과 진정한 의미의 양성평등'을 강조하며 성평등에 한 걸음 더 다가서는 올림픽이 되었다. 이를 위해 수영, 유도, 양궁 등에서 15개의 새로운 종목이 추가되었고 금메달 수도 늘어났다. 도쿄올림픽에서 일본은 자국의 이점을 최대한 살려 종합 3위를 기록하였다.

한국선수단은 우선 양궁 강국의 면모를 재확인했다. 양궁 혼성단체에서 김제덕과 안산, 양궁 여자단체에서 강채영, 장민희, 안산, 남자단체에서 오진혁, 김우진, 김제덕, 양궁 여자 개인에서 안산이 금메달을 획득하였다. 여기서 안산이 3관왕, 김제덕은 2관왕, 여자단체전은 올림픽 9연패의 위업을 쌓았다. 활도 잘 쏘지만, 검도 잘 다루는 민족, 대한민국 선수단은 펜싱 남자 사브르 단체전에서 김정환, 구본길, 오상욱, 김준호가 금메달을 획득하였다. 체조에서는 양학선의 후예, 신재환이 도마에서 금메달을 획득하였다. 은메달은 펜싱 여자 에페 단체전의 송세라, 최인정, 강영미, 이혜인, 태권도 여자 +67kg급의 이다빈, 유도 남자 -100kg급의 조구함, 사격 여자 25m 권총에서 김민정이 획득하였다. 동메달은 펜싱 남자 사브르 개인전 김정환, 태권도 남자 -58kg 장준, +80kg급 인교돈, 유도 남자 -73kg 안창림, 체조 여자 도마의 여서정, 근대5종 남자 개인 전웅태 등이 획득하였다. 동메달 단체전은 펜싱 남자 에페 단체 권영준, 박상영, 마세건, 송재호, 여자 사브르 단체 김지연, 윤지수, 최수연, 서지연, 배드민턴 여자 복식의 김소영, 공희용 조가 획득하였다. 도쿄올림픽의 특징은 안산, 김제덕, 황선우, 신유빈 등 Z세대의 활약이 두드러졌고 메달을 획득하지 못한 4위, 5위 등 등외의 선수들에 대해 국민의 성숙한 응원문화를 확인할 수 있었다는 점이었다.

이처럼 대한민국의 하계올림픽 참가사는 해가 지지 않는 나라 영국에서 시작하여, 우리와 가깝고도 먼 나라인 일본에서 최근 마무리되었다. 이를 통해 대한민국체육의 발전상을 그대로 확인할 수 있었다. 지금으로부터 약 74년 전, 가슴에 태극마크를 달고 온 국민의 푼돈을 모아 세계의 높은 벽에 당당하게 도전했던 한국인들이 있었다. 그들은 약소국의 선수였으나 가슴에 새겨진 태극기와 스스로 열정만으로 올림피즘(olympism)을 실현하기 위해 끝없는 도전을 펼쳐나갔다. 그들로부터 시작된 대한민국의 하계올림픽대회 참가사는 한국스포츠발전의 디딤돌이 되었고 나아가 서울올림픽의 성공적 개최로 이어졌으며 마침내 스포츠 선진국 '대한민국'을 완성 시켰다. 그들의 감동적 스토리는 위대한 한 편의 영화였고 이는 모든 한국인에게 자부심과 긍지, 국위선양과 스포츠 성장의 기틀을 마련하였다는 체육사적 의미를 남겼다. 그리고 이를 반드시 기억하고 감사해야 하는 건 현재를 사는 우리의 책무(責務)일 것이다.

이제 우리는 2024년 파리 하계올림픽을 눈앞에 두고 있다. 파리올림픽의 슬로건은 '완전히 개방된 대회(Games Wide Open)'다. 이는 "모두가 어울려 살아간다는 뜻의 포용과 5천 명이 넘는 선수가 출전하는 올림픽과 패럴림픽의 양성평등을 강조한 슬로건"이다. 즉 파리올림픽은 '어떠한 제한이나 한계가 없다'라는 의미이다. 해당 내용은 IOC의 미래 철학이 담겨 있었다. 이를 실천하듯 파리올림픽에서는 올림픽 사상 최초로 여자마라톤 경기를 폐회식 당일에 여는 등 이번에도 도쿄올림픽에 이어서 뚜렷이 '성평등'을 강조하고 있다(연합뉴스, 2022.7.26; 세계일보, 2021.8.9). 1년 후, 분명 세계인은 올림픽 개최지인 프랑스 파리로 모여들 것이다. 이 나라는 근대올림픽의 창시자인 쿠베르탱의 조국이며 파리(Paris)는 올림픽을 세 번이나 개최한 프랑스의 수도다. 제한이나 한계가 없는 올림픽을 능숙하게 펼칠 도시 파리, 세계인이 제33회 올림픽을 기대하는 이유다.

3장 동계올림픽경기대회

천호준

 학습목표

- 동계올림픽경기대회의 성립과 발전과정을 알아본다.
- 한국의 동계올림픽경기대회 참가 과정과 결과를 살펴본다.
- 한국의 동계올림픽경기대회 참가 의미를 이해한다.

1. 동계올림픽경기대회의 태동

1908년 제4회 런던 하계올림픽에 피겨스케이팅이 최초로 채택되고, 1920년 제7회 앤트워프 올림픽에 피겨스케이팅과 아이스하키 종목이 올림픽 종목으로 포함되면서 동계올림픽은 하계올림픽과 분리 개최되어야 한다는 의견이 일부 국가들에서 나오기 시작했다. 그러나 북유럽 국가들은 하계대회와 전혀 다른 시기와 장소에서 개최되는 대회를 올림픽이라고 할 수 없으며 얼음은 인공적으로 만들 수 있지만 눈은 만들 수 없다는 의견을 제기하며 오히려 반대하는 입장을 취했다(방광일, 2005: 129). 이러한 상황에서 프랑스의 뽈리나크(Marquis Melechior de Ploignac) 국제올림픽위원회(IOC: International Olympic Committee) 위원은 "1924년에 국제올림픽위원회 후원의 국제동계경기대회를 개최하고 싶다"는 제안을 내놓았다. 그러나 이 제안은 근대올림픽 창시의 주역인 쿠베르탱의 지지를 받지 못했다. 그는 올림픽은 여름에만 개최해야 한다는 생각의 틀에 얽매여 있었고 동계스포츠의 독립으로 올림픽 운동이 약화될 것이라는 생각을 지니고 있었기 때문이다. 따라서 동계종목을 올림픽에 포함시키는 것은 물론 독립적으로 대회를 개최하는 것에 반대하는 입장을 분명히 했다(방광일, 2005: 130). 결국 뽈리나크 위원이 제안한 동계올림픽 개최의 안건은 1922년에 가서야 동계올림픽 종목에 관심을 갖는 관계자만 참석한 회의에서 표결에 의해 가결되었고, 1924년 1월부터 첫 대회를 개최하기로 결정하였다(하남길, 2010: 549). 이를 접한 쿠베르탱도 그의 견해를 바꾸었고 올림픽이라는 이름을 동계올림픽에 사용하지 말아야 하며, 하계올림픽 개최국이 동계 올림픽 경기를 주최할 수 있을지라도 개최하는 지역은 서로 근접해서는 안 된다는 조건을 내세우며 동계올림픽을 인정한 국제올림픽위원회(IOC)의 결정에 동의했다(김방출 역, 2005: 425).

많은 논란 끝에 최초의 동계올림픽은 하계대회의 사전 행사로 국제동계스포츠주간(International Winter Sports Week)라는 명칭으로, 국제올림픽위원회가 후원하고 프랑스올림픽위원회가 중심이 되어 그르노블 북동쪽의 몽블랑 근처 샤모니(Chanmonix)에서 개최되었다(방광일, 2005: 130).

2. 동계올림픽경기대회의 전개 과정

1912년 로잔 국제올림픽위원회 총회에서 논의가 시작된 동계올림픽대회의 개최는 1922년 파리 총회 때 결정했으나 그 내용은 1924년에 시험적으로 대회를 개최해 보고 그 결과에 따라 동계대회를 어떻게 할지 결정하자는 것이었다. 결국 '국제동계스포츠주간'의 명칭으로 대회가 개최되었는데 프랑스올림픽위원회는 기상 문제에도 불구하고 개회식과 대회 운영을 성공적으로 진행하였다. 결국 다음 해인 1925년 체코슬로바키아 프라하에서 개최한 국제올림픽위원회 총회에서는 대부분의 위원들이 동계올림픽의 독립을 찬성하기에 이르렀다(방광일, 2005: 131). 쿠베르탱은 자신의 올림픽 회상에서 "동계대회가 완벽한 승리를 거두었다. 동계대회는 정신으로 승인되어야 한다"고 술회했고 1926년 국제올림픽위원회는 포르투갈 리스본에서 개최된 국제올림픽위원회 총회에서 샤모니의 행사를 제1회 동계대회(First Winter Games)로 승인하였다(방광일, 2005: 135).

표 8-5. 역대 동계올림픽경기대회 개최 현황

회차	개최연월일	개최지	경기종목	참가국	참가선수
1회	1924.01.25~02.06	프랑스(샤모니)	9	16	260
2회	1928.02.11~02.19	스위스(생모리츠)	8	25	464
3회	1932.02.04~02.16	미국(레이크플래시드)	7	17	252
4회	1936.02.06~02.17	독일(가르미슈 파르텐키르헨)	8	28	646
5회	1948.01.30~02.09	스위스(생모리츠)	9	28	669
6회	1952.02.14~02.26	노르웨이(오슬로)	8	30	694
7회	1956.01.26~02.06	이탈리아(코르티나담페초)	8	32	821
8회	1960.02.19~02.28	미국(스퀘밸리)	8	30	665
9회	1964.01.29~02.10	오스트리아(인스부르크)	10	36	1,091
10회	1968.02.06~02.19	프랑스(그르노블)	10	37	1,158
11회	1972.02.03~02.13	일본(삿포로)	10	35	1,006

12회	1976.02.04~02.16	오스트리아(인스부르크)	10	37	1,123
13회	1980.02.13~02.24	미국(레이크플래시드)	10	37	1,072
14회	1984.02.08~02.20	유고(사라예보)	10	49	1,272
15회	1988.02.14~02.28	캐나다(캘거리)	10	57	1,423
16회	1992.02.08~02.24	프랑스(알베르빌)	12	64	1,801
17회	1994.02.12~02.28	노르웨이(릴레함메르)	12	67	1,737
18회	1998.02.07~02.22	일본(나가노)	14	72	2,176
19회	2002.02.09~02.24	미국(솔트레이크시티)	15	77	2,399
20회	2006.02.10~02.27	이탈리아(토리노)	15	80	2,508
21회	2010.02.13~02.28	캐나다(벤쿠버)	15	82	2,566
22회	2014.02.07~02.24	러시아(소치)	15	88	2,780
23회	2018.02.09~02.25	대한민국(평창)	15	92	2,833
24회	2022.02.05~02.20	중국(베이징)	15	91	2,834

출처: 국제올림픽위원회(2022. 9. 30)

이후 동계올림픽경기대회는 1924년부터 4년마다 올림픽이 개최되는 해에 열렸으나 제2차 세계대전의 발발로 1940년, 1944년 대회가 일시 중단되었다. 이후 1948년 동계올림픽의 시작으로 다시 개최되었고 1992년까지의 대회와 달리 1986년 10월 스위스 로잔에서 열린 국제올림픽위원회 총회의 결정에 따라 주기를 변경하여 1994년 노르웨이 릴레함메르 동계올림픽부터 하계올림픽과 다른 해에 열리게 되었다. 동계스포츠의 인류 축제인 역대 동계올림픽 개최지, 종목 수, 참가국, 참가인원은 앞의 [표 8-5]와 같다.

가. 제2차 세계대전 이전의 동계올림픽경기대회

(1) 제1회 동계올림픽경기대회, 프랑스 샤모니(Chamonix FRANCE, 1924)

제1회 동계올림픽은 프랑스의 샤모니에서 개최되었는데 첫 대회부터 기상 문제가 발생했다. 대회 시작 1주일 전 스케이트장이 폭풍우로 인해 호수로 변했으나 갑작스러운 추위로 인해 얼어붙으면서 개회식을 거행할 수 있었다(방광일, 2005: 131~132). 대회 종목은 봅슬레이, 크로스컨트리 스키, 컬링, 피겨스케이팅, 아이스하키, 밀리터리 패트롤(military patrol), 노르딕 복합, 스키점프, 스피드 스케이팅의 9개 종목이었고(국제올림픽위원회, 2022. 9. 30) 동계스포츠의 강국인 북유럽 국가들의 강세가 두드러졌다. 제1회 동계올림픽은 프랑스올림픽위원회의 노력으로 성공리에 종료되었고 2년 후인 1926년 국제올림픽위원회 제25차 총회에서 이 대회를 제1회 동계올림픽으로 승인하게 되었다.

(2) 제2회 동계올림픽경기대회, 스위스 생모리츠(St. Moritz SWITZERLAND, 1928)

제2회 동계올림픽은 스위스의 생모리츠에서 개최되었는데 혼란과 말썽으로 대회 운영 수준이 낮은 대회였다. 당시 올림픽 헌장에 의하면 동계 및 하계올림픽대회 모두 한 국가에서 한 해에 개최하도록 되어 있었는데 1928년 하계올림픽 개최지인 네덜란드의 경우 동계대회를 개최할 적당한 장소가 없었다. 이에 국제올림픽위원회는 개최 지역을 물색했고 찾아낸 곳이 스위스의 생모리츠였고 결국 이 대회는 최초의 별도 개최지에서 열린 동계올림픽이 됐다(방광일, 2005: 146). 대회 종목은 봅슬레이, 크로스컨트리 스키, 피겨스케이팅, 아이스하키, 노르딕 복합, 스켈레톤, 스키점프, 스피드 스케이팅의 8개 종목이었고(국제올림픽위원회, 2022. 9. 30) 스켈레톤은 이 대회에서 최초로 등장했다.

한편, 피겨스케이팅에서는 15세의 노르웨이 선수인 소니아 헤니(Sonja Henie)가 등장하여 올림픽 최연소 금메달 기록을 달성했으며 이 기록은 74년간 계속되었고 그녀는 이후 올림픽 3연패를 달성했다(하남길, 2010: 550~551).

> **참고자료: 동계올림픽이 하계올림픽과 분리 개최된 이유**
>
> 방광일(2005)은 1924년 하계대회에서 독립한 동계대회를 1986년 국제올림픽 총회에서 토론도 없이 개최연도를 독립하여 제17회 대회 때부터 하계대회 2년 후에 개최하기로 한 것은 동계올림픽이 독자적인 상품으로 가치가 있다는 인식에서 결정되었음을 밝히고 있다. 실제로 당시 국제올림픽위원회의 사마란치 위원장은 노골적으로 올림픽을 상업적으로 이용하고자 했으며 동계스포츠의 국제경기연맹 관계자들도 분리 개최에 대한 이견이 없었다(방광일, 2005: 444~445).

(3) 제3회 동계올림픽경기대회, 미국 레이크플래시드(Lake Placid UNITED STATES, 1932)

제3회 동계올림픽은 1929년에 불어 닥친 경제공황을 이겨내고자 했던 미국의 레이크플래시드에서 개최하였다. 경제 상황과 미국 개최에 따른 장거리 이동의 약점으로 이 대회는 참가국 및 참가선수의 수가 이전 대회보다 훨씬 적었다. 개회식 입장 때는 영국 선수단의 기수를 여자선수가 담당했는데 이는 올림픽 역사상 최초의 일이었다(방광일, 2005: 160~161). 대회 종목은 봅슬레이, 크로스컨트리 스키, 피겨스케이팅, 아이스하키, 노르딕 복합, 스키점프, 스피드 스케이팅의 7개 종목이었고(국제올림픽위원회, 2022. 9. 30) 봅슬레이에 출전한 미국의 선수 에디 이건(Eddie Egan)은 4인승 경기에서 우승하여 하계 및 동계올림픽을 함께 석권한 선수가 됐다(방광일, 2005: 163).

(4) 제4회 동계올림픽경기대회, 독일 가르미쉬 파르텐키르헨(Garmisch-Partenkirchen GERMANY, 1936)

제4회 동계올림픽은 독일의 가르미쉬 파르텐키르헨에서 개최되었다. 독일 정부는 화려한 개회식을 개최하여 대회를 나치스(Nazis)의 위용을 세계에 과시하는 절호의 기회로 활용하려 했으나 기후 문제로 인한 최악의 경기장 상태와 경기 운영에 미숙한 점이 많은 대회였다(방광일, 2005: 176~178). 이 대회 종목은 알파인 스키, 봅슬레이, 크로스컨트리 스키, 피겨스케이팅, 아이스하키, 노르딕 복합, 스키점프, 스피드 스케이팅의 8개 종목이었다(국제올림픽위원회, 2022년 9월 30일). 이 대회에서 알파인 스키 종목이 공식 종목으로 최초로 채택되었으나 국제올림픽위원회가 오스트리아와 스위스의 스키 지도자들은 아마추어가 아니고 프로라 판정하여 참가를 불허하자 이들 나라의 전체 선수들이 대회를 보이콧했다. 대회 이후에도 말썽이 일자 1940년 이 종목은 동계올림픽에서 제외됐다(하남길, 2010: 551). 한편, 이 대회에는 조선인 선수가 참가했는데 김정연, 이성덕, 장우식이 그 주인공이다.

나. 조선인 최초의 동계올림픽경기대회 출전

1936년 독일 가르미쉬 파르텐키르헨에서 열린 제4회 동계올림픽 스피드 스케이팅에는 이성덕, 김정연, 장우식 등 우리 선수 3명이 일본 대표 선수로 참가했다. 당시 스피드 스케이팅에서는 우리 선수들이 일본 선수들을 압도하고 있었고 스피드 스케이팅은 기록경기여서 뛰어난 기록을 자랑하는 우리 선수들을 일본체육협회도 무시할 수 없었다. 이 대회 500m에서는 이성덕이 12위를 했고 37명이 참가한 1,500m에서는 김정연이 일본 신기록을 세웠으나 15위였고 5,000m에서 김정연은 28위를 했다. 1만m에서는 김정연이 올림픽 신기록 겸 일본 신기록을 세웠지만 13위였다. 짧은 시즌, 열악한 경기장 시설, 국제대회 출전 경험 부족 등 악조건 속에서도 당시의 우리 스피드스케이팅선수들이 올림픽 무대에서 중위권에 끼어들었다는 것은 주목할 만한 일로 여겨진다(대한체육회, 2010: 138~139). 비록 기대했던 성적에는 미치지 못했지만, 동계올림픽에 참가한 이 선수들은 일제강점기 조선인들의 자긍심을 일깨워주는 충분한 역할을 했다.

다. 동계올림픽경기대회의 중단과 부활

1940년 개최 예정이던 제5회 동계대회는 제12회 하계대회와 같이 일본 삿포로에서 개최하는 것으로 1938년 2월 이집트에서 열린 IOC총회에서 결정되었었다. 동계대회의 개최지 결정이 늦어진 것은 국제올림픽위원회와 국제스키연맹 간의 스키 지도자의 아마추어 자격을 둘러싼 논쟁이 주요 원인이었다. 그러다 1938년 중일전쟁이 일어나면서 일본은 삿포로 대회를 반납하였고 국제올림픽위원회는 개최국을 찾기 위한 다방면의 노력을 기울였으나 유럽 전역까지 전쟁의 불길이 번져가면서 제2차 세계대전이 발발하자 하계대회와 같이 1940년과 1944년의 동계올림픽은 중지되고 말았다(방광일, 2005: 201~202).

3. 한국의 동계올림픽경기대회 참가 역사

가. 한국의 동계올림픽경기대회 도전기(1948년~1984년)

한국의 동계올림픽대회 도전기는 1948년 제5회 생모리츠대회부터 1984년 제14회 사라예보대회까지로 이 시기 한국은 메달을 획득하는 성과를 거두지 못했지만, 세계 속의 한국 동계스포츠의 저력을 알리고자 노력했다. 구체적인 참가 현황은 [표 8-6]과 같다.

표 8-6. 동계올림픽경기대회 도전기의 한국참가 현황

회차	개최지	대회기간	우승국	한국참가현황		
				참가인원 (임원/선수)	메달 수	한국 순위
5	스위스(생모리츠)	1948.01.30~02.09	노르웨이·스웨덴	5(2/3)		
6	노르웨이(오슬로)	1952.02.14~02.26	노르웨이	불참		
7	이탈리아(코르티나담페초)	1956.01.26~02.06	소련	5(1/4)		
8	미국(스퀘밸리)	1960.02.19~02.28	소련	10(3/7)		
9	오스트리아(인스부르크)	1964.01.29~02.10	소련	11(4/7)		
10	프랑스(그르노블)	1968.02.06~02.19	노르웨이	15(7/8)		
11	일본(삿포로)	1972.02.03~02.13	소련	7(2/5)		
12	오스트리아(인스부르크)	1976.02.04~02.16	소련	7(4/3)		
13	미국(레이크플래시드)	1980.02.13~02.24	소련	20(10/10)		
14	유고(사라예보)	1984.02.08~02.20	동독	23(8/15)		

출처: 국제올림픽위원회(2022. 9. 30), 국제스포츠정보센터(2022. 9. 30)

(1) 제5회 동계올림픽경기대회, 스위스 생모리츠(St. Moritz SWITZERLAND, 1948)

제5회 동계올림픽은 스위스 생모리츠에서 개최하였다. 제2차 세계대전 전 1939년 런던총회에서 국제올림픽위원회는 "동계대회 개최지는 하계대회 개최국에 우선권을 준다"라는 규정이 무리가 있다는 이유로 폐지하고 독립적으로 개최지를 결정할 수 있도록 개정하였다. 이에 전쟁 직후의 혼란과는 관계없는 스위스의 생모리츠와 미국의 레이크플래시드가 입후보했으나 전 세계 각지에 있는 국제올림픽위원들을 상대로 우편 투표를 한 결과 중립국인 스위스의 생모리츠를 선정했다(방광일, 2005: 202~203). 이 대회에는 2차 세계대전을 일으킨 독일과 일본은 참여할 수 없었다.

한편, 12년 만에 개최된 이 대회에서는 2개의 미국 팀이 대표팀으로 참가하는 일이 발생했는데 그 종목은 아이스하키였다. 올림픽은 각국의 올림픽위원회를 통해 참가 신청을 하는데 미국올림픽위원회가 승인한 팀과 미국아이스하키협회에서 승인한 팀 모두 참가 신청을 했기 때문이다. 다행히 이 팀이 메달 권에 들어가지 않아 혼선은 생기지 않았다(방광일, 2005: 204~205).

일제강점기를 벗어나 정부를 수립한 대한민국은 이 대회에 최초로 국명인 'KOREA'와 태극기를 가지고 출전했다. 대부분 대한민국이 최초로 참가한 대회를 1948년 런던 하계올림픽대회로 알고 있지만, 이는 하계올림픽만을 의미하는 것이고 동계와 하계를 통합해서 보면 대한민국이 최초로 참가한 대회는 제5회 생모리츠 동계올림픽이다. 생모리츠 동계올림픽대회(1948. 1. 30~2.8)는 런던 하계올림픽(1948. 7. 29~8.14)보다 5개월 이상 빨리 열렸기 때문이다. 당시 처음으로 출전한 국가는 한국을 포함해 칠레, 덴마크, 아이슬란드, 레바논 등이었다(Greenberg, 1991: 41, 하남길, 2012: 552).

이 대회에 한국은 총무에 정월터, 감독에 최용진, 선수에 이효창, 문동성, 이종국 등 스피드 스케이팅만으로 이뤄진 5명의 선수단을 파견했다. 이 대회에서 남자 1,500m에 출전한 이효창은 19위를 차지했고 최용진은 31위, 이종국은 36위를 했다(대한체육회, 2010: 174).

(2) 제6회 동계올림픽경기대회, 노르웨이 오슬로(Oslo NORWAY, 1952)

제6회 동계올림픽은 동계스포츠의 본고장이라고 할 수 있는 노르웨이의 오슬로에서 개최하였는데 이는 북유럽에서 최초로 개최한 동계올림픽이었다. 이 대회에서는 동계올림픽사상 처음으로 대회장에 성화를 밝히고자 성화 봉송 릴레이가 진행됐다. 전범국인 독일과 일본의 참가가 허용되었고 포르투갈과 뉴질랜드가 처음으로 동계대회에 참가하였다(방광일, 2005: 227). 이 대회에 한국은 북한의 남침으로 인해 한국전쟁의 혼란에 휩싸여 있었기에 선수단을 파견하지 못했다.

(3) 제7회 동계올림픽경기대회, 이탈리아 코르티나담페초(Cortina d'Ampezzo ITALY, 1956)

제7회 동계올림픽은 경기장의 집중화를 시도한 이탈리아의 코르티나담페초에서 개최하였다. 이전 대회와 달리 각 경기장을 한곳으로 모아서 건설하여 참가자의 편의를 도모했는데 실제로 가장 먼 곳의 스피드스케이트장의 경우 경기장까지의 거리가 중심지에서 13km 정도에 불과했다. 이 대회에는 1952년 헬싱키 올림픽대회에 처음 참가한 소련이 동계올림픽에 최초로 참가했고 동과 서로 나뉜 독일이 단일팀을 구성해 참가하는 첫 대회가 되었다(방광일, 2005: 241~243).

이 대회에 한국은 김정연 감독을 비롯해 편창남, 장영, 조운식, 김종순 등 남자 빙상선수 4명이 500m, 1,500m, 5,000m, 1만m 종목 등에 출전했으나 성적은 부진했다(대한체육회, 2010: 191).

(4) 제8회 동계올림픽경기대회, 미국 스퀘밸리(Squaw Valley, UNITED STATES, 1960)

제8회 동계올림픽은 그동안 전혀 알려지지 않았던 미국의 스퀘밸리에서 개최하였다. 스퀘밸리의 개최가 확정되자 미국올림픽위원회 중심으로 조직위원회가 구성되었고 민간자본을 유치하여 시설 건설에 노력을 기울인 결과 350만 달러의 거액을 확보하여 미국건축가협회가 최우수건축물로 선정한 아이스하키경기장과 스피드링크가 만들어졌다. 이 대회는 올림픽사상 처음으로 텔레비전으로 중계되었고 대회의 개회식은 월트 디즈니가 담당했다. 대회조직위원회는 그동안 종목에 포함되어 있던 봅슬레이 종목을 참가국 수가 적고 경기장 건설의 비용 부담이 크다는 이유로 제외하고 바이애슬론을 종목으로 포함시켰다(방광일, 2005: 264~267).

이 대회에 한국은 단장 이원형, 감독 진업재, 코치 김용구, 남자 선수는 장영, 최영배, 장인원 여자 선수는 김경회, 한혜자, 스키 남자 선수는 임경순, 김하윤 등을 출전시켰으나 수준의 격차가 너무 커 성적은 부진했다. 한국 여성 최초로 동계올림픽에 참가한 우리 여자 선수들은 스피드 스케이팅 500m에서 김경회가 21위, 한혜자가 22위를 했고 1,000m에서 한혜자가 20위, 김경회가 21위를 했으며 1,500m에서 김경회가 21위, 한혜자가 22위, 3,000m에서 김경회가 20위를 기록하여 각각 20위권에 들었다(대한체육회, 2010: 200).

(5) 제9회 동계올림픽경기대회, 오스트리아 인스부르크(Innsbruck AUSTRIA, 1964)

제9회 동계올림픽은 오스트리아의 인스부르크에서 개최하였다. 인스부르크는 최고의 대회를 운영하여 유럽의 관광 중심지로 만들려는 계획을 세워 시 변두리에 점프대를 만들었고, 전 대회에서 취소되었던 봅슬레이를 부활시키고 루지 종목을 새로 추가했다. 또한, 스키 노르딕에서 여자 5km 크로스컨트리가 처음으로 채택하였다(방광일, 2005: 284). 이 대회 이전까지 동계올림픽의 성화는 개최국에 따라 특정 장소에서 채화되었지만, 이 대회부터는 하계대회와 같이 그리스 올림피아에서 채화하게 되었다. 한편, 이 대회에는 몽고와 인도가 처음으로 동계올림픽에 선을 보였고 끈질긴 노력 끝에 1963년 서독 바덴바덴에서 열린 국제올림픽위원회에서 인정을 받은 북한이 참가했다. 북한의 한필화 선수가 3,000m에 출전하여 소련 선수와 치열한 경쟁 끝에 공동 2위를 차지 동계올림픽사상 스피드 스케이팅에서 최초의 아시아인 메달리스트가 됐다(방광일, 2005: 287~285).

한국은 단장 김명복, 감독 변창남, 코치 장영, 임경순, 선수는 최영배, 최남연, 김혜숙, 김귀진, 김동백, 양용옥, 조영석으로 구성 단출한 선수단을 파견했다. 한국은 이 대회에서 세계 수준과의 격차를 실감해야 했다. 최영배가 스피드 스케이팅 남자 5,000m에서 17위를 차지한 게 가장 좋은 성적이었다. 여자 500m와 1,000m에서는 김혜숙이 각각 20위를 기록했다(대한체육회, 2010: 222).

(6) 제10회 동계올림픽경기대회, 프랑스 그르노블(Grenoble FRANCE, 1968)

제10회 동계올림픽은 프랑스 그르노블에서 개최하였다. 프랑스는 동계올림픽을 위한 시설 건설에 아낌없이 투자하여 시 중심가에 스타디움을 새로 짖고 개회식을 진행했다. 이 대회는 역사상 처음으로 여자선수에 대한 성 검사 및 약물검사를 실시했고, 컬러TV로 중계된 최초의 동계올림픽이 되었고 비공식적이지만 '슈스(Schuss)'라고 불리는 대회 마스코트가 처음 등장했다(방광일, 2005: 314).

한국은 임원 7명, 선수 8명의 선수단이 출전했으나 스피드 스케이팅 남자 5,000m에서 이익환이 28위를 하는 등 또다시 세계의 높은 벽을 실감해야 했다. 한국은 동계올림픽 출전 사상 처음으로 이 대회에 남자부 이광수, 여자부 김혜경과 이현주 등 3명의 피겨스케이팅 선수를 내보냈다. 한국은 이 대회 이후 장명수(1972년 삿포로), 윤효진(1976년 인스부르크), 신혜숙(1980년 레이크플래시드), 김혜성(1984년 사라예보), 1988년 변성진(1988년 캘거리) 등을 열악한 환경에서도 꾸준히 올림픽에 보내 피겨스케이팅의 경기력 향상에 힘을 기울였다. 2010년 밴쿠버대회에서 김연아가 금메달을 따기까지 42년의 시간과 노력이 필요했던 것이다(대한체육회, 2010: 267).

(7) 제11회 동계올림픽경기대회, 일본 삿포로(Sapporo JAPAN, 1972)

제11회 동계올림픽은 일본 삿포로에서 개최하였다. 이 대회에서도 선수의 아마추어 자격의 문제가 다시 도마에 올랐다. 이는 올림픽에 참가하기로 예정되어 있던 오스트리아 스키 선수 칼 슈란츠(Karl Schranz)에 의해 발생했는데 당시 그는 스키용품 제조회사의 사용하는 대가로 연간 6만 달러의 수입을 얻고 있었고 이에 많은 논란 끝에 국제올림픽위원회는 그의 올림픽 출전을 금지했다(방광일, 2005: 328~329).

이 대회에 참가한 한국은 또다시 세계의 높은 벽을 실감했다. 당시 한국에는 단 하나의 실내 링크만이 있었고 정빙차(일명 잠보니)도 도입되기 전의 열악한 상황이었지만 피겨스케이팅 여자 싱글에 장명수를 출전시켜 피겨스케이팅의 관심을 지속적으로 가지고 있었다. 스피드 스케이팅에서는 남자 500m의 정충구가 16개국 38명의 선수가 출전한 가운데 41초 42로 22위, 여자 500m의 최중희는 12개국 29명의 선수가 나선 가운데 46초 74로 22위를 하는 등 대부분 하위권에 머물렀다(대한체육회, 2010: 278~279).

(8) 제12회 동계올림픽경기대회, 오스트리아 인스부르크(Innsbruck AUSTRIA, 1976)

제12회 동계올림픽은 환경문제를 제기한 시민들의 반대에 부딪힌 미국의 대회 반납으로 오스트리아 인스부르크에서 개최하였다. 인스부르크는 제9회 동계올림픽 개최지였기 때문에 당시의 시설이 그대로 남아 있었고 약간의 개·보수만으로도 대회 개최가 충분히 가능했다. 이 대회의 노르딕 30km 종목에서는 동계올림픽사상 처음으로 스칸디나비아 국가 출신의 선수들이 입상하지 못하는 일이 발생했고 미국과 구소련 선수들이 선전을 펼치는 이변이 속출했다(방광일, 2005: 351~354).

한국은 이 대회에 스피드 스케이팅의 이영하와 이남순, 피겨스케이팅의 윤효진 등 선수 3명과 임원 4명의 소규모 선수단을 파견했다. 1월 밀라노에 열린 세계 주니어 스피드 스케이팅 선수권 대회에서 한국 선수로는 처음으로 종합 우승한 이영하는 32명이 출전한 남자 500m에서 15위에 올랐고 같은 숫자의 선수가 나선 5,000m에서는 11위를 했다. 1,000m에서는 15위에 그쳐 주니어와 시니어의 차이 그리고 세계무대의 높은 벽을 실감했다. 여자부의 이남순도 27명이 겨룬 500m에서 25위에 오르는 등 출전 종목 모두 하위권에서 벗어나지 못했다. 그렇지만 이남순은 당시 중학교 2학년이었다. 피겨스케이팅 여자 싱글에 출전한 윤효진은 20명의 출전 선수 가운데 17위를 했다(대한체육회, 2020: 315).

(9) 제13회 동계올림픽경기대회, 미국 레이크플래시드(Lake Placid UNITED STATES, 1980)

제13회 동계올림픽은 미국의 레이크플래시드에서 개최하였다. 이 대회는 1974년 7월 23일 오스트리아 비엔나에서 개최한 국제올림픽위원회 총회에서 이루어진 아마추어리즘에 융통성을 발휘하는 결정에 따라 선수의 광고 행위 및 상표가 부착된 복장을 허용했다. 이는 동계올림픽이 상업주의로의 첫걸음을 내딛는 계기가 됐다(방광일, 2005: 371).

이 대회 아이스하키에서는 대학생 선수들로 구성된 미국이 사실상 프로선수인 소련을 제치고 1960년 스쿼밸리 대회 이후 20년 만에 금메달을 획득해 파란을 일으켰다. 소련은 이 대회전까지 아이스하키에서 4연속 우승하고 있었다. 레이크플래시드 대회의 최고 스타는 미국의 에릭 하이든(Eric Heiden)이었다. 하이든은 500m, 1,000m, 1,500m, 5,000m, 1만m 등 스피드 스케이팅의 5개 세부 종목에서 금메달을 차지하는 놀라운 기록을 세웠다. 하이든은 이 대회에서 미국이 획득한 6개의 금메달 가운데 5개를 책임졌다. 하이든의 놀라운 기록은 2010년 밴쿠버대회가 치러진 현재 다시 수립되지 않고 있다. 한국은 이 대회에 임원 10명, 선수 10명을 파견했으나 또다시 메달획득에 실패하고 세계의 높은 벽을 실감했다. 주니어 시절 하이든에 앞선 실력을 발휘했던 이영하는 500m에서 19위에 그쳤다. 스키 남자 활강에 출전한 홍인기는 47명의 예선 통과 선수 가운데 40위를 차지했다. 한국 선수가 동계올림픽 활강 경기에서 완주한 건 홍인기가 처음이었다(대한체육회, 2020: 331~332).

(10) 제14회 동계올림픽경기대회, 유고 사라예보(Sarajevo YUGOSLAVIA, 1984)

제14회 동계올림픽은 제1차 세계대전의 도화선이 되었던 유고의 사라예보에서 개최하였다. 이

대회는 49개국이 참가한 가운데 개막하였고, 스키, 스케이트, 아이스하키, 바이애슬론, 봅슬레이, 루지 등의 종목에서 열전이 펼쳐졌다. 이 대회에서는 피겨스케이팅 여자 싱글에서 동독의 카타리나 비트(Katarina Witt)가 금메달을 획득하는 등 동독이 동계올림픽의 새로운 강자로 등장한 대회였다. 한국은 스피드 스케이팅, 피겨스케이팅, 스키 그리고 바이애슬론으로 구성된 총 23명의 선수단을 파견했다. 남자 대회전에 출전한 한국 스키팀은 경기 전 복장검사를 받지 않아 실격당해 국제대회에서의 경험 부족을 보여주었고 61명이 참가한 활강에서는 박병노가 52위를 하였는데 이는 동계올림픽대회 사상 최고의 성적이었다. 스피드 스케이팅에서는 남자 500m에 출전한 이영하가 28위, 여자 500m에서는 이연주가 22위를 기록했다. 그 밖의 종목에서도 우리 선수들은 최선을 다했으나 성적은 중하위권을 맴돌았다. 한편, 한국 동계스포츠사상 최초로 참가한 바이애슬론에서는 황병대가 최선을 다했으나 역부족이었고 결국 하위권에 머물러야 했다(방광일, 2005: 388~390).

나. 한국의 동계올림픽경기대회 성장기(1988년~2002년)

한국의 동계올림픽대회 성장기는 1988년 제15회 캘거리대회부터 2002년 제19회 솔트레이크시티대회까지로 이 시기 한국팀은 비록 시범 종목이었지만 쇼트트랙 종목에서 최초로 금메달을 획득했고 이후의 동계올림픽대회에서 연속해서 메달을 획득했다. 구체적인 참가 현황은 [표 8-7]과 같다.

표 8-7. 동계올림픽경기대회 성장기의 한국참가 현황

회차	개최지	대회기간	우승국	한국참가현황		
				참가인원(임원/선수)	메달 수	한국순위
15	캐나다(캘거리)	1988.02.14~02.28	소련	46(18/28)	금2(시범쇼트트랙)	
16	프랑스(알베르빌)	1992.02.08~02.24	독일	50(25/24)	금 2, 은 1, 동 1	10위
17	노르웨이(릴레함메르)	1994.02.12~02.28	러시아	45(21/24)	금 4, 은 1, 동 1	6위
18	일본(나가노)	1998.02.07~02.22	독일	63(25/38)	금 3, 은 1, 동 2	9위
19	미국(솔트레이크시티)	2002.02.09~02.24	노르웨이	75(27/48)	금 2, 은 2	14위

출처: 국제올림픽위원회(2022. 9. 30), 국제스포츠정보센터(2022. 9. 30)

(1) 제15회 동계올림픽경기대회, 캐나다 캘거리(Calgary CANADA, 1988)

제15회 동계올림픽은 스웨덴 팔룬(Falun), 이탈리아 코르티나담페쪼(Cortina d'Ampezzo)를 제치고 22년간 공을 들인 캐나다 캘거리가 개최하였다. 이 대회에서는 종전 12일간이었던 동계올

림픽대회의 기간을 하계대회와 같이 16일간으로 연장했으며, 스키 알파인에 슈퍼 대회전과 알파인 복합이 추가되었고, 노르딕 복합과 스키점프에 단체전이 포함되었다. 또한, 시범경기로 스키의 프리스타일, 스케이팅의 쇼트트랙 그리고 컬링이 선정되었다. 스피드 스케이팅은 동계올림픽사상 최초로 실내경기장인 올림픽 오벌(Olympic Oval)에서 진행됐고 당시 남자 500m에서는 동독의 우베엔스 메이(Uwe-Jens Mey)가 36초 45의 세계신기록을 수립하여 우승했다(방광일, 2005: 405~407).

한국은 이 대회에 동계올림픽 참가 사상 최대 규모인 46명의 선수단을 파견했으며, 배기태가 남자 500m에서 1위와 불과 0.46초 차이로 5위를 차지하여 동계올림픽에 참가한 이래 최고의 성과를 거두었고, 시범종목인 쇼트트랙에서 2개의 메달을 획득하여 한국 동계스포츠 도약의 발판을 마련했다(방광일, 2005: 408).

(2) 제16회 동계올림픽경기대회, 프랑스 알베르빌(Albertville FRANCE, 1992)

제16회 동계올림픽은 7개 도시와 치열한 경합에서 승리한 프랑스의 알베르빌에서 개최하였다. 당시는 1990년대 소련의 붕괴, 동독과 서독의 통일 그리고 유고슬라비아에서 내전 등으로 국제정세가 상당히 복잡하게 돌아가고 있었는데 이로 인해 구소련으로부터 독립한 에스토니아, 라트비아, 리투아니아와 유고슬라비아의 내전으로 탄생한 크로아티아, 슬로베니아 등과 같은 신생국들이 대거 참여하였다. 또한, 동계스포츠와는 관계가 미약한 아프리카의 알제리, 모로코, 세네갈과 볼리비아, 칠레, 코스타리카, 온두라스, 자메이카, 멕시코, 푸에르토리코 등의 중남미국가도 다수 참가했다(방광일, 2005: 425~427).

한국은 이 대회 스피드 스케이팅 종목에서 김윤만이 최초로 은메달을 획득했고, 시범종목에서 정식종목으로 전환된 쇼트트랙에서는 남자 계주 팀(김기훈, 이준호, 모지수, 송재근)과 김기훈이 각각 금메달을, 이준호가 동메달을 획득하여 이전 대회의 성과를 넘어 쇼트트랙 강국으로 올라설 수 있게 되었다(전명규, 백국군, 2014: 142).

(3) 제17회 동계올림픽경기대회, 노르웨이 릴레함메르(Lillehammer NORWAY, 1994)

제17회 동계올림픽은 노르웨이의 릴레함메르에서 개최하였다. 이 대회는 1986년 10월 스위스 로잔에서 열린 국제올림픽위원회 총회의 결정 즉, 하계올림픽이 열리는 해에 개최되었던 이전의 동계올림픽과는 달리 하계올림픽 개최 2년 후에 동계올림픽을 개최한다는 내용에 따라 1994년에 개최하였다. 당시 조직위원회는 자연과 공존하는 친환경적인 올림픽을 개최하는 데 중점을 두고 정부, 환경보호단체와 협력하여 경기시설을 건립하고 운영하는 등의 노력을 기울였다(방광일, 2005: 445~446).

한국은 45명(선수 24명, 임원 21)의 선수단을 파견하였고 쇼트트랙 종목에서 남자 1,000m에서 김기훈은 금메달을 획득하면서 대회 2연패를 기록했으며, 채지훈이 남자 500m에서 금메달, 1,000m에서 은메달을 차지했다. 쇼트트랙 여자 1,000m 경기에서 전이경이 우승을 차지했고, 김소희가 동메달을 획득했다. 또한 여자 3,000m 계주에 출전한 김소희, 전이경, 원혜경, 김윤미 팀도 금메달을 획득했다. 한국은 쇼트트랙에서 금메달 4개, 은메달 1개, 동메달 1개를 획득하여 종합성적 세계 6위라는 놀라운 성적을 거두었으나 쇼트트랙 종목에 메달이 편중된 결과는 아쉬운 부분으로 남았다(방광일, 2005: 447~448).

(4) 제18회 동계올림픽경기대회, 일본 나가노(Nagano JAPAN, 1998)

제18회 동계올림픽은 개최지 선정을 두고 많은 잡음이 뒤따랐던 일본 나가노에서 개최하였다. 이 대회는 비록 개최지 선정에 일본의 물질적 및 정치적 공서로 인한 잡음이 많았지만, 대회조직위원회는 경기장 확보와 관련, 기존 시설을 최대한 활용한다는 원칙을 세우고 친환경적인 정책을 기본으로 삼아 대회를 운영했다. 한편, 조직위원회는 시범종목이었던 컬링과 1990년 처음 세계대회 선수권 대회를 개최한 바 있는 아이스하키를 채택하였고 1994년에 사마란치의 위원장이 요청한 스노보드를 스키의 정식종목으로 채택하였다(방광일, 2005: 466~468).

한국은 이 대회에 스키 점프와 루지를 포함한 63명(임원 25명, 선수 38명)의 선수단을 파견하여 쇼트트랙 종목 남자 1,000m와 여자 1,000m에서 김동성 선수와 전이경이 각각 금메달을 획득했고, 원혜경이 여자 1,000m에서 동메달, 전이경이 여자 500m에서 동메달을 획득했다. 여자 3,000m 계주 안상미, 전이경, 원혜경, 김윤미 팀은 금메달을 남자 5,000m 계주 채지훈, 이준환, 이호응, 김동성 팀은 캐나다(7분 06초 07)에 0.7초 차이로 뒤져 아깝게 2위를 차지했다. 이로서 한국은 금메달 3개, 은메달 1개, 동메달 2개로 메달 순위 9위에 올라 3회 연속 세계 10위권에 오르는 성과를 거두었다(방광일, 2005: 470~471). 한국은 이 대회 루지 종목에 훈련을 할 수 있는 트랙이 없는 역경을 극복하고 사상 처음으로 참가했지만, 연습의 부족과 국제대회 참가 경험 부족 등으로 좋은 성적을 내지 못했다(방광일, 2005: 473).

(5) 제19회 동계올림픽경기대회, 미국 솔트레이크시티(Salt Lake City UNITED STATES, 2002)

제19회 동계올림픽은 미국 솔트레티크시티에서 개최하였다. 이 대회에서는 개최를 둘러싼 뇌물 제공 등의 문제로 4명의 국제올림픽위원회 위원이 의원직을 스스로 사퇴하고 6명의 의원이 쫓겨났으며, 10명의 위원이 경고를 받는 등의 사태가 발생했으며(방광일, 2005: 499), 대회를 앞두고 9·11테러가 일어나 보완과 안전이 이 대회의 최대 슬로건이자 목표가 되었다.

한국은 이 대회에 75명(임원 27명, 선수 48명)의 선수단을 파견하였다. 쇼트트랙 여자 1,000m

에서 고기현이 은메달을 1,500m에서 고기현이 금메달과 최은경이 은메달을 획득했고, 여자 3,000m에서는 최은경, 박혜원, 최민경, 주민진 팀이 세계신기록을 세우며 금메달을 획득하여 동계올림픽 3연패를 달성하며 메달 순위 14위를 기록했다. 반면, 쇼트트랙 스피드 스케이팅에서 남자 선수들도 이 대회에서 비교적 선전했으나 김동성 선수가 쇼트트랙 남자 1,000m 준결승에서 중국의 리지아준이 무릎을 치는 바람에 실격당하고 1,500m에서는 미국의 오노의 할리우드 액션에 따라 실격당해 분루를 삼켜야 했다. 또 5,000m계주에서는 한국의 민룡 선수가 추월하던 중 미국의 스미스가 (Rusty Smith) 팔을 치는 바람에 넘어져 실격을 당하기도 했다(방광일, 2005: 512~516). 결국 한국 남자 선수들은 이 대회의 경기에서 잇단 불운과 불공정한 판정으로 저조한 성적을 거두었다.

다. 한국의 동계올림픽경기대회 도약기(2006년~2022년)

한국의 동계올림픽대회 도약기는 2006년 제20회 토리노대회부터 현재까지로 이 시기에 한국 팀은 우선, 토리노 동계올림픽대회에서 동계올림픽사상 메달 획득에 있어서 최고 성적을 거두어 동계스포츠 강국의 위상을 더욱 강화하였다. 다음으로, 종전 쇼트트랙에 메달이 집중되어 있었으나 스피드 스케이팅과 피겨스케이팅에서 메달을 획득하며 타 종목에서도 가능성을 보여주었다. 구체적인 참가 현황은 [표 8-8]과 같다.

표 8-8. 동계올림픽경기대회 도약기의 한국참가 현황

회차	개최지	대회기간	우승국	참가인원 (임원/선수)	메달 수	한국 순위
20	이탈리아(토리노)	2006.02.10~02.27	독일	69(29/40)	금 6, 은 3, 동 2	7위
21	캐나다(밴쿠버)	2010.02.13~02.28	캐나다	83(37/46)	금 6, 은 6, 동 2	5위
22	러시아(소치)	2014.02.07~02.24	러시아	113(49/64)	금 3, 은 3, 동 2	13위
23	대한민국(평창)	2018.02.09~02.25	노르웨이	221(75/146)	금 5, 은 8, 동 4	7위
24	중국(베이징)	2022.02.05~02.20	노르웨이	96(31/65)	금 2, 은 5, 동 2	14위

출처: 국제올림픽위원회(2022. 9. 30), 국제스포츠정보센터(2022. 9. 30)

(1) 제20회 동계올림픽대회, 이탈리아 토리노(Turin ITALY, 2006)

제20회 동계올림픽은 이탈리아 토리노에서 개최하였다. 이 대회에는 세계 80개국에서 2,508명의 선수가 참가하여 열띤 경쟁이 이뤄졌다. 종합 1위는 독일이 차지했고, 한국은 스웨덴에 이어 7위를 차지하였다. 개회식에서는 고대올림픽의 발상지인 그리스 선수들이 관례에 따라 먼저 입장

하고, 뒤이어 알파벳 순서에 따라 80개국 선수들이 차례대르 입장하였다. 특히, 남북한 선수들이 동시에 입장하여 주목을 받았는데, 동계올림픽사상 남북한 선수가 동시 입장한 것은 이 대회가 처음이다(스포츠기억문화연구소, 2018: 175).

한국은 이 대회에서 금메달 6개 은메달 3개, 동메달 2개 등 모두 11개의 메달을 획득하여 1948년 스위스 생모리츠대회에 첫 출전한 이후 가장 많은 메달을 획득했고, 동, 하계대회를 망라해 올림픽 출전 사상 최초의 3관왕을 2명이나 배출했다. 쇼트트랙에서 나온 두 명의 3관왕은 남자의 안현수와 당시 17살의 여고생이었던 여자부의 진선유였다. 이 밖에 이호석이 은메달 2개, 최은경이 은메달, 안현수가 동메달을 획득 쇼트트랙에서만 금메달 6개, 은메달 3개, 동메달 1개를 쓸어 담아 쇼트트랙 강국으로서의 면모를 과시했다. 한편, 스피드 스케이팅에서는 500m 이강석이 동메달을 획득해 알베르빌대회 1,000m에서 김윤만이 은메달을 획득한 이후 14년 만에 쾌거를 이루었고, 1,000m에서 이규혁이 4위, 여자 500m에서 5위에 올라 쇼트트랙 이외의 종목에서도 국제 경쟁력을 확보해 나아갔다(대한체육회, 2010: 158~159).

(2) 제21회 동계올림픽대회, 캐나다 밴쿠버(Vancouver CANADA, 2010)

제21회 동계올림픽은 한국의 평창, 오스트리아의 잘츠부르크와의 유치경쟁에서 이긴 캐나다 밴쿠버에서 개최하였다. 이 대회에는 82개국에서 선수 2,566명이 참가하여 열띤 경쟁을 펼쳤고 특히 가나 · 가봉 · 아랍에미리트 · 쿠웨이트 · 바하마 · 케이맨제도 · 엘살바도르 · 콜롬비아 · 볼리비아 · 페루 등 아프리카 · 아라비아 · 서인도 · 중남미 지역의 국가들이 처음으로 참가하였다(스포츠기억문화연구소, 2018: 175).

한국은 역대 최다 규모인 임원 37명과 선수 46명을 파견하여 은반의 여왕 자리에 오른 김연아, 세계 최고 스프린터가 된 모태범과 이상화, 빙판 위의 마라톤으로 불리는 1,000m에서 올림픽 신기록으로 우승한 이승훈, 그리고 쇼트트랙 1,000m와 1,500m를 석권해 2관왕이 된 이정수가 꿈의 무대의 주인공이 됐다. 스피드 스케이팅 500m에서 모타 범과 이상화가 금메달을 획득한 것은 올림픽 사상 최초의 일이었다. 이외에도 스피드 스케이팅에서 은메달 2개를 쇼트트랙에서 은메달 4개와 동메달 2개를 추가 한국은 금6, 은6, 동2개로 올림픽사상 최다 메달을 획득하며 종합순위 5위의 동계 종목 강국으로 자리매김했다(대한체육회, 2010: 160~161).

(3) 제22회 동계올림픽대회, 러시아 소치(Sochi RUSSIAN FEDERATION, 2014)

제22회 동계올림픽대회는 한국의 평창과 오스트리아의 잘츠부르크와의 유치경쟁에서 이긴 러시아 소치에서 개최하였다. 이 대회에는 88개국이 참가하였고 이전 대회에 비하여 세부 종목에서 프리스타일스키의 슬로프스타일(남녀)과 하프파이프(남녀), 스노보드의 평행회전(남녀)과 슬로프

스타일(남녀), 바이애슬론의 혼성계주, 루지의 단체 계주, 피겨스케이팅의 단체, 스키점프의 여자부 등 12개 종목이 신설되었다(스포츠기억문화연구소, 2018: 175~176).

한국은 113명(임원 49명, 선수 64명)의 선수단을 파견하여 금메달 3개, 은메달 3개, 동메달 2개로 총 8개의 메달을 획득하여 종합순위 13위를 차지하여 3회 연속 10위 진입에 실패했다. 스피드 스케이팅에서는 '빙속 여제'인 이상화가 아시아 선수로는 최초로 올림픽 여자 500m에서 2연패를 달성했으며 이승훈이 남자팀의 팀 추월에서 은메달을 따낸 반면 다른 선수들은 기대보다 떨어지는 성적을 거두었고 쇼트트랙에서는 금메달 2개, 은메달 1개, 동메달 2개를 획득했다. 피겨스케이팅에서는 올림픽 2연패가 유력했던 김연아 선수가 홈 텃세에 밀려 은메달에 머물렀다(국제스포츠정보센터, 2022. 9. 30). 그동안 동계올림픽에서 주목받았던 스피드 스케이팅과 쇼트트랙, 피겨스케이팅 외에도 컬링과 썰매 종목도 가능성을 인정받았다. 여자 컬링팀은 일본과 러시아, 미국을 꺾으며 8위에 오르면서 국민적 관심을 이끌어 냈다. 썰매 불모지의 역경을 딛고 출전한 스켈레톤과 봅슬레이, 루지 종목에서는 역대 올림픽의 최고 성적을 거두며 다가오는 2018 평창올림픽을 기대하게 하였다(한국체육사학회, 2016: 189).

(4) 제23회 동계올림픽대회, 대한민국 평창(Pyeongchang KOREA, 2018)

제23회 동계올림픽은 대한민국 평창에서 개최되었다. 평창동계올림픽은 1988 서울하계올림픽 이후 30년 만에 한국에서 열린 올림픽이어서 그 의미가 높은 대회였다. 이 대회에는 전 세계 총 92개국 2,833명의 선수가 참가하여 역대 동계올림픽 중 최대 규모로 치러졌으며, 동계스포츠의 불모지나 다름없던 나이지리아, 코소보, 에콰도르, 에리트레아, 말레이시아, 싱가포르 등이 처음으로 참가하여 동계올림픽에 첫 인사를 건네기도 했다. 평창을 중심으로 강릉, 정선에서 경기가 분산 개최되었지만 우수한 경기시설과 경기장 배치 그리고 치안 등에서 호평을 받았다. 특히, 북한의 대회 참가로 남북 선수단의 공동입장과 여자아이스하키 남북단일팀 출전으로 인해 평화올림픽으로 자리매김하고 있다(스포츠기억문화연구소, 2018: 176).

이 대회에 한국은 221명(선수 146명, 임원 75명)의 선수단이 참가하여 7개 전 종목에서 금메달 5개, 은메달 8개, 동메달 4개를 획득하여 종합 7위에 자리했다. 종목별 성적을 살펴보면 스피드스케이팅(금메달 1개, 은메달 4개, 동메달 2개), 쇼트트랙 스피드 스케이팅(금메달 3개, 은메달 1개, 동메달 2개), 봅슬레이(은메달 1개), 컬링(은메달 1개), 스노보드(은메달 1개), 스켈레톤(금메달 1개)의 6개 종목에서 총 17개의 메달이 나왔다. 스켈레톤 종목의 윤성빈 선수는 슬라이딩 종목에서 아시아 최초로 메달을 획득하였으며, 스노보드 종목의 이상호 선수는 남자 평행대회전에서 은메달을 획득하며, 대한민국이 1960년 스쿼밸리 동계올림픽대회에 스키 종목으로 첫 참가한 이후 58년 만에 첫 메달을 안겼다. 한편, 쇼트트랙 스피드 스케이팅 종목은 2006 토리노동계올림픽대회 이후 최다 금메달을 획득하며 대한민국이 종합 7위 순위에 이르는데 기여하였다(한국스포츠정책과학연구원, 2022: 465).

(5) 제24회 동계올림픽대회, 중국 베이징(Beijing CHINA, 2022)

제24회 동계올림픽은 중국 베이징에서 개최되었다. 이로서 베이징은 하계올림픽(2008년 제29회 올림픽)과 동계올림픽을 모두 개최한 최초의 도시가 됐다. 베이징 동계올림픽은 도쿄에서 개최한 제32회 하계올림픽에 이어 코로나 바이러스 감염증-19 확산 상황에서 치른 두 번째 올림픽으로 해외 관람객을 받지 않았고 개막을 20일 정도 앞두고는 일반인 대상의 입장권 판매 계획도 철회하는 등 전염병으로 제약이 많은 대회였다. 경기 결과 메달 순위는 노르웨이가 1위를 차지했고 뒤이어 독일, 중국, 미국 등의 순이었다. 개최국의 이점을 최대한 활용한 중국은 역대 최고의 성적을 거두었다(국제스포츠정보센터, 2022. 9. 30).

이 대회에 한국은 96명(임원 31명, 선수 65)의 선수단을 파견하여 금메달 2개, 은메달 5개, 동메달 2개를 따내며 종합 14위를 기록했다. 대한체육회는 '금메달 1~2개 획득, 종합 15위'를 목표로 내세웠는데 부합하는 결과가 나왔다. 구체적으로 우선, 쇼트트랙 1,500m에서 황대헌과 최민정이 각각 금메달을 획득했고, 쇼트트랙 남자 5,000계주, 여자 1,000m, 여자 3,000m 계주와 스피드 스케이팅의 남자 500m와 남자매스스타트 종목에서 은메달을 수확했다. 한편, 스피드 스케이팅 종목의 남자 1,500m와 남자매스스타트에서 종목에서는 동메달을 차지했다(국제스포츠정보센터, 2022. 9. 30).

4장 아시아경기대회 및 각종 국제대회

옥광

학습목표

- 아시아경기대회의 태동과 전개과정을 이해한다.
- 아시아경기대회에서 한국선수단의 활약상을 파악한다.
- 아시아경기대회의 사회문화적 의미를 이해한다.
- 주요 국제스포츠경기기구와 각종 국제스포츠경기대회에 대해 이해한다.

1. 아시아경기대회의 태동

2014년 인천에서 개최된 제17회 대회까지 아시아경기대회는 60여 년의 역사를 이어오고 있다. 지금의 아시아경기대회는 1951년 제1회 인도 뉴델리대회를 계기로 시작되었지만, 그 모태는 '동양올림픽경기대회'로 명명되던 극동선수권대회(Far Eastern Championship Games)와 서아시아경기대회(West Asian Games)였다. 이 장에서는 아시아경기대회의 태동과 창설과정에 대해 알아보고자 한다.

가. 극동선수권대회

극동아시아대회라고도 불리던 극동선수권대회는 1913년 필리핀에서 시작되었다. 당시 필리핀의 YMCA 간사를 맡고 있던 브라운(Elwood S. Brown, 1883~1924)은 필리핀 체육협회의 창설에 관여하면서 극동아시아 지역 국가들의 친목과 올림픽 참가 준비를 목적으로 하는 스포츠대회를 계획하였다. 이렇게 탄생한 극동선수권대회는 2년에 한 번씩 아시아의 도시에서 번갈아 가며 개최하는 것을 원칙으로 시작되었다(박인창, 1961: 105~106).

극동선수권대회는 1913년 필리핀의 마닐라에서 '동양올림픽경기대회'라는 명칭으로 제1회 대회가 개최되었다. 이후 2회 대회인 중국대회부터 극동선수권대회라는 명칭을 사용하기 시작하였다. 참가국은 필리핀, 중국, 홍콩, 말레이시아, 일본, 태국이었으며 [표 8-9]의 내용과 같이 8개 종목이 실시되었고 모두 남자선수들만 참가하였다. 이 대회는 10회 대회를 끝으로 중단되었는데, 1931년 만주사변(滿洲事變) 이후 만주국(滿洲國)을 세운 일본이 만주국의 추가 가입을 주장했고, 이에 중국이 반대 의사를 표명하며 탈퇴한 것이 직접적인 이유였다(두산백과, 2015.1.6. 검색).

참고자료

만주사변(滿洲事變): 1931년 9월 18일 시작된 일본의 만주침략전쟁. 이 전쟁으로 일본은 만주에 괴뢰정권인 만주국(滿洲國)을 수립하였다.

표 8-9. 극동선수권대회 연혁 (정찬모, 2001: 42)

구분	개최연도	개최국	개최도시	종목	비고
1회	1913	필리핀	마닐라	육상, 수영, 정구, 야구, 축구, 농구, 배구, 복싱 등	필리핀 우승
2회	1915	중국	상해		명칭 변경(동양올림픽경기대회→ 극동선수권대회)
3회	1917	일본	동경		일본 우승
4회	1919	필리핀	마닐라		종목별 선수권 대회로 변경
5회	1921	중국	상해		IOC의 공식대회 인정
6회	1923	일본	동경		국제규칙 적용
7회	1925	필리핀	마닐라		거리단위 변경(yard제→ meter제)
8회	1927	중국	상해		
9회	1930	일본	동경		4년 주기로 변경(올림픽의 중간 연도 개최)
10회	1934	필리핀	마닐라		일본 만주국(滿洲國) 참가 제의(중국의 반대)

나. 서아시아경기대회

서아시아경기대회는 1934년 인도의 주도로 인도, 아프가니스탄, 스리랑카, 팔레스타인이 참여한 대회이다. 제1회 대회는 인도 뉴델리에서 개최되었으며 육상, 수영, 하키 등의 종목이 실시되었다. 당초 4년에 한 번씩 개최하는 것으로 계획하고 있었으나 제2회 대회인 1938년 팔레스타인대회가 전쟁으로 인해 취소되면서 서아시아경기대회도 중단되었다(정찬모, 2001: 42~43).

다. 아시아경기대회의 창설

1945년 제2차 세계대전의 종전 이후 식민지 통치에서 벗어난 아시아 국가들을 중심으로 아시아인들만을 위한 스포츠 제전을 창설하자는 국제적인 여론이 형성되었고, 이에 인도를 중심으로 아시아경기대회를 개최하기 위한 움직임이 일어났다. 1947년에는 인도의 IOC 위원이었던 구루 두트 손디(G. D. Sondhi, 1890~1966)는 인도의 독립기념일인 8월 15일에 수도인 뉴델리에서 아시아 독립운동가들을 모아 놓고 아시아관계회의를 개최하였다. 이 회의에서 아시아 각국이 단합하여 다양한 행사를 개최하기로 합의했고, 여기에 아시아인들을 위한 스포츠대회의 개최 논의가 포함되었다. 스포츠를 통해 아시아인의 화합과 선의의 경쟁을 이어가자는 의미였다(중앙일보,

2014년 9월 21일).

이 회의 이후 1948년 8월 런던올림픽경기대회 기간 중 한국, 대만(당시 중화민국), 인도, 미얀마, 필리핀, 스리랑카의 6개국 대표가 아시아경기대회 개최를 위한 최초의 협의회를 가졌다. 런던올림픽경기대회에 참가한 아시아 13개국 단장들이 국제올림픽위원회로부터 아시아 지역 대회를 개최하기 위한 사전 협의를 요청받아 추진한 것이다. 중국과 일본이 제외된 이유는 중국은 중화인민공화국 건립 이전이었고 일본은 제2차 세계대전의 책임으로 인해 런던올림픽경기대회 참가가 거부되었기 때문이다. 이 회의에서 제1회 대회를 1950년에 인도 뉴델리에서 개최하기로 결정하고 개최를 위한 준비위원회를 런던올림픽 한국 대표단 부단장이었던 신기준(申基俊, 1896~1965) 등 4명으로 구성하였다(한국민족문화대백과, 2015.1.8. 검색).

1949년 2월에 인도의 뉴델리에서 9개국, 12명의 대표가 참가하여 AGF(Asian Games Federation) 협의회를 구성하였고 이때 제정한 헌장으로 IOC의 승인을 받아 정식 출범하였다. 비상설기구였던 AGF는 1982년 상설기구 형태의 OCA(Olymphic Council of Asia: 아시아올림픽평의회)로 변경되었고, 이러한 과정을 거치면서 지금의 아시아경기대회가 창설되었다(정찬모, 2001: 43~44; 박인창, 1961: 104~105)

라. OCA(Olympic council of Asia: 아시아올림픽평의회

(1) 역할
① 하계, 동계아시아경기대회를 비롯한 5개 대회 개최
② 하계아시아경기대회, 동계아시아경기대회, 비치 아시아경기대회, 실내 및 무도 아시아경기대회

(2) 조직, 회장, 총회, 집행위원회, 분과위원회로 구성
① 회장(President): 총회에서 비밀투표를 통해 선출하며 임기는 4년으로 중임이 가능하다. 초대 회장은 쿠웨이트의 왕족 세이크 파하드 알-사바흐(1982~1991)였으나 1990년 이라크의 쿠웨이트 침공으로 사망하고, 현재는 토대 회장의 32세인 세이크 아마드 알-파드 알-사바(Sheikh Ahmad Al-Fahad al-sabah)가 2대 회장으로 재임하고 있다.
② 총회(General Assembly)
　- 헌장, 규정의 채택 및 개정.
　- 평의회 상설 본부 선정
　- 회원의 승인, 자격 정리 및 제명 결정
　- 집행위원의 건의 사항에 대한 승인, 기각 또는 수정 결정

- 감사보고서 및 차년도 예산안 채택
- 아시아경기대회 개최도시 선정

③ 집행위원회(Executive Board): 매년 최소 1회 이상 개최
- 구성: 회장, 사무총장, 5개 권역별 부회장, 아시아경기대회 부회장, 상임위원장(16), 사무차장, 기술국장
- 평의회 사무의 효율적인 관리, 감독 및 집행을 위하여 구성
- 아시아경기대회 마케팅, TV 중계권 판매 기타 상업적인 문제 결정
- 지역 혹은 국제기구나 다른 스포츠 단체에 파견할 평의회 대표 결정
- 회계 감사관 임면

④ 상임위원회(Standing Committee)
- 선수, 문화, 교육, 재정, 정보통계, 언론, 의무, 규정, 스포츠, 사회체육, 환경, 여성스포츠, 자문, 조정, 스포츠 평화, 국제협력의 업무 담당(인천아시아경기대회 조직위원회 홈페이지)

2. 아시아경기대회의 역사

가. 아시아경기대회 개최 기록

아시아경기대회는 1951년 뉴델리대회부터 2014년 인천대회까지 17회, 63년의 역사를 이어오고 있다. 올림픽경기대회의 중간 해에 4년에 한 번씩 개최되며 회원국 중 희망국이 회의를 거쳐 개최지를 결정한다. 1951년 1회 대회부터 1982년 9회 대회까지는 하계대회만 개최되었고, 1986년 일본의 삿포로에서 제1회 동계아시아경기대회가 개최되면서 이제는 하계대회와 동계대회가 모두 열리고 있다.

표 8-10. 역대 하계아시아경기대회

회	개최국	개최도시	개최연도	개최기간	한국 성적		
					금	은	동
17	한국	인천	2014	09.19~10.04	79	71	84
16	중국	광저우	2010	11.12~11.27	76	65	91
15	카타르	도하	2006	12.01~12.15	58	53	82
14	한국	부산	2002	09.29~10.14	96	80	84
13	태국	방콕	1998	12.06~12.20	65	46	53

12	일본	히로시마	1994	10.06~10.16	59	75	76
11	중국	베이징	1990	09.22~10.07	54	54	73
10	한국	서울	1986	09.20~10.05	93	95	76
9	인도	뉴델리	1982	11.19~12.04	28	28	37
8	태국	방콕	1978	09.01~09.16	18	20	31
7	이란	테헤란	1974	12.09~12.20	16	15	26
6	태국	방콕	1970	12.09~12.22	18	13	23
5	태국	방콕	1966	12.09~12.21	12	18	21
4	인도네시아	자카르타	1962	08.24~09.04	4	9	10
3	일본	도쿄	1958	05.24~06.01	8	7	12
2	필리핀	마닐라	1954	05.01~05.09	8	6	5
1	인도	뉴델리	1951	03.04~04.11			−

표 8-11. 역대 동계아시아경기대회

회	개최국	개최도시	개최연도	개최기간	한국 성적
8	일본	삿포로	2017	02.19~02.26	−
7	카자흐스탄	아스타나-알마타	2011	01.30~02.06	3위
6	중국	창춘	2007	01.28~02.04	3위
5	일본	아오모리	2003	02.01~02.08	2위
4	대한민국	강원	1999	01.30~02.06	2위
3	중국	하얼빈	1996	02.04~02.11	4위
2	일본	삿포로	1990	03.09~03.14	3위
1	일본	삿포로	1986	03.01~03.08	3위

나. 한국의 하계아시아경기대회 참가 역사

(1) 제1회 뉴델리대회(1951)

1951년 3월 4일부터 3월 11일까지 인도의 뉴델리에서 개최된 제1회 아시아경기대회에는 11개국이 참가하였다. 1950년 6월 25일 발발한 한국전쟁으로 인해 한국은 참가하지 못하였다. 이후 1952년 7월 24일 아시아경기연맹총회에서 정식회원국으로 가입하였다.

(2) 제2회 마닐라대회(1954)

1954년 5월 1일부터 5월 9일까지 필리핀의 마닐라에서 개최된 제2회 아시아경기대회에는 19개국이 참가하였다. 이 대회에 참가함으로써 한국은 아시아경기대회에 첫발을 내딛었으며, 이상백 단장의 인솔 아래 6개 종목에 81명의 선수단을 파견하였다. 처녀 출전이었지만 금메달 8개, 은메달 6개, 동메달 5개로 종합 3위를 기록하였다. 육상 1,500m에 출전한 최윤칠과 10,000m에 출전한 최충식이 금메달을 획득하였고 역도의 유인호, 조봉직, 김창희, 김성집, 고종구, 복싱의 박규현이 금메달을 따내며 종합 3위 기록에 크게 기여하였다.

(3) 제3회 동경대회(1958)

1958년 5월 24일부터 6월 1일까지 일본의 동경에서 개최된 제3회 아시아경기대회에는 20개국이 참가하였다. 한국은 13개 종목, 143명의 선수단을 파견했고 마라톤의 이창훈이 우승을 거머쥔 것을 비롯하여 금메달 8개, 은메달 7개, 동메달 12개로 종합 3위를 차지하였다

(4) 제4회 자카르타대회(1962)

1962년 8월 24일부터 9월 4일까지 인도네시아의 자카르타에서 개최된 제4회 아시아경기대회에는 18개국이 참가하였다. 이 대회의 주최 국인 인도네시아는 자신들의 정부를 반대하는 세력을 도왔다는 이유를 들어 대만에 참가신청서를 보내지 않았으며, 이스라엘에게는 다른 아랍 국가들과의 마찰이 일어날 수 있다는 이유로 참가신청서를 보내지 않아 개최 이전부터 주변국들의 비난을 받았다. 이 대회에 한국은 201명의 선수단을 파견했으며 사격의 남상완, 복싱의 정신조, 김득봉, 김덕팔이 금메달 4개를 획득했고 다른 종목에서 은메달 9개, 동메달 10개를 확보하며 종합 6위에 올랐다.

(5) 제5회 방콕대회(1966)

1966년 12월 9일부터 12월 20일까지 태국 방콕에서 개최된 제5회 아시아경기대회에는 18개국이 참가하였다. 한국은 14개 종목에 181명의 선수단을 파견했으며 탁구, 복싱, 역도, 사격, 사이클에서 금메달 12개를 획득하였다. 이 밖에도 은메달 18개, 동메달 21개를 획득하며 자카르타대회에서의 부진을 씻어내고 종합 2위를 달성하였다.

(6) 제6회 방콕대회(1970)

1970년 12월 9일부터 12월 22일까지 태국의 방콕에서 개최된 제6회 아시아경기대회는 당초 서울에서 개최될 예정이었다. 하지만 개최 비용 지원 문제와 북한의 군사 도발 위협으로 인해 개최

를 포기했고, 결국 태국의 방콕이 이전 대회에 이어서 연속으로 대회를 개최하게 되었다. 이 대회에는 19개국이 참가했으며 한국은 11개 종목에 172명의 선수단을 파견하였다. 남자수영 400m와 1,500m의 조오련과 육상 여자 투포환의 백옥자가 아시아경기대회 신기록을 세우며 금메달을 거머쥐었고, 남자농구와 축구가 동반 우승을 차지하는 등 전체적으로 금메달 18개, 은메달 13개, 동메달 23개를 획득하며 종합 2위에 올랐다.

(7) 제7회 테헤란대회(1974)

1974년 9월 1일부터 9월 16일까지 이란의 수도 테헤란에서 열린 제7회 아시아경기대회에는 25개국이 참가하였다. 한국은 15개 종목에 231명의 선수단을 파견하였다. 이 대회에는 공산권 국가인 중국과 북한이 처음으로 아시아경기대회에 참가하여 이슈가 되었으며, 한국은 이 대회를 통해 북한과 스포츠 교류의 물꼬를 서서히 트게 되었다. 이 대회에서 한국은 금메달 16개, 은메달 26개, 동메달 15개를 획득하며 종합 4위의 성적을 기록하였다. 특히 육상 여자 투포환의 백옥자는 이전 대회에 이어 2연패를 달성하였으며, 남자수영 400m와 1,500m의 조오련도 이전 대회에 이어 2관왕에 올랐다. 이 대회에서 남자축구는 북한과의 대결을 피하기 위해 쿠웨이트와의 예선전에서 고의로 패배(0 : 4 패) 했다는 비난을 받기도 하였다.

(8) 제8회 방콕대회(1978)

1978년 12월 9일부터 12월 20일까지 방콕에서 개최된 제8회 아시아경기대회에는 26개국이 참가하였다. 이로써 방콕은 세 번째 아시아경기대회 개최지가 되었다. 당초 파키스탄에서 열릴 예정이었으나 파키스탄은 국내의 사정과 개최 비용 문제로 대회를 반납했고 개최지가 표류하던 중 다시 한번 방콕에서 개최하기로 결정되었다. 이 대회에서 한국은 17개 종목에 267명의 선수단을 출전시켰다. 모든 종목에서 고르게 선전한 결과 한국은 금메달 18개, 은메달 20개, 동메달 31개로 종합 3위에 올랐다. 특히 양궁에서 김진호가 여자 개인전에 출전해 1,230점으로 정상에 올라 지금까지 세계 최강으로 인정받고 있는 한국 양궁 전성기의 서막을 알렸다. 남자축구에서는 한국과 북한이 공동우승을 차지하여 나란히 시상대에 서기도 하였다. 여자농구에서는 센터 박찬숙과 가드 강현숙, 홍혜란, 포워드 정미라, 조영란 등의 활약으로 4전 전승으로 아시아경기대회에서 최초로 우승을 차지하였다.

(9) 제9회 뉴델리대회(1982)

1982년 11월 19일부터 12월 4일까지 열린 제9회 아시아경기대회에는 33개국이 참가하였다. 한국은 21개 종목에 406명의 선수단을 파견하였다. 다음 대회인 제10회 대회가 서울에서 개최되기로 확정된 상황이었기 때문에 차기 대회 개최국으로서 한국 스포츠의 저력을 보여줘야 한다는 국민의 관심이 높았던 대회였다. 이 대회에서 한국은 출전한 종목 중 축구와 요트에서만 메달 획득에 실패했을 뿐 금메달 28개, 은메달 28개, 동메달 37개를 획득하며 종합 3위를 차지하였다. 이 대회에서 당대 한국수영의 최고 스타였던 최윤희가 등장하여 한국수영의 중흥을 알렸다. 15세의 어린 나이에 국가대표로 출전한 대회에서 최윤희는 100m, 200m, 개인혼영 200m에서 금메달을 차지하며 아시아경기대회 첫 여자 3관왕에 올랐다. 남자농구에서는 이충희, 박수교, 신선우를 주축으로 마지막 경기인 당대 아시아 최강 중국과의 경기에서 85 : 84로 극적인 승리를 연출하며 1970년 제6회 대회 이후 12년 만에 정상을 찾았다. 육상에서도 장재근과 김종일이 각각 남자 200m와 멀리뛰기에서 금메달을 차지했고, 마라톤의 김양곤이 2시간 22분 21초의 기록으로 우승하며 24년 만에 한국마라톤에 금메달을 안겼다.

(10) 제10회 서울대회(1986)

1986년 서울아시아경기대회는 해방 이후 한국이 개최한 국제행사 중 가장 큰 규모, 소위 말하는 빅 메가 이벤트로 기록된다. 1986년 제10회 아시아경기대회의 서울 개최가 결정된 것은 1981년 11월 27일부터 12월 4일 인도 뉴델리에서 열린 아시아경기연맹(AGF)총회에서였다. 이 결정보다 2개월 정도 앞선 9월 30일에 독일의 바덴바덴에서 열린 국제올림픽경기연맹(IOC) 총회에서 1988년에 있을 제24회 올림픽 하계경기대회를 서울에서 개최하기로 이미 결정되었으므로 서울로 보아서는 2년의 격차를 두고도 차례의 국제경기를 개최하게 된 것이며, 1988 서울올림픽 경기대회를 앞두고 리허설을 해볼 수 있는 행운의 기회였다.

서울대회는 1986년 9월 16일 화려한 개막식을 서막으로 10월 5일까지 16일간에 걸쳐 전개되었다. 참가국은 아시아경기연맹 36개 회원국 중 북한·몽고·베트남·예멘민주공화국 등 북한의 불참에 동조하는 6개국과 시리아·미얀마·브루나이 등 국내 사정으로 참석하지 못한 3개국을 제외하고 모두 27개국 4,839명(임원 1,419명, 선수 3,420명)이 참가함으로써 아시아경기대회 사상 최대 규모였다. 관중수도 개·폐회식을 제외한 순수한 경기 관람객이 166만여 명을 헤아렸다.

서울은 1970년에 대회 개최지로 예정되었으나 북한의 위협과 재정적 이유로 개최권을 1966년 개최국인 태국에 넘겨주어야 했던 역사도 가지고 있다. 이 대회는 또한 2년 후 개최될 서울올림픽 경기대회의 성공적인 개최를 위한 시험 무대로서의 역할을 했기에 당시 사용된 시설과 시스템은 1988년 서울올림픽경기대회에서도 그대로 사용되었다. 한국은 자국에서 개최되는 대회인 만큼 경기 임원 및 남녀선수단 총 638명이 참가하였다. 이 대회에서 한국은 금메달 93개, 은메달 55개, 동메달 76개로 1위인 중국에게 금메달 개수는 1개 뒤졌지만, 전체 메달 수에서는 오히려 2개가 앞서면서 스포츠 강국의 면모를 과시할 수 있었다. 한국은 25개의 종목 중 농구, 배구, 조정을 제외하고 전 종목에서 메달을 획득했으며 여자육상 800m, 1,500m, 3,000m에서 3관왕에 오른 임춘애를 비롯하여 양궁의 양창훈과 테니스의 유진선이 4관왕, 양궁의 김진호, 박정아, 배드민턴의 박주봉이 3관왕에 올랐다. 이 밖에도 펜싱과 사격, 탁구, 수영, 승마 등 다양한 종목에서 다관왕을 차지한 선수들을 배출하며 1988년 서울올림픽경기대회를 앞두고 성공적인 성적을 거둘 수 있었다.

이 대회는 다채로운 경기성적은 물론이고 근대적이고 웅장한 경기장시설, 교통·통신·숙박시설, 시민의 질서 의식 등에서 아시아경기대회 역사상 유례가 없었던 것으로 평가된다. 서울아시아경기대회는 또한 2년 뒤에 개최될 서울올림픽경기대회를 준비하기 위한 완벽한 리허설이었기 때문에 대회전 북한의 아웅산 테러나 김포공항 테러 사건(1986년 9월 14일)에도 불구하고 사상 최대 규모의 성공적인 대회로 기록된다.

(11) 제11회 베이징대회(1990)

1990년 9월 22일부터 10월 7일까지 중국의 베이징에서 개최된 제11회 아시아경기대회에는 37개국이 참가하였다. 한국은 당신 공산권 국가에서 개최되는 대회에 처음으로 선수단을 파견하는 것임에도 불구하고 694명의 대규모 선수단을 참가시켰다. 이 대회에서 한국은 금메달 54개, 은메달 54개, 동메달 73개로 2회 연속 종합 2위를 달성하였다. 특히 핸드볼은 남녀 팀 모두 5전 전승으로 우승을 차지함으로써 아시아의 핸드볼 강국으로서 위상을 공고히 했으며, 이후 2002년 부산아시아경기대회 때까지 무려 4회 연속 동반 우승 신화를 시작하였다.

(12) 제12회 히로시마대회(1994)

1994년 10월 2일부터 10월 16일까지 일본의 히로시마에서 개최된 제12회 아시아경기대회에는 42개국이 참가하였다. 이 대회는 아시아경기대회 역사상 개최국과의 수도가 아닌 도시에서 열린 최초의 대회였으며, 역대 가장 많은 국가가 참가하였다. 한국은 이 대회에서 금메달 59개, 은메달 75개, 동메달 79개로 중국과 일본에 이어 3위를 차지하였다. 특히 중국은 육상과 수영에서 금메달을 독식하다시피 한 선수들 중 5명의 수영선수들이 도핑테스트에서 금지약물 복용으로 판정되어 금메달을 박탈당했고, 2위였던 일본 선수들이 자연스럽게 금메달을 차지함으로써 폐막 직전에 일본에게 종합순위에서 추월당하는 사태가 발생하기도 하였다. 이 대회에서는 1992년 바르셀로나 올림픽경기 대회 마라톤 금메달리스트였던 황영조가 올림픽에 이어 아시아경기대회에서도 금메달을 차지하며 감동을 주었고, 남자축구 8강전이었던 한일전에서는 3 : 2로 극적인 승리를 거두면서 국민에게 기쁨을 안겨주었다.

(13) 제13회 방콕대회(1998)

1998년 12월 6일부터 12월 20일까지 태국의 방콕에서 개최된 제13회 아시아경기대회에서 한국은 금메달 65개, 은메달 46개, 동메달 53개를 획득하며 일본을 제치고 다시 종합 2위에 올랐다. 이 대회는 IMF 금융위기로 인해 많은 실업팀들이 해체되면서 국가대표선수들의 선발과 훈련에 있어서 다양한 장애물이 있음에도 불구하고 이전 히로시마대회 때보다 적은 선수단을 파견하고도 더 좋은 성적을 거두었다는 데 의미가 있었다. 태권도와 레슬링, 펜싱, 양궁, 정구, 역도 등 다양한 종목에서 선전했으며 황영조의 은퇴 이후 한국마라톤을 책임지고 있던 이봉주가 방콕대회의 피날레를 금메달로 장식하면서 IMF 금융위기로 인해 실의에 빠져있던 국민에게 희망을 주기도 하였다.

(14) 제14회 부산대회(2002)

한국에서 두 번째로 개최된 제14회 부산아시아경기대회는 한국 제2의 도시 부산에서 2002년 9월 29일부터 10월 14일까지 개최되었다. 부산대회는 또한 1986 서울아시아경기대회와 1988 서울올림픽개최 이후 세 번째로 개최된 메가 스포츠 이벤트로 기억된다. 부산아시아경기대회에는 44개의 나라가 38개의 종목에 참가했고 참가인원은 임원 및 보도진을 포함해서 1만 8천여 명에 이를 만큼 1988년 서울올림픽경기대회 이후 한국에서 개최된 가장 큰 규모의 국제 메가 이벤트로 기록된다. 37개 종목에 1천 명이 넘는 선수단을 출전시킨 한국은 금메달 96개, 은메달 80개, 동메달 84개로 종합 2위의 쾌거를 거두었다. 특히 남자마라톤의 이봉주는 이 대회에서도 우승을 차지하며 아시아경기대회 2연패를 달성하였다. 또한 남자농구 대표팀은 야오밍이 버티고 있던 아시아 최강 중국과의 결승전에서 서장훈, 현주엽, 김주성, 이상민, 문경은, 추승균, 신기성, 전희철, 김승현, 방성윤 등의 활약 속에 102 : 100으로 승리하며 정상에 올랐다. 이 밖에도 육상, 펜싱, 사격, 역도, 레슬링, 정구, 사이클, 야구, 배드민턴, 태권도, 여자하키, 복싱 등 다양한 종목에서 선전하며 역사상 한국에서 두 번째로 열린 대회를 자축하였다. 한편 이 대회에는 북한도 참가했는데 특히 선수단과 함께 300여 명의 미녀응원단을 파견하여 대회 내내 큰 주목을 받았다. 부산대회의 특징은 한마디로 중국의 강세로 요약된다. 2위와 3위인 한국과 일본의 금메달을 합쳐도 중국의 금메달 수에 미치지 못하고, 대회에서 나온 22개의 세계신기록 가운데 17개를 중국 선수들이 기록하였다. 반면 아시아 스포츠의 3대 강국인 일본의 약세가 두드러지기도 했고, 한국은 아시아경기대회 사상 가장 많은 금메달을 획득함으로써 위안을 삼았다. 경기 외에도 14회 대회는 1994년 히로시마대회에 이어 아시아경기대회 사상 두 번째로 수도가 아닌 지방 도시에서, 그것도 가장 성공적으로 치러진 대회로 인정받는다.

(15) 제15회 도하대회(2006)

2006년 12월 1일부터 12월 16일까지 카타르 도하에서 열린 제15회 아시아경기대회에 한국은 832명의 선수단을 파견하여 37개 종목에 참가하였다. 금메달 58개, 은메달 53개, 동메달 82개로 1998년 방콕대회부터 3회 연속으로 종합 2위를 수성하였다. 하지만 1위 중국보다 금메달 숫자가 1/3에 불과했으며 1990년 베이징대회 이후 최소의 금메달을 획득한 대회로 기억된다.

이 대회의 값진 성과 중 하나는 남자수영의 박태환이 200m에서 아시아신기록을 세우며 우승한 데 이어 400m와 1,500m에서도 금메달을 따내며 3관왕에 올라 대회 최우수선수로 선정된 것이다. 이 기록은 1982년 뉴델리대회에서 최윤희가 3관왕에 오른 이후 24년 만의 아시아경기대회 3관왕 기록이며, 1986년 서울대회 이후 20년 만의 최우수선수 수상이었다. 이 밖에도 사이클, 태권도, 양궁, 골프, 여자핸드볼 등 전통적인 강세 종목에서 좋은 성적을 거두었다. 하지만 승마에서 김형칠이 경기 도중 낙마로 사망하는 사건이 벌어지면서 안타까움을 남기기도 하였다

(16) 제16회 광저우대회(2010)

2010년 11월 12일부터 11월 27일까지 중국 광둥성의 성도 광저우에서 개최된 제16회 아시아 경기대회에서 한국은 금메달 76개, 은메달 65개, 동메달 91개를 획득하며 압도적인 차이로 일본을 제치고 종합 2위를 지켜내며 4회 연속 종합 2위를 수성하였다. 한국은 사격에서 13개의 금메달을 따내며 선전했고, 남자수영의 박태환은 자유형 200m에서 아시아신기록을 세우며 2회 연속 우승을 차지하였다. 또한 자유형 400m와 자유형 100m에서도 우승을 차지하며 두 대회 연속 3관왕에 올랐다. 한편 체조의 양학선은 남자 뜀틀에서 중국 선수를 여유 있게 꺾고 우승을 차지했으며 남자양궁 단체전에서는 임동현, 김우진, 오진혁이 중국을 222 : 218로 물리치며 1982년 뉴델리대회 이후 8회 연속 우승의 값진 기록을 세우기도 하였다

(17) 제17회 인천대회(2014)

인천아시아경기대회는 그동안 개최된 1986 서울아시아경기대회, 1999 강원동계아시아경기대회, 2002 부산아시아경기대회에 이어 한국이 네 번째로 개최한 아시아경기대회이었다. 2006년 12월 2일에 카타르 도하에서 인도공화국의 뉴델리와 대한민국의 인천광역시 두 도시가 2014년 아시아경기대회 후보 도시에 선정되었다. 인천은 2007년 4월 17일 쿠웨이트에 있는 메리어트호텔에서 열린 아시아올림픽평의회(OCA) 제26차 총회에서 32표의 지지를 얻어 13표를 얻은 인도의 뉴델리를 따돌리고 2014년 아시아경기대회 유치에 성공하였다.

 2014년 9월 19일부터 10월 4일까지 인천에서 열린 제17회 아시아경기대회를 통해 한국은 1986년 서울, 2002년 부산대회에 이어 세 번째로 하계아시아경기대회를 개최하게 되었다. 이 대

회에는 아시아올림픽평의회 회원국 45개국이 모두 참가하였으며 자국에서 개최되는 대회인 만큼 한국은 36개 전 종목에 1,068명의 선수단을 출전시켰고 금메달 79개, 은메달 71개, 동메달 84개로 종합 2위에 올랐다. 이 대회에서도 중국은 1982년 뉴델리대회에 이어 9개 대회 연속종합우승을 차지하였다. 한국은 펜싱, 우슈, 승마, 양궁, 사격, 태권도, 유도, 레슬링 등 여러 종목에서, 많은 메달을 획득하며 명실상부한 아시아스포츠의 강국임을 증명하였다. 특히 리듬체조의 손연재는 아시아경기대회 사상 첫 금메달을 획득했고 김연경을 중심으로 한 여자배구도 우승을 차지하였다.

이번 대회에서 가장 주목받은 종목은 축구와 농구였다. 특히 남자농구는 아시아 최강으로 분류되던 이란과의 결승전에서 김주성, 문태종, 양동근, 조성민, 김선형, 김종규, 이종현, 오세근 등 신·구조화를 앞세워 79 : 77로 역전승을 거두면서 2002년 부산대회 이후 12년 만에 금메달을 차지하였다. 여자농구 또한 결승에서 중국을 맞이하여 신정자, 하은주, 변연하, 이미선, 임영희 등 경험 많은 선수들을 주축으로 70 : 64의 승리를 만들어내며 금메달을 차지하였다. 축구에서도 마찬가지로 선수들의 선전이 이어졌다. 여자축구는 비록 북한과의 준결승전 경기에서 후반 종료 직전 북한의 허은별에게 통한의 결승 골을 내주며 1 : 2로 패배하며 결승행이 좌절되었지만, 동메달 결정전에서 베트남에 3 : 0으로 승리하며 동메달을 따냈다. 남자축구는 결승에서 북한을 맞이하여 연장종료 직전 터진 임창우의 결승골에 힘입어 1:0으로 승리하며 금메달을 획득하였다. 대회기간 중 북한의 황병서 군 총정치국장, 최룡해 당 비서, 김양건 대남담당비서 등 최고위급인사들이 10월 4일 이례적으로 인천을 방문, 정홍원 총리를 비롯한 남한 정부 인사와 접촉하고 폐막식을 본 뒤 돌아간 분단 이후 최초로 북한의 고위인사들이 남한에서 개최되는 국제행사에 참석하는 역사적인 상황이 전개되기도 하였다.

다. 한국의 동계아시아경기대회 참가 역사

(1) 제1회 삿포로대회(1986)

1986년 3월 1일부터 3월 8일까지 일본 삿포로에서 개최된 제1회 동계아시아경기대회에는 36개 OCA 회원국 중 7개국이 참가하였다. 동계종목의 특성상 기후적인 요인 등의 제약이 있었기 때문이다. 한국은 초대 동계아시아경기대회에서 남자스피드스케이팅 1,000m의 배기태가 우승을 차지하는 등 금메달 1개, 은메달 5개, 동메달 12개를 획득하며 종합 3위를 기록하였다.

(2) 제2회 삿포로대회(1990)

1990년 3월 9일부터 3월 14일까지 일본의 삿포로에서 제2회 동계아시아경기대회가 개최되었다. 당초 이 대회 개최국이었던 인도가 개최권을 반납하면서 삿포로에서 2회 연속으로 대회가 개최되었다. 한국은 이 대회에서 금메달 6개, 은메달 7개, 동메달 8개를 획득하며 두 대회 연속 종합

3위를 기록하였다. 여전히 일본의 독주가 이어졌지만, 이 대회에서 한국은 쇼트트랙의 김기훈과 김소희 등의 활약에 힘입어 4개의 금메달을 차지하며 쇼트트랙 강국으로서의 초석을 마련하였다.

(3) 제3회 하얼빈대회(1996)

1996년 2월 4일부터 2월 11일까지 중국의 하얼빈에서 제3회 동계아시아경기대회가 개최되었다. 당초 이 대회는 북한이 개최하기로 하여 1994년 백두산의 삼지연에서 개최될 예정이었으나 준비 부족으로 개최권을 반납했고, 원래 예정보다 2년 뒤인 1996년 하얼빈에서 열린 것이다. 이 대회에서 한국은 금메달 8개, 은메달 10개, 동메달 8개로 뛰어난 성적을 거두었지만, 신생 독립국인 카자흐스탄에 밀려 종합 4위에 머물렀다. 하지만 남자 쇼트트랙의 채지훈이 1,000m, 3,000m 및 5,000m 계주까지 금메달을 휩쓸며 차기 대회 개최국으로서의 체면을 지킬 수 있었고, 여자 쇼트트랙에서도 전이경이 1,000m에서 우승, 남자스피드스케이팅 500m의 제갈성렬과 여자 1,000m의 천희주도 금메달을 차지하였다. 또한 남자 10km 크로스컨트리에서는 박병철이 동메달을 따내며 쇼트트랙을 제외한 다른 종목에서의 가능성을 다시 한번 확인할 수 있었다.

(4) 제4회 강원대회(1999)

1999년 한국의 강원도에서 개최된 제4회 동계아시아경기대회에는 OCA 회원국 중 23개국이 참가하였다. 이 대회 개최를 통해 한국은 동계스포츠의 경기력은 물론 경기 인프라 마련에도 한 단계 전진할 수 있었고 그 자신감을 통해 동계올림픽경기대회 유치의 토대를 만들기 시작하였다. 이 대회에서 한국은 금메달 11개, 은메달 10개, 동메달 14개를 획득하며 중국에 이어 종합 2위에 올랐다. 특히 전통적인 강세 종목인 쇼트트랙에서 김동성, 이준환, 김윤미, 김문정 등이 세계 최강의 전력을 보여주며 금메달을 획득했고 알파인의 허승욱은 슈퍼대회전과 회전에서 2관왕에 오르며 주목을 받았다.

(5) 제5회 아오모리대회(2003)

2003년 2월 1일부터 2월 8일까지 일본의 아오모리에서 개최된 제5회 동계아시아경기대회에서 한국은 금메달 10개, 은메달 8개, 동메달 10개로 개최국 일본에 이어 종합 2위에 올랐다. 남자 쇼트트랙의 안현수는 1,500m, 5,000m, 10,000m에서 3관왕에 올랐고 3,000m, 5,000m의 송석우와 여자부 3,000m 계주, 1,500m의 최은경도 한국쇼트트랙의 강세를 이어갔다. 이 대회에서는 특히 남자 컬링 결승에서 아시아 최강 일본을 제치고 6:4로 승리하며 우승을 차지했고, 스키점프 단체전에서도 국내 등록선수 7명에 불과한 열악한 저변에서도 일본을 꺾고 우승을 차지하며 이목을 집중시켰다.

(6) 제6회 장춘대회(2007)

2007년 1월 28일부터 2월 4일까지 중국의 장춘에서 개최된 제6회 동계아시아경기대회에서 한국은 금메달 9개, 은메달 13개, 동메달 11개로 중국, 일본에 이어 3위를 차지하였다. 비록 지난 두 대회 연속으로 차지한 종합 2위 자리에서는 밀려났지만, 남녀 컬링의 동반 우승을 비롯하여 다양한 종목에서 역대 최다메달을 차지하며 아시아에서 동계스포츠 선진국으로서의 면모를 확인할 수 있었다.

(7) 제7회 아스타나-알마티대회(2011)

2011년 1월 30일부터 2월 6일까지 카자흐스탄의 아스타나와 알마티에서 개최된 제7회 동계아시아경기대회에서 한국은 금메달 13개, 은메달 12개, 동메달 13개로 종합 3위에 올랐다. 이 대회를 통해 한국은 역대 동계아시아경기임대회 참가 사상 최다금메달을 따냈고, 특히 스피드스케이팅의 이승훈은 5,000m, 매스스타트, 10,000m에서 3관왕에 오르며 한국빙속 장거리의 간판스타로서의 면모를 재확인할 수 있었다.

(8) 제8회 삿포로대회

2017년 2월 19일부터 2017년 2월26일까지 일본의 삿포로에서 개최된 제8회 동계 아시아경기대회에서 한국은 금메달 16개 은메달 18개 동메달 16개로 종합 2위에 올랐다. 이 대회를 통해 한국은 총합 50개의 메달획득으로 역대 동계아시아경기대회 참가 사상 최다 금메달을 따냈고, 스노보드와 피겨스케이팅, 남자 크로스컨트리에서 사상 첫 금메달을 획득했으며 바이애슬론 개인종목과 프리스타일 스키에서도 처음으로 메달을 획득하였다. 또한 아이스하키에서도 남자부에서 처음으로 은메달을 획득하고, 비록 메달획득에는 실패했으나 여자부도 첫 승을 거두고 중국과 카자흐스탄 등을 상대로 괄목상대할 만한 실력을 보여주는 등 그동안 쇼트트랙과 스피드스케이팅, 알파인스키에만 치중되었던 메달 저변을 넓히며 2018 평창동계올림픽에 대한 전망을 밝혔다는 평을 받고 있다. 대회에 참가한 이후로 처음으로 11개 종목 모두 메달획득에 성공했다.

3. 각종 국제스포츠경기대회

가. 주요 국제스포츠경기기구

각종 국제스포츠경기를 총괄하는 세계 최고의 스포츠기구로 국제경기연맹(IFS)이 있으며, 세계 주요 3대 체육 기구로는 국제올림픽위원회(IOC), 국제육상연맹(IAAF), 국제축구연맹

(FIFA)이 있다.

(1) 국제경기연맹

국제경기연맹(IFS)은 각종 스포츠 경기를 총체적으로 운용하며, 국제올림픽위원회(IOC) 인정 단체와 올림픽 경기 종목 연맹의 회원가입을 통해 운영되고 있다. 올림픽 같은 국제경기는 해당 스포츠 경기연맹과 협의회로 구성되어 있으며, 국제올림픽위원회의 인정단체도 포함되어 있다(국제올림픽위원회, 2015.1.15 검색). 올림픽 스포츠 경기연맹으로 국제아마추어육상 경기연맹(IAAF), 국제조정연맹(FISA), 국제배드민턴연맹(IBF), 국제야구연맹(IBA), 국제농구연맹(FIBA), 국제봅슬레이 및 터보건연맹(FIBT), 국제아마추어복싱연맹(AIBA), 국제카누연맹(FIC), 세계컬링연맹(WCF), 국제사이클리스트연맹(UCI), 국제승마연맹(FET), 국제펜싱연맹(FIE), 국제축구연맹(FIFA), 국제체조연맹(FIG), 국제핸드볼연맹(IHF), 국제하키연맹(FIH), 국제아이스하키연맹(IIHF), 국제유도연맹(IJF), 국제루지연맹(FIL), 국제레슬링연맹(FILA), 국제아마추어수영연맹(FINA), 국제근대오종 및 바이애슬론연맹(UIPMB), 국제빙상연맹(ISU), 국제스키연맹(FIS), 국제탁구연맹(ITTF), 국제테니스연맹(ITF), 국제사격연맹(UIT), 국제양궁연맹(FITA), 국제배구연맹(FIVB), 국제역도연맹(IWT), 국제요트연맹(IYRU), 세계태권도연맹(WTF)이 있다. 국제올림픽위원회가 인정한 단체는 국제항공연맹(FA), 국제산악연맹(UIAA), 세계아마추어골프평의회(WAGC), 국제코프볼연맹(IKP), 국제네트볼협회(IFNA), 국제오리엔티어링연맹(IOF), 국제펠로타바스카연맹(FIPV), 국제래키트볼협회(IRF), 국제롤러스케이팅연맹(FIRS), 국제소프트볼연맹(ISF), 국제곡예스포츠연맹(IFSA), 국제수상스키연맹(IWSF), 세계스쿼시연맹(WSF), 국제수중연맹(CMAS), 국제트램펄린연맹(FIT)이 있다(IOC, 2022. 12. 17 검색).

국제올림픽위원회에서 공인한 경기연맹의 스포츠 경기종목만 올림픽경기 대회에 참가할 수 있으며, 국제경기연맹에 가맹되지 않으면 올림픽뿐만 아니라 국제경기대회에 참가할 수 없다. 국제경기연맹은 아마추어 국제규정과 경기규칙을 제정하며, 국제올림픽위원회와 올림픽경기 운영에 대한 협의를 한다. 국제경기연맹의협의 기구로는 하계올림픽 종목협의회(ASOIF), 동계올림픽 종목 협의회(AIWF), 올림픽공인 종목협의회(ARISF), 비올림픽종목인 경기단체까지 포함하여 총 96개의 단체로 구성된 국제경기연맹총연합회(GAISF)가 있다(국제올림픽위원회, 2015.01.15.).

(2) 국제올림픽위원회

국제올림픽위원회(IOC)는 1894년 6월 23일 프랑스의 피에르 쿠베르탱이 제창했으며, 파리 의회에서 창설된 국제기구로, 본부는 스위스 로잔에 있다. 고대올림픽의 전통을 계승하여 이념을 널리 떨치고, 아마추어 스포츠 경기의 발전을 목적으로 한다. 법률상 국제법에 따른 법인체이며, 4년마다 올림픽경기대회의 개최를 주도한다. IOC는 2014년 기준 전 세계 205개국의 국가 올림픽위원회(NOC)와 국제경기연맹(IF)을 총괄하며, 총회와 집행위원회, 사무국, 윤리분과위원회, 올림픽경기 대회조정분과위원회 등의 산하 분과위를 두고 있다. 올림픽 경기대회에는 국가 올림픽위원회(NOC)가 조직되어있는 나라만 참가할 수 있으며 올림픽경기 종목은 국제경기연맹에서 승인된 종목으로 채택한다(하남길, 2004: 442; 국제올림픽위원회, 2015.01.15.).

우리나라는 1946년 대한올림픽위원회(KOC)를 설립했으며, 1947년 6월 스웨덴 스톡홀름에서 열린 IOC 총회에서 IOC 정식회원국으로 가입하였다. 1955년 이래 스포츠계 최고명예직인 IOC 위원 9명이 피선되었다. 1988년 서울에서 제24회 올림픽경기 대회를 개최했으며, 1993년 한국올림픽박물관을 개설하였다. 북한은 1963년 10월 독일 바덴바덴 IOC 총회에서 IOC에 정식가입하였다.(대한체육회 70년사, 1990: 685; 이학래, 2000: 335; 최종삼·손수범; 2005: 394; 네이버 문화·스포츠 관련 국제기구 지식정보원, 2015.01.15., 국제올림픽위원회).

(3) 국제육상연맹

국제육상연맹(IAAF)은 1912년 스웨덴 스톡홀름에서 개최된 제5회 올림픽경기대회 때 17개국의 대표가 모여 설립되었으며, 본부는 원래 스톡홀름이었으나 1993년 10월에 모나코로 옮겼다. 출범 당시 공식 명칭은 International Amateur Athletics Federation이었으며, 2001년까지 사용되었다가 현재의 명칭으로 변경되었다. 1921년 국제경기 규칙과 세계기록 공인제도를 정했으며, 1982년 종래의 아마추어리즘을 수정해서 대회 참가에 대한 금전적인 대가를 인정하였다. 국제육상연맹의 가맹국은 2011년 기준 213개국인데, 아시아(AAA), 아프리카(CAA), 남미(CONSUDATLE), 북중미(NACACAA), 유럽(EAA), 오세아니아(OAA) 6개 대륙별 경기연맹을 두고 있다(국제육상경기연맹, 2015.01.15; 네이버 기관단체 사전, 2015.01.15. 국제육상경기연맹).

국제육상연맹은 세계선수권대회, 세계 실내선수권대회, 세계주니어선수권대회, 세계유스선수권대회, 월드컵 등의 경기를 주관하고 있다. 세계선수권대회는 1983년 핀란드 헬싱키에서 처음 개최되었으며, 4년마다 열리다가 1991년부터 2년마다 개최되고 있다. 2011년 제13회 세계선수권대회는 우리나라 대구에서 개최되었다. 세계실내선수권대회는 1985년 프랑스 파리에서 시작했으며, 매 2년마다 개최되며, 세계크로스컨트리선수권대회와 세계하프마라톤대회는 매년 개최되고 있다. 우리나라는 1945년에 가입하였다(국제육상경기연맹, 2015.01.15. 검색).

(4) 국제축구연맹

국제축구연맹(FIFA)은 1904년에 프랑스, 스위스, 네덜란드, 벨기에, 스페인, 스웨덴, 덴마크의 7개국이 프랑스 파리에서 모여 종래 각국 축구협회의 지원과 관리를 위해 국제관리기구로 설립되었다. 세계축구의 중심연맹으로서 각나라와 각 대륙별 연맹이 국제경기를 원활히 운영할 수 있도록 지원한다.

국제축구연맹은 월드컵(FIFA World Cup), 여자월드컵(FIFA Women's World Cup), 컨페더레이션스컵(FIFA Confederations Cup), 세계청소년선수권(FIFA World Youth Champion ship), U-17 세계청소년선수권(FIFA U17 World Championship), 여자 U-19 세계선수권(FIFA U19 Women's World Championship), 풋살세계선수권(FIFA Futsal World Championship), 남녀 올림픽 토너먼트, 세계클럽선수권대회(FIFA Club World Championship)의 총 9개 국제대회를 주관한다. 국제축구연맹은 국제대회 개최뿐만 아니라 축구지도자양성을 위한 다양한 프로그램을 개발하고 있으며, 축구의 보급 및 발전에 힘을 쏟고 있다(국제축구연맹, 2015.1.15).

국제축구연맹은 초기에는 유럽 중심의 축구협회가 주류였으나 1909년부터 다른 대륙에서도 가입하기 시작하였다. 그래서 국제축구연맹의 효율적인 운영을 위해 각 대륙별 지역협회를 두었는데, 아시아에는 AFC, 아프리카에는 CAF, 북부·중부 아메리카와 카리브 지역에는 CONCACAF, 남부 아메리카에는 CONMEBOL, 유럽에는 UEFA, 오세아니아지역에는 OFC가 있다. 우리나라는 1933년 조선축구협회의 발족 이후 1948년 6월 국제축구연맹에 가입하였고, 북한은 1958년 국제축구연맹에 가입하였다(국제축구연맹, 2015.1.15. 검색).

나. 각종 국제스포츠경기대회

현대사회에 들어오면서 각종 국제스포츠 경기대회가 각국에서 다양한 목적과 취지하에 개최되었다. 대표적인 국제스포츠 경기대회로는 하계·동계올림픽경기대회, 하계·동계패럴림픽, 하계·동계스페셜올림픽 경기대회, 하계·동계청소년올림픽경기대회, 유니버시아드경기대회, 세계월드컵축구경기대회, 세계청소년축구경기대회, 세계 4대 테니스경기대회, 아시아야구선수권경기대회와 월드베이스볼클래식, 세계 4대 골프경기대회, 세계선수권경기대회 등이 있다.

(1) 올림픽경기대회

하계·동계올림픽경기대회, 하계·동계패럴림픽경기대회, 하계·동계 스페셜올림픽경기대회, 하계·동계 청소년올림픽경기대회, 세계군인올림픽경기 대회 등이 있다(하남길, 2004: 443).

① 하계올림픽경기대회와 동계올림픽경기대회
(▶자세한 설명은 제8부 1장과 2장에서 상세히 다루었음)

하계올림픽경기대회와 동계올림픽경기대회는 스포츠계뿐만 아니라 전 세계인들을 열광과 흥분의 도가니 속으로 이끄는 대규모 국제스포츠 대제전이라고 할 수 있다. 하계올림픽경기대회는

1894년 프랑스의 피에르 쿠베르탱이 스포츠 경기를 통한 국제사회의 화해와 평화를 도모하고자 하는 의도에서 제창되었으며, 근대 올림픽경기대회의 시작이라고도 할 수 있다. 첫 하계올림픽경기대회는 1896년 아테네에서 개최되었으며, 14개 국가에서 출전하였다(하남길, 2010: 517). 하계올림픽경기대회는 국제올림픽위원회가 주관하며 4년마다 개최되었다. 참가 선수는 각국의 국가올림픽위원회에 의해 선발되며, 각국의 대표가 된다. 1904년 이후부터 경기 결과에 따라 금메달, 은메달, 동메달을 수여했으며, 메달 수여식 때 국기가 게양되고 국가가 울려 퍼지며, 각국의 메달 집계가 이루어진다. 우리나라에서는 1988년 제24회 서울올림픽경기대회가 개최되었으며, 2016년에는 브라질의 리우데자네이루, 2021년에는 일본 도쿄에서 개최되었다(하남길, 2010: 521; 하계올림픽경기대회, 2015.1.15; 네이버 한국민족문화대백과, 2015.1.15, 올림픽경기대회).

2021년 7월 23일부터 8월 8일까지 일본 도쿄도에서 개최된 제32회 하계올림픽경기대회는 당초 2020년 7월 24일에서 8월 9일 사이에 개최될 예정이었으나 코로나-19의 세계적인 확산으로 인해 개최가 2021년 여름으로 연기되었다. 다만 대회 명칭은 그대로 유지되었다. 코로나-19 사태 발생 이후 전 세계적인 팬데믹 중 열렸던 첫 올림픽이자 근올림픽 역사상 최초로 홀수 연도에 개최된 하계올림픽이다. 세계적인 감염병 등 공중보건 위기 상황에서 방역 시행 하에 열린 가장 큰 국제행사라는 점에서 포스트 코로나 시대 및 미래의 또 다른 감염병 등의 국제적 위기 상황 시 국제행사를 개최하면서 회자할 인류의 중요한 사례이자 경험으로서의 기점이다. 코로나-19의 재확산으로 인해 미야기현, 시즈오카현, 이바라키현 이외의 장소에서 열리는 모든 경기는 무관중으로 치러졌다. 일본과 도쿄는 1964 도쿄올림픽에 이어 2020 도쿄올림픽을 개최함으로써 아시아 국가 중 최초로 하계올림픽을 두 번 개최한 국가와 도시가 되었으며, 동계올림픽까지 합쳐 총 4번의 올림픽 개최 국가가 되었다.

동계올림픽경기대회는 눈과 얼음 위에서 펼쳐지는 겨울스포츠 경기를 중심으로 1924년부터 4년마다 개최되는 동계스포츠 대제전이다. 1908년 제4회 런던올림픽경기대회에 올림픽경기대회 사상 처음으로 동계스포츠가 등장하여 피겨스케이팅 경기가 열렸다. 이후 1920년 제7회 안트베르펜올림픽 경기대회에 아이스하키 종목이 추가되어 개최되었다. 1921년 국제올림픽위원회의 회의에서 본격적인 동계올림픽경기대회 개최 제안이 있었으며, 일부 북유럽 국가의 반대가 있었지만, 국제올림픽위원회의 공식 승인을 받아 프랑스에서 시범적으로 개최하기로 하였다. 1924년 프랑스 샤모니에서 16개국의 선수들이 참가한 가운데 최초의 동계올림픽경기대회가 개최되었으며, 현재까지 이어오고 있다(하남길, 2010: 549; 2018 평창동계올림픽경기대회 조직위원회, 2015.01.15, 동계올림픽 소개).

우리나라에서는 2002년 전북 무주와 강원도 평창이 2010년 동계올림픽경기대회 유치 경쟁 결과, 강원도 평창이 올림픽경기대회의 개최 후보 도시로 최종 결정되었다. 평창은 세 번의 동계올림픽경기대회 유치 실패 고배를 마셨지만, 결국 2018년 2월에 개최될 제23회 동계올림픽경기대회 유치에 성공하였다(2018 평창동계올림픽경기대회 조직위원회, 2015.01.15, 동계올림픽 소개).

2018 평창동계올림픽은 제23회 동계올림픽대회로 대한민국 강원도, 평창, 강릉, 정선 일대에서 2018년 2월 9일부터 25일까지 17일간 개최되었다. 평창동계올림픽은 1988 서울올림픽 이후 30년 만에 개최되는 두 번째 올림픽이자, 대한민국 최초의 동계올림픽으로(평창동계올림픽대회 및 동계패럴림픽대회 기념관, 2022. 10. 3) 총 122명의 선수가 15개 종목에 출전한 지난 대회보다 75명이 늘어난 사상 최대 규모이다. 단체전인 아이스하키와 컬링, 그리고 쇼트트랙 종목에 출전하는 선수가 가장 많다. 대한민국은 메달 17개(금메달 5개, 은메달 8개, 동메달 4개)를 획득하여 밴쿠버 대회 당시 기록하였던 14개 기록을 경신하였다. 그중 6개는 쇼트트랙, 7개는 스피드스케이팅에서 나왔다. 스켈레톤에서는 윤성빈이 역사상 최초로 금메달을 수확하였고, 컬링에서는 여자 대표팀이 역대 두 번째 출전 만에 첫 메달획득에 성공하였다. 또한, 스노보드에서 이상호가 출범 후 58년 만에 첫 메달을 안겼다. 봅슬레이에서도 남자 4인승 경기에서 최초로 메달을 획득하는 데 성공하였다. 여자 아이스하키 국가대표 23인의 경우 조선민주주의인민공화국 여자 아이스하키 국가대표팀과 남북공동 팀을 이루어 경기에 임하게 되었다.

② 하계패럴림픽과 동계패럴림픽

패럴림픽(Paralympic)은 장애인 스포츠 경기대회로서, 신체장애가 있는 선수들이 참가하는 국제스포츠경기대회이다. 패럴림픽은 패럴림픽위원회(IPC: International Paralympic Com mit-tee)의 주관과 국제장애인올림픽위원회(IPC)의 주최로 4년마다 개최되며, 올림픽경기대회가 열리는 해에 올림픽경기대회의 개최국에서 열린다. 패럴림픽은 하계패럴림픽과 동계패럴림픽이 있다. 1960년에 이탈리아 로마에서 제1회 하계패럴림픽경기대회가 시작되었으며, 1972년 제4회 하이델베르크패럴림픽경기대회 때 모든 장애인을 대상으로 참가 범위가 확대되었다. 1976년에는 스웨덴 외른셸스비크에서 제1회 동계패럴림픽이 열렸으며, 이후 올림픽과 같이 2년마다 하계와 동계패럴림픽이 번갈아 개최되고 있다. 또한 1988년 서울올림픽경기대회 때부터는 올림픽 폐막 후 한달 정도 기간 내에 올림픽이 개최된 도시에서 하계패럴림픽이 개최된다. 패럴림픽 개막식의 입장은 올림픽과 달리 그리스가 제일 먼저 입장하지 않고 영어 알파벳 순서로 입장한다. 우리나라 팀은 1968년 제3회 텔아비브패럴림픽부터 참가하였다(2018 평창동계올림픽경기대회 조직위원회, 2015.01.15, 동계올림픽 소개). 2018 평창동계패럴림픽은 제12회 동계패럴림픽대회로 2018년 3월 9일부터 3월 18일까지 10일간 개최되었으며, 동계올림픽대회 사상 최다인 49개국, 567명의 선수가 참가하였다. 역대 최대 규모였던 평창동계패럴림픽은 모든 경기장을 차량으로 30분 거리에 배치해 선수·경기 중심 최적의 환경을 조성하였으며 단일 선수촌 운영을 통해 모든 패럴림픽 관계자가 함께 어울릴 수 있도록 기획되었다(평창동계올림픽대회 및 동계패럴림픽대회 기념관 2022. 10. 3).

③ 하계스페셜올림픽경기대회와 동계스페셜올림픽경기대회

스페셜올림픽경기대회는 지적·자폐성 장애인들을 위한 국제스포츠경기 대회로서, 1968년 처음 시작되어 4년마다 하계스페셜올림픽경기대회와 동계스페셜올림픽경기대회로 나뉘어 개최되며, 1988년에 올림픽경기대회와 패럴림픽과 더불어 국제올림픽위원회에서 공식 승인을 받아서 3대 올림픽경기대회로 인정을 받고 있다. 1963년 6월 존 F. 케네디 당시 미국 대통령의 여동생 유니스 케네디 슈라이버가 메릴랜드 주의 시골 농원에서 지적장애인들을 위하여 여름 캠프를 개설한 것이 계기가 되었다. 이후 케네디 재단의 후원을 받아 1968년 7월에 시카고에서 제1회 하계스페셜올림픽경기대회가 개최되었고, 미국 26개 주와 캐나다가 참가하였다. 이 경기대회는 지적장애인의 운동 능력과 사회 적응력을 높이는 것이 주요 목적이다. 그래서 1등, 2등, 3등 선수나 팀에게는 메달을, 나머지 모든 참가 선수에게는 리본을 달아준다(Special Olympics, 2022. 12. 17).

1977년 2월 미국 콜로라도주에서 제1회 동계스페셜올림픽경기대회가 개최된 이후 하계스페셜올림픽경기대회와 동계스페셜올림픽경기대회가 2년마다 번갈아 개최되고 있으며, 2013년 동계스페셜올림픽경기대회는 강원도 평창에서 개최되어 120가국의 3,300여 명이 참가하였다(KBS news, 2015.1.15, 2013 평창동계스페셜올림픽). 스페셜올림픽경기대회는 미국 워싱턴에 본부를 둔 국제스페셜올림픽위원회(Special Olympics International: SOI)가 주관하며, 국가별로 스페셜올림픽위원회가 있다. 한국은 1978년 한국특수올림픽위원회로 출범하여 1985년 국제본부로부터 국가위원회로 잠정 승인을 받았고, 2004년 공식 인증을 획득하였다. 2005년 한국스페셜올림픽위원회로 명칭을 변경하고 문화관광부 산하의 대한장애인체육회 가맹단체로 가입하였으며, 2008년 사단법인 한국스페셜올림픽위원회(SOK)가 출범하여 국내대회의 주관 및 국제대회 참가 등 다양한 활동을 하고 있다(한국스페셜올림픽위원회, 2015.1.15., 스포츠).

④ 하계청소년올림픽경기대회와 동계청소년올림픽경기대회

청소년올림픽경기대회는 유스올림픽(YOG)이라고 하며, 만 14~18세의 청소년들이 스포츠 경기를 하는 청소년 올림픽경기대회이다. 2001년 당시 IOC 회장인 자크 로게가 다양한 구상을 했으며, 2007년 국제올림픽위원회 총회에서 만장일치로 대회 창설이 결정되었고, 기존 체육시설을 활용하고 작은 도시의 대회 유치를 유도하기 위해 일반 올림픽경기대회의 1/3 수준에서 비용은 3,000만 달러를 넘지 않도록 규정하였다(국제올림픽위원회, 2015.1.15). 청소년올림픽경기대회는 하계청소년올림픽경기대회와 동계청소년올림픽경기대회로 나뉘며, 4년마다 개최된다. 제1회 하계청소년올림픽경기대회는 2010년 8월 싱가포르에서, 제1회 동계청소년올림픽경기대회는 오스트리아 인스브루크에서 개최되었다(IOC, 2022. 12. 17). 청소년올림픽경기대회는 현대사회의 청소년들에게 스포츠 경기 활동을 통한 심신의 건강을 지향케 하는 것이 주요 목적이라고 할 수 있다.

(2) 아시아경기대회 (▶자세한 설명은 위에서 상세히 다루었음)

아시아경기대회는 올림픽경기대회의 개최 중간 연도에 아시아에서 개최되며, 근본적으로 올림픽의 이념과 같이 인류의 화합과 번영을 근본이념으로 두었다.

1947년 인도 국제올림픽위원회의 위원인 손디가 뉴델리에서 개최된 아시아국제회의에서 아시아경기연맹의 설립을 제의했으며, 1948년 8월 런던올림픽경기대회 기간중에 한국, 중국, 필리핀, 미얀마, 인도, 스리랑카의 6개국 대표가 모여 아시아경기대회의 개최를 위한 최초의 협의회가 이루어졌다. 1949년 2월 뉴델리에서 9개국 대표가 참석한 가운데 아시아경기연맹(AGP)의 조직을 위한 협의회가 개최되고, 연맹에서 제정한 헌장이 국제올림픽위원회의 승인을 얻게 되면서 공식적인 출범을 하였다. 이때 헌장 제정 및 준비 업무를 위해 조직된 소위원회에 우리나라의 신기준 이 4인 중 1인으로 구성되었다(하남길, 2004: 444).

아시아경기대회의 전신은 일본, 중국, 필리핀 등의 국가가 참가했던 극동선수권대회와 인도, 아프가니스탄, 팔레스타인 등의 국가가 참가했던 서아시아경기대회였으며, 이 두 대회가 합병되어 다시 태어났다. 우리나라는 1952년 아시아경기연맹의 정식 회원이 되었다. 1981년 아시아경기연맹은 뉴델리에서 개최된 아시아경기연맹총회에서 아시아올림픽평의회(Olympic Council of Asia: OCA)로 개정을 발의하여 승인하였다. 1981년과 1982년 아시아경기연맹총회에 참가한 국가는 아시아올림픽평의회의 창립 회원국이 되었으며, 우리나라는 1982년 아시아올림픽평의회의 총회에서 1986년 서울아시아경기대회를 유치하고 성공적으로 개최하였다(아시아올림픽평의회, 2015.01.15, OCA History).

(3) 유니버시아드경기대회

유니버시아드경기대회는 국제대학스포츠연맹(FISU)이 주관하는 범세계적 대학운동경기로서, 원래의 명칭은 University Olympiad 또는 World University Games of FISU이다. 1923년 파리에서 개최된 제1회 국제학생경기대회를 시작으로 1939년 제10회 빈경기대회 이후 제2차 세계대전과 동서 간의 이념 대립으로 중단되었다. 1959년에 이탈리아 토리노에서 University와 Olympiad의 합성어인 유니버시아드경기대회로 부활되면서 현재에 이르고 있다. 국제대학스포츠연맹 본부는 파리에 있으며, 경기대회는 하계유니버시아드경기대회와 동계유니버시아드경기대회로 나뉘어 개최된다. 홀수 연도에는 하계경기대회, 짝수 연도에는 동계경기대회가 개최된다. 또한 매 대회마다 대학스포츠연구회의(CESU)를 개최하며, 스포츠의 학술적인 발전도 도모하고 있다.

1980년대 이후부터 세계대학생의 대제전적인 성격보다는 각국의 국가대표 선수들이 대거 참석하면서 규모가 더욱 커지고 경쟁도 더욱 치열해졌다(하남길, 2004: 444; 2013 카잔하계유니버시아드, 2015.01.15, History of Universiades).

우리나라는 1967년 동경유니버시아드경기대회 때 국제대학스포츠연맹 회원국에 정식으로 가입했으며, 매 대회에 적극적으로 참가하고 있다. 동경유니버시아드경기대회에서 여자농구의 우승을 비롯하여 남자농구와 남자배구 등이 은메달을 획득하며 첫 출전에서 종합 10위를 하였다. 이후 매 경기대회마다 많은 메달을 획득하며 우리나라 대학생들의 위상을 높였다(FISU, 2022. 12. 17).

제1회 동계유니버시아드경기대회는 1960년 프랑스 샤모니에서 처음으로 개최되었으며, 우리나라는 1968년부터 경기대회에 참가하였다. 1972년 제7회 미국 레이크플래시드에서 열린 경기대회에서 빙상의 전선옥이 스피드 1,000m 경기에 출전하여 사상 최초로 금메달을 획득하였다. 이후 1989년 제14회 불가리아 소피아대회에서부터 우리나라는 쇼트트랙의 강국으로 부상하게 되었다(트렌티노동계유니버시아드, 2015.01.15, History of the Universiade; 네이버, 한민족문화대백과, 2015.01.15, 유니버시아드경기대회).

1997년 제18회 동계유니버시아드경기대회가 무주·전주에서 개최되었는데 빙상·스키·바이애슬론·아이스하키 4개 종목에 50개국 2,600여 명이 참가한 가운데 성황리에 개최되었다. 우리나라는 종합순위 6위를 차지하였다. 또한 2015년 7월 광주에서 제28회 하계유니버시아드경기대회가 개최될 예정이다(FISU, 2022. 12. 17).

(4) 세계축구경기대회

① 세계월드컵축구경기대회 (FIFA)

세계월드컵축구경기대회는 국제축구연맹(FIFA)의 주관하에 하계올림픽 중간 연도에 4년마다 개최되는 세계축구대회이다. 단일종목으로는 스포츠경기대회 가운데 가장 큰 축구 대제전이며, 전 세계를 축구 열기로 뜨겁게 달구는 그야말로 빅 이벤트이다. 참가선수는 아마추어와 프로선수 모두 가능하며, 선수 개인의 국적에 따라 대표팀으로 출전하기 때문에 최고 수준의 경기가 펼쳐진다.

제1회 세계월드컵축구경기대회는 1930년 우루과이 몬테비데오에서 개최되었는데, 13개국이 참가하였다. 1938년 제3회 프랑스 세계월드컵축구경기대회의 개최 이후 제2차 세계대전으로 인해 12년간 개최가 중단되었다가 1950년 브라질에서 제4회 세계월드컵축구경기대회가 다시 개최되었다. 초창기 대회는 초청 형식으로 이루어졌으며, 제3회 FIFA 회장인 프랑스의 J.줄리메가 줄리메컵을 지원하여 줄리메컵 세계선수권경기대회라고도 하였다. 줄리메컵은 1958년, 1962년, 1970년 대회 연속 3회 우승을 한 브라질에게 영구히 넘어갔으며, 1971년에 국제축구연맹에서 우승컵을 제공한 뒤부터 FIFA 월드컵이라고도 한다(Britannica, 2022. 12. 17).

우리나라는 1954년 제5회 스위스 세계월드컵축구경기대회에 처음으로 출전했으며, 1986년 제13회 멕시코 세계월드컵축구경기대회, 1990년 제14회 이탈리아 세계월드컵축구경기대회, 1994년 제15회 미국 세계월드컵축구경기대회, 1998년 제16회 프랑스 세계월드컵축구경기대회의 본선경기에 진출하여 아시아에서는 처음으로 4회 연속 본선진출에 성공하였다. 2002년 제17회 세계월드컵축구경기대회는 한국과 일본 양국이 공동으로 개최하였다. 이 세계월드컵축구경기대회에서 우리나라는 7전 3승 2무 2패로 아시아 최초로 4강에 진출하였다. 2006년에 제18회 독일 세계월드컵축구경기대회에서 우리나라는 본선 16강 진출에 실패했으나, 한국의 월드컵 사상 원정경기에서 첫 승을 기록하였다. 2010년 제19회 남아프리카공화국 세계월드컵축구경기대회에서 우리나라는 본선에 진출하여 원정 최초로 16강에 진출하였다. 2014년 제20회 브라질 세계월드컵축구경기대회에서 우리나라는 본선 16강 진출에 실패하였으나, 2018년 제21회 러시아 세계월드컵축구경기대회에 참가한 한국은 1승 2패로 16강 진출에 실패했으나 조별리그 3차전에서 세계 1위 독일을 2-0으로 물리치며 대회 최대의 이변을 연출했다. (대한축구협회, 2022.10.3) 2022년 제22회 카타르 월드컵 본선 진출에 성공해서 전 세계 여섯 번째이자 아시아 최초로 10회 연속 본선 진출이라는 업적을 달성했다.

② 세계청소년축구경기대회 (FIFAU-20 World Cup, FIFAU-17 World Cup)

세계청소년축구경기대회는 국제축구연맹이 주관하는 대회로서 참가 선수의 만 나이를 기준으로 FIFA U-20 World Cup과 FIFA U-17 World Cup의 두 종류 경기로 구분된다. FIFA U-20 World Cup은 U-20대회, FIFA U-17 World Cup은 U-17대회라고도 한다. 또한 FIFA U-20 World Cup은 만 20세 이하 선수, FIFA U-17 World Cup은 만 17세 이하 선수로 구성된 각국의 대표팀이 참가하는 경기로서 2년마다 개최된다(FIFA, 2022. 12. 17).

U-20대회는 1977년 튀니지에서 처음 시작되었으며, 각 대륙 국가의 24개 팀이 본선 진출티켓을 얻을 수 있으며, 다시 4개 팀씩 6개 조가 리그전을 통해 각 조 1위와 2위 팀을 선발한다. 각 조의 두 팀은 16강에 올라가고 남은 6개 조의 3위 팀은 승점, 골득실, 다득점 순으로 점수에 따라 4개 팀이 16강에 올라 토너먼트로 결승까지 진출한다. 우리나라는 1983년 멕시코에서 개최된 U-20 대회에서 박종환 감독이 이끈 대표팀이 4위를 하였다. 1991년 포르투갈에서 개최된 U-20 대회에는 남북단일팀이 8강에 올랐으며, 2010년 독일에서 개최된 U-20에서는 3위를 하였다 (FIFA, 2022. 12. 17). U-17대회는 1985년 중국에서 처음 개최되었으며, 이때 16세 이하 대회로 출범했으나 1991년 이탈리아대회부터 나이를 17세로 상향 조정하였다. 각 대륙 예선을 거친 16개 팀이 4개 조로 나뉘어 조별리그를 치르며 각 조 2위까지 8강에 진출하면 8강전부터는 토너

먼트로 우승팀을 가린다. 2007년에는 우리나라에서 경기대회가 개최되었으며, 2010년 U-17 여자월드컵에서는 우승을 하였다(FIFA, 2022. 12. 17).

2019년 폴란드 대회에서는 FIFA가 주관하는 남자 축구대회로는 처음으로 결승에 진출했으며, 2019년 6월 16일 열린 우크라이나와의 결승전 결과 3대 1로 패해 준우승을 차지하면서 지금까지의 U-20 대회에서 가장 좋은 성적을 거뒀다(FIFA, 2022. 12. 17).

(5) 세계 4대 테니스경기대회

세계 4대 테니스대회는 윔블던, 전미오픈, 프랑스오픈, 호주오픈이 있다. 이러한 4대 대회에서 당해에 모두 우승할 경우는 그랜드슬램(grand slam)을 달성했다고 한다. 윔블던은 1877년 영국 윔블던에서 제1회 경기대회가 개최되었으며, 가장 오랜 역사를 가지고 있다. 1968년 프로들에게 본격적으로 개방되었으며, 매년 6월경에 잔디코트에서 경기가 펼쳐진다(네이버 시사상식사전, 세계청소년축구선수권대회, sporting99, Tennis-wimbledon History). 전미오픈은 US오픈이며, 1881년부터 매년 9, 10월경에 개최되며, 총상금이 가장 많은 대회이다. 경기 코트는 잔디 클레이-하드코트로 변천되어왔다(ESPN, MORE SPORTS, sporting99, Tennis-US Open).

프랑스오픈은 1891년에 프랑스 롱랑가를로에서 처음 개최되었으며, 1968년 프로들에게 개방되었다. 매년 4, 5월경에 점토로 된 클레이코트에서 경기가 이루어지며, 코트 관리가 플레이에 영향을 주기도 한다(프랑스오픈테니스대회, 2015.1.15). 호주오픈은 1905년에 호주 멜버른에서 처음 개최되었으며, 하드코트에서 경기가 이루어진다. 경기 규모는 세계 4대 테니스대회 가운데 비교적 작다(sporting99, Tennis-Australian Open History). 한국은 호주오픈에서 정현(2018) 4강 프랑스오픈에서 이형택(2004, 2005), 정현(2017), 권순우(2021)의 32강 윔블던에서 이형택(2007)이 32강 US오픈에서 이형택(2000, 2007) 16강으로 이형택 선수가 그랜드슬램 대회 남자단식 16강에 2번 오른 것이 한국 남자 테니스 선수가 거둔 최고 성적이었으나 2018년 1월 22일 정현이 조코비치를 이기고 호주오픈 8강에 오른 다음 2018년 1월 24일 미국의 테니스 샌드그렌을 이기고 4강에 오르며 기록을 경신하였다.

(6) 아시아야구선수권경기대회와 월드베이스볼클래식

야구국제스포츠경기대회의 대표적인 경기로서 아시아에서 개최되는 아시아구선수권경기대회와 월드베이스볼클래식이 있다. 아시아야구선수권경기대회는 1954년 5월 결성된 아시아야구연맹(BFA)이 주관하는 국제야구 경기대회이다. 아시아야구연맹이 결성된 1954년 12월 필리핀 마닐라에서 제1회 아시아야구선수권경기대회가 개최되었는데 우리나라, 일본, 대만, 필리핀 4개국이 참가했으며, 이후 매년 가맹국가에서 개최하기로 하였다. 1956년 제2회 대회와 1957년 제3회 대회는 각각 일본과 우리나라 올에서 개최할 예정이었으나, 일본 경기는 국가 사정으로 마닐라로 변경 개최되었으며, 서울 경기는 운동장의 보수 지연으로 취소되었다. 1959년부터 다시 시작된 경기대회는 2년마다 한 번 개최되었으며, 1975년 대회 이후에 다시 중단되었다가 1983년부터 재개되어 현재까지 열리고 있다. 야구는 1992년부터 2008년까지 하계올림픽경기대회 정식종목임에 따라 1991년부터 2007년까지 올림픽경기대회 야구 경기종목의 아시아지역 예선도 겸했으며, 아마추어 선수뿐만 아니라 프로선수도 참가할 수 있었다. 1993년에는 북한도 경기 참가를 시작하였다.

월드베이스볼클래식(WBC)은 2006년 3월 미국 샌디에이고에서 처음으로 개최된 세계야구경기대회로서, 미국의 메이저리그 선수와 다른 국가의 프로리그 선수들이 참가하는 세계적인 야구경기대회의 개최를 통해 야구의 보급 및 발전에 목적을 두었다. 원래 대회의 공식 명칭을 야구월드컵으로 정하고자 했으나, 이미 국제야구연맹(IBAF)에서 사용하고 있었다. 2009년 3월에 제2회 경기대회가 개최되었으며, 제3회 경기대회부터는 하계올림픽경기대회나 월드컵축구대회 등이 개최되는 경기 연도를 피해 4년마다 개최되었다. 2011년 야구 월드컵이 폐지되면서 국제야구연맹은 월드베이스볼클래식을 세계 최고의 야구선수권대회로 공식 인정했고, 메이저리그(MLB)와 국제야구연맹이 주관하게 되었다.

(7) 세계 4대 골프경기대회

세계 4대 골프경기대회로는 마스터스골프경기대회, 미국PGA선수권경기대회, US오픈골프선수권경기대회, 전영오픈골프선수권경기대회가 있다. 마스터스골프경기대회는 미국의 오거스타 내셔널 주관으로 개최되며 1934년 첫 경기대회 때의 대회명은 오거스타내셔널 인비테이션 토너먼트였으나, 1939년 지금의 명칭으로 변경되었다. 초청제로 운영되며 세계적 골프 강자들만 참가하는 권위 있는 골프대회이다. 매년 4월에 개최되는 세계 4대 골프대회 중 가장 빠른 시즌에 경기가 개최된다(네이버 시사상식사전, 2015.01.15., 마스터스골프대회).

미국PGA선수권경기대회는 1916년에 뉴욕 브롱스빌의 시워노이 컨트리클럽에서 첫 대회가 개최되었다. 미국프로골프협회가 주관하며, 메이저대회 중에는 마지막인 매년 8월에 개최되며, US프로선수권대회라고도 한다. 미국PGA선수권경기대회는 미국 각 지방의 새로운 코스를 돌아가면서 개최되는 것이 특징이다(PGA, 2022. 12. 17).

US오픈골프선수권경기대회는 전미오픈 혹은 US오픈이라고도 한다. 이 경기대회는 1895년 10월 4일 US아마추어골프선수권경기대회가 끝난 뒤 스코틀랜드 출신 미국 프로선수와 영국 프로선수들이 9홀의 뉴포트골프코스에서 실력을 겨룬 데서 비롯되었으며, 50년 이상 된 컨트리클럽에서만 경기가 개최된다(Pittsburgh Post-Gazette, 1983. 06. 13).

전영오픈골프선수권경기대회는 전영오픈 또는 브리티시오픈(The British Open)이라고도 한다. 전 세계 골프의 규칙을 통괄하는 영국왕립골프협회가 주관하며, 공식 명칭은 'The Open Golf Championship(혹은 The Open이라고도 한다)'이다. 1860년 10월에 첫 대회가 개최되었다. 스코틀랜드에 5개 곳과 잉글랜드에 3개 곳 총 8개 곳을 순회하며 경기를 하는 것이 특징이며, 모두 바다를 끼고 있고 바닥이 고르지 않아 불규칙한 바운드가 많이 나며 각종 잡풀이 뒤섞인 러프로도 악명 높다. 악천후도 이 경기대회의 특징 중 하나이다(The Open, 2022. 12. 17).

대표적인 한국의 PGA 선수로서 최경주, 양용은, 배상문 등이 있다. 최경주는 2002년 뉴올리언스 콤팩 클래식에서 한국인 최초로 PGA 투어 우승을 했으며, 2008년 아시아인 최초 세계랭킹 5위에 올랐고, 2011년 플레이어스챔피언십에서 우승하는 등 한국 골프 사상 괄목할 만한 성과를 거두었다. 이어서 양용은은 2006년 유럽프로골프투어 HSBC 챔피언십에서 우승했으며, 2009년 PGA 혼다클래식에서의 우승, PGA 챔피언십에서 당대 최고의 골퍼 미국의 타이거 우즈를 제치고 우승을 하면서 한국뿐만 아니라 아시아 최초로 메이저대회에서 우승을 한 선수가 되었다. 배상문은 2013년 PGA 투어 HP 바이런 넬슨 챔피언십 우승 및 2014년 PGA 투어 프라이스닷컴 우승 등을 하면서 골프 유망주로 각광을 받고 있다.

이외에 여자프로골프대회도 있는데, 그 대표적인 것은 LPGA 투어이다. LPGA는 여자프로골프협회를 지칭하며, 미국에서는 LPGA 그대로 사용되고 있지만, 다른 국가에서는 국가의 약자를 붙인다. 예를 들어 한국이나 일본의 경우 KLPGA와 JLPGA라고 한다. 현재 LPGA 투어에 5대 메이저대회가 있는데, 크래프트 나비스코 챔피언십, LPGA 챔피언십, US여자오픈, 브리티시여자오픈, 에비앙 챔피언십이 있다. LPGA 투어는 1950년에 개최된 11개 대회가 시작이었으며, 첫 대회가 미국 플로리다에서 개최된 탬파오픈이었다. LPGA 투어는 매년 1월 초부터 12월 중순까지 매주 한 경기당 4일간 열리며, 미국뿐만 아니라 캐나다, 호주, 일본 등에서도 개최된다. PGA 투어에는 여성 선수도 출전할 수 있지만, LPGA 투어에는 여성 선수만 출전할 수 있다.

대표적인 한국의 LPGA 선수로서 박세리, 신지애, 최나연, 박인비 등이 있다. 박세리는 1998년에 LPGA 투어에 참가했으며, LPGA 챔피언십과 US여자오픈에서 우승하였다. 이러한 박세리의 우승은 스포츠 영웅의 탄생을 알렸으며, IMF 구제 금융 시기에 어려움을 겪고 있는 국민의 사기를 진작하는 좋은 에너지 원천이 되었다. 이후 박세리는 2007년 LPGA 명예의 전당 입회 자격을 얻어 입회하였다. 2009년에는 신지애, 2010년에는 최나연이 상금 랭킹 1위를 차지하였다. 2013년에는 박인비가 여자 세계랭킹 1위, 크래프트 나비스코 챔피언십, LPGA 챔피언십, US여자오픈 등 LPGA 메이저대회에서 3연승을 하며, 또한 메이저대회 6승을 기록하며, 박세리의 종전 기록인 5승을 넘어서 한국인 메이저대회 최다 우승자로 올라섰다. 거기에 2015년 8월 2일 브리티쉬 오픈마저 우승하며 커리어 그랜드슬램 달성과 함께 벌써 메이저 7승을 달성하는 위엄을 선보였다.

장기간의 세계랭킹 1위 유지, 커리어 그랜드슬램, 명예의 전당 입회 등의 업적은 골프 팬들로 하여금 박인비를 골프여제라고 부르는 데 주저함이 없게 만들었다.

(8) 세계선수권경기대회

세계선수권경기대회(World Championship)는 전 세계 선수들이 각종 스포츠 경기대회에서 챔피언을 결정하는 국제경기대회이다. 모든 스포츠 경기종목이 세계선수권경기대회가 개최되지는 않지만, 종목에 따라 월드컵을 개최하거나 월드컵과 세계선수권경기대회 모두 개최하기도 한다. 종목별 특성과 개최 여건 등에 따라 다양한 형태로 경기가 이루어진다. 세계선수권경기대회가 개최되는 종목으로는 농구, 배구, 아이스하키, 알파인스키, 야구, 핸드볼, 축구, 컬링, 라크로스, 폴로, 조정, 탁구, 양궁, 체조, 수영, 펜싱, 사격, 역도, 유도, 육상, 자전거, 스프린트, 스피드스케이팅, 쇼트트랙, 피겨스케이팅, 아마추어 권투, 프로다트, 체스, 태권도 등이 있다.

특히 동계스포츠인 피겨스케이팅에서 김연아는 2009년과 2013년에 세계 피겨스케이팅 선수권경기대회의 챔피언이라는 쾌거를 거두었다. 또한 2009년 4대륙 피겨스케이팅 선수권 대회 우승, ISU(국제빙상연맹) 그랑프리 파이널 3회 연속 우승을 하면서 피겨스케이팅의 여자 싱글 부문에서 4대 국제대회(동계올림픽, 세계선수권경기대회, 4대륙 선수권 대회, ISU 그랑프리 파이널)의 그랜드슬램을 사상 최초 달성하며 한국 피겨스케이팅의 수준을 세계 최고로 끌어 올렸다.

참고문헌

1부. 체육사의 의미

1장 체육사 이해 – 이현정
- Allen Guttmann(1981). Sports Spectators from Antiquity to the Renaissance. Journal of Sport History 8(2).
- B. 질레(1983). 김오중 역. 스포츠의 역사. 서울: 삼성미술문화재단.
- E. H. 카(2014). 김택현 역. 역사란 무엇인가. 서울: 까치글방.
- 구츠무츠(2008). 나영일 · 황현자 · 무라토 야요이 역. 청소년을 위한 체육. 서울: 레인보우북스.
- 김영웅 · 이종원 · 나영일(2003). 한 · 중 · 일 3국의 스포츠사 연구경향에 대한 비교 분석. 한국체육학회지 42(4).
- 마르크 블로크(2000). 고봉만 역. 역사를 위한 변명. 서울: 한길사.
- 신채호(1998). 조선상고사. 서울: 일신서적출판.
- 岸野雄三(1973). 体育史. 東京: 大修館書店.
- 조명렬 · 노희덕 · 나영일(1996). 체육사. 서울: 형설출판사.
- 최종삼 · 손수범(2005). 스포츠 · 체육사. 서울: 보경문화사.
- 한왕택(1996). 우리나라 개화기에 있어서 체육의 도입과정에 관한 연구. 한국체육학회지 38(1).

2장 체육사 연구 – 김주연
- 김달우(1986). 체육사 연구에서의 시대 구분. 서울대학교 체육연구소논집 7(1).
- 김주연(2008). 무도사에서 구술 자료의 활용. 한국체육학회지 47(4).
- 나현성(1995). 한국체육사. 서울: 교학연구사.
- 박인호(2008). 사료와 역사연구. 역사학 길잡이. 한국사학사학회 편. 서울: 경인문화사.
- 육영수(2008). 역사관이란 무엇인가. 역사학 길잡이. 한국사학사학회 편. 서울: 경인문화사.
- 이상신(2005). 역사학개론. 서울: 신서원.
- 이영효(2010). 역사학과 역사교육. 역사교육의 이론. 서울: 책과 함께.
- 임영무(1985). 한국체육사신강. 서울: 교학연구사.
- 조명렬 · 노희덕 · 나영일(2000). 체육사. 서울: 형설출판사.
- 중앙일보(1999. 12. 6. 7면). 중앙시평–법고창신(法古創新).

제2부 선사·부족국가와 삼국시대의 체육

1장 선사·부족국가 시대의 체육 – 서재철
- Huizinga, J. 이종인 역(2018). 호모루덴스: 놀이하는 인간. 고양: 연암서가.
- Kretchmar, R. S., M. Dyreson, M. P. Llewellyn, & J. Gleaves(2017). History and Philosophy of Sport and Physical Activity. Champaign, IL: Human Kinetics.
- 고현아(2013). 한국 고대사 속 축제의 의미. 역사와 현실 87.
- 나현성(1985). 한국체육사. 서울: 형설출판사.
- 나희라(2004). 고대의 상장례와 생사관. 역사와 현실 54.
- 남성진(2009). 고구려 고분벽화에 나타난 길놀이의 자취와 의미. 비교민속학 38.
- 노중국(2014). 삼국시대의 인문 정신과 세계관. 인문학연구 48.
- 박준범(2006). 한강유역 출토 선사시대 간돌화살촉 연구. 한국신석기연구 12.
- 서영대(2009). 한국 고대의 제천의례. 한국사 시민강좌 45. 서울: 일조각.
- 신천식(2003). 한국 고대 민족사의 탐구. 서울: 서경문화사.
- 신효영(2020). 한국의 고대 제천의식에서 보여지는 집단무 연구. 무용예술학연구 79(3)
- 이두현(1996). 한국 무속과 연희. 서울: 서울대학교 출판부.
- 이복임(2017). 한국의 무속신앙과 일본 신도에 대한 연구: 시바 료타로의 샤머니즘 사상을 중심으로. 일본문화학보 75.
- 이유진(2013). 한·중 고대 사료에 보이는 주몽서사의 차이와 그 의미. 중국어문학논집 79.
- 이진수(1996). 한국고대스포츠연구. 서울: 교학연구사.
- 이진희(1999). 전통사회의 지역협동체에 나타난 민속놀이 연구. 한국여가레크리에이션학회지 17.
- 이학래 외(1994). 한국체육사. 서울: 지식산업사.
- 임재해(2006). 굿 문화사 연구의 성찰과 역사적 인식지평의 확대. 한국무속학 11.
- 전호태(2012). 한국의 선사 및 고대 초기 예술과 반구대 암각화. 역사와 경계 85.
- 정경화(1990). 한국 고대 사회문화 연구. 서울: 일지사.

2장 삼국시대의 체육 – 곽영만
- 나현성(1983). 한국체육사. 서울: 교학연구사.
- 박의수·강승규·정영수·강선보(2002). 교육의 역사와 철학. 서울: 동문사.
- 이기백(1982). 한국사신론. 서울: 일조각.
- 이진수(1990). 신라 화랑의 체육사상 연구. 서울: 보경문화사.
- 이진수(1996). 한국고대스포츠연구. 서울: 교학연구사.
- 정영근·정혜영·이원재·김창환(1999). 교육의 철학과 역사. 서울: 문음사.
- 최종삼·손수범(2005). 스포츠·체육사. 서울: 보경문화사
- 하남길(2010). 체육사신론. 진주: 경상대학교 출판부.
- 하웅용 외(2018). 스포츠문화사. 파주: 한국학술정보.

제3부 고려시대의 체육

1장 고려시대의 사회와 민속놀이 – 양현석

- 고려사
- 고벽진·이인학·윤선오·이위환·이경혜·안현주(2005). 교육사 및 교육철학. 서울: 교육과학사.
- 곽형기·이진수·이학래·임영무(1994). 한국체육사. 서울: 지식산업사
- 국립문화재연구소(2005). 문헌으로 보는 고려시대 민속. 대전: 국립문화재연구소.
- 나현성(1979). 한국체육사연구. 서울: 문천사.
- 남궁용권·임채식·정찬주·권건일·김의석·김남근·김노연(2008). 교육철학 및 교육사. 파주: 양서원.
- 박의수·강승규·정영수·강선보(2002). 한국사시론. 서울: 대정문화사.
- 윤종만(1998). 고려시대의 유희. 오락에 관한 고찰. 한국체육과학회지 7(1).
- 이진수(1996). 한국고대스포츠연구. 서울: 교학연구사.
- 이현종(1983). 한국의 역사. 파주: 대왕사.
- 조명렬·노희덕·나영일(1997). 체육사. 서울: 형설출판사.
- 진윤수·안진규(2005). 응방골에 나타난 방응에 관한 연구. 한국사회체육학회지 24.
- 하남길(2013). 체육사신론. 진주: 경상대학교 출판사.
- 한국교육사연구회(1998). 한국교육사. 서울: 교육출판사.
- 한국중세사학회(1997). 고려시대사강의. 서울: 늘함께.
- 한국학문헌연구소(1990). 고려사 상권. 성남: 아세아문화사.

2장 고려시대의 무예 – 김은정

- 고려사
- 곽형기·이진수·이학래·임영무(1994). 한국체육사. 서울: 지식산업사.
- 국방부 군사편찬연구소(2006). 고려시대 군사전략.
- 국사편찬위원회 편(2007). 나라를 지켜낸 우리 무기와 무예. 서울: 두산동아.
- 김창석(2003). 석전의 기원과 그 성격 변화. 국사관논총 101.
- 민병하(1983). 고려 무신정권에 대한 고찰. 군사 7.
- 신천식(1995). 고려교육사연구. 서울: 경인문화사.
- 이진수(1996a). 한국고대스포츠연구. 서울: 교학연구사.
- 이진수(1996b). 한국의 수박희. 한국체육사학회지 1(1).
- 이학래(2003). 한국체육사연구. 서울: 국학자료원.
- 조명렬·노희덕·나영일(2000). 체육사. 서울: 형설출판사.
- 차석기·신천식(1969). 한국교육사연구. 서울: 재동문화사.
- 하남길(2013). 체육사신론. 진주: 경상대학교 출판사.
- 홍석모(1911). 동국세시기(東國歲時記). 경성: 조선광문회.

제4부 조선시대의 체육

1장 조선시대의 교육과 민속놀이 – 안진규
- 경국대전
- 난중일기
- 동국세시기
- 조선왕조실록
- 필원잡기
- 김상철(1997). 궁술의 사적 고찰. 용인대학교무도연구지 8(1).
- 변태섭(2007). 한국사통론. 서울: 삼영사.
- 신호주(1996). 체육사. 서울: 명지출판사.
- 심승구(1998). 조선시대 격방의 체육사적 고찰. 한국체육대학교 교양교육연구소논문집 3.
- 이진수(1996). 한국고대스포츠연구. 서울: 교학연구사
- 이태웅(1994). 조선시대 민속놀이의 체육학적 고찰. 부산공업대학고논문집 36(1).
- 진윤수·송일훈·안진규(2007). 이순신의 난중일기에 나타난 手談(奕), 博, 角力, 獵, 散步, 超越에 관한 연구. 한국체육학회지 46(2).
- 진윤수·최대현·안진규(2006). 이순신의 난중일기에 나타난 종정도 연구. 한국체육학회지 45(4).
- 진윤수·한정훈·안진규(2006). 이순신의 난중일기에 나타난 활쏘기 연구. 한국체육사학회지 18.
- 최두환(1997). 충무공 이순신의 여가선용. 해군전략 95.
- 최상수(1985). 한국민속놀이의 연구. 서울: 성문각.
- 하남길(2010). 체육사신론. 진주: 경상대학교 출판부.

2장 조선시대의 무예 – 박귀순
- 정사론
- 태조실록
- 무예도보통지
- 무예제보
- 무예제보번역속집
- 사법비전공하
- 선조실록
- 임원경제지
- 박귀순(2017). 동양무예의 연구―한국의 《무예도보통지》의 24반 무예 형성을 중심으로. 부산: 제일출판.
- 변태섭(2007). 한국사통론. 서울: 삼영사.
- 이진수(1996). 한국고대스포츠연구. 서울: 교학연구사.
- 진윤수·한정훈·안진규(2006). 이순신의 난중일기에 나타난 활쏘기 연구. 한국체육사학회지 45(4).
- 하남길(2010). 체육사신론. 진주: 경상대학교 출판부.
- 한국교육연구회(1998). 한국교육사. 서울: 교육출판사.

제5부 개화기의 체육 · 스포츠

1장 개화기의 체육 – 최종균

- 강영택(2012). 초기 기독교학교의 신앙교육 비교 고찰–배재, 경신, 대성, 오산학교를 중심으로. 신앙과 학문 17(2).
- 곽애영 · 곽형기(2005). 한국 개화기 기독교계 학교의 체육활동 연구. 체육사학회지 16.
- 곽애영(2005). 한국 개화기 기독교계 학교의 체육활동 연구. 동덕여자대학교 석사학위 논문.
- 곽형기 · 이진수 · 이학래 · 임영무(1994). 한국체육사. 서울: 지식산업사.
- 곽형기(2006). 개화기 한국체육의 발달 맥락과 배경. 한국체육사학회 하계학술세미나 발표논집 31.
- 敎育立國詔書, 官報, 開國 504년(1895. 2. 2).
- 구희진(2006). 갑오개혁 전후 전통교육제도에 대한 정책. 역사교육 100.
- 김세한(1963). 영화 70년사. 서울: 영화여자중학교.
- 김언순(2010). 개화기 여성교육에 內在된 유교적 여성관. 페미니즘 연구 10(2).
- 김재호 외(2020). 새로 쓴 한국체육사. 서울: 대경북스.
- 김주연(2011). 동래 '무예학교'의 실존 배경을 통한 개항장 무예교육. 한국체육사학회지 16(3).
- 김주희 · 김종규(2014). 시선과 몸짓: 한국 개화기 문화변화에 따른 혼종화된 몸 담론. 한국체육철학회지 22(4).
- 김향숙(2018). 개화기 여학교의 교과 및 비교과 교양교육. 교양교육연구 12(3).
- 김형목(2015). 관산 조철호와 조선소년군의 역사적 위상. 中央史論 42.
- 독립신문(1896. 5. 2. 1면). 논설.
- 류방란(1998). 개화기 배재학당의 교육과정 운영. 교육사학연구 8.
- 마니아 타임즈(2020. 3. 14). 대한민국 스포츠 100년: (8) 신여성의 스포츠활동(상).
- 명문숙. 1988. 개화기 학교체육의 특성에 관한 연구. 계명대학교 교육대학원 석사학위논문.
- 박정심(2016). 한국 근대사상사. 천년의 상상.
- 손환(2001). 이화체육이 한국근대체육 발전에 미친 영향. 한국체육학회지 40(3).
- 신복룡(1997). 천주학의 전래와 조선조 지식인의 고뇌. 한국정치학회보 31(2).
- 신용하(1974). 우리나라 최초의 근대학교 설립에 대하여. 한국사연구 10.
- 우현정(2020). 관립 외국어교육기관 출신자 연구. 충남대학교 박사학위 논문.
- 이가람(2013). 미국 YMCA 역사에 숨겨진 아이러니: 교회의 세속화인가? 스포츠를 통한 복음화인가?. 한국체육학회지 52(4).
- 이명주(2010). 갑오 · 광무 개혁기의 교육정책. 전남대학교 박사학위논문.
- 이시용(2005). 개화기 인천교육에 관한 고찰. 기전문화연구 32.
- 이학래 외(1994). 한국체육사. 서울: 지식산업사.
- 이학래(1990). 한국근대체육사연구. 서울: 지식산업사.
- 이해명(1984). 개화초기 교육개혁의 두 모형 1883~1893. 동양학 14.
- 이희숙(2001). 개화기 초기의 개화교육체육사상. 체육사학회지 7.
- 임후남(1990). 구한말 기독교계 학교에 관한 연구. 서울대학교 석사학위논문.
- 정성식(2020). 18세기 북학파 역사의식. 유교사상문화연구 82.
- 정종석 · 임영무(2013). 개화기 미션 스쿨 스포츠 활동의 체육사적 의의. 학교체육연구소지 20(1).
- 하남길 외(2017). 체육과 스포츠의 역사. 진주: 경상대학교 출판부.

- 하남길(2010). 체육사신론. 진주: 경상대학교 출판부.
- 하정희·손환(2014). 구한말 학교체육에 관한 연구. 한국체육과학회지 23(3).
- 한왕택(2002). 개화기에 있어 병식체조의 성립과정에 관한 연구. 한국체육학회지 41(2).
- 황태상(1996). 개화기 건강과 위생의식에 관한 연구. 한국체육학회지 35(3).

2장 개화기의 스포츠 – 이가람

- The Independent(1897. 3. 18. 3면). LETTER FROM WONSAN.
- The Korean Repository(1897) Ⅳ 12월호.
- 경기고등학교80년사편찬회(1981). 경기80년사. 서울: 경기고등학교동창회.
- 김봉섭(2003). 한국 근대 스포츠의 전개 양상: 1880–1940년간 근대 스포츠의 도입·수용·확산. 용인대학교 박사학위 논문.
- 김세한(1965). 배재 80년사. 서울: 배재학당.
- 김재우(2006). 구한말기 한국YMCA체육에 관한 연구. 스포츠정보테크놀로지연구 1(1).
- 남상철·소화·김달우(2017). 한국의 서양근대조의 도입과 정착과정에 관한 연구. 한국체육과학회지 26(5)
- 대한매일신보(1906. 6. 2. 3면). 남교운동.
- 독립신문(1897. 6. 19. 2면). 이둘 십륙일 오후 ᄉ시 반에.
- 동아일보(1929. 1. 1. 23면). 스케이트 원조 빙상의 야화.
- 동아일보(1940. 4. 2. 7면). 십주년기념조선야구사.
- 동아일보(2014. 2. 7). 1894년 겨울, 고종—명성황후는 왜 '스케이팅 파티'를 했을까.
- 류대영(2007). 초기 미국 선교사 연구(1884–1901): 선교사들의 증산층적 성격을 중심으로. 서울: 한국 기독교 역사연구소.
- 매일신보(1911. 11. 14. 3면). 會洞俱樂部 秋期大會.
- 박경호(2021). 한국 축구의 확산과 영국 성공회의 선교활동. 한국체육사학회지 26(2).
- 박상석(2009). 한국 최초의 운동회에 관한 연구. 한국체육학회지 48(6).
- 박상석(2016). 구한말 운동회 풍경. 서울: 한국학술정보.
- 백유영·이가람(2019). 서재필이 한국 근대 체육과 스포츠 문화의 진화에 미친 영향. Asian Journal of Physical Education and Sport Science 7(2).
- 西友 제7호(1907. 6월).
- 서울신문(2012. 8. 2). 체조하는 이화학당 출신 며느리 안 삼을래.
- 손환·이가람(2011). 한국 최초 야구 경기에 대한 고찰 50(5).
- 손환(2008). 계원 노백린이 한국근대체육 발전에 미친 영향. 한국체육사학회지 13(2).
- 손환(2020). 한국근대스포츠의 발자취. 경기도: 경인문화사.
- 신용하(1995). 한국 사회 근대사상사 연구. 서울: 일지사.
- 옥광·김성헌(2009). 검도의 국내 도입과 초기 조직화 과정. 한국체육사학회지 14(2).
- 이가람·이승훈·김낭규(2021). 씨름의 세계화를 위한 이론적 검토. Asian Journal of Physical Education and Sport Science 9(2).
- 이가람(2014). Philip L. Gillett의 한국 근대스포츠 발전에 미친 영향. 한국체육사학회지 19(2).
- 이규태(1988). 웃음의 한국학. 서울: 기린원.
- 이만열(1984). 맥클레이 목사와 한국선교. 기독교 사상 313.
- 이학래(1990). 한국근대체육사연구. 서울: 지식산업사.

- 이학래(2000). 한국체육백년사. 서울: 한국체육학회.
- 이화 100년사 편집위원회(1994). 이화 100년사. 서울: 이화여자대학교 출판부.
- 이화100년사편찬위원회(1994). 이화100년사자료집. 서울: 이화100년사편찬위원회.
- 장재훈·박경호·옥광(2013). 한국 근대 축구의 도입과 이데올로기. 한국체육학회지 52(5).
- 전택부(1993). 남기고 싶은 이야기들. 서울: 종로서적.
- 정동구·하웅용(2003). 체육사 고대올림픽에서 오늘까지. 서울: 한국체대체육사연구회.
- 조준호(2008). 광복 이전 인천체육 변천사. 한국체육사학회지 13(1).
- 청년(1980. 2. 15).
- 태극학보 제21호(1908. 5. 24).
- 하남길(2010). 체육사신론. 진주: 경상대학교 출판부.
- 하웅용 외(2018). 스포츠문화사. 파주: 한국학술정보.
- 황성신문(1906. 3. 30. 3면). 體育俱樂部趣旨.
- 황성신문(1908. 9. 4. 2면). 武徒機械體育.
- 황성신문(1909. 7. 21. 1면). 運動部出來.
- 황성신문(1909. 7. 25. 1면). 野毬運動盛況.

제6부 일제강점기의 체육·스포츠

1장 일제강점기의 체육 – 손환
- 高畠鍾夫(1940). 朝鮮ゴルフの小史-あれこれ思ひ出咄. GOLF 10(11). 目黑書店.
- 곽형기 외(1994). 한국체육사. 서울: 지식산업사.
- 今井道德(1942). 支部設置一年朝鮮庭球界. 日本庭球年鑑 1940-1942. 日本庭球協會·全日本學生庭球聯盟.
- 吉田眞弦(1930). 朝鮮スキー界の現狀について. スキー年鑑 4. 全日本スキー聯盟.
- 나현성(1958). 한국스포츠사. 서울: 문천사.
- 나현성(1963). 한국체육사. 서울: 청운출판사.
- 나현성(1981). 한국체육사. 서울: 교학연구사.
- 동아일보(1923. 7. 6. 3면). 조선체육회에서 육상경기연구.
- 동아일보(1925. 7. 15. 2면). 운동무도회.
- 매일신보(1912. 10. 9. 3면). 유각권구락부.
- 매일신보(1917. 3. 30. 3면). 빨니뽈경기회.
- 매일신보(1943. 2. 20. 3면). 3차로 전면적 개정, 조선교육령의 변천사.
- 梅澤慶三郎(1937). 小學校 普通學校 學校體操敎授要目. 大學社.
- 민관식(1965). 대한체육회사. 대한체육회.
- 백용기(1987). 역도 재출판을 회고하면서. 역도. 서울: 중앙체육연구소.
- 사진엽서(1920년대). 신풍리스키장.
- 사진엽서(1920년대). 효창원골프장.
- 사진엽서(1940년대). 황국신민체조.
- 山崎紫峰(1936). 日本スキー發達史. 朋友堂.

- 서상천 외(1931). 현대체력증진법. 경성: 세광사.
- 손인수(1971). 한국근대교육사. 서울: 연세대학교출판부.
- 榊原敏郞(1937). 朝鮮排球協會槪要. 排球 13. 大日本排球協會.
- 安武良劫(1934). 生立ちを語る. 排球 12. 大日本排球協會.
- 元鮮鐵ラグビー部(1980). 鮮鐵ラグビー史.
- 伊藤順助(1931). 朝鮮男子排球界. 排球 9. 大日本排球協會.
- 이학래(2000). 한국체육백년사. 서울: 한국체육학회.
- 전택부(1993). 남기고 싶은 이야기들. 서울: 종로서적출판.
- 전택부(1994). 한국기독교청년회운동사. 서울: 범우사.
- 齊藤英二郞(1932). 朝鮮におけるスキーの生立. スキー年鑑 6. 全日本スキー聯盟.
- 조선교육회(1914). 회보. 조선교육회잡지 26.
- 조선중앙기독교청년회(1921). 호황. 청년 창간호.
- 조선중앙기독교청년회(1922). 핑퐁(탁구)규칙. 청년 1.
- 조선총독부(1927). 소학교 보통학교 신편체조교수서.
- 조선총독부관보 호외(1914. 6. 10. 2면). 학교체조교수요목 제정.
- 조선총독부관보 호외(1927. 4. 1. 1면). 학교체조교수요목 다음과 같이 개정함.
- 조선총독부관보 호외(1937. 5. 29. 1면). 학교체조교수요목 1937년 6월 1일부터 다음과 같이 개정함.
- 조선총독부관보 호외(1938. 3. 4. 1면). 조선교육령 개정의 건.
- 조선총독부관보(1911. 9. 1. 1면). 조선교육령.
- 조선총독부관보(1938. 3. 30. 6면). 학교체조교수요목 중 다음과 같이 1938년 4월 1일부터 개정함.
- 조선총독부관보(1943. 3. 18. 1면). 조선교육령 중 개정의 건.
- 조선총독부관보(1943. 4. 7. 4면). 전력증강의 기반으로서 도의의 앙양.

2장 일제강점기의 스포츠 – 하정희
- 鎌田忠良(1988). 日章旗とマラソン. 講談社.
- 경성일보(1925. 10. 14. 2면). 16일 이후는 입장료 징수함.
- 경성일보(1925. 10. 17. 1면). 체력차이로 패한 이화여자고보와 경성여고보.
- 경성일보(1925. 10. 18. 2면). 신궁경기 제2일 트랙.
- 경성일보(1925. 3. 9. 2면). 조선체육협회 조직 개조.
- 경성일보(1931. 10. 17. 7면). 우승한 사람들.
- 경성일보(1938. 8. 27. 3면). 체협의 통제 이루어짐.
- 경성일보(1941. 10. 10. 2면). 조선체협 개조 이루어짐.
- 경성일보(1941. 11. 20. 2면). 임전체력증강에 체육계, 체협의 거취 주목.
- 경성일보(1941. 11. 29. 2면). 체육행정 후생국에 통합.
- 경성일보(1941. 12. 4. 2면). 체협의 개조, 내년으로 넘김.
- 경성일보(1941. 2. 28. 3면). 체협(가칭) 규정안.
- 경성일보(1941. 3. 3. 4면). 체협 개조안의 비판.
- 경성일보(1941. 8. 2. 2면). 체육단체의 통제.
- 경성일보(1942. 1. 1. 10면). 대동아전쟁과 반도체육을 들음.
- 경성일보(1942. 2. 6. 2면). 조선체육진흥회.

참고문헌

- 경성일보(1942. 9. 22. 3면). 다가오는 조선신궁봉찬의 제전.
- 경성일보(1943. 2. 5. 3면). 반도체육의 강화로.
- 경성일보(1944. 10. 17. 4면). 하늘과 땅에서 용감히 싸우는 그림 두루마리.
- 高宮太平(1943). 昭和十九年度 朝鮮年鑑. 京城日報社.
- 고두현(1997). 베를린의 월계관. 서울올림픽기념 국민체육진흥공단.
- 고두현(2003). all sports 21c. 웹 스포츠코리아.
- 김동환(1940). 민족의 제전. 삼천리 12(8). 삼천리사.
- 大島勝太郎(1932). 朝鮮野球史. 京城: 朝鮮野球史發行所.
- 대한축구협회(1986). 한국축구백년사.
- 동아일보(1920. 4. 10. 4면). 체육기관의 필요를 논함(1).
- 동아일보(1920. 4. 12. 4면). 체육기관의 필요를 논함(2).
- 동아일보(1920. 4. 13. 4면). 체육기관의 필요를 논함(3).
- 동아일보(1920. 6. 18. 3면). 체육협회 발기.
- 동아일보(1920. 6. 28. 3면). 조선체육회 창립위원회.
- 동아일보(1920. 7. 13. 3면). 체육회 창립총회.
- 동아일보(1921. 10. 23. 3면). 체육회의 판매부.
- 동아일보(1923. 7. 6. 3면). 조선체육회에서 육상경기연구.
- 동아일보(1925. 1. 1. 5-1면). 조선체육회의 경과.
- 동아일보(1925. 2. 19. 2면). 상해한인체육회 창립.
- 동아일보(1925. 2. 23. 2면). 상해한인체육회.
- 동아일보(1929. 7. 13. 2면). 被逮된 여운형씨 조선이송 유력설.
- 동아일보(1929. 7. 25. 5면). 比島연설중 영 관헌에 매원(買怨).
- 동아일보(1933. 2. 17. 2면). 중앙일보사장에 여운형씨 취임.
- 동아일보(1933. 3. 27. 2면). 운동계 동정.
- 동아일보(1933. 5. 13. 2면). 일류선수를 망라하야 경성축구단 창립.
- 동아일보(1933. 5. 14. 2면). 갱생의 길에 올른 여자체육장려운동.
- 동아일보(1934. 3. 3. 5면). 사계 통일단체 조선농구협회.
- 동아일보(1934. 4. 7. 2면). 육상조선을 세우려고 서울 陸聯을 창립.
- 동아일보(1935. 1. 23. 2면). 유도유단자 창립대회 총회.
- 동아일보(1935. 6. 22. 2면). 축복받은 동양권투회 낙성발회식 성대.
- 동아일보(1936. 1. 13. 2면). 고려탁구연맹 창립총회 경과.
- 동아일보(1937. 11. 9. 2면). 조선중앙일보 발행권소멸 전달.
- 동아일보(1947. 5. 17. 2면). 올림픽 위원회 조직.
- 동아일보(1976. 1. 10. 5면). 그때 그 일들 7 응원사건.
- 동아일보(1976. 1. 24. 5면). 그때 그 일들 19 옹졸한 일본인 근성.
- 동아일보(2002. 11. 16). 당신은 조국이었습니다.
- 매일신보(1920. 7. 13. 3면). 조선체육회.
- 매일신보(1920. 7. 19. 3면). 완전 성립된 조선체육회.
- 민관식(1965). 대한체육회사. 대한체육회.
- 사진엽서(1930년대). 우승 후 시상대에 선 손기정.

- 森田邦夫(1936). 孫選手のマラソン優勝と日章旗マーク抹消事件. 綠旗パンフレット 5. 綠旗聯盟.
- 서상천·이규현(1934). 현대철봉운동법. 경성: 한성도서주식회사.
- 선우전(1924). 조선체육회의 약력. 조선체육계 창간호. 조선체육계사.
- 선우전(1925). 취지서. 조선체육계 3. 조선체육계사.
- 손기정(1936a). 백림올림픽대회를 바라보며. 삼천리 8(1). 삼천리사.
- 손기정(1936b). 세계기록돌파 후. 신동아 6(1). 신동아사.
- 손기정(1941). 체육대제전 참관과 조선체육진흥에의 전망. 삼천리 13(1). 삼천리사.
- 손기정(1943a). 후생운동. 조광 9(4). 조광사.
- 손기정(1943b). 등산 ABC. 조광 9(5). 조광사.
- 손기정(1943c). 국민개영. 조광 9(6). 조광사.
- 손기정(1983). 나의 조국 나의 마라톤—손기정 자서전. 서울: 한국일보사출판국.
- 여운형(1932a). 자서전 나의 청년시대. 삼천리 4(9). 삼천리사.
- 여운형(1932b). 나의 상해시대—자서전 제2. 삼천리 4(10). 삼천리사.
- 여운형(1935a). 체육조선의 건설. 중앙 3(5). 조선중앙일보사.
- 여운형(1935b). 상승군을 상해원정에 보내노라. 삼천리 7(6). 삼천리사.
- 여운형(1935c). 세계 제1위를 목표로. 삼천리 7(9). 삼천리사.
- 여운형(1940). 남경 금릉대학유학시대. 삼천리 12(6). 삼천리사.
- 이병권(1983). 양정체육사. 서울: 양우체육회.
- 이준승 면담(2012. 4. 19).
- 조선일보(1972. 5. 17. 4면). 조선체육회 발족 야구대회.
- 조선중앙일보(1935. 11. 30. 2면). 스포쓰여성구락부 위원결정.
- 조선중앙일보(1936. 8. 13. 4면). 머리에 빛나는 월계관, 손에 굳게 잡힌 견묘목.
- 조선중앙일보(1947. 7. 1. 2면). 일장기말소하기까지 이 손으로 부활시켜 통쾌사.
- 조선체육진흥회(1942). 제18회 조선신궁봉찬체육대회 상장.
- 조선체육진흥회(1943). 체력장검정증.
- 조선체육협회(1928). 제4회 조선신궁경기대회 트로피.
- 조선체육협회(1933). 제9회 조선신궁봉찬체육대회 참가장.
- 조선체육회(1928). 제3회 전조선육상대회 프로그램.
- 조선총독부 학무과(1945). 조선교육법규. 조선행정학회.
- 조선총독부(1943). 조선사정.
- 중앙신문(1945. 11. 14. 2면). 회장에 여운형씨 조선체육회 제1회 총회.
- 중앙신문(1947. 6. 24. 2면). 조선체육회장 여운형씨 담.
- 중앙일보(2002. 11. 16). 조국을 위해 뛰어라 불호령이 그립습니다.
- 중외일보(1929. 7. 13. 2면). 과거의 생애.
- 편집국(1933). 역대의 중앙일보사장. 삼천리 5(4). 삼천리사.
- 편집부(1933). 여운형. 동광 40. 동광사.

제7부 광복 이후의 체육

1장 체육행정조직 및 체육단체 - 하웅용
- 경륜 · 경정법 (2022).
- 국민생활체육회. 홈페이지. http://www.sportal.or.kr
- 국민체육진흥공단 홈페이지(2022년 12월 18일 검색). 설립목적 및 연혁(https://www.kspo.or.kr /kspo/main/ contents.do?menuNo=200163).
- 국민체육진흥공단(2019a). 국민체육진흥공단 30년사: 제1권 통사. 1989-2019. 국민체육진흥공단.
- 국민체육진흥공단(2019b). 국민체육진흥공단 30년사: 제2권 이야기사. 1989-2019. 국민체육진흥공단.
- 국민체육진흥공단(2022a). 공단리플렛: 나를 위해 누군가를 위해 다음세대를 위해.
- 국민체육진흥공단(2022b). 공단리플렛: 스포츠로 건강한 삶 행복한 국민의 동반자.
- 국민체육진흥법 (2022).
- 대한장애인체육회 홈페이지(2022년 12월 18일 검색). 기구표(https://www.koreanpc.kr /organization.do?menu_idx=23&org_cd_idx=OR0000000001).
- 대한장애인체육회 홈페이지(2022년 12월 18일 검색). 설립목적(https://www.koreanpc.kr/ ibuilder.do?menu_idx=22).
- 대한장애인체육회(2022). 대한장애인체육회 가맹단체 현황. 대한장애인체육회.
- 대한체육회 홈페이지(2022년 12월 18일 검색). 기구표(https://www.sports.or.kr/home /01070 4/0000/main.do).
- 대한체육회 홈페이지(2022년 12월 18일 검색). 통합취지(https://www.sports.or.kr/home/ 010703/0000/main.do).
- 대한체육회(2010). 대한체육회 90년사. 대한체육회.
- 대한체육회(2022). 회원종목단체 현황. 대한체육회.
- 문화체육관광부 홈페이지(2022년 12월 18일 검색). 문화체육관광부 조직도(https://www.mcst. go.kr/kor/s_about/organ/main/mainOrgan.jsp).
- 문화체육관광부(2008). 2007 체육백서. 문화체육관광부.
- 문화체육관광부(2022). 2020 체육백서. 문화체육관광부.
- 스포츠안전재단 정관(2019).
- 스포츠안전재단 홈페이지(2022년 12월 18일 검색). 조직도(https://www.sportsafety.or.kr /front/intropage/intropageShow.do?page_id=7fc3956adca94a77ba7af662e3fa0ecc).
- 이용식(2014). 민간체육단체의 대한 국가보조사업의 현황 및 집행부진 실태분석. 한국체육정책학회지 12(1).
- 이학래(2000). 한국체육백년사. 한국체육학회.
- 체육과학연구원(2008). 체육단체 관련 규정 선진화 방안.
- 하남길 외(2007). 체육과 스포츠의 역사. 진주: 경상대학교출판부.
- 하웅용(2019). 한국 근현대스포츠, 땀의 기억. 스포츠과학 148.
- 하웅용(2021). 스포츠정책론. 파주: 한국학술정보.
- 하웅용, 조준호, 김지연, 김지영, 최영금, 김상천, 양현석, 최광근(2018). 스포츠문화사. 파주: 한국학술정보.
- 학교체육진흥회 홈페이지(2022년 12월 18일 검색). 진흥회소개 (https://cspep.or.kr /front/intropage /intropageShow.do?page_id=197c910258c148fe87c911caec8c0e8c)
- 한국대학스포츠협의회 홈페이지(2022년 12월 18일 검색). 대학운동부 지원(https://kust.or.kr /learn/college_

support1.html).
- 한국대학스포츠협의회 홈페이지(2022년 12월 18일 검색). 설립목적(https://kust.or.kr/kust/vision.html).
- 한국도핑방지위원회 홈페이지(2022년 12월 18일 검색). KADA의 사람들, 조직도(https://www.kada-ad.or.kr/kadaPeopleList?where=kada_people/kada_people_chart).
- 한국도핑방지위원회(2022). 2021 한국도핑방지위원회 연간보고서.

2장 생활체육 – 김미숙

- 국가법령정보센터(2022년 12월 18일 검색, https://www.law.go.kr/main.html)
- 국민생활체육회·한국정책평가연구원(2008). 국민생활체육진흥 중장기 발전계획.
- 김미숙(2020). 대한체육회의 첫 번째 통합에 대한 역사적 의미. 체육과학연구 31(4).
- 김종희(2003). 참여정부의 체육정책 활성화 방안 연구. 한국레저스포츠학회지 7.
- 대한체육회(1972). 체육백서.
- 문화관광부(2005). 2004 체육백서.
- 문화관광부(2006). 2005 체육백서.
- 문화관광부(2007). 생활체육의 효율성 평가에 관한 연구.
- 문화체육관광부(2010). 2009 체육백서.
- 문화체육관광부(2011). 2010 체육백서.
- 문화체육관광부(2013). 2012 체육백서.
- 문화체육관광부(2013). 국민생활체육진흥 종합계획(안).
- 문화체육관광부(2018). 2017 체육백서.
- 문화체육관광부(2019). 2019 국민생활체육조사.
- 문화체육관광부(2022). 2020 체육백서.
- 문화체육부(1993). 국민체육진흥5개년계획.
- 문화체육부(1996). 삶의 질 세계화를 위한 생활체육 활성화 계획(안).
- 심승구(2010). 한국 근대 스포츠와 여가의 탄생. 한국학논총 34.
- 이종원(2006). 제5공화국의 스포츠정책의 가치 지향에 관한 역사적 고찰. 한국체육학회지 45(2).
- 이학래·김종희(1999). 박정희 정권의 정치이념과 스포츠 내셔널리즘. 한국체육학회지 38(1).
- 임번장(2000). 사회체육개론. 서울: 서울대학교출판부.
- 임식·허진석(2009). 제3공화국 스포츠–체육 정책 연구사의 비판적 검토. 스포츠와 법 12(1).
- 정병구(1998). 생활체육의 시대사적 변화와 전망. 한국체육사학회지 3(1)
- 체육부(1989). 국민생활체육 참여 실태조사.
- 한국사회체육진흥회(1986). 전국 사회체육 실태조사 보고서.
- 한국체육과학연구원(1997). 3급 생활체육지도자 연수교재.

3장 여성체육 – 곽애영

- 경향신문(1956. 05. 10. 4면). 大韓少女團서 10주년 記念式.
- 경향신문(1984. 08. 10. 1면). 여자핸드볼 은메달.
- 경향신문(1997. 03. 31. 17면). 전이경 쇼트트랙 역사 다시 썼다 세계선수권 대회 사상 첫 「종합」 3연패.
- 국민생활체육회(2010). 국민생활체육. 12월호.
- 국민일보(2010. 10. 13). 김연아 '올해의 스포츠우먼상' 개인 부문 수상.

- 김운용(1996). KOC 50년사 1946~1996. 대한올림픽위원회.
- 김재우(2009). 서울 YMCA 체육운동 100년사. 서울 YMCA.
- 대한체육회(1972). 체육백서.
- 동아일보(1948. 07. 30. 2면). 우리 選手들 士氣旺盛 올림픽 競技 오늘 開口.
- 동아일보(1967. 04. 22. 8면). 스포츠 制覇 막은 長身의 壁.
- 동아일보(1979. 12. 24. 8면). 70년대 스포츠 얼굴들 (5) 투포환 백옥자.
- 동아일보(1982. 11. 24. 8면). 아시아경기 人魚姉妹 아시아를 헤엄쳤다.
- 동아일보(1986. 12. 13. 5면). '86스타 (1) 「86」3관왕 육상 林春愛.
- 동아일보(1993. 04. 28. 17면). 등산, 사진, 볼링으로 스트레스 쫓는다. 사내 취미활동 확산.
- 동아일보(1993. 12. 07. 23면). 93스타 (2) 「탁구 그랜드슬램」 玄정화.
- 동아일보(1994. 09. 04. 1면). 태권도 올림픽정식종목.
- 매일경제(1974. 09. 12. 7면). 제7회 아시아競技女子테니스 複式서 우승.
- 서울YMCA(1974). 대한기독교청년회청년. 통권 10(3).
- 스포츠동아(2012. 08. 06). [런던 2012] '여제' 장미란의 아름다운 퇴장 '위대하고 또 위대했다.'
- 이영숙(2009). 영원한 불꽃 에어로빅스 —한국에어로빅스 운동 35주년 기념화보집. 디자인소리.
- 이학래(2000). 한국체육백년사. 한국체육학회.
- 이현정·곽애영(2021). 생활스포츠 문화사 연구: 에어로빅스를 중심으로. 한국체육사학회지 26(2).
- 정찬모, 천일평, 이홍열(1999). 이길용 탄생 100주년 기념 한국스포츠 100년. 이길용 기념사업회.
- 조선일보(1975. 03. 02. 8면). 「異狀붐」… 女子實業 농구.
- 조선일보(1984. 08. 13. 1면). 79년 베를린대회서 처음 세계신.
- 조선일보(1998. 07. 08. 1면). 박세리 '빛난 투혼'
- 중앙일보(1968. 08. 13. 8면). 미 체력측정학자 큐리턴박사 내한.
- 하남길 외(2008). 체육과 스포츠의 역사. 진주: 경상대학교 출판부.
- 한겨레(1989. 08. 08. 9면). 김수녕 여자양궁 세계제패.
- 한국일보(2016. 08. 21). 박인비, 여자골프 금메달… 세계 유일의 골든 그랜드슬램.

4장 남북체육교류 - 김재우

- 강원도민일보(2002. 9. 16). 南 태권도 통일 발차기 시범.
- 강원일보(2005. 8. 17). 통일축구 '남남북녀' 연출.
- 경향신문(2015. 10. 27). 정부, 남북노동자축구대회 승인.
- 국민일보(2000. 9. 16). 한반도기 앞세우고 아리항 맞춰 입장.
- 국민일보(2018. 2. 12). 또 0대8… 남북 단일팀 스웨덴전 대패. 터지지 않은 첫 골.
- 국제신문(2002. 9. 9). 남북통일축구 '뒤엉킨 남북 함께 승리'.
- 김재우(2015a). 제41회 지바 세계탁구선수권대회(1991) 남북단일팀 구성을 위한 체육회담. 한국체육학회지 54(1).
- 김재우(2015b). 제41회 지바 세계탁구선수권대회(1991) 남북단일팀 참가에 관한 연구. 한국체육학회지 54(3).
- 김재우(2016). 제6회 세계청소년축구선수권대회(1991). 코리아 단일팀 참가에 관한 연구. 한국체육사학회지 21(2).
- 노컷뉴스(2018. 1. 16). "韓 선수, 박탈감 있을 것" 女 아이스하키 감독의 솔직한 속내.
- 동아일보(1991. 4. 30. 1면). 하나된南北 세계頂上서다.

참고문헌

- 문화일보(2003. 10. 8). 남북통일농구 사이좋게 1승씩.
- 문화체육관광부(2013). 2012 체육백서. 문화체육관광부.
- 문화체육관광부(2022). 2020 체육백서. 문화체육관광부.
- 문화체육관광부·한국체육학회(2016). 광복 70주년 계기 남북체육교류 백서. 한국체육학회.
- 박수정(2000). 남북 스포츠교류 변천과정과 활성화방안에 관한 연구. 경기대학교 대학원 석사학위논문.
- 배재윤(2022). 올림픽과 남북단일팀: 평화올림픽의 배경이 된 아이스하키선수들. 한국체육학회지 61(2).
- 세계일보(2015. 10. 30). 남북노동자축구 평양서 개최.
- 세계일보(2018. 5. 3). 세계탁구선수권대회 남북 대결 성사, 여자단체전 8강서 격돌.
- 스포츠조선(2018. 2. 10). 단일팀, 스위스와 역사적 첫 경기서 0대8 완패.
- 이계영·김흥태(2018). 2018평창동계올림픽의 평화올림픽 성과와 과제. 한국엔터테인먼트산업학회지 12(4).
- 이학래(2000). 한국체육백년사. 한국체육학회
- 이흥기(2007). 남북한 체육교류의 변천과정과 개선방안. 단국대학교 교육대학원 석사학위논문.
- 중부매일신문(2000. 8. 29). 남·북한 태권도 '한자리에'.
- 중부일보(2000. 7. 29). 통일탁구, 단일팀 향한 기초다지기.
- 중앙일보(2002. 10. 25). 실전 방불... 발차기에 관중 탄성.
- 중앙일보(2018. 1. 16). 올림픽 남북단일팀... 그런데 우리 선수들은요?.
- 중앙일보(2018. 2. 10). 여자아이스하키 단일팀 첫 경기 스위스전, 6000석 매진.
- 중앙일보(2018. 2. 14). '올림픽 첫 골' 그리핀 "결과 아쉽지만 우리팀 자랑스러워".
- 중앙일보(2018. 5. 3). 태극기-인공기 유니폼 그대로.
- 중앙일보(2019. 1. 10). 힘 합친 남북 핸드볼 단일팀, 삼결살 120분도 뚝딱.
- 중앙일보(2019. 1. 20). "일본만큼은 이기겠다" 약속지킨 핸드볼 남북 단일팀.
- 한겨레신문(1991. 4. 24. 11면). '코리아'호 드디어 세계의 바다로.
- 한겨레신문(2018. 5. 4). 27년만의 탁구 단일팀, 한반도 평화로 가는 마중물.
- 한겨레신문(2018. 9. 3). 단일팀 종합 28일... 한 달 합친 남북이 거둔 결실.
- 한국일보(1999. 8. 13). 남북 노동자 축구대회, 북측의 5대4 승리.

제8부 광복 이후의 스포츠

1장 현대 스포츠와 정치 - 김방출
- Kim, B. C.(2008). Professional baseball in Korea: Origins, causes, consequences and implications. The International Journal of the History of Sport 25(3).
- World Bank(1993). The East Asian Miracle: Economic Growth and Public Policy. New York: Oxford University Press.
- 고광헌(1988). 스포츠와 정치. 서울: 푸른나무.
- 김방출(2001). More Than A Game: Sport and Politics in Korea, 1961-1992. 한국체육사학회지 8.
- 이종원(1997). 제3공화국의 체육정책 및 체육의 전개에 관한 연구. 서울대학교 석사학위논문.
- 이종원(2002). 제5공화국의 스포츠정책 연구. 서울대학교 박사학위논문.
- 정영환·이호근·신현규(2009). 박정희 정권의 스포츠정책 다시보기. 한국사회체육학회지 35(1).
- 하남길 외(2007). 체육과 스포츠의 역사. 진주: 경상대학교 출판부.
- 한승백(2018). 전국체육대회 연설문을 통해 본 박정희 시대의 국가주의 스포츠. 한국융합과학회지 7(4).

2장 하계올림픽경기대회 - 조준호
- 경향신문(1948. 8. 18. 2면). 올림픽대회의 참패 원인은 무엇.
- 경향신문(1952. 7. 29. 2면). 최윤칠 선수 사착.
- 경향신문(1972. 9. 6. 8면). 뮌헨 출전 한국선수단 참패가 던진 문제점.
- 경향신문(1984. 8. 15. 8면). 짭짤한 재미 LA올림픽.
- 경향신문(1988. 10. 5. 2면). 올림픽 포상 선수명단.
- 경향신문(1988. 8. 13. 11면). 수난의 역사. 검은 9월단 습격 등 대회마다 정치오염.
- 김병중, 조준호(2022). 신국권의 제10회 LA올림픽 참가사. 한국체육학회지 61(3).
- 김재우(2013). 제15회 헬싱키올림픽대회 한국 참가과정과 그 평가에 관한 연구. 한국체육학회지 52(3).
- 김재우, 박종인(2012). 제14회 런던올림픽대회(1948)의 한국 참가과정과 그 평가에 관한 연구. 한국사회체육학회지 50.
- 김창문(1957). 체육대감. 서울: 종합신문사.
- 나영일(2013). 런던에서 런던까지. 파주: 나남.
- 대한올림픽위원회(1996). KOC50년사 1946~1996. 대한올림픽위원회.
- 대한체육회 홈페이지(2022). https://portal.sports.or.kr/event/intEventList.do
- 동아일보(1947. 10. 14. 2면). 세계제패를 기약, 조선올림픽 개막.
- 동아일보(1948. 7. 9. 2면). 오림픽 제일진 작일 영경에 안착.
- 동아일보(1960. 9. 12. 3면). 비, 군, 맨발로 달려.
- 동아일보(1972. 9. 11. 8면). 사격, 육상 제외 56명 한국 선수단 15일 귀국.
- 동아일보(1975. 1. 27. 8면). 영광의 메달과 나. 뮌헨올림픽 유도은 오승립.
- 동아일보(1984. 8. 14. 5면). 한국 '메달 러시'에 세계가 놀랐다.
- 동아일보(1987. 9. 17. 9면). 불참, 반쪽 대회, 테러 소동, 올림픽 정치 오염 수난사.
- 동아일보(1988. 8. 3. 11면). 올림픽 성화 1세기, 아테네서 서울까지. 맨발의 아베베 마라톤 세계신, 1960년 로마 대회.

- 매일경제(1976. 8. 2. 1면). 레슬링 자유형 양정모 금메달.
- 매일경제(1984. 8. 13. 1면). 한국 금6, 은6, 동7 종합 10위.
- 문화체육관광부(2004). 체육백서. 문화체육관광부.
- 문화체육관광부(2008). 체육백서. 문화체육관광부.
- 문화체육관광부(2012) 체육백서. 문화체육관광부.
- 문화체육관광부(2020). 체육백서. 문화체육관광부.
- 민재호(1949). 런든올림픽 紀行. 서울: 수로사.
- 박경호·옥광·박장규(2011). 한국 스포츠외교의 태동: 서울올림픽 유치의 유산. 한국체육사학회지 16(20).
- 방광일(2005). 아테네에서 아테네까지. 서울: 도서출판 홍경.
- 세계일보(2019. 10. 16. 25면). 한국 첫 올림픽 은메달리스트 송순천 용인대 명예교수 별세.
- 세계일보(2021. 8. 9. 22면). 폐회식 전통 깨고 남녀 마라톤 첫 동반 시상.
- 손환(2010). 광복 이후 한국의 올림픽 운동에 관한 연구. 한국체육사학회지 15(2).
- 손환(2022). 1964년 도쿄올림픽대회와 한국 스포츠의 변화. 한국체육사학회지 27(2).
- 심승구·김미숙(2008). 안티-올림픽 세계가네포대회의 역사적 의미. 한국여성체육학회지 22(2).
- 연합뉴스(2022. 7. 26). 포옹 앞세운 파리올림픽. 패럴림픽 슬로건 '완전히 개방된 대회'
- 이덕주(1983). 3000년을 뛴다(고대 올림피아에서 서울의 한강까지)제1집. 서울: 고려서적.
- 이학래(2000). 한국체육백년사. 한국체육학회.
- 장재이(2009). 광복이후 한국 레슬링의 올림픽 도전사. 한국체육사학회지 14(1).
- 정찬모(2001). 서울올림픽과 한국의 국가 발전. 한국체육사학회지 7.
- 조선일보(1948. 7. 9. 2면). 선발대 런던에 도착.
- 조선일보(1960. 9. 11. 3면). 맨발의 근위병.
- 조선일보(1964. 10. 22. 4면). 김의태 동메달 차지.
- 조선일보(1966. 7. 1. 3면). 건장한 건아. 지상 10층의 체육회관 개관.
- 조선일보(1988. 10. 3. 1면). 한국 금 12개 4위 서울올림픽 폐막.
- 조선일보(2007. 11. 23. 8면). 새만금 특별법, 태권도법 국회통과.
- 조선일보(2012. 8. 6. 27면). 한국의 100호 금메달 도전사.
- 조선일보(2016. 7. 5. 2면). 골프 112년 만에 복귀. 최초의 난민팀 나와요.
- 조선일보(2016. 8. 11. 4면). 진종오. 초반엔 흔들려 한때 7위. 마지막 한 발 남기고 역전.
- 조선일보(2016. 8. 15. 1면). 최강 양궁엔 파벌이 없었다.
- 조선일보(2016. 8. 27. 25면). 리우에서 가장 기억에 남는 선수는?.
- 조선일보(2016. 8. 9. 1면). 28년간 우리만 이 금을 맛보다. 여 양궁 단체 올림픽 8연패 대기록.
- 조선일보(2021. 7. 24. 2면). 도쿄올림픽에 들인 돈 32조 원. 리우의 2배. 경제적 손실 10조 원 넘을 듯.
- 조준호(2013a). 김석영의 1948년 런던올림픽 도전사. 한국체육사학회지 18(3).
- 조준호(2013b). 광복 후 올림픽에 첫 출전한 한국 레슬링의 체육사적 의미. 한국체육학회지 52(6).
- 조준호(2013c). 21세기 대한민국 체육사 연표. 서울: 한림문화사.
- 조준호(2015). 대한민국 남자 레슬러의 올림픽 참가사. 한국체육사학회지 20(4).
- 조준호(2018). 한국레슬링의 1980년 모스크바올림픽대회 불참에 관한 연구. 한국체육사학회지 23(4).
- 조준호(2019). 레슬러 양정모의 삶. 한국체육사학회지 24(3).
- 조준호(2021). 미래를 향한 한국체육사의 메시지. 파주: 한국학술정보.
- 조준호, 하웅용(2020). 박봉식(朴鳳植)의 1948년 런던올림픽 참가사. 한국체육사학회지 25(3).

참고문헌

- 조준호, 하웅용, 김병중(2022). 한국여성 스포츠의 개척자, 박봉식의 삶. 한국체육학회지 61(5).
- 하웅용(2002). 근현대 한국 체육문화 변천사. 한국체육사학회지 9.
- 하웅용, 조준호, 김지연, 김지영, 최영금, 김상천, 양현석, 최광근 (2018). 스포츠문화사. 파주: 한국학술정보.
- 하웅용·최광근·조준호(2012). 태권도와 올림픽. 국기원.
- 한겨레신문(1988. 10. 3. 1면). 한국 금 12개 종합 4위.
- 한겨레신문(2012. 8. 9. 27면). 한국 첫 금메달 종목별 걸린 시간은?
- 한국경제(2012. 4. 17. 35면). 삼성, 코카콜라 등 올림픽 마케팅 불꽃 경쟁.
- 한국일보(2016. 6. 6. 23면). 가장 위대한 권투선수 무하마드 알리 사망.
- 한국일보(2022. 11. 16. 25면). 국제태권도 사관학교가 필요하다.

3장 동계올림픽경기대회 – 천호준

- Stan Greenberg(1991). The Guinness Olympic Fact Book(Middlesex : Guinness Publishing Ltd.
- 국제스포츠정보센터 홈페이지(2022년 9월 30일 검색). 국제종합경기대회 동계올림픽대회 (https://gsic.sports.or.kr/com/cop/game/game_info.do?partCode=2).
- 국제올림픽위원회(International Olympic Committee) 홈페이지(2022년 9월 30일 검색). 올림픽대회(https://olympics.com/en/olympic-games).
- 김방출 역(2005). 체육과 스포츠의 역사. 서울: 도서출판 무지개사
- 대한체육회(2010). 대한체육회 90년사. 대한체육회
- 방광일(2005). 아테네에서 아테네까지. 서울: 도서출판 홍경
- 스포츠기억문화연구소(2018). 올림피언 토크콘서트 1. 서울: 레인보우북스
- 전명규·백국군(2014). 한국 빙상경기 올림픽대회 참가사. 스포츠사이언스 31(2)
- 하남길(2010). 체육사신론. 진주: 경상대학교 출판부.
- 한국스포츠정책과학원(2022). 2020 체육백서. 문화체육관광부.
- 한국체육사학회(2016). 한국체육사. 서울: 대한미디어.

4장 아시아경기대회 및 각종 국제대회 – 옥광

- 2013 카잔하계유니버시아드(2015년 01월 15일 검색). History of Universiade.
- 2018 평창동계올림픽경기대회 조직위원회(2015년 01월 15일). 동계올림픽 소개.
- Britannica(2022년 12월 17일 검색). World Cup. https://www.britannica.com/sports/World-Cup-football.
- FIFA(2022년 12월 17일 검색). FIFA U-20 World Cup. https://www.fifa.com/ tournaments/mens/u20worldcup.
- FISU(2022년 12월 17일 검색). Fisu History: Spotlight: Remembering the Muju-Chonju 1997 Winter Universiade. https://www.fisu.net/news/winter-fisu-world- university-games/spotlight-remembering-the-muju-chonju-1997-winter-universiade.
- FISU(2022년 12월 17일 검색). Fisu History: Spotlight: Remembering the Tokyo 1967 Summer Universiade. https://www.fisu.net/news/summer-fisu-world-university- games/spotlight-remembering-the-tokyo-1967-summer-universiade.
- IOC(2022년 12월 17일 검색). Olympic Sports. https://olympics.com/en/sports/.
- IOC(2022년 12월 17일 검색). Olympic Winter Games Innsbruck 2012. https://olympics.com/en/olympic-games/innsbruck-2012.
- KBS news(2015년 1월 15일 검색). 2013 평창동계스페셜올림픽

참고문헌

- KBS Sports(2002년 10월 14일). 2002부산AG 결승전.
- PGA(2022년 12월 17일 검색). 1916: A grand tradition unfolds. https://web.archive.org/web/20050205023739/ http://www.pga.com/pgachampionship/2004/history_1916.html.
- Pittsburgh Post-Gazette(1983년 6월 13일). The Tournament from 1895 to 1982. Special Olympics. (2022년 12월 17일 검색). 1968 Games. https://www.special olympics.org/about/history/1968-games.
- The Open. (2022년 12월 17일 검색). 1860 Prestwick. https://www.theopen.com/previous-opens/1st-open-prestwick-1860.
- 국제올림픽위원회(2015년 1월 15일 검색).
- 대한체육회(1990). 대한체육회 70년사.
- 대한체육회(2010). 대한체육회 90년사.
- 대한축구협회(2022년 10월 3일 검색). 한국 축구 연혁.
- 동아일보(2022. 10. 3). [인천 아시아경기 D-1] 숫자로 보는 아시아경기
- 박인창(1961). 체육과 스포오츠의 역사적 고찰과 국제경기 발달 소고. 애지원 2.
- 서울올림픽자료실(2022년 10월 3일 검색). 배드민턴 혼합 복식 박주봉, 정명희 조의 경기모습
- 세계일보(2014. 8. 29). 북한의 미녀응원단 파견.
- 송락규(2022년 10월 3일 검색). 윤성빈, 스켈레톤 3차 압도적 1위… 금메달 눈앞. KBS news
- 아시아올림픽평의회(2015년 1월 5일 검색). OCA History
- 연합뉴스(2014. 10. 3). AG 남자축구 한국 금메달, 28년 걸렸다 '중동 피한 행운의 대진'… 임창우 막판 결승골.
- 연합뉴스(2014. 11. 22). 질주하는 이승훈.
- 이학래(2000). 남북스포츠교류 재개의 의의와 추진전략: 체육교류, 남북화해와 동질성 회복의 지름길. 체육 332. 대한체육회.
- 정찬모(2001). 아시아경기대회의 역사적 고찰. 한국체육사학회지 8.
- 트렌티노동계유니버시아드(2015년 01월 15일 검색). History of the Universiade.
- 평창동계올림픽대회 및 동계패럴림픽대회 기념관(2022년 10월 3일 검색).
- 하계올림픽경기대회(2015년 1월 15일 검색).
- 하남길(2004). 살아있는 스포츠 명언. 서울: 무지개사.
- 하남길(2010). 체육사신론. 진주: 경상대학교 출판부.
- 한국민족문화대백과(2015년 1월 8일 검색). 아시아경기대회.
- 한국스페셜올림픽위원회(2015년 1월 15일 검색). 스포츠.

찾아보기

[ㄱ]

가네포대회 · 263, 264
가배 · 30
가이코샤(偕行社) · 148
각저 · 30, 37, 39
각저총 · 30, 39
갑오개혁 · 15, 64, 94
강예재 · 53, 54
강제 병합 · 134, 156
강화도 조약 · 91, 98
개화기 · 89, 131
거석 문화 · 29
건민사상 · 246
검도 · 122
격검 · 30, 122
격구(擊毬) · 48, 83
격봉 · 68
견인경기 · 144
경기도사범학교부속보통학교 · 139
경기훈련부 · 162
경당 · 36, 48
경마장 · 168
경성골프구락부 · 150
경성교육구락부 · 145, 146
경성럭비연맹 · 150, 151
경성방송국 · 159
경성사범학교 · 139, 148
경성선수권대회 · 148
경성야구협회 · 156
경성운동장 · 154, 181
경성일보 · 157, 163
경성일일신문사 · 145
경성정구단 · 156
경성제대 · 148, 155
경성축구단 · 169
경식정구 · 147
경신학당 · 100

경영마라톤대회 · 174, 176
경쟁유희 · 135, 137
경학원 · 64
고구려 · 34
고등보통학교 · 134, 139, 180
고려구락부 · 152, 154
고려기 · 58
고려탁구연맹 · 169, 170
골프 · 145, 149, 150, 219, 310
공문서 · 23
공민왕 · 47, 54, 58, 84
공양왕 · 46
과거제도 · 16, 46, 64, 66
관설사정 · 66, 76, 77
관학(官學) · 36, 64
광동학교 · 166
광무대 · 144, 145
광종 · 48
교련 · 100, 135
교육입국조서(敎育立國詔書) · 16, 22, 94, 103
구기 · 49, 112, 138
구전 · 23
국가주의 · 114, 186, 246, 254
국민생활체육진흥종합계획 · 206, 211
국민연성대회 · 144
국민체력연성대회 · 144
국민체육진흥법 · 186, 210, 206, 247
국민체조 · 180
국민총력연맹 · 162
국방경기 · 159, 160
국방훈련부 · 162
국선도 · 35
국위선양 · 181, 246, 254, 264
국자감 · 45, 47
국제경기연맹 · 308
국제경기연맹총연합회(GAISF) · 308
국제동계스포츠주간 · 277, 278
국제올림픽위원회(IOC) · 190, 258, 278, 308

340

국제육상연맹 ·· 307, 309
국제축구연맹 ·· 307, 309
국제탁구연맹(ITTF) ································ 228, 233, 308
국체명징 ·· 142
국학 ·· 35, 53
군사 체육 ··· 29
군자리골프장 ··· 150
궁도 ·· 41, 137
궁술 ·· 38, 57, 81
4. 궁예 ··· 46
권보 ·· 79
권투 ·· 144
권투선수권대회 ·· 145
그네뛰기 ·· 51, 52, 73
극동선수권대회 ·· 294
금메달 ·················· 165, 173, 222, 226, 234, 258, 265
기갑 ·· 144
기계체조 ··································· 100, 104, 114, 141
기마 ··· 30, 42
기미가요 ·· 181
기효신서 ··· 79

[ㄴ]

나기나타(薙刀) ································· 135, 137, 142
남북 공동입장 ································· 232, 240, 292
남북 태권도 ·· 238
남북관계 발전에 관한 법률 ·· 228
남북노동자축구대회 ·· 237
남북체육교류협회 ·· 240
남북통일농구대회 ··· 236
남북통일축구대회 ··· 235
남북통일탁구대회 ··· 238
남북협력기금법 ·· 228
남선지부 ·· 147
남자 세계핸드볼선수권대회 ······································ 235
낭가사상 ··· 34
내선일체 ·· 142

널뛰기 ·· 72
넓이뛰기 ·· 111, 130, 164
남북유소년축구 ·· 240
놀이 ················ 14, 25, 33, 37, 40, 49, 67, 73, 209
농구 ························· 11, 100, 112, 120, 221, 236, 260

[ㄷ]

단성사 ·· 144
달리기 ············· 12, 17, 27, 101, 115, 123, 164, 174
담화실 ·· 145
대구골프장 ·· 150
대동체육구락부 ··· 124
대북정책 ··· 228, 231
대성학교 ·· 106, 130
대일본배구협회 ··· 147
대한국민체육회 ··· 124
대한올림픽위원회 ······························· 190, 210, 245
대한육상경기연맹 ······································· 175, 189
대한체육구락부 ··· 123
대한체육회 ··· 156, 188, 207
대한체육회관 ·· 263, 264
대한흥학회운동부 ··· 125
던지기 ··· 27, 137
도수운동 ··· 137
도약운동 ··· 137
도쿄고등사범학교 ··· 174
도쿄아시아경기대회 ·· 118, 223
도쿄올림픽대회 ······································· 263, 274
동계아시아경기대회 ·· 296, 305
동계올림픽경기대회 ·· 277
동국세시기 ·· 40, 58, 72
동맹 ·· 30
동서학당(5부학당) ····································· 46, 47
동아일보 ··· 171, 177
동양권투희 ·· 169, 170
등록문화재 ·· 174
등산 ··· 135, 181

341

찾아보기

[ㄹ]

럭비 ·· 107, 141, 150
런던올림픽대회 ·· 259
로마올림픽대회 ·· 262
로스앤젤레스올림픽대회 ························ 151, 266
리우데자네이루올림픽대회 ············ 226, 269, 274

[ㅁ]

마라톤 ·· 159, 173, 176, 260
마술 ··· 42, 58
마스게임 ··· 158, 159
마희 ·· 37
만주사변 ··· 141, 294
매일신보 ··· 125, 144
메이지신궁체육대회 ··················· 148, 159, 176
멕시코시티올림픽대회 ································· 264
멜버른올림픽대회 ·· 261
명월관 ·· 153
명종 ··· 50, 56, 65
모스크바올림픽대회 ····································· 266
목종 ·· 48
몬트리올올림픽대회 ············ 175, 222, 258, 265
무과시험 ···································· 67, 77, 84
무과제도 ··· 66, 77
무단통치정책 ································ 134, 152, 156
무도 ······································ 143, 158, 160, 296
무도기계체육부 ·· 125
무신정권 ·· 55
무신정변 ·· 55, 56
무예도보통지 ··· 76, 80
무예신보 ·· 80
무예제보 ·· 79
무예제보번역속집 ·· 80
무천 ·· 30
무학재 ·· 54
문과제도 ·· 66
문무칠재 ·· 53
문화재청 ··· 174, 200
문화체육관광부 ······················ 187, 209, 212
문화통치정책 ·· 136
물구나무서기 ·· 137
뮌헨올림픽대회 ······················ 175, 258, 264

미국PGA선수권경기대회 ····························· 318
민간사정 ·· 66, 76
민족말살정책 ····································· 141, 160
민중보건 ·· 180

[ㅂ]

바둑 ·· 41, 71, 74, 189
바르셀로나올림픽대회 ································ 269
발표동작유희 ·· 135
방응 ······································· 41, 51, 69
방콕아시아경기대회 ·························· 175, 191
배구 ·············· 11, 124, 146, 203, 222, 302, 320
배재고등보통학교 ·· 151
배재학당 ········ 18, 95, 100, 107, 117, 121, 166
백제 ··· 37, 45
베를린올림픽대회 ··········· 155, 159, 167, 171, 182
병농일치제 ··· 63
병식체조 ········· 93, 97, 100, 104, 114, 121, 131
병자호란 ·· 63, 90
보성전문학교 ······································ 150, 174
보스턴마라톤대회 ··············· 175, 178, 245, 260
보통교육 ··· 134, 141, 143
보통학교 ····················· 105, 134, 141, 150, 174
복시 ·· 66, 77, 82
부산 아시아경기대회 ···································· 240
부산골프장 ·· 150
부족국가 ·· 26, 33
북선지부 ·· 147
불국토 ·· 36

[ㅅ]

사격 ············ 92, 114, 144, 224, 265, 272, 299, 304
사범학교 ···································· 94, 104, 114, 139
사법비전공하 ··· 79, 81
사서오경 ··· 41, 64, 78
사예 ·· 30
사이클링 ·· 122
사정 ··· 57, 63, 68, 76
사학(私學) ··· 46, 65
사학(四學, 사부학당) ································ 47, 63
사회진화론 ··· 92, 124
사회체육 ··· 113, 124, 208

342

삼국사기	28, 35, 40, 57	스포츠여성구락부	167, 170
삼국유사	35, 40, 46	스포츠영웅	173, 248
삼별초	56	스포츠진흥 운동	244, 254
생활체육	198, 206, 217	승보시	65
샤먼	31	시드니올림픽대회	270
서당	48, 63, 65	시사	77
서선지부	147	시취	16, 76, 78
서세동점(西勢東漸)	91, 94	신라	34, 42
서아시아경기대회	295, 314	신풍리스카 장	149
서울올림픽대회	267	실업교육	134, 136
서울육상경기연맹	169, 170	실업학교	134, 137, 142
서울특별시 남북교류협력위원회	229	심신일원론	35, 42, 172
서울하계아시아경기대회	211	쌍기	46, 48
서울하계올림픽대회	206, 211, 224, 292	씨름	39, 58, 71, 144, 251
서원	63, 65		
석전	40, 58, 71	**[ㅇ]**	
선린상업학교	147		
성균관	47, 53, 64	아시아경기 대회	189, 191, 222, 229, 234, 294
성년의식	31	아시아야구선수권경기대회	310, 317
성리학	62, 70, 90	아시아올림픽평의회	296, 304, 314
성종	47, 67	아이스하키 남북단일팀	231, 292
성호사설유선	148	아테네올림픽대회	272, 274
성화	175, 266, 284	악삭	40, 41
세계사격선수권대회	268	애니미즘	30, 31
세계신기록	159, 174, 181, 222, 225, 236, 288, 303	애틀랜타올림픽대회	270, 272
세계월드컵축구경기대회 (FIFA)	315	야구	17, 107, 119, 130, 150, 156, 168, 252, 256
세계청소년축구경기대회	229, 316	야구장	158, 159
세계축구경기대회	315	양정고등보통학교	150, 174, 181
세속오계	36	언더우드학당	18, 100
소학교	15, 94, 102, 104, 139	엘리트 스포츠	244, 256
소학교 보통학교 신편체조교수서	138	엣신스키구락부(越信스키俱樂部)	148
송구(핸드볼)	159, 160	여성 생활체육	217
수렵	27, 38, 41, 51	여성 전문체육	221, 224
수류탄던지기	144, 164	여자고등보통학교	134, 136, 141, 181
수박	30, 39, 56, 85	여자농구	221, 234, 267, 300, 315
수영	116, 181, 223, 273, 295, 300	여흥	52, 117, 145
숙명여자고등보통학교	181	역도	124, 145, 151, 191, 225, 260, 273, 308
숙종	57	역도대회	151, 188
숨쉬기운동	135	역사를 위한 변명	11
숭유억불정책	63	연날리기	72
스모	39, 137, 158	연식정구	121
스케이트	117, 137, 142, 174, 279, 287	연합체조	159
스키	135, 142, 149, 285, 308	열무	77
스키강습회	149	영고	30

찾아보기

예종 ·································· 47, 50, 53, 57
오락실 ··145
오사카아사히신문사 ··························154
오산학교 ··105
올림피즘 ································· 257, 263
올림픽 오벌(Olympic Oval)················288
올림픽 후원회 ·································259
올림픽경기대회 ·········· 225, 231, 257, 277
왕건 ··· 46
용산중학교 ··147
우민화정책 ······························· 251, 252
우정학당 ··166
운동무도회 ··147
운동회 ···················· 18, 107, 110, 116, 124
원산골프장 ··150
원산중학교 ··148
원산학사 ·································· 18, 95, 97
원유회 ··145
원종 ··· 47
원화도 ··· 35
월계관 ··174
월드베이스볼클래식 ················ 310, 317
웨이트 리프팅(Weight Lifting)··············151
위생 ································ 32, 93, 136, 172
위화도 회군 ·· 62
유각권구락부 ····································144
유니버시아드경기대회 ······················314
유도 ········ 124, 137, 142, 158, 224, 240, 263, 275
유물 ·· 14, 28
유술 ································· 125, 135, 144
유적 ······································· 23, 27, 37
유학재 ··· 54
유희············ 18, 30, 33, 49, 58, 72, 97, 112, 135
육상 ··115
육상경기 규칙 및 부록 ····················156
육상경기위원회 ································156
육상경기장 ································ 158, 159
육영공원 ······································ 94, 95
육예 ··································· 57, 58, 67
윷놀이 ·· 52, 73
의종 ······································· 49, 56, 58
이야마중학교(飯山中學校) ················145
이화학당 ··101
인고단련 ·································· 142, 143

16. 인종 ·· 47, 48
일반체육부 ··162
일본정구연감 ····································147
일본정구협회 ····································148
일본중등학교야구선수권대회············154
일본체육회 체조학교 ················ 145, 151
일장기 말소사건 ························ 166, 171
임원경제지 ·································· 79, 81
임진왜란 ······································ 76, 82

[ㅈ]

자전거 ······································ 112, 122
자카르타-팔렘방 아시아경기대회·······234
장기 ·· 74, 125
장애물통과경주 ································144
장치기 ·· 69, 73
재일본대한민국민단 ··························230
재일본조선인총연합회 ······················230
재하와이학생단 ································147
전국체육대회 ···············153, 188, 210, 258
전력증강운동대회 ····························144
전무학당 ··································· 103, 166
전영오픈골프선수권경기대회·····318, 319
전일본마라톤대회 ························ 174, 176
전일본중등학교육상대회 ··················176
전장운동대회 ····································144
전조선경기대회 ························ 153, 156
전조선남녀탁구선수권대회··············170
전조선농구대회 ································154
전조선마라톤대회 ····························176
전조선배구대회 ································147
전조선빙상대회 ························ 154, 155
전조선선수권대회 ····························170
전조선수상대회 ························ 154, 155
전조선스키대회 ································149
전조선씨름대회 ························ 154, 155
전조선아마추어권투대회 ·········· 154, 155
전조선야구대회 ················· 153, 154, 188
전조선역도대회 ························ 151, 155
전조선육상대회 ························ 153, 155
전조선정구대회 ················· 153, 155, 188
전조선종합경기대회 ····· 154, 156, 169, 176, 188
전조선중등학교육상대회 ··················176

전조선축구대회 · 153, 155
전조선풀마라톤대회 · · · · · · · · · · · · · · · · · 154, 155
전차 · 144
전통체육 · 18
전투 · 28, 40, 83, 112
정구장 · 158, 159
정묘호란 · 63, 90
정사론 · 81
정유재란 · 76, 79
제3공화국 · 186, 210, 214, 245
제4공화국 · 245
제5공화국 · 249
제국주의 · · · · · · · · · · · · · · · · · · 91, 110, 127, 253, 257
제례 의식 · 27
제일고등보통학교 · 147
조선교육령 · 134, 144
조선교육회 · 144, 146
조선농구협회 · 169, 170
조선마라톤보급회 · 175, 180
조선배구협회 · 147
조선신궁경기대회 · · · · · · · · · · · 158, 160, 174, 176
조선신궁봉찬체육대회 · · · · · · · · · · · 148, 158, 162
조선신문사 · 147, 156
조선여자체육장려회 · · · · · · · · · · · · · · · · · · · 168, 169
조선연무관 · 166, 170
조선올림픽대회 · 188, 258
조선올림픽위원회 · · · · · · · · · · · · · · · 166, 169, 258
조선유도유단자회 · 169, 170
조선육상경기연맹 · 175
조선은행 · 147
조선일보사 · 130, 151, 179
조선저축은행 · 179
조선정구연맹 · 148
조선중앙기독교청년회 · · · · · · · · · · · · · · · · 145, 146
조선중앙일보사 · 166, 171
조선철도국 · 145, 148, 150
조선체력증진법연구회 · 151
조선체육동지회 · · · · · · · · · · · · · · · · · · · 167, 170, 245
조선체육진흥회 · 160, 165
조선체육협회 · 156, 160, 188
조선체육회 · · · · · 156, 160, 188, 152, 156, 160, 165
조선총독부 · · · · · · · · · · 134, 144, 152, 156, 162, 171
조선축구협회 · 169, 170, 310
조선호텔 · 149

조정 · · · · · · · · · · · · · · · · · · 137, 141, 234, 302, 320
종정도 · 74
주료아게(重量あげ) · 151
주술 · 31, 33
줄다리기 · 72, 112
중국체육회 · 167
중등학교육상대회 · 176
중량운반경주 · 144
중세사 · 12, 13
중앙고등보통학교 · 150
중앙지부 · 147
중앙체육연구소 · 151, 165
중일전쟁 · 141, 143, 156, 160
지바 세계탁구선수권대회 · · · · · · · · · · · · · · · · · 230
지역주의 · 253
진링대학(金陵大學) · · · · · · · · · · · · · · · · · · · 166, 168
진흥왕 · 35, 51
집단경기 · 159
징병제 · 144, 163

[ㅊ]

차전놀이 · 73
창가유희 · 137, 140
채집 · 26, 27
청량리골프장 · 149, 150
체력은 국력 · · · · · · · · · · · · · · · · · · 186, 210, 214, 244
체력장검정 · 163
체련과 · 143
체양 · 15, 94
체육단체 · 186
체육댄스 · 159
체조 · · · 15, 18, 92, 96, 100, 106, 112, 137, 145, 270
체조강습희 · 131
체조과 · 115, 135, 137, 143
체조연구희 · 114, 126
초당의숙 · 166
초등교육체조과연구회 · 139
초시 · 66, 77, 78, 83
총검술 · 144, 162
총무부 · 162, 190
추천 · 52, 73
축구 · 117
축국 · 36, 40, 42, 52, 84

찾아보기

춘추무도강연회 ·· 170
충렬왕 ··· 50, 51
취재 ·· 77
친사 ·· 77
칠재 ··· 53, 54

[ㅋ]

카누 용선 ·· 234
코리아팀 ·· 230

[ㅌ]

탁구 ·· 145
탁구장 ··· 158, 159
태극학보 ··· 128, 130
태릉선수촌 ··· 248, 263, 265
태조 ··· 49, 62, 66
태평양전쟁 ··· 141, 143
태학 ·· 36
턱걸이운동 ··· 135, 164
테니스 ··· 121, 135, 145, 147, 302
투호 ··· 41, 51, 69
툴롱 국제청소년축구대회 ·· 231

[ㅍ]

패럴림픽 ··· 276, 312
편력 ··· 36, 40, 42
편사 ··· 67, 68
평균대운동 ·· 135
평양골프장 ·· 150
평양축구단 ·· 172
평창동계올림픽 ··· 292, 307, 311
포르투갈 세계청소년축구선수권대회 ·················· 230
푸단대학(復旦大學) ··· 167, 168
풍류도 ··· 32, 35
프로스포츠 ··· 187, 221, 249, 254
프로야구 ··· 244, 251, 253
핑퐁 ··· 145, 227

[ㅎ]

하계아시아경기대회 ········ 211, 240, 296, 298, 304
하계올림픽경기대회 ·· 257
학교체육 ············ 22, 134, 144, 185, 191, 204, 209
학교체조교수요목 ··· 135, 143
학당 ··· 197, 202, 254
학생선수 ··· 197, 202, 254
학제개편 ·· 134
한국마라톤후원회 ·· 179
한반도통일미래센터 ·· 229
할름스타드 세계탁구선수권대회 ·················· 233
항공 ··· 144, 308
해양훈련 ·· 144
행군경주 ·· 144
행진유희 ··· 135, 137, 140
향교 ··· 46, 47, 63, 67
향사례 ··· 55, 67
헬싱키올림픽대회 ··· 175, 261, 265
현대철봉운동법 ·· 172
호시가우라골프장 ·· 149
호흡운동 ·· 137
화랑도 ··· 35, 41
활쏘기 ··· 38, 57, 67, 76, 97, 145
활인심방 ·· 70
황국신민 ··· 141, 142, 161
황국신민체조 ··· 142, 143
황성기독교청년회 ··· 111, 114, 118, 123
회동구락부 ·· 125
회전운동 ··· 137, 138
효창원골프장 ··· 149, 150
후생운동 ··· 180, 181
훈련원 ··· 63, 66, 76, 119, 193
휴게실 ·· 145
흥화학당 ·· 166
희종 ·· 50

[기타]

12도 ··· 46, 48
3S 정책남북교류협력에 관한 법률 ·················· 252
US오픈골프선수권경기대회 ·· 318
YMCA ·· 217
YWCA ·· 217

인명 찾아보기

[ㄱ]

강낙원 ·· 156
강영미 ·· 275
강준호 ··· 191, 261
강채영 ·· 275
강초현 ·· 271
강희찬 ·· 270
고기현 ·· 290
고원훈 ·· 153, 165
고이소(小磯國昭) ···································· 144
고종 ············ 15, 51, 64, 77, 93, 99, 103, 114, 116
공민왕 ····································· 47, 54, 58, 84
공양왕 ··· 46
공희용 ·· 275
곽대성 ·· 270
곽동한 ·· 274
광종 ··· 48
구본길 ·· 273, 275
구츠무츠(Guts Muths) ··························· 15, 17
궁예 ··· 46
권승무 ·· 154
권영준 ·· 275
권태하 ······································ 175, 178, 257
기보배 ·· 273, 274
길영아 ·· 270
김경욱 ·· 270
김경희 ·· 284
김경훈 ·· 271
김광선 ·· 268
김광철 ·· 234
김귀진 ·· 284
김규면 ·· 153
김기정 ·· 123
김기택 ·· 268
김기훈 ·· 288, 289, 306
김남순 ·· 271
김대은 ·· 272
김대중
김동문 ·· 270, 271
김동백 ·· 284
김동성 ·· 289, 306
김명복 ·· 284
김무교 ·· 271
김문수 ·· 269
김미정 ·· 224, 269
김민수 ·· 270
김민정 ·· 275
김법민 ·· 273
김병주 ·· 270
김상규 ·· 268
김석영 ·· 260
김석정 ··· 74
김선영 ·· 271
김성수 ·· 165, 174
김성집 ··································· 114, 191, 261, 299
김성희 ·· 238
김세혁 ·· 239
김소영 ·· 275
김소희 ·· 274, 289, 306
김수녕 ·· 223, 268
김연아 ····································· 225, 285, 291, 320
김연창 ·· 182
김영구 ·· 146
김영남 ·· 268
김영삼 ·· 250
김예몽 ··· 74
김옥균 ··· 92, 99
김용구 ·· 284
김용식 ·· 257
김우진 ·· 274, 304
김원기 ·· 267
김유순 ·· 235
김윤만 ·· 288, 291
김윤미 ·· 289, 306
김은배 ··································· 175, 178, 180, 257

347

인명 찾아보기

김의곤 ·· 267
김인섭 ·· 271
김장미 ······································ 226, 273
김재범 ·· 273
김재엽 ·· 268
김정연 ······································ 281, 283
김정은 ·· 232
김정주 ······································ 272, 273
김정태 ·· 271
김정환 ······································ 273, 375
김제덕 ·· 275
김조순 ·· 270
김종규 ································· 96, 267, 305
김종상 ·· 130
김종순 ·· 283
김종신 ·· 270
김종일 ·· 301
김종현 ······································ 273, 274
김준호 ·· 275
김지연 ······································ 226, 273
김진호 ······························· 222, 267, 300
김창희 ······································ 260, 299
김태우 ·· 268
김태훈 ·· 274
김하윤 ·· 284
김현우 ······································ 273, 274
김현희 ·· 238
김혜경 ·· 285
김혜성 ·· 285
김혜숙 ·· 284
김홍도 ·· 71

[ㄴ]

나경민 ·· 270
나카무라(中村丘三) ······················· 145, 148
나현성 ······················· 20, 22, 146, 147, 150
남수일 ·· 260
남승룡 ······································ 178, 257
남현희 ·· 273
노경선 ·· 268
노구치(野口源三郎) ··························· 156
노백린 ······································ 124, 131
노태우 ·· 248

[ㄷ]

던트(H. E. Dannt) ······························· 149

[ㄹ]

랑케(L. Ranke) ···································· 19
랜디 희수 그리핀 ······························· 233
루소(J. J. Rousseau) ························ 14, 17
류지혜 ······································ 270, 272
리명훈 ·· 237

[ㅁ]

마르크 블로크(Marc Bloch) ··················· 11
마세건 ·· 275
마펫 ··· 102
명종 ······································· 50, 56, 65
모지수 ·· 288
목종 ·· 48
무하마드 알리 ···································· 262
문대성 ·· 272
문동성 ·· 283
문의제 ·· 272
문일평 ·· 130
문재인 ································· 213, 215, 231
미쓰쿠리 린쇼(箕作麟祥) ······················ 15
미에다(三枝祐龍) ······························· 147
민관식 ································ 150, 169, 263
민룡 ··· 290
민병갑 ·· 270

[ㅂ]

박경모 ······································ 272, 273
박근혜 ······································ 213, 215
박미라 ·· 265
박병노 ·· 287
박봉식 ······························· 221, 257, 260
박상수 ·· 265
박상영 ······································ 274, 275
박성수 ·· 268
박성현 ······································ 272, 273
박세리 ······································ 225, 319

박승필	144, 145	서향순	223, 267
박시헌	268	서효원	233
박영철	266	석은미	272
박영효	92, 93	선조	65, 79
박은철	273	성종	47, 67
박인비	226, 274, 320	세라 머리(Sarah Murray)	232
박장순	268, 270	세조	68, 69, 74
박정아	302	세종	67, 69, 72, 84, 86
박정희	244, 254, 266, 268	소니아 헤니	280
박제가	80	손갑도	267
박종권	235	손기정	173, 182
박종훈	268	손디(G. D. Sondhi)	295, 314
박주봉	269, 270	손승모	295, 314
박찬숙	300	손태진	273
박태환	273, 304	송길윤	178
박해정	238	송대남	273
박혜원	290	송세라	275
반하트(Barnhart)	121, 146	송순천	262
방대두	267	송재근	288
방수현	270	송재호	275
방한용	154	숙종	57
배기태	288, 305	스크랜튼	101
배상문	319	신국권	257, 259
백동수	80	신금단	263
백옥자	222, 265, 300	신문준	263
백현만	268	신승찬	274
베어드	102	신유빈	275
변봉현	152, 154	신재환	275
변성진	285	신준섭	267
변창남	284	신준식	271
브런디지	261	신지애	319
비트겐슈타인	20	신혜숙	285
뽈리나크	277	심권호	270, 271
		심은정	270
		쌍기	46, 48

[ㅅ]

[ㅇ]

사도세자	80	아베베	262
사카구치(坂口正淸)	150, 151	아카보시 로쿠로(赤星六郞)	150
서병희	156	아펜젤러	99, 100, 116
서상천	145, 151, 165, 172	안대현	268
서유구	79, 81	안도(安藤又三郞)	145, 149
서윤복	173, 178, 245, 260	안바울	274
서재필	119, 129		
서지연	275		

인명 찾아보기

안병근 ································· 267
안봉근 ································· 177
안산 ··································· 275
안상미 ································· 289
안영수 ································· 267
안중근 ································· 177
안창림 ································· 275
안창호 ···························· 105, 106
안한봉 ································· 269
안현수 ···························· 291, 306
알렌 거트만(Allen Guttmann) ············ 16
애덤스 ································· 102
얀(Janh, F. L) ··························· 15
양영자 ···························· 224, 268
양용옥 ································· 284
양용은 ································· 319
양정모 ································· 266
양하은 ································· 233
양학선 ······················ 273, 275, 304
양현모 ································· 270
언더우드 ······························· 100
에릭 하이든 ···························· 286
엘러스 ································· 101
여갑순 ······················ 224, 226, 269
여서정 ································· 275
여운형 ·················· 165, 173, 190, 245
여홍철 ································· 270
염은현 ································· 257
영조 ···································· 80
예종 ······················ 47, 50, 53, 57
오교문 ···························· 270, 271
오상욱 ································· 275
오상은 ································· 273
오승립 ································· 265
오은석 ································· 273
오진혁 ······················ 273, 275, 304
오하나 ································· 273
왕건 ···································· 46
왕희경 ···························· 223, 268
우베엔스 메이 ························· 288
우왕 ································ 58, 62
원달호 ································· 156
원우영 ································· 273
원종 ···································· 47

원혜경 ································· 289
유가와(由川貞策) ······················ 148
유남규 ···························· 268, 270
유승민 ···························· 272, 273
유억겸 ································· 165
유옥열 ································· 270
유용성 ···························· 271, 272
유인탁 ································· 267
유지영 ································· 153
윤기현 ································· 154
윤미진 ···························· 271, 272
윤성빈 ···························· 292, 312
윤영숙 ···························· 292, 312
윤옥희 ································· 273
윤재영 ································· 273
윤지수 ································· 275
윤진희 ································· 273
윤현 ··································· 270
윤혜영 ································· 270
윤효진 ···························· 285, 286
의종 ··························· 49, 56, 58
이갑용 ································· 237
이강석 ································· 291
이경근 ································· 268
이경상 ································· 168
이경송 ································· 235
이경원 ···························· 272, 273
이광수 ································· 285
이규보 ··································· 52
이규혁 ···························· 260, 291
이규현 ································· 165
이규환 ································· 257
이기 ··································· 128
이길용 ···························· 174, 178
이남순 ································· 286
이노우에(井上信) ······················ 150
이다빈 ································· 275
이대훈 ································· 274
이덕무 ··································· 80
이동수 ···························· 271, 272
이명박 ···························· 187, 212
이병학 ································· 259
이보나 ································· 272
이봉주 ···························· 270, 303

이상균	262	이철승	270
이상기	154, 271	이현주	285
이상백	165, 190, 257	이형근	268
이상호	292, 312	이형택	317
이상화	226, 291	이혜인	275
이선희	271	이호석	291
이성계(태조)	62, 83	이호응	289
이성구	257	이효정	273
이성덕	281	이효창	283
이성진	235, 272	인교돈	275
이소응	55	인종	47, 48
이순신	71, 74, 77, 82, 83	임경순	284
이승만	177, 258	임경재	153
이승배	270	임동혁	272, 273
이승우	153	임동현	272, 304
이승윤	274	임수정	273
이승훈	105, 114		
이시카와(石川)	149		
이에리사	222, 265		

[ㅈ]

이연주	287
이영명	235
이영하	286, 287
이용대	273
이원순	259
이원용	154
이원형	284
이원희	272
이은경	269
이은실	272
이은철	269
이의민	56
이익환	285
이재석	268
이재진	273
이재혁	268
이정근	267
이정수	291
이종국	283
이주형	271, 272
이준호	288
이준환	289, 306
이중국	156
이진수	69
이창훈	178, 263, 299

장덕수	153, 165
장두현	153
장리진	257
장명수	285
장미란	225, 272
장민희	275
장성호	272
장순길	264
장언식	81
장영	283, 284
장용호	271, 272
장우식	281
장은경	266
장인원	284
장재근	301
장재성	270, 272
장제스(蔣介石)	177
장준	275
장지원	272
장창선	263
장항범	259
장혜옥	270
장혜진	226, 274
전경무	190, 259
전기영	270

인명 찾아보기

전두환	244, 248, 250, 254, 268
전병관	268, 269
전웅태	275
전이경	224, 289, 306
전지희	233
전칠성	267
전택부	117, 146
전희숙	273
정경미	273
정경은	274
정길옥	273
정동성	235
정몽주	47, 65
정보경	226, 274
정부경	271
정선용	270
정성숙	270, 271
정소영	269
정신조	263, 299
정월터	283
정재성	273
정재은	271
정재헌	270
정조	67, 76, 80
정중부	55, 56
정지현	272
정진선	273
정충구	285
정현석	95
정현숙	222, 265
정훈	270
조구함	275
조명신	235
조민선	270, 271
조영석	284
조오련	265, 300
조용철	267, 268
조윤식	283
조윤정	224, 269
조재기	266
조준호	273
주권	70
주민진	290
주용	81
중종	69
지용주	264
진선유	291
진업재	284
진종오	272, 273
진흥왕	35, 51
질레트	104, 108, 117, 120, 130

[ㅊ]

차동민	273, 274
차영철	268
채지훈	289, 306
척계광	79, 80
최경주	319
최기남	80
최나연	319
최남연	284
최미선	274
최민경	290
최민정	293
최병철	273
최수연	275
최영	62, 72
최영래	273
최영배	284
최용진	283
최우	56
최윤칠	178, 180
최은경	290, 291
최인정	273, 275
최중희	285
최현주	273
충렬왕	50, 51

[ㅋ]

카 (E. H. Carr)	11, 19
칼 슈란츠	285
캐네스 쿠퍼 (K. H. Cooper)	218
쿠베르탱	257, 276, 311

인명 찾아보기

[ㅌ]

태조 · 62, 66, 83
태종 · 40, 62, 85
퇴계 이황 · 70

[ㅍ]

페크 · 146
편창남 · 283

[ㅎ]

하위징아(Johan Huizinga) · · · · · · · · · · · · · 16, 17
하태권 · 271, 272
하형주 · 267
한교 · 79
한명우 · 268
한수안 · 191, 260
한필화 · 284
한혜자 · 284
함기용 · 178, 180
허성 · 156
허치슨 · 104, 111, 115
현숙희 · 270
현정화 · 224, 268, 270
현창운 · 257
현홍운 · 153, 154
홍성식 · 270
홍인기 · 286
홍종오 · 260
홍준기 · 154
홍차옥 · 270
황경선 · 226, 272
황대헌 · 293
황병관 · 260
황병대 · 287
황선우 · 275
황을수 · 170, 257
황정오 · 267
황지만 · 273
황혜영 · 269
휘트모어 · 103
희종 · 50

저자소개

제1부. 체육사의 의미
1장 _ 체육사의 이해
 나영일 _ 서울대학교 사범대학 체육교육과 명예교수
 이현정 _ 동덕여자대학교 자연정보과학대학 체육학과 교수
2장 _ 체육사 연구
 김주연 _ 용인대학교 교육대학원 교육학과 체육교육전공 교수

제2부. 선사·부족국가와 삼국시대 체육
1장 _ 선사·부족국가 시대의 체육
 서재철 _ 부경대학교 스마트헬스케어학부 교수
2장 _ 삼국시대의 체육
 곽영만 _ 대전보건대학교 보건융합학부 예술·체육지도과 교수

제3부. 고려시대 체육
1장 _ 고려시대의 교육과 민속놀이
 양현석 _ 선문대학교 예술체육대학 무도경호학부 교수
2장 _ 고려시대의 무예
 김은정 _ 용인대학교 무도대학 경호학과 교수

제4부 조선시대 체육
1장 _ 조선시대의 교육과 민속놀이
 안진규 _ 해군사관학교 체육처 체육교육과 교수
2장 _ 조선시대의 무예
 박귀순 _ 영산대학교 창조인재대학 동양무예학과 교수

제5부 개화기 체육·스포츠
1장 _ 개화기의 체육
 최종균 _ 선문대학교 예술체육대학 무도경호학부 교수
2장 _ 개화기의 스포츠
 이가람 _ 경상국립대학교 사범대학 체육교육과 교수

제6부. 일제강점기 체육·스포츠

1장 _ 일제강점기의 체육
　　손환 _ 중앙대학교 사범대학 체육교육과 교수

2장 _ 일제강점기의 스포츠
　　하정희 _ 순천향대학교 향설나눔대학 교수

제7부. 광복 이후 체육

1장 _ 체육행정조직 및 체육단체
　　하웅용 _ 한국체육대학교 생활체육대학 노인체육복지학과 교수

2장 _ 생활체육
　　김미숙 _ 한국스포츠정책과학원 스포츠정책연구실 책임연구위원

3장 _ 여성체육
　　곽애영 _ 동덕여자대학교 자연정보과학대학 체육학과 교수

4장 _ 남북체육교류
　　김재우 _ 중앙대학교 체육대학 스포츠과학부 교수

제8부. 광복 이후 스포츠

1장 _ 현대 스포츠와 정치
　　김방출 _ 서울교육대학교 체육교육과 교수

2장 _ 하계올림픽경기대회
　　조준호 _ 한국체육대학교 생활체육대학 특수체육교육과 교수

3장 _ 동계올림픽경기대회
　　천호준 _ 우석대학교 체육과학대학 스포츠지도학과 교수

4장 _ 아시아경기대회 및 각종 국제대회
　　옥광 _ 충북대학교 사범대학 체육교육과 교수